新编大学生心理成长导航

汪　清　主编

苏州大学出版社

图书在版编目(CIP)数据

新编大学生心理成长导航／汪清主编. —苏州：苏州大学出版社，2021.11（2024.1重印）
ISBN 978-7-5672-3742-1

Ⅰ.①新… Ⅱ.①汪… Ⅲ.①大学生-心理健康-健康教育-研究 Ⅳ.①G444

中国版本图书馆CIP数据核字(2021)第216173

新编大学生心理成长导航
汪 清 主编
责任编辑 周建国

苏州大学出版社出版发行
（地址:苏州市十梓街1号 邮编:215006）
丹阳兴华印务有限公司
（地址:丹阳市胡桥镇 邮编:212313）

开本 787 mm×1 092 mm 1/16 印张 18.25 字数 411 千
2021年11月第1版 2024年1月第3次印刷
ISBN 978-7-5672-3742-1 定价：46.00元

图书若有印装错误，本社负责调换
苏州大学出版社营销部 电话:0512-67481020
苏州大学出版社网址 http://www.sudapress.com
苏州大学出版社邮箱 sdcbs@suda.edu.cn

《新编大学生心理成长导航》
编 委 会

Preface........

前言

心理健康是健康的重要组成部分，是影响经济社会发展的重大公共卫生问题和社会问题。习近平同志在2016年全国卫生与健康大会上提出，要加大心理健康问题基础性研究，做好心理健康知识和心理疾病科普工作，规范发展心理治疗、心理咨询等心理健康服务。

本著作正是在这样的大背景下应运而生的。高校是培养人才的地方，而大学生是一个特殊的社会群体，他们正处在人格发展的重要时期，承受着来自学业、就业及社会的种种压力，易于产生各种心理问题。在对大学生进行心理健康教育和辅导的过程中，我们发现许多大学生对他们在成长过程中存在的诸如环境适应、自我评价、情绪管理、人际关系、恋爱情感等问题感到困惑和苦恼，对各种压力带来的心理矛盾和冲突感到无所适从，从而影响到他们的学习和生活，甚至产生心理危机。因此，加强大学生心理健康教育，及时有效地向大学生传授心理健康知识，这对于促进其身心健康，使其以积极的、健康的心理状态去适应快速发展的社会环境，预防精神疾患和心身疾病的发生有着重要的意义。为此，我们组织了一批专业从事高校心理健康教育的教师，围绕大学生心理发展的一般规律和特点，从自我意识、人格发展、人际交往、恋爱与性、情绪管理、压力应对、生命教育、心理健康、心理咨询等方面展开论述，帮助大学生正确认识自身出现的心理问题和困扰，并提供有效的解决办法，提高其心理素质水平。本著作还提供了翔实的案例分析和丰富的知识链接，图文并茂，凝结了编者多年从事大学生心理健康教育的丰富实践经验和理论研究结晶，既有利于心理健康课程的讲授，又有利于学生的自学。

本著作各章的编者分别是：汪清、周建国，第一章、第二章、第十一章；叶红萍，第三章、第十章；吉冬梅，第四章；曹文君，第五章、第七章；丁梦扬，第六章；沈洁，第八章、第九章。在编写的过程中，我们参阅和借鉴了大量中外专家的文献资料，在此表示衷心的感谢！由于水平所限，本著作中难免存在疏漏和不足之处，敬请广大师生与同行批评指正。

编者将本著作命名为《新编大学生心理成长导航》，包含着每一位参编人员的美好愿望，希望本著作能够真正起到“导航”的作用，当大学生们在心理成长的航程中偏离航线的时候，帮助他们及时拨正航向，向着快乐、幸福、成功扬帆起航！

Contents ....
目 录

第一章

心海起航

雨果说过，世界上最宽阔的东西是海洋，比海洋更宽阔的是天空，比天空更宽阔的是人的心灵。人的心灵是如此浩瀚无边、深不可测，研究心灵的心理学也一定是玄虚奥妙、深不可测的吧？对于没有接触过心理学的人来说，一提起心理学也许首先会想到弗洛伊德、催眠、EQ（Emotional Quotient，情商），抑或是血型和星座，更有人认为学过心理学的人会一眼看出别人在想什么，会洞悉别人的情感，把心理学家与算命先生相提并论，这都是对心理学的误解。那么，心理学到底是什么？它究竟研究些什么？这个看似非常简单的问题，实际上却是人类所有学科当中最难以界定的概念。正如最早的实验心理学家之一艾宾浩斯（1908）所说的，心理学有着漫长的过去，但只有短暂的历史。自苏格拉底、柏拉图、亚里士多德等人开始，就把对“心”的探讨视为哲学的主要问题之一。学者们很久以来就对人类的天性提出了很多重要问题：人们如何感知现实？意识的性质是什么？人为什么会疯癫？但他们并不知道如何回答这些问题。

心理学（Psychology）一词由希腊文“Psyche”与“Logos”演变而来，前者是“灵魂”的意思，后者是“讲述”的意思，因此，心理学的原意是阐释灵魂的学问。在历史的演变中，心理学的研究范畴与内容早已被不断扩充和更迭，但其称谓依然如故，犹如旧瓶装新酒一般，使人们不能确知“心理”一词的科学含义，因而人们对心理现象存有一种神秘、敬畏的感觉。总的来说，心理学是研究心理现象及其发生、发展规律的科学，这里的心理现象既包括人的心理现象，也包括动物的心理现象，但以人的心理现象为主要研究对象。下面，就让我们撩开心理学的神秘面纱，尝试着解读人类的各种心理现象。

第一节　解读心理现象

地球上存在许多目前科学尚且无法解释清楚的现象，其中被人们议论最多的是不明飞行物、百慕大神秘三角区、南极“无雪干谷”、麦田怪圈、复活节岛石像、能“报时”的怪石、海市蜃楼和假日现象，它们被称为“世界八大奇异现象”。人类尝试用各种方法去探索神奇的自然现象，然而，人类自身就存在一种更为复杂的现象——心理现象。为什么人的眼睛能看到五彩缤纷的色彩、耳朵能听到优美动人的乐曲？为什么人的大脑可以存储极其丰富的知识并且能想出自己从未经历过的事物？人为何有七情六欲？又为何会出现疯癫异常行为？这些都属于心理现象。古时候，人们往往把心理现象视为灵魂作用的结果，并把灵魂视为一种超自然的精神实体。随着科学水平的发展，人们开始逐渐认识到心理现象的科学实质——人脑对客观现实的反映。

【知识窗 1-1】

人类大脑的结构

脑是神经系统中最复杂和最重要的结构。按部位可分为前脑、中脑和后脑。前脑主要包括大脑皮层、边缘系统、丘脑、下丘脑和脑垂体。后脑包括延脑、脑桥和小脑。中脑处于脑桥之上，其中心是网状结构，负责控制觉醒、注意、睡眠等意识状态（图1-1）。脑的各个组成部分具有不同的功能，比如边缘系统中的海马结构与学习和记忆的功能有关，杏仁核与人的动机和情绪有关。

人类大脑的表面由灰质覆盖着，称大脑皮质或皮层，其总面积约为2200平方厘米，皮质的厚薄不一。大脑皮层在人脑进化过程中发展最晚，却是最重要的中枢神经系统结构，它参与人的复杂的心理过程。大脑分为额叶、顶叶、颞叶和枕叶，胼胝体周围为边缘叶，每叶都包含很多回。大脑半球深部是基底神经节，主要包括尾状核和豆状核，合称为纹状体。大脑又分为左、右两个半球，由胼胝体结构相连。人们研究大脑两半球功能发现，大脑左、右半球在解剖结构及某些功能上存在偏侧化现象，大脑左半球通常控制言语、动作、记忆、决策和积极情感；右半球控制空间感觉、非言语、触觉和消极情感等（图1-2）。但这并不意味着大脑左、右两个半球是完全割裂的，大脑会通过胼胝体进行沟通和联系，从而达到两半球功能的整合，实现协同活动。

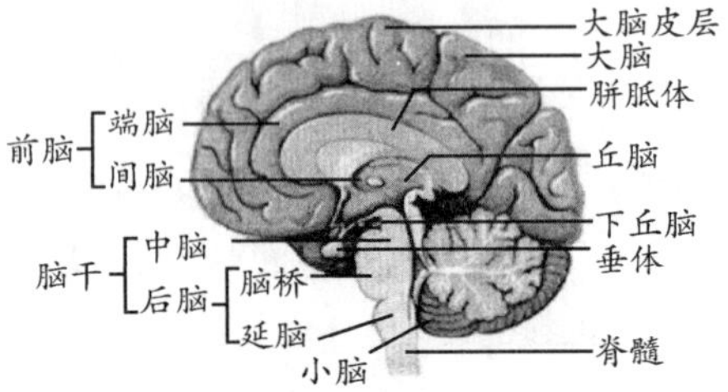

图1-1　人脑的结构

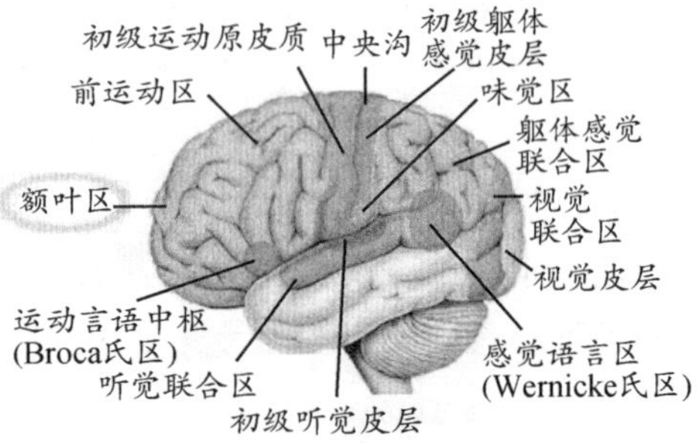

图1-2　人类各分区的功能

人的心理世界包罗万象，人的心理现象复杂而奇妙，人的一切活动都与心理现象的存在和变化密不可分。那么，人类主要的心理现象有哪些呢？心理学有许多分支，每一分支都分别从不同的角度来研究心理现象。但是，任何一个分支都不可避免地涉及对心理和心理现象的总的看法，即对心理学基本原理的研究。绝大多数心理学家所研究的人类心理现象主要集中于以下两个范畴：一是心理过程，主要包括认知过程（感觉、知觉、记忆、想象、思维与言语等）、情感过程（情绪、情感等）、意志过程（意志、动机等）；二是人格（又称为个性），主要由个性倾向性（包括需要、动机、兴趣、理想、信念、价值观等）和个性心理特征（能力、气质与性格）两个方面组成（图 1-3）。

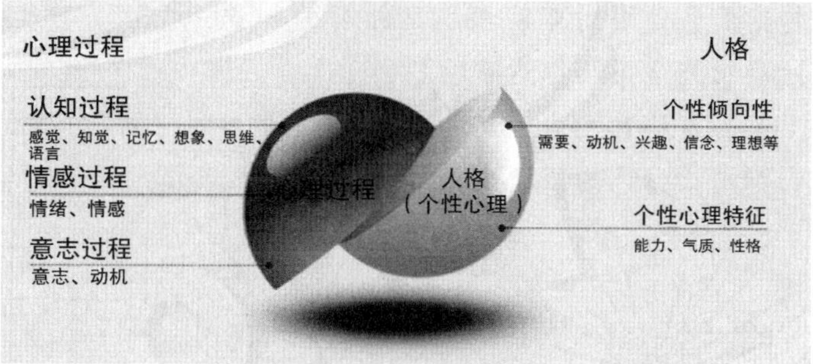

图 1-3　心理现象的构成

一、了解你的“知、情、意”

心理过程主要包括认知、情感和意志三个方面，即常说的“知、情、意”。“知”是人脑接受外界输入的信息，经过头脑的加工处理转换成内在的心理活动，进而支配人的行为的过程；“情”是人在认知输入信息的基础上所产生的满意、不满意、喜爱、厌恶、憎恨等主观体验；“意”是指推动人的奋斗目标并且维持这些行为的内部动力。“知、情、意”不是孤立的，它们相互联系、相互制约、相互渗透。

（一）认知过程

在实际生活中，我们常常需要学习一些新知识，例如一个数学公式或一个英语单词，对于这些知识，起初我们可能一无所知，后来通过听老师讲解或者自己看书思考，不但理解并记住了这个数学公式或英语单词，而且会运用它们去解决新问题。对于这个过程，也许你平时并不会仔细琢磨它们是如何在你的内心世界实现的，可不少心理学研究者对此颇感兴趣，他们把这种从环境中获得知识和应用知识的过程称为认知过程。这是人最基本的心理过程，包括感觉、知觉、记忆、想象、思维和语言等。在一定程度上，人脑获得知识与应用知识的过程可以类比为计算机接收、存储、加工处理信息的过程。大脑可以通过感觉、知觉获得和接收客观现实的初步信息，通过感觉我们可以了解客观事物的颜色、形体、大小、气味、重量、滋味等个别特征，如通过视觉看到苹果是红色的、圆形的，通过嗅觉闻到苹果的香味，通过味觉尝到苹果的甜味等；借助于知觉，我们将感觉到的事物特征组合起来形成一个整体，并依据已有知识经验对事物整体加以识别和理解，如接触到苹果时，通过对苹果颜色、形状、气味、滋味的整体把握及以往的经验，我们可以识别这是一个苹果而不是一根香蕉。

【知识窗1-2】

眼见未必为实——错觉

错觉是人们观察物体时，由于物体受到形、光、色的干扰，加上人们的生理、心理原因而误认物象，会产生与实际不符的判断性的视觉误差。错觉是知觉的一种特殊形式，它是人在特定的条件下对客观事物的扭曲的知觉，也就是把实际存在的事物扭曲地感知为与实际事物完全不相符的事物。

例如，图1-4中的方形看上去“方”吗？圆形看上去“圆”吗？图1-5中的那些长斜线是平行的吗？别让自己的眼睛欺骗了自己。

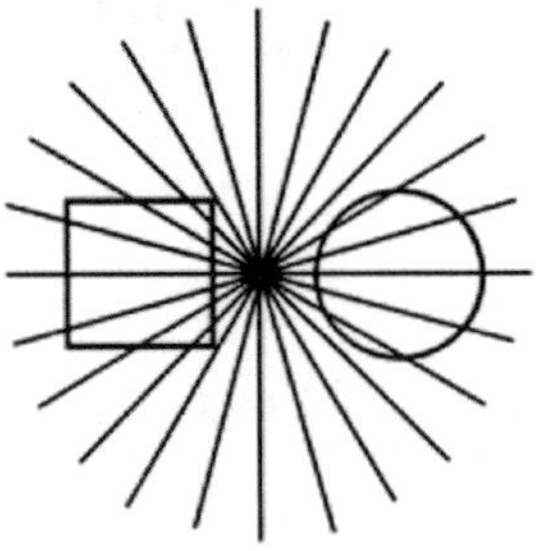

图1-4　错觉示例图一

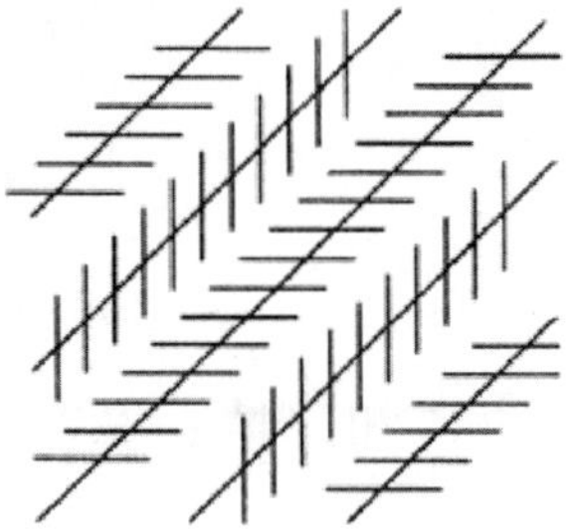

图1-5　错觉示例图二

就像计算机可以在内存或硬盘中将获得的信息保存下来一样，人对事物的感知印象也可以保留在头脑中，并在适当的时候重新显现，这就是记忆。记忆是人在头脑中积累、存储知识经验的过程，这些知识经验既可以是客观事物的具体形象，也可以是抽象的概念或意义。记忆在我们的头脑中存储了事物的印象，对于这些印象，我们可以进行加工、改造、组织以创造新的形象，这就是想象。例如，我们可以通过“飞流直下三千尺”的诗句描述在头脑中呈现出未曾见过的奇特壮丽的瀑布风光。此外，人脑还可以通过对已有知识经验的加工去间接、概括地认识事物，对客观现实中的许多事物和现象进行思考，例如通过探索各种鸟的共同性，我们概括出鸟的本质特征是“有羽毛的动物”。这些指向事物本质特征和内部联系的探索性思考活动就是思维。当然，人脑的思维活动总是离不开语言的参与，语言是人脑特有的用于交流的符号系统。

需要说明的是，虽然人的认知与计算机的信息处理过程具有很大的共同性，但人毕竟不是被动的机器，人对于信息的态度和方式是主动的，从对信息的选择到对信息的处理，都是一个主动的过程，正是这种认知的主动性，才使得人的心灵之花呈现出最绚丽的色彩。

（二）情绪与情感过程

生活中，人总是时时刻刻充满着情绪，有时欣喜若狂，有时悲痛欲绝，有时满腔怒火，有时心平气和。所谓情绪，就是个体在认识客观事物时所产生的诸如满意不满意、愉快不愉快、喜爱或者厌恶的内心体验，是一个人心理状态最直接的晴雨表。人具有喜、怒、哀、惧四种基本情绪，也有自豪感、美感、理智感、自卑感等多种情感。

这些情绪和情感作为人对客观事物与自身的态度体验构成了人类心理活动的重要方面，并使得我们的生活时而阳光灿烂，时而阴霾密布，时而晦涩呆板。情绪是一种极其复杂的心理现象，有其独特的心理产生过程、外部行为表现和内部生理反应。有关情绪、情感的详细内容参见本书第七章。

（三）意志与动机过程

在反映客观现实的过程中，人不仅能够对客观事物产生积极或者消极的情绪体验，还经常按照自己的意愿改造客观现实。例如，专转本的学生为了自己的目标而克服惰性，每天起早贪黑地投入复习；女生为了减肥而克制食欲，坚持跑步锻炼等，这些有意识的支配和调节行为、不断克服困难以达到预定目的的心理过程，就是心理学中所谓的意志。在具体的意志活动中，有人面对挫折危险能够镇定自若、勇敢面对，积极化解不良情绪，有人却稍有不慎便开始迷茫和动摇，甚至怨天尤人、轻言放弃，这就是个体意志差异的体现。意志虽然是内在的心理过程，但可以直接作用于人的外在行为，可以说，在现实生活中那些可以给人带来成功感、自信感等积极人生体验的行为，绝大多数需要人们克服困难才能实现。

除了受到情绪与意志的影响外，人类的活动也离不开动机的参与，动机是激发和维持个体进行活动并使该活动朝向某一目标的内部动力，是为实现一定目的而激励人们行为的内在原因。动机可能是有意识的，也可能是无意识的，它能产生一股动力，引起人们的行动，并维持这种行动朝向一定目标，强化人的行动，因此，也被称为驱动力。比如说一个人希望受到群体的认可，并在群体中享有一定地位，这种内驱力就会成为推动他处理好人际关系的动机。人从事任何活动都有一定的原因，因此，动机无时不在，即使是步行、休息、关灯、睡觉等简单活动也离不开一定动机的引导。动机对于提高活动效率具有重要意义，研究证明动机过强或不足，都会使工作或学习效率降低，中等强度的动机最有利于保持最佳工作效率。

【知识窗 1-3】

动机与工作效率的关系

反映动机水平与工作效率关系的定律被称为耶基斯-多德森定律。在一定限度内，随着动机水平的提高，工作效率也随之提高，超过这个限度，工作效率随之降低。最佳工作效率的动机水平为中等，但因工作复杂的程度而略有差异。研究发现，动机的最佳水平随任务性质的不同而不同。随任务难度的增加，动机的最佳水平有逐渐下降的趋势（图 1-6）。也就是说，在难度大的任务中，较低的动机水平容易完成任务。适度的动机水平，易于维持个人对工作的兴趣和警觉，同时减少焦虑对工作的不利影响。

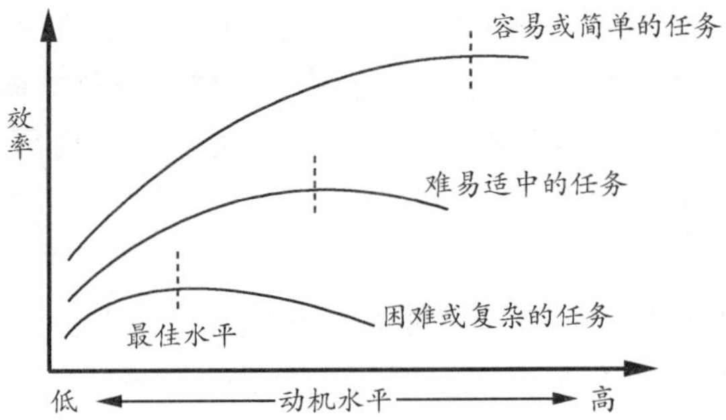

图 1-6　动机与工作效率的关系

人类的各种需要是引发动机产生的基础。需要是个体在生理和心理上的某种缺失或不平衡状态，它与人的主观意愿相联系，不能直接产生行动，各种需要首先引发人们形成不同的动机，进而影响个体的态度和行为。人的需要按照产生主体的不同可以分为个体需要和社会需要。个体需要包括吃饭、喝水、睡觉和性满足等；社会需要包括从事劳动、人际交往、得到赞扬、取得成就等。按照性质不同可以把需要分为物质需要和精神需要。物质需要有衣着、住房、交通等方面；精神需要有获得知识、体验美感等。人本主义心理学家马斯洛早期认为，人的需要共有五层，从低到高依次为生理需要、安全需要、社会需要、尊重需要和自我实现需要，其中前三个层次称为缺失性需要，只要得到满足，需要就会降低；后两种称为成长性需要，永远不会得到满足，得到的满足越多，反而产生的需要越多（图 1-7）。

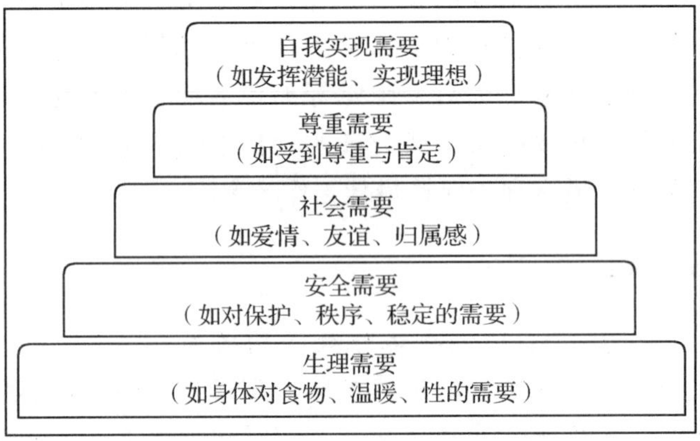

图 1-7　马斯洛早期的需要层次理论

二、探索千人千面的“个性”

现实中人与人的心理是存在差异的，有的人观察敏锐、精确，有的人观察粗枝大叶；有的人思维灵活，有的人思考问题深入；有的人情绪稳定内向，有的人情绪易波动、外向；有的人办事果断，有的人优柔寡断；等等，这其中有些心理特征是暂时偶尔出现的，有些却是稳固经常出现的，对于那些稳固而经常出现的心理特征，心理学上称之为个性（又称为人格）。有关人格与自我探索的内容详见本书第五章，此处不再赘述。

人格由个性倾向性和个性心理特征两个方面组成。个性倾向性是推动人进行活动的动力系统，诸如需要、动机、兴趣、理想、信仰和价值观等；而个性心理特征则是个体在社会活动中表现出来的比较稳定的成分，包括能力、气质与性格。

（一）能力

能力是顺利完成某些活动所必需的心理条件，是人依靠自身的知识技能去认识和改造世界时所表现出来的心理特征。人们在完成活动中所表现出来的能力是存在差异的，有人运算敏捷、思路灵活；有人过目成诵、记忆力强；有人富于幻想和想象，具有很高的创造能力；有人擅长管理，具有较强的组织能力；有人擅长音乐和绘画，具有较高的艺术才能；等等。能力与活动是紧密联系的，只有通过活动才能表现和发展出人的能力。例如，学生通过参加数学竞赛而取得好成绩体现出超越常人的逻辑思维与推理运算能力，通过参加学校社团活动而提升人际交往和组织管理能力。人若离开活动，其能力不仅无法形成而且也失去存在的意义。能力还可分为一般能力和特殊能力。一般能力是指人从事一切活动所必须具备的一些基本能力，如观察力、记忆力、注意力、想象力和思维力等；特殊能力是指完成专业活动所特需的能力，专指在某些专业和特殊职业活动中表现出来的一般能力的某些特殊方面的独特发展，如音乐能力、绘画能力、创作能力、飞行能力、表演能力等。一般能力与特殊能力两者相互联系，相互促进。

在认识活动中所表现出来的一般能力通常也叫智力。关于智力的定义，心理学界有不一致的看法。传统智力理论认为语言能力和数理逻辑能力是智力的核心，智力是以这两者整合方式而存在的一种能力。20 世纪 70 年代耶鲁大学的心理学家罗伯特·斯腾伯格（R. Stenberg）提出了三元智力理论（分析性智力、创造性智力、实践性智力）。20 世纪 80 年代哈佛大学认知心理学家加德纳（H. Gardner）又提出了多元智能理论，定义智能是人在特定情景中解决问题并有所创造的能力。他认为我们每个人都拥有八种主要智能：语言智能、逻辑-数理智能、空间智能、运动智能、音乐智能、人际交往智能、内省智能、自然观察智能。加德纳的多元智能理论是对传统的“一元智能”观的强有力挑战。

【知识窗 1-4】

成功智力

“人生的成功，既不靠 IQ，也不靠 EQ，而是取决于人的成功智力。”

1996 年，斯腾伯格在三元智力理论的基础上提出更具实用和现实取向的成功智力理论，用成功智力的概念赋予智力以新的含义。所谓成功智力是用以达到人生中主要目标的智力，它能导致个体以目标为导向并采取相应的行动，是对个体的现实生活真正起到举足轻重影响的智力。他这里所说的成功，其一，是个体通过努力能够最终达到的人生理想目标的成功；其二，是每个正常的个体都可以发展的成功。用斯腾伯格的话说，他强调的智力不应仅仅与学校中的成功有关，而更应与生活里的成功紧密联系。生活里的成功是个体用创造与实践的能力去适应环境、选择环境和塑造环境，并最终获得的成功。

斯腾伯格认为，成功智力包括分析性智力、创造性智力和实践性智力三个关键方面。其中分析性智力是进行分析、评价、判断或比较和对照的能力，也是传统智力测验测量的能力；创造性智力是面对新任务、新情境产生新观念的能力；实践性智力是把经验应用于适应、塑造和选择环境的能力。斯腾伯格认为，只有在分析能力、创造能力和实践能力三方面协调、平衡时才最为有效，才能获得成功。知道什么时候以何种方式来运用成功智力的三个方面，要比仅仅是具有这三个方面的素质来得更为重要。具有成功智力的人不仅具备这些能力，而且还会思考在什么时候、以何种方式来有效地运用这些能力。

智力测量是一个非常复杂而又有争论的问题。在我国民间流传的七巧板便是一种智力测验工具，它被外国人称为“中国式的迷津”。在西方，最早、最著名的智力测验是法国心理学家比奈（A. Binet）和西蒙（T. Simon）为了鉴定低能儿童于1905年编制的一套智力测验量表，称为比奈-西蒙量表（Binet-Simon Tests）。之后，美国斯坦福大学推孟教授（L. Terman）修订了比奈-西蒙量表。经过两次修订，斯坦福-比奈智力测试成为目前世界上广泛流传的标准测验之一。推孟教授提出了智力商数的概念，其公式为：智商（IQ）=智龄（MA）/实龄（CA）×100，用智力心理年龄除以实际年龄所取得的商数乘以一百表示个体智力差异程度的高低。比率智商的前提是假定智力随实际年龄增长而增长，而实际上智力并非随年龄增长而呈直线上升，16岁后智力就基本停止发展了。为了更真实地反映出一个人的智力情况，1949年，美国著名的医学心理学家韦克斯勒（D. Wechsler）编制了一套韦氏智力量表（Wechsler Intelligence Scale），该量表采用离差智商的计算方法，计算公式是：智商（IQ）=100+15（X−M）/S，其中：X为某一年龄组被试者实得的测试原始分数，M是该年龄组总体的平均分数，S是标准差。目前，大多数智力测验都采用离差智商的计算方法。

（二）气质与性格

气质是人的典型的、稳定的心理特点。这种心理特点以同样的方式表现在各种活动中的心理活动的动力上，多半是与生俱来的自然特性。因此，在人出生的最初阶段就可以观察到某些气质特点。例如，有的婴儿活泼好动、不怕生，对外界刺激反应灵敏；有的婴儿安详文静、胆小怕生，对外界刺激反应迟缓。不仅如此，气质的稳定性还表现在它难以改变上。俗话说“江山易改，禀性难移”，“秉性”就是气质。人可以分为多血质、胆汁质、黏液质和抑郁质四种传统的气质类型，不同气质类型的人在情绪与行为上都存在明显的差异。

性格是在一个人身上表现出来的对现实稳定的态度和习惯化了的行为方式方面的个性心理特征。诚如德国诗人歌德所说：才能自然形成，性格则涉人世之风波而塑成。

与气质不同，性格是个体在活动中与特定的社会环境相互作用的产物，与家庭、学校、社会的影响息息相关，具有明显的社会性、相对的稳定性和较大的可塑性。有关气质与性格的详细内容参见本书第五章。

第二节　探索生命航程

有人开玩笑说，每个小区的保安都是哲学家，每天都要问三个哲学上的终极问题：“你是谁?”“你从哪里来?”“你要到哪里去?”确实，我们从何处来？又向何处去？人生的道路该如何走？如何对人生进行设计和规划？这是任何人都无法回避的人生命题。也许，你依然还在父母的庇护下随着惯性浑浑噩噩地生活着；也许，你曾不止一次地认真思考，却还是感到困惑不解；也许，你已找到了答案，正默默地感悟着，有规划地努力着。对于这些问题，我们每一个人都会有不同的回答，或清晰，或模糊；或自觉，或自发；或系统，或零星。

有人说，每个人的一生都是一次探险，每个人都是经过了九九八十一难才取得了人生的“真经”。如果说生命是一次航行探险，那么这段航程是由哪些阶段组成的？究竟是什么在影响着我们的人生航线？作为大学生的我们正处于航程的哪一个阶段？我们要怎样做才能让自己不偏离航线？带着这些问题，我们开始探索生命的航程。

一、生命航程，也是心理航程

任何事物都有其发生和发展的过程，发生是指事物从无到有的运动变化过程，发展是指事物由小到大、由弱到强、由简单到复杂、由低级到高级的运动变化过程。人的生命、心理也有发生和发展的过程。在心理学中，有一门专门研究个体心理发生与发展特点和规律的分支学科——发展心理学。

（一）心理的发生与发展

个体的生命始于父母精卵结合形成受精卵的那一刻。十月怀胎，一朝分娩，随着一声响亮的啼哭，婴儿来到这个世界上，成为一个独立的个体。刚出生的婴儿十分软弱无力，没有独立生存的能力。经过父母十几年的养育，这个婴儿逐渐成长为具有独立学习能力和工作能力的社会成员。再经过几十年的变化，这个朝气蓬勃的青年经过精力充沛的中年逐渐走入老年，生理和心理能力慢慢衰退，并走向死亡。一般认为，个体心理是在从受精卵到胚胎、胎儿直至出生的发育过程中起源的，随着胚胎的不断发育而出现。个体一生经历了成长、成熟、衰老的生理变化过程，随之带来的心理变化也是巨大的。

每个人的人生经历各不相同，但是他们所经历的生命阶段有很多相同之处，不同阶段所面临的心理发展任务也有很多相同之处。心理学家根据个体的年龄和发展任务将人的一生分为八个阶段：

1. 产前期（受孕至出生）

这一阶段的发展主要体现在生理上，各器官开始逐渐发育成形，为心理发展打下基础。

2. 婴幼儿期（出生至 3 岁）

在认知方面，这一阶段的发展以感觉、知觉的发展为标志。这一阶段的个体开始发展出初步的认知能力，同时，开始有最初的语言发展。在社会性方面，婴儿开始形成对父母的依恋。如果这种依恋关系得到满足，成年后的个体就会更有安全感、更能信任他人。

3. 儿童早期（3—6 岁）

在认知方面，这一阶段的儿童开始发展一些复杂的认知能力，开始具有表象思维和形象思维能力，并发展出一定的创造力和想象力。在社会性方面，这一阶段的儿童开始发展出自我意识，能够意识到自己和他人及外部世界的差异。

4. 儿童后期（6—12 岁）

在认知方面，这一阶段的儿童开始具有初步的逻辑思维能力，并开始运用书面语言进行思考和记忆。在社会性方面，这一阶段的儿童开始了与同伴交往的过程，其人际关系逐渐发展，自我概念和自尊心也逐渐发展。

5. 青春期（12—20 岁）

青春期又被称为“暴风骤雨期”。这一阶段的个体，无论是生理还是心理，都经历了快速发展。在生理方面，该阶段个体的各个器官逐渐成熟完善，最显著的特点是性器官逐渐发育成熟，开始出现第二性征。认知上，该阶段青少年的思维逐渐成熟，能够熟练地进行抽象思维。在社会性方面，这一阶段的青少年的人格逐渐趋向独立，他们希望能够自主地决定和判断一些事情，但仍具有很大的依赖性。同时，这一阶段的青少年开始初步建立两性关系。

6. 成年期（20—40 岁）

这一阶段，个体的主要发展任务是建立家庭和发展职业。认知上，以抽象推理能力为特征的流体智力在 30 岁左右达到顶峰，并逐渐下降。但是，以言语能力和知识积累为特征的晶体智力则并未随年龄增长有明显下降。

7. 中年期（40—65 岁）

这一阶段后期，个体的生理机能开始衰退，开始经历更年期。认知上，这一阶段个体解决实际问题的能力显著提高，但学习新知识的能力开始下降。在社会性方面，这一阶段的个体变得更加成熟，更加关注社会问题和后代福祉。

8. 老年期（65 岁以后）

这一阶段，个体的智力和记忆能力衰退，生命的意义成了一些人在这一阶段思考的中心问题，而死亡则成了这一阶段不可回避的问题。如果回顾一生圆满幸福，老年人就可以安详平静地面对死亡；反之，则会充满遗憾，老年人就会对死亡充满恐惧。

【知识窗 1-5】

弗洛伊德性心理发展理论

图 1-8　弗洛伊德

弗洛伊德（S. Freud）是奥地利精神病医师、心理学家、精神分析学派创始人（图 1-8）。在弗洛伊德倾听、探究、分析病人的过程中，他逐渐相信病人的疾病是其早期生活经验所致。他认为在儿童成长的过程中，他们的快乐中枢与性冲动从嘴部转移到了生殖器。每个人都要经历五个性心理发展阶段：口唇期、肛门期、性器期、潜伏期和生殖期（详见本书第三章内容）。弗洛伊德认为，儿童在这些阶段中获得的各种经验决定了他们成年时的人格特征。性心理的发展过程如不能顺利地进行而停滞在某个发展阶段，即发生固着，或在个体受到挫折后从高级的发展阶段倒退到某一低级的发展阶段，即产生了退行，就可能导致心理的异常，成为各种神经症产生的根源。弗洛伊德对无意识心理现象和规律所做的系统而全面的研究开创了无意识研究的新纪元，对西方心理学界，乃至整个西方社会产生了巨大影响。然而，由于弗洛伊德的理论过分夸大了个体发展中的性本能和无意识的作用，将人类的形象描述得过于消极，甚至被认为存在文化和性别的偏见，因而也受到了不少人的批评。

【知识窗 1-6】

埃里克森的心理发展八阶段理论

图 1-9　埃里克森

埃里克森（E. H. Erikson）是美国的精神分析医生，也是美国现代最有名望的精神分析理论家之一（图 1-9）。与弗洛伊德不同，埃里克森的心理发展理论学说更多地考虑到社会文化因素，并强调人的一生都处于变化发展之中。埃里克森在他的著作《儿童期与社会》中提出，人的一生要经历以不变的序列逐渐展开的八个阶段，每个阶段能否顺利地度过则是由社会环境决定的。这八个阶段普遍存在于不同的文化中，但在不同文化的社会中，各阶段出现的时间可能不一致。发展的每个阶段都由一对冲突所组成，并形成一种危机。对危机的积极解决会增强自我的力量，人格得到健全发展，有利于个人对环境的适应；而危机的消极解决则相反。而且，前一危机的积极解决，会扩大后一阶段危机积极解决的可能性；反之，前一危机未得到积极解决，则会降低后一阶段危机积极解决的可能性。

这八个阶段分别是：

1. 信赖与不信赖（0—1 岁）。处于这一阶段的儿童对成人有很强的依赖性。如果父母能够爱抚并很好地照料他们，满足他们的基本需求，就会使儿童对周围的人产生基本的信任感；相反，就会产生不信任感和不安全感。儿童的这种基本信任感是其形成健康人格的基础，是以后各个阶段人格发展的基础。

2. 自主与羞愧、怀疑（1—3 岁）。这一阶段的儿童已经能够走、爬和说话，可以自己决定做什么或不做什么，因而与父母意愿的冲突也随之而起。这个阶段父母对儿童的养育，一方面根据社会的要求对儿童的行为要有一定的限制，另一方面又要给儿童一定的自由，不伤害他们的自主性，如果限制过多，会使儿童感到羞怯，并对自己的能力产生怀疑。这一阶段危机的积极解决能形成自我控制和意志的品质；反之，就会形成自我疑虑。

3. 主动与内疚（3—5 岁）。这一阶段的儿童开始有了创造性思维、活动和幻想。父母的肯定和鼓励会使儿童获得主动性，讥笑和限制则会使儿童缺乏主动性并感到内疚。这一阶段危机的积极解决会形成方向和目的的品质；反之，则会形成自卑感。

4. 勤奋与自卑（5—12 岁）。儿童在这一阶段开始满怀信心地在社会中寻找事情做并可以从中获得勤奋感。如果儿童不能发展这种勤奋，会使他们对自己能否成为一个对社会有用的人缺乏信心，从而产生自卑感。这一阶段危机的积极解决会形成能力的品质；反之，则形成无能的品性。

5. 自我同一性与角色混淆（12—20 岁）。这一阶段的青少年开始对自己和社会产生思考，为自己确定生活的策略。如果可以做到这一点，就获得了自我同一性；否则就会产生角色混乱和消极同一性。这一阶段危机的积极解决使青少年获得积极的同一性，形成忠诚的品质；而消极解决就会形成不确定性。

6. 亲密与孤独（20—24 岁）。这一阶段属于成年早期。在这一阶段中，建立了牢固自我同一性的人会追求与他人建立亲密的关系，而没有确立自我同一性的人，由于担心同他人建立亲密关系会丧失自我而离群索居，从而会产生孤独感。这一阶段对危机的积极解决会形成爱的品质；反之，则会导致混乱的两性关系。

7. 繁殖与停滞（25—65 岁）。这一阶段属于成年期，个体一般建立了自己的家庭和事业。如果个体形成了积极的自我同一性并且过着充实而幸福的生活，就会试图把这一切传给下一代。这一阶段危机的积极解决会形成关心的品质，而消极解决则形成自私自利的品德。

8. 自我整合与失望（65 岁以后）。这一阶段属成年晚期，这时主要的工作都差不多完成。前七个阶段顺利度过的人，具有充实、幸福的生活和因对社会有所贡献而产生的充实感与完善感，不惧怕死亡；而前七个阶段不顺利的人在回忆过去生活时则会体验到失望和遗憾，他们不愿匆匆离开人世，对死亡没有心理准备。危机的积极解决会形成智慧的品质；而消极解决则会产生失望和无意义感。

（二）心理发展的规律

纵观人类心理发展的各个阶段我们可以发现，人的心理发展遵循以下一些共同的发展规律：

第一，心理发展具有阶段性和顺序性。心理发展经历了一系列从低级到高级、从简单到复杂、从量变到质变连续不断的发展过程。例如，婴儿第一次用眼睛感受光的刺激，尽管他的感觉是懵懵懂懂的，但已经有了最简单的心理现象——视觉，而后逐渐辨别色彩、动静的物体，以及奶瓶和妈妈的形象。这是一个数量逐渐累积的过程，在此基础上会出现质的变化，由现象到本质，由具体到抽象。前一阶段心理发展达到成熟的水平阶段，就自然而然地进入后一新阶段。在每一阶段内都表现着心理发展的数量变化，同时也都经历一定的实践。这些量变和质变是顺序的更替过程，具有典型的心理年龄特征。

第二，心理发展具有不均衡性。首先，是同一心理现象在不同阶段的发展不均衡。例如，童年期机械记忆发展较快，青年期和成年期理解记忆发展很快，老年期记忆力逐年衰退。其次，表现在不同心理现象的发展不均衡，有些人能力成熟较早，发展成为“早慧”；有些人能力发展较晚，表现出“大器晚成”。

第三，心理发展具有相对的稳定性和可变性。在一定条件下人的心理发展的顺序和每一阶段的变化过程、速度等大体上是相同的，这是心理发展稳定性的表现；相反，在不同条件下，人的心理发展水平则表现出差异，就是心理发展的可变性。例如，有一对同卵双生女，一个原先住在农村，后来读了大学，其智商为 116 分；而她的同卵双生妹妹，始终住在森林地带，其智商仅为 92 分。当然，心理发展的稳定性和可变性都是相对的。随着各种条件的改变，各个心理阶段的发展都有一定的变化，这种变化也具有阶段性、稳定性。

第四，心理发展具有个别差异性。这种差异是由遗传、环境、教育诸因素造成的，先天遗传为心理发展提供了可能性，后天的环境和教育则把这种可能性变成了现实性。首先，表现在不同的人同一心理方面的发展速度和水平上的差异。例如，同班的三个同一年龄的学生，一个机械识记能力强，一个则表现出意义识记能力强，还有一个识记得快，忘得也快。其次，表现在不同的心理方面的相互关系上，例如，有些学生理解能力强而记忆力也强，有些学生理解能力差而记忆力也差。再次，表现在不同个性心理倾向上，表现为同一年龄的学生具有不同的兴趣爱好和性格等。

（三）心理发展是毕生的过程

心理学研究发现，人类个体在早期发展过程中，存在获得某些能力或学会某些行为的关键期。在关键期内，如果个体能够得到适当的刺激和帮助，其某种能力就会迅速发展起来。但是，近期的思潮认为，个体在很多领域，尤其是在人格和社会性发展方面都有着巨大的可塑性，人们可以利用日后的经验使自己获益，以此弥补早期的不足。因此，当代发展心理学家更倾向于用“敏感期”替代“关键期”。在敏感期内，个体对所处环境中特定种类的刺激有更强的易感性。在敏感期内个体比较容易接受某些刺激的影响，比较容易习得某些技能。然而，错过了这个敏感期，这种心理机能产生和发展的可能性依然存在，只是可能性变小，其形成和发展的难度增大。

【知识窗 1-7】

印度“狼孩”的故事

1920 年 10 月，一位印度传教士辛格在印度加尔各答的丛林中发现两个由狼哺育的裸体女孩。大的约 8 岁，小的 1 岁半左右。据推测，她们应该是在半岁左右时分别被母狼带到洞里去的。辛格给她们分别起了名字，大的叫卡玛拉（Kamala），小的叫阿玛拉（Amala）。

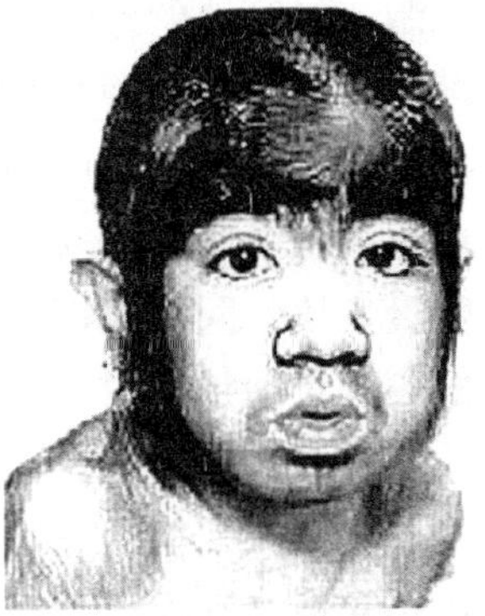

图 1-10　狼孩

在孤儿院里，人们首先对她们进行了身体检查，发现她们身体的生物系统是正常的，虽然营养不良。但人们很快发现，这两个狼孩虽然长得与人一样（图 1-10），但她们的一切生活习惯都同野兽一样：不会用双脚站立，只能用四肢走路；害怕日光，习惯在黑夜里看东西，经常在白天睡觉，晚上活动，每夜 10 点、1 点和 3 点循例发出非人非兽的尖锐的怪声；完全不懂人类语言，也不能发出人类的音节；经常像动物似的蜷伏在一起，不愿与他人接近；不会用手拿东西，吃起东西来狼吞虎咽，喝水也像狼一样用舌头舔，吃东西时，呜呜作声吓唬那些试图靠近她们的人；不肯洗澡，不肯穿衣服，并随地便溺。

被领进孤儿院后，她们被耐心地抚养和教育。相比较而言，小的阿玛拉的发展比大的卡玛拉的发展快些，在进入孤儿院两个月后，阿玛拉就能在渴的时候说“bhoo”（孟加拉语“水”的意思），并且较早地对别的孩子的活动表现兴趣。遗憾的是，阿玛拉进院不到一年便死了。卡玛拉因此流下了眼泪，两天两夜不吃不喝。之后辛格博士又下了很大功夫使卡玛拉“恢复人性”，但进展非常缓慢。进院后 16 个多月卡玛拉才会用膝盖走路，两年后学会了直立，但仍需要有人扶着。1926 年卡玛拉能够单独直立行走，但不会跑，当她想走得快一些的时候，需要四肢并用。卡玛拉用了 25 个月才开始说第一个单词“ma”，4 年后一共只学会了 6 个单词，7 年后增加到 45 个单词，并曾说出用 3 个单词组成的句子。但她直到死都没真正学会说话。在生命的最后 3 年中，卡玛拉开始喜欢并适应人类社会，但直至 17 岁那年死于伤寒热病，其智力仍只相当于人类三四岁的孩子的水平。

在大脑结构上，这个“狼孩”和同龄人没多大差别，可为什么智力发展如此缓慢？这一事例说明：人类的知识与才能不是天赋的，直立行走和言语能力也并非天生的本能，所有这些都是后天社会实践和劳动的产物。从出生到上小学以前这个年龄阶段正处于言语发展的关键期，错过这个关键期，会给人的言语和心理发展带来无法挽回的损失，因此也很难产生与语言相联系的抽象思维。但即便如此，通过不懈努力，“狼孩”还是变得越来越聪明，并且越来越适应人类社会了。

在研究个体心理发展的历史上，长期以来的观点都是把个体心理发展与生理发育成熟联系起来。这种观点把人看成是生物有机体，其心理活动随着机体的发展而发展，随着机体的衰退而衰退；认为心理发展是单向前进的、不可逆转的；认为年龄（时间）是心理发展或衰退的根据。根据这种发展观，一个人的人生发展在青春期以前处于不断发展的状态，而一旦进入成年期以后就基本上处于稳定状态，不会再有什么发展，到老年以后开始逐渐衰退。所谓“三岁看老”，这种发展观强调早期经验对以后发展的重要性，认为儿童和青少年时期是发展的主要年龄阶段，而把主要关注点放在儿童和青少年发展上，比较缺乏对中老年时期个体发展和生活背景的关注。

毕生发展是近30年以来西方心理学研究个体发展的一种新观点。这种观点认为，人的一生都在不断发展，发展是毕生的过程，发展贯穿于人的生命全过程；心理发展总是由生长和衰退两个方面结合而成，在发展中既有增长也有衰退；有些新特点、新形式是在发展过程中逐步出现并得到增强的；不同心理机能的发展形态和变化速率也有差异，发展较早者（如感知觉）衰退也早，发展较迟者（如逻辑推理）衰退也晚；心理发展有很大的个体可塑性，即由于生活条件和经验的变化，个体心理发展也会出现发展形式的变化；影响心理发展的因素有多种，其中主要有成熟（年龄阶段）、社会历史文化、重大意外事件，以及这三者之间的相互作用，年龄并非是影响心理发展的唯一要素；人的心理并不像过去认为的那样，到了青春期就停止发展，在成人期的相当长时间内保持停滞状态，到老年则开始衰退，而是处于不断发展变化的过程之中，心理功能只是在成年晚期很短的时间内迅速发生衰退。

毕生发展观把发展看成是全面的发展，而不只是单一方面心理结构和功能的发展；看成是贯穿于人的整个一生的持续过程，而不只是个体成熟的过程；看成是一种心理和行为协调的发展，而不只是某一个单方面的发展过程。毕生发展观既为我们更全面、更深刻地认识人的发展过程提供了理论指导，同时也为我们优化自己的人生，调整心态，接受终身教育提供了理论支持。

二、左右心理发展航线的因素

究竟是遗传和环境中的哪一个因素左右了个体心理发展的方向呢？从科学心理学创建以来，人们对这个问题就一直争论不休，为此还探索出很多种研究方法。例如，通过考察被收养的孩子和亲生父母及养父母之间在某些性状上的相似度来探讨遗传和环境对个体心理发展的影响，因为被领养孩子和亲生父母之间具有50%的相同基因，而养父母则从教养方式、性格特征等外在环境方面影响孩子，所以可以通过对某种性状的相似度的考察，分析遗传和环境所起作用的大小；还可以观察被领养孩子与非血缘关系的兄弟姐妹之间的相似性，分别探讨某种行为和心理特征受环境与遗传影响的程度；还可以把领养研究和双生子研究结合起来进行，观察分开抚养的同卵双生子和在同样环境中抚养的同卵双生子之间的差异与相似度，以推测环境的影响；等等。

【知识窗 1-8】

关于遗传和环境问题的争论

从科学心理学创建以来，关于遗传和环境问题的争论大体经历了以下三个时期：

第一个时期："是谁起决定作用？"

20 世纪初叶，问题的提法是一种非此即彼的绝对二分法，即遗传和环境"是谁起决定作用"，两个极端理论的代表是遗传决定论和环境决定论。"遗传决定论"过分夸大遗传在心理发展中的作用，认为个体的发展及其个性品质早在生殖细胞的基因中就决定了，否认其他因素对心理发展的影响。我国俗话说"龙生龙，凤生凤"就是遗传决定论的表现。英国心理学家高尔顿通过家谱调查法，对大约四百名科学家的家史进行研究后，得出结论：非凡的才能主要起源于遗传因子。而"环境决定论"又过分夸大了社会环境的作用，完全抹杀其他因素特别是遗传因素对心理发展的影响。在西方各个国家，不少心理学家用同卵双生子进行实验，证明环境在人的发展中的决定作用。

第二个时期："各起多少作用？"

20 世纪中叶，人们开始注意到遗传和环境两者都是影响个体心理发展必不可少的条件，开始研究分析遗传和环境各自的作用，即"各起多少作用"，并提出了各种折中的观点，统称"二因素论"，认为发展是由遗传和环境两个因素共同决定的。例如，斯腾在《早期儿童心理学》一书中说过，心理的发展并非单纯是天赋本能的渐次显现，也非单纯由于受外界影响，而是内在本性和外在条件辐合的结果。两种因素同为发展的不可缺少的成分，虽然其所占比重可因事而异。

第三个时期："如何起作用？"

人们逐渐认识到遗传和环境都是影响个体心理发展不可缺少的因素，于是进一步分析了两者的相互关系，提出了遗传与环境相互作用的观点。这个观点认为，遗传和环境两种因素存在相互依存的关系，即遗传对心理发展作用的大小依赖于环境的变化，而环境作用的发挥也受到遗传限度的制约；两个因素之间可以相互转化和渗透，即当前对环境刺激做出某种行为反应的有机体是它的遗传基因和过去环境相互作用的产物。相互作用论的观点是当前比较流行并且得到普遍认可的思想。

目前，心理学界普遍认为，影响个体心理发展的因素群可归为三大类：自然因素群、环境因素群和个体因素群。

（一）自然因素群：遗传生理因素和先天因素

所谓"种瓜得瓜，种豆得豆"，关于遗传现象，很早以前就被人们观察到了。人类通过遗传将祖先在长期生活过程中形成和固定下来的生物特征传递给下一代。遗传在个体心理发展中发挥着重要作用，它决定了我们的性别、身体大小、皮肤和头发的颜色，并在一定程度上决定了我们的智力和气质。现代心理学认为，遗传生理因素，特别是脑、神经生理方面的特征是心理现象产生的物质基础，为个体心理发展提供了可能性。当然，遗传只提供了发展的自然前提，并不能起到完全预见或决定作用，前文提到的“狼孩”卡玛拉的经历就很好地证明了这一点。

先天因素是指个体出生前影响其生长发育的诸因素。除遗传基因决定外，还有一些是由先天环境影响造成的，其中较重要的有母体环境。母体环境就是出生前影响胎儿生长发育的生物环境。有关研究表明，在母体环境中，营养、温度、药物、辐射等保健方面的因素对胎儿的生理发育和心理发生作用极大，甚至对出生以后个体的健康和适应能力的发展都有重要影响。我们平常所说的“胎教”实质上就是指应为胎儿创造一个安静、舒适、和谐的母体环境。

（二）环境因素群：自然环境和社会环境

一切生物的生存和发展均离不开环境，除了遗传外，环境对我们心理的发展也极为重要。自然环境因素是指来自自然界的对个体心理造成影响的方方面面，包括人生存所必需的食物、营养、气候、土壤、山川、河流、矿藏等动植物资源。这些因素的好坏及满足与否，都直接影响个体心理的发生、发展。如平时常常说到某些人具有某种浓厚的地域特色，就与当地独特的自然环境因素有着很大的关系。

社会环境因素是指影响个体心理发展的各种社会生活条件和教育条件，对心理发展的作用是最深远而复杂的，主要来自家庭、学校和社会的各种影响。首先，家庭是个体出生以后所面临的第一大社会环境，其中家庭规模大小、经济结构、父母教养态度、亲子关系等都对个体心理发展有着直接而重要的影响。社会信仰、价值观念等社会化目标也都是通过父母的过滤，以高度个体化了的有选择的形式传递给个体的。其次，学校教育对个体获取科学文化知识，形成世界观、人生观，心理全面发展起到至关重要的作用。学校环境中同伴关系的好坏直接关系个体的社会化进程。最后，人是社会的人，社会生活条件决定着个体的心理发展。社会生活条件包括社会经济状态、文化背景、意识形态、风俗习惯、民族传统、时代精神等，这些社会因素对个体的心理发展造成的影响是自发的、潜移默化的。

（三）个体因素群

与动物不同，人是在主动改变自然界和社会生活条件的实践活动过程中使自己得到发展的。个体主观能动因素也是心理发展的内部条件之一，它可以起延缓或促进心理发展的作用。上述各种内外因素对个体心理的影响并不是孤立起作用的，离不开个体自身的主体活动，在同样的内外因素影响下，个体心理发展的水平和速度与其主观努力分不开。人的智力和品德都是在后天的学习、生活、工作实践中逐渐形成并发展起来的，不从事某个方面的实践，就不会形成相应的能力，智力也就得不到发展，优良品德也就培养不起来。知识的多与少，才能的高与低，禀赋的智与愚，在一定条件下是可以互相转化的，而转化的主要条件就是人们在实践中的主观能动性发挥的程度。许多卓有成就的文学家、科学家、革命家的实践，充分证明了这一点。

三、大学生的心理发展航向

绝大多数大学生年龄在18～25岁，根据埃里克森的理论，正处于青春期向成年早期发展的变化阶段，也正是自我同一性发展的关键时期，角色认同对角色混乱、亲密对孤独是大学生所面临的主要心理课题，而认识自我和发展亲密关系成为其重要的心理发展任务。在此期间，大学生呈现出其独特的心理发展特点。

（一）大学生心理发展的特点

1. 认知发展特点

在认知方面，大学生正处于智力和创造力的高峰期。这个时期的大学生，无论其感知觉、记忆力，还是逻辑思维能力，都已经成熟和完善。他们能够通过分析、综合、抽象、概括、推理和判断来反映事物的关系与内在联系。其思维特点正从一般的逻辑思维向辩证思维过渡，思维的独立性、创造性和批判性显著提高。认知上的这些发展与特点，有利于其对系统知识的掌握和世界观的形成。事实上，很多人的思想都是在大学期间逐渐成熟和丰富的。但是，由于没有足够的社会阅历和知识储备，加上这个阶段特有的丰富、敏感而强烈的情感特点，大学生在看待问题时往往容易把事物片面化、单纯化，缺乏深层分析认识，陷入非黑即白的二元思维，有时思维创新但脱离现实，批判性有余而全面性和建设性不足，显得不够成熟和理性。

2. 情绪发展特点

“青年心理学之父”霍尔把青年期称为“狂风暴雨时期”。他认为，青年期的特点是动摇、起伏的，经常出现一些相互对立的冲动。相对于中学生而言，大学生的情绪内容开始趋向深刻和丰富，情绪的表达趋于隐蔽，情绪的变化也逐渐趋向稳定，但较之成人还显得动荡多变，尤其在面对突发事件或对自己意义重大的事情的时候，容易表现出既想控制或隐藏自己的情绪又很难控制自己的情绪。具体表现为：

（1）波动性和两极性。由于大学生的情绪尚未完全成熟和稳定，其对情绪的管理和控制能力还相对较弱。和成年人相比，大学生的情绪带有明显的起伏波动性，容易从一个极端走向另一个极端，情绪有时会表现出大喜大悲、大起大落的两极性。

（2）冲动性与爆发性。大学生在情绪体验上常常特别强烈，富有激情。对事情比较敏感，一旦情绪爆发，则缺乏控制能力，容易表现出狂热和冲动，容易走向极端。

（3）情绪的心境化。心境是某件事情所带来的微弱而持久的情绪状态。大学生正处于情绪丰富的阶段，一件事情给情绪带来的影响可能更加持久，情绪趋向于心境化。但和心境微弱的情绪体验不同，大学生的情绪往往强烈而持久，因此可能带来更大的心理负担。

（4）情绪的掩饰性。在情绪表达上，大学生开始尝试根据自我形象来调整、管理和控制自我情绪，情绪的外在表现和内心体验常常不一致，表现出一定的掩饰性。由于对情绪调节和控制的能力尚未成熟，对情绪的掩饰有时仍显幼稚。

3. 意志发展特点

大学生的意志品质已经基本形成并逐渐趋向成熟，具体表现为：

（1）自觉性和惰性并存。随着自我意识的发展，大学生行为的目的性、自觉性有了明显提高，很多大学生都能够逐渐开始综合社会标准、社会期望和社会条件，按照自己的意志，确立自己的学习和生活目标，并根据目标制订计划。但由于大学管理相对于高中时期更为宽松，缺乏师长足够的监督，加之确立的目标和计划过于理想化，一些学生并不能很好地执行自己的目标和计划，甚至因此放弃了这些目标和计划，表现出一定的惰性。

（2）独立性和依赖性并存。一方面，大学生的独立意识迅速增加，他们迫切希望能够自立自强，把握自己的命运，和父母、老师进行平等的交流；但另一方面，由于经济上尚未自立，心理上不够成熟，社会地位尚未确定，在面临一些重大决策（如专转本、考研、就业）时，很多大学生还是表现出依赖性，希望家长、老师能够为其拿主意。

（3）果断性和冲动性并存。一方面，由于独立性提高，能力增长，多数大学生表现出自信、果断，他们希望自己做选择，并愿意为自己的选择负责；但另一方面，这种果断常常有轻率、冲动的特点，情绪色彩较重，容易事后后悔。

4. 自我意识发展特点

大学生正处于从青春期向成年期转变的重要时期，他们常常更关注自己的内心世界，渴望认识自我、肯定自我、发展并完善自我。大学生的自我意识迅速发展，但并不成熟，呈现以下特点：

（1）强烈关注自我形象。为了形成稳定的自我认同，大学生常常积极、主动地认识自我、探索自我，对自我形象有强烈的关注。不仅关注自己的外表、举止，而且关注自己的能力、性格，更加关注自己的社会角色、社会归属、社会地位、人生价值等。这一时期的大学生注重自己的内心感受，对他人的评价极其敏感，经常反省自己，反复地审视自己的整体形象，期待他人的关注和赞赏。

（2）自我体验丰富而强烈。大学生处于人生最“多愁善感”的年龄阶段，其自我体验常常既丰富又强烈、既细腻又敏感。当体验到自尊时，容易志得意满，情绪高昂；而当自尊受挫时，则容易自卑退缩、忧郁沮丧。大学生这种由自我体验引起的情绪，容易呈现出两极分化的特点。

（3）理想自我与现实自我的矛盾性。理想自我是个人要达到的完美形象，是个人追求的目标，而现实自我是个人对现实中各种自我特征的认识。大学生有很强烈的成就动机，常常为自己树立各种理想和目标。当理想自我与现实自我距离适中时，可以激励大学生奋发图强、积极努力。但我们常说：“理想很丰满，现实很骨感。”很多时候大学生的理想自我过于完美，离现实自我差距过大，不仅起不到激励的作用，甚至可能因为这种差距而产生巨大的挫折感，从而自暴自弃，失去进步的动力。

（二）大学生面临的心理发展课题

心理学把人生由一个时期过渡到另一个时期所必须完成的学习或训练称为发展课题。大学生正值从未成年向成年过渡的关键期，在这个时期，无论是学习能力培养、知识积累、人际交往、自助学习模式培养，还是人格磨炼，对心理的发展和成熟都至为关键。具体而言，大学生主要面临以下心理发展课题：

1．摆脱依赖走向自立

大部分中学生的生活仍以家庭为中心，从进入大学起，很多人真正远离家门，开始学会独立生活。大学生需要与家庭成员以外的同伴或老师交往，需要独立计划和安排自己的生活，也开始为自己的生活做决定。但是，他们与家庭的脱离并不完全，大部分大学生仍需要家庭的经济支持，在面临升学、就业等重大决定时，仍需要参考家庭成员的意见。在这段过渡时期，大学生的独立性如果得到有效锻炼与充分发展，就可以在进入社会时更好地适应生活和工作。

2．适应新的人际关系

大学生心理发展的重要课题之一，就是学习成人化的人际交往。大学的学习和生活环境为大学生学习、适应新的人际关系创造了有利条件：大学的集体生活，为大学生们增加了人际交往与沟通的机会；共同的交往意愿和单纯的交往动机为彼此练习与适应新的人际关系提供了契机；大学生来自不同环境背景，有不同的价值观、生活习惯、兴趣爱好，也为他们学习如何消除交往障碍、学会人际适应提供了机会。

在人际关系中，学会与异性相处，学习爱与被爱，是适应新的人际关系的重要方面。大学生在爱和被爱中获得亲密关系，克服孤独，也开始为成年期建立家庭做心理准备。

3．掌握知识技能

从事某种职业、参与社会分工是成人的标志，而大学是系统学习和掌握职业所需的专业知识及技能的场所。一旦掌握了职业所需的知识和技能，大学生就能为职业生涯奠定良好的基础；否则，可能在职业生涯的初期就面临挫折和困难。

4．认识和理解自我

大学生的自我意识由矛盾、分化，逐渐走向统一。这个阶段的大学生开始把过去经历、当前现实和未来期望联系在一起，他们更积极主动地认识自我、体验自我、塑造自我、完善自我。在这个过程中，他们会经历一系列的冲突和迷茫，如果在这些冲突和迷茫中，他们能够更好地认识和理解自我的优点与局限，达成理想自我和现实自我的和谐，就能很好地完成自我同一性的课题；否则，有可能带着这种迷茫和困惑进入成人期，影响职业选择和家庭建立。

5．确立人生观和价值观

社会化的重要标志是个人拥有为社会成员所普遍接受和共享的人生观与价值观。我国当前正处于一个价值剧变和价值多元化的时代，这种变化容易导致大学生价值观混乱。确立正确的人生观和价值观有利于大学生更好地适应社会，而错误的人生观和价值观则可能使大学生在走向社会后产生心理冲突，甚至可能做出违法的事情。

第二章

为心灵“把脉”

“这世界除了心理上的失败，实际上并不存在什么失败。”说出这句话的亨·奥斯汀虽然身份成谜，但这句话让人留下了深刻的印象。大家都知道，生活中每个人的心理承受能力都是不一样的，面对困难与挫折，有的人坚强执着，有的人则不堪一击。前者或许可以跨过危机，获得成长；后者或许就被挫折打败，陷入绝望。我们甚至可以这样说，不一样的心理会导致不一样的人生。的确，心理是人生最重要的健康指数之一，如果谁重视不够，就会给自己的人生制造“心理障碍”，导致人生的失败。

那么，为什么人与人之间的心理差异如此之大呢？为什么有些事对一个人而言是小事一桩，对另一个人而言就是跨不过去的坎呢？本章，就让我们尝试着走近心理健康，了解心理问题的病状与起因，做一次自己的“心理医生”，为自己的心灵“把把脉”，解开“心灵密码”，及时发现问题，解决问题，还自己一颗健康的心灵。

第一节　走近心理健康

健康的身体与心理既是大学生学习的保证，又是成长、成才的基础。随着社会发展的加速，生活节奏的加快，竞争压力的加大，心理障碍者日益增多，并呈现出“高文化和高发病率”的倾向。大学生既是一个接受高等教育的特殊群体，又是一个心理问题易发、多发的特殊群体，因此对大学生进行心理健康教育是非常必要的。首先让我们走近心理健康，了解到底什么是健康与心理健康，衡量心理健康的标准是什么，以及大学生心理健康的标准又是什么。

一、健康与心理健康

从古至今，人类一直在追求着健康。拥有健康是每个人的期盼，那么到底什么是健康呢？提到这个问题，很多人都会回答：健康不就是没病吗？这种回答不能算错，但也不能算对，至少不能算全对。

（一）健康的定义

世界卫生组织（World Health Organization，WHO）1946 年在其宪章中对“健康”

做了如下定义："健康是一种生理、心理和社会适应的完美状态，而不仅仅是没有疾病和虚弱的状态。"宪章中对健康的定义表明，健康的含义是丰富多样的。在躯体方面，健康意味着一个人享受精力充沛的生命，即躯体没有病理改变和机能障碍，而且机体强壮；在心理方面，健康意味着有充分的自尊，有良好的情感，能从人际关系中获得满足，没有情绪困扰和行为问题；在社会适应方面，健康意味着有充沛的体力来担负自己的生活和工作，有积极乐观的胸怀来面对成功和挫折，有灵活的应变能力来适应环境的变化。这其中，心理健康是健康的重要内涵，而良好的社会适应则是健康的重要标志。20 世纪 80 年代初，世界卫生组织又提出了一个崭新的概念——"亚健康"，即一种介于健康与疾病之间的"第三状态"，又称为"次健康""疾病前状态""灰色状态""潜临床状态""半健康人"等。它具有以下特征：生理、心理和躯体均存在活力减低，适应能力呈不同程度减退的现象，即有自觉症状，但在做全面的理化检查时又未能发现异常或处于临床状态，没有出现功能性或器质性病变。来自世界卫生组织的报告表明，全世界真正健康的人只有 15%，75% 的人则处于亚健康状态。因此，1981 年，世界卫生组织在对健康人群进行大量调查后，对健康的概念又做了如下的阐述："健康就是精力旺盛地、敏捷地、不感觉过分疲劳地从事日常活动，保持乐观、蓬勃向上及有应激能力。"

（二）心理健康的概念

心理健康这一概念是由国外引入的，对于今天的人们来说，它已不再是一个陌生的词汇，而是已经进入普通百姓的日常生活，成为越来越多人关注的话题和追求的目标。一个人事业上的成功，只有 15% 的因素是由于他们的学识和专业技术，而 85% 是靠良好的心理素质和善于处理人际关系。重视心理健康已成为当今世界的一种潮流。

1946 年的第三届国际心理卫生大会是这样给心理健康定义的："所谓心理健康，是指在身体、智能以及情感上，在与他人的心理健康不相矛盾的范围内，将个人心境发展成最佳状态。"并具体指明心理健康的标志是：① 身体、智力、情绪十分协调；② 适应环境，在人际关系中能彼此谦让；③ 有幸福感；④ 在工作和职业中，能充分发挥自己的能力，过有效率的生活。可见心理健康并不只是强调"没病"，更强调个体自身潜能的发挥。

健康心理学根据心理测验的统计结果、症状分析、个人内心体验来评价人的心理健康水平，用健康与不健康来表达人的心理健康状态。事实上，在健康与不健康之间有一个很大的空间，既非健康又非疾病，"没有心理障碍与疾病，但又感觉心理不健康"，这就是心理亚健康，也称第三心理状态。处于心理亚健康状态的人，虽然其各项体检指标均正常，也无法证明其有某种器质性疾病，但与心理健康的人比又显得生活质量差、工作效率低、极易疲劳，常有食欲不振、睡眠不佳、腰酸腿痛、疲劳乏力等不适表现。从心理健康的角度来看，处于心理亚健康状态的人，虽然没有明显的精神疾病和心理障碍，但又有情绪低落、反应迟缓、失眠多梦、白天困倦、注意力不集中、记忆力减退、烦躁、焦虑等不良表现。

现代人陷入心理亚健康状态有七大信号：第一，焦虑感——烦恼不堪，焦躁不安，富有生机的外表下充满无助；第二，罪恶感——自我冲突，有一种无能、无用感；第三，疲倦感——精疲力竭、颓废不振、厌倦、无聊；第四，烦乱感——感觉失序、一团糟；第五，无聊感——空虚，不知该做什么，不满足但不思进取；第六，无助感——孤独无援，人际关系如履薄冰；第七，无用感——缺乏自信，觉得自己毫无价值，自卑内疚。

二、心理健康的标准

（一）衡量心理健康的标准

国内外很多学者从不同角度提出了衡量心理健康的标准，归纳起来，主要有两种。第一种标准主要关注正常心理和异常心理的区分。这种标准最早是在针对精神疾病和变态心理的研究中被提出的，主要用于各种严重心理疾病和精神疾病的预防、诊断与治疗。第二种标准主要关注人在积极理想心理状态下的特征。这些特征并不是每个人都能达到的，却是个体努力的方向和目标。

在积极的心理健康标准中，由人本主义心理学家马斯洛和米特尔曼提出的 10 条心理健康标准最为著名。他们认为，人的心理健康应该符合以下标准：① 有充分的安全感；② 能充分了解自己，并能恰当评价自己的能力；③ 生活理想切合实际；④ 不能脱离周围的现实环境；⑤ 能保持人格的完整与和谐；⑥ 善于从经验中学习；⑦ 能保持良好的人际关系；⑧ 能适度地宣泄和控制情绪；⑨ 在符合团体要求的前提下，能有限度地发挥个性；⑩ 在不违反社会规范的前提下，能适当地满足个人的基本需求。这些标准既强调人对现实的适应能力，又强调了人的潜能发挥，体现了人本主义积极向上的人性观。

简而言之，心理健康意味着：在认知方面，能够正确认识世界、自我和他人；在情绪情感方面，拥有积极乐观的情绪，能够有效管理和控制自己的情绪；在意志方面，有坚强的意志品质和抗挫折的能力；在与环境的关系方面，既能保持自我的独立性，又能适应和改造环境。

（二）判断心理健康的注意事项

在判断一个人的心理是否健康时我们要注意以下几点：

第一，一个心理健康的人并不意味着其完全没有不健康的心理和行为。判断一个人的心理健康状况，不能简单地根据一时一事下结论。心理健康是较长一段时间内持续的心理状态，一个人偶尔出现一些不健康的心理和行为，并非意味着这个人心理一定不健康。不健康的心理和行为要持续多久才是心理不健康（或心理异常）要视具体情况而定。

第二，心理健康是一个相对概念。心理健康所描述的只是一定时期内一定社会环境下人们的心理表现状态或发展水平，并没有绝对的标准。而且，人们对心理健康的认识也是与时俱进、因地而异的。不同的时期，不同的社会环境下应有不同的心理健康标准。心理健康者的整体人格协调，积极乐观，但也不是没有情绪低落的时候，其个别方面也可以有不适应的现象，人格方面也会有一些弱点。同样，对于一个所谓的心理障碍患者而言，其往往也只是人格的某一方面（如社交、情绪等）不适乃至偏离正常，所以其仍有某些积极的人格特征，或者说在其他方面还可能表现得“很健康”，比如一个社交困难的学生，其学习成绩可能很优秀。

第三，心理健康状态是动态的，始终处于不断变化之中。根据心理健康的状态、水平不同，可以将其分为健康、亚健康、心理障碍、精神疾病等不同的状态。每个人的心理在一定时期必然处于其中的一种状态，并且可以在这些状态之间转换。也就是说，一个心理健康的人遭受连续挫折、生活不顺利时，如果不注意心理调适，就可能情绪低落、精神萎靡，以致过渡到亚健康状态，甚至产生心理障碍。同样，一个有心理障碍的人也可以通过心理咨询和心理治疗，恢复到心理健康状态。我们所做的每一次判断都只能反映个体在某一段时间内的心理健康状态，既不代表过去，也不代表将来，但与过去和将来都有一定的联系。所以应该用发展的眼光判断心理健康状况。

第四，心理健康是一种生活体验、人生态度。快乐与忧愁、幸福与痛苦并不取决于外部环境，关键在于自己如何看待、如何感受。现实是客观的，但反映现实的人的心理是主观的。事物都有两面性，不利条件、挫折虽然给我们目标的实现增加了一些困难，但可以磨炼意志，使目标更具有挑战性，并且能使我们体会到更大的追求乐趣并积累精神财富。唾手可得的成功和荣誉很可能会使一个人飘飘然而迷失自我，从而在短期内掩盖其心理缺陷，为以后的发展埋下隐患。因此，无论是顺境与逆境、成就大与小、地位高与低、财产富与穷，都不应该成为我们心理健康的障碍。人人都可以选择快乐。

第五，正确理解心理平衡与适应。不少人认为“知足者常乐”“与世无争”等所谓的“心理平衡”是心理健康的标志。其实这种心态只是一种心理平衡状态，要么是对更美好生活缺乏追求的自信，要么是对现实矛盾的逃避，并非是真正意义的心理健康。同社会的不断发展一样，人的心理也处于动态变化之中，在“追求平衡—打破平衡—追求新的平衡”的过程中不断发展。心理健康并不是平衡与适应状态，而是两极的中间位置。如果仅停留于平衡、满足的状态，人们就会失去前进的动力，心理就不能发展，只能停留在一个“健康”水平上。通常人们把适应理解成对周围环境的顺从，把平衡理解为内心无冲突。如果说“平衡”就是健康，那么一个满足于现状、没有追求、不思进取的人，其内心就很平衡，因为他不会有挫折感，也没有冲突。如果说“适应”就是健康，那么现在社会上有的人左右逢源，上下讨好，这种“健康”显然也不是我们所需要的。

三、大学生心理健康的标准

对于一名大学生来说，应该具备怎样的心理水平才是健康心理的表现呢？目前对大学生心理健康的标准，一般有以下几点共识：

第一，智力正常，反应适度，能保持对学习较浓厚的兴趣和求知欲望。智力正常是人一切活动最基本的心理条件，也是衡量一个人心理是否健康的首要标准。而大学生一般智力都比较优秀，因此衡量其心理是否健康主要是看他们的智力能否正常发挥。学习是大学生活的主要内容，心理健康的学生珍惜学习机会，求知欲望强烈，能克服学习中的困难，学习成绩稳定，能保持一定的学习效率，从学习中体验满足与快乐。

第二，能协调与控制情绪，保持良好心境。人由于客观原因而产生了不良情绪，能自己进行调节，使自己恢复常态，这是心理健康的表现。心理健康的大学生能经常保持愉快、开朗、乐观、满足的心境，对生活和未来充满希望。虽然其也会有悲、忧、哀、愁等消极心理体验，但能在适当的时候通过合理的方式宣泄负面情绪，并努力尝试主动表达和调节，做到喜不狂、忧不伤，胜不骄、败不馁，并善于从活动中寻求乐趣。

第三，能保持正确的自我意识，接纳自我。自我意识是人格的核心，是人对自己与周围世界关系的认识和体验。自我接纳是指对自身及自身所具有的特征保持一种积极态度，正确对待自己的长处和短处。例如，有的女生因为自己长相平凡而心存自卑，对同学的评价非常敏感，不敢在集体活动中表现自己，遇事消极退缩，这就是没有正确接纳自己所带来的不良后果。正确的自我意识是指大学生对自己的各方面都能全面客观地进行分析，既不妄自尊大地做力所不能及的工作，也不妄自菲薄地放弃可能发展的一切机会。自我接纳，自信乐观，生活目标与理想切合实际，不苛求自己，能扬长避短。总的来讲，也就是能实现自尊、自爱、自信和自强。

第四，能保持和谐的人际关系，乐于与人交往。心理健康的学生乐于与他人交往，能用尊重、信任、友爱、宽容、理解的态度与人相处，能分享、接受和给予爱与友谊，与集体保持协调的关系，能与他人同心协力，合作共事，乐于助人。既有较为广泛的人际关系，又有知心的朋友；既能在交往中保持自己独立而完整的人格，有自知之明、不卑不亢，又能客观地评价别人，以人之长补己之短，与他人友好相处。

第五，有良好的社会环境适应能力。看一个人的心理是否健康，首先要看它的环境适应能力。人们所处的环境是在不断变化着的，这种变化，有的人能适应，有的人就不能适应，例如班干部改选，有人坦然处之，有人却耿耿于怀；英语四级考试失利，有人吸取教训，发奋学习，有人却心灰意冷，自暴自弃。心理健康的大学生能正确认识社会现实，在环境改变时能面对现实，对环境做出客观的认识和评价，使个人行为符合新环境的要求；能和社会保持良好的接触，对社会现状有清晰的认识；能及时修正自己的需要和愿望，使自己的思想、行为与社会协调一致。

第六，人格完整，意志坚强。人格指人的整体精神面貌。心理健康的最终目标是保持人格的完整性，大学生人格完整的主要指标是人格构成要素的气质、能力、性格、理想、信念、人生观等各方面平衡发展。完整、统一的人格指一个人的所思所想与其所说所做能完全一致，以积极进取的人生观做人格的核心，并以此为中心把自己的需要、愿望、目标和行为等统一起来，不断磨炼意志，充分挖掘自己的潜力，奋发进取，努力成为对社会有用之才。

第七，心理行为符合年龄特征。人在生命发展的不同年龄阶段都有与其相对应的心理行为，表现心理健康的人，应具有同年龄多数人具有的心理行为特征。心理健康的大学生应该是精力充沛、勤学好问、反应敏捷，喜欢探索的。如果一个人过于“老气横秋”或“天真烂漫”，严重偏离其年龄应有的表现，那都是心理不健康的表现。

上述大学生心理健康的标准只是一种相对的衡量尺度，它只反映了大学生在适应社会生活方面应具有的较为基本的心理条件，而不是心理健康的最高境界。其实，心理健康有三个层次：预防心理障碍的出现，即不患心理疾病是心理健康的最低要求；能够有效地学习、生活、交往是心理健康的第二境界；发挥自身潜能、促进自我价值实现、追求自身全面发展是心理健康的最高境界。我们每个大学生都应努力追求心理健康的更高境界，不断发展自我和完善自我。

第二节　解析心理问题

一、心理问题的分类

心理问题是指心理及行为异常的各种情形，按其轻重，可依次分为一般心理问题、心理障碍和心理疾病三大类。

（一）一般心理问题

一般心理问题是轻微的心理异常，是正常心理活动中的局部异常状态。人们常说的“心理困惑”“心理困扰”等，指的就是这种一般心理问题。

一般心理问题与其他各类心理异常相比，通常具有以下三个基本特征：

1. 情景性

这种心理问题往往由特定的情景所诱发，与特定的情景紧密相关，在脱离诱发情景的条件下，心理活动完全恢复正常。

2. 偶发和暂时性

绝大多数的一般心理问题并不经常或持续出现，而是偶发的、暂时的。

3. 心理状态无病理性变化

一般心理问题的心理状态没有病理性的变化，即精神活动正常。

一般心理问题如果脱离诱发情景而依然长期存在，具有明显的经常性和持续性，则有可能演变为心理障碍。

（二）心理障碍

从狭义上讲，心理障碍作为心理异常的一种表现类型，也称为心理失常，是对刺激的异常反应表现。通常所说的“心理障碍”有一个比较一般的定义，指没有能力按社会认为适宜的方式行动，以致其行为后果对本人或社会是不适应的。这种“没有能力”可能是器质性损害或功能性损害的结果，或两者兼而有之。与偶发性和暂时性的一般心理问题有质的区别，心理障碍具有明显的持久性和特异性，与一定的情境无必然的联系，即心理障碍并非由一定的情境直接诱发，但在一定的情境下可以加重。通常是一般心理问题的累积、迁延、演变的表现和结果。例如，过度兴奋，无根据的焦虑，时时事事处处吹毛求疵等。

但是，从广义上讲，心理障碍就是心理异常。在临床上，常采用心理病理学的概念，将范围广泛的心理异常或行为异常统称为“心理障碍”。在本章第四节中，采用的就是“心理障碍”的广义概念。

（三）心理疾病

所谓心理疾病，是指一个人由于精神上的紧张、干扰，而使自己在思想上、情感上和行为上，发生了偏离社会生活规范轨道的现象。心理和行为上偏离社会生活规范程度越厉害，心理疾病也就愈严重。心理疾病是比较严重或严重的心理异常，是多种心理障碍的集中或综合表现，是心理状态病理性变化的突出表现，具有明显的稳固性和病态性，即具有明显的疾病特点。

心理健康、一般心理问题、心理障碍和心理疾病四者之间没有明确的界限，是一个渐进变化的连续过程，同时也是一个动态的过程，心理健康人的行为并不是时刻都符合健康标准，难免会有暂时性的心理不健康，有人甚至断言：“这个世界上找不到一个心理完全健康的人。”心理学家的研究表明，人群的心理健康水平呈正态分布（倒U型分布）（图2-1）。

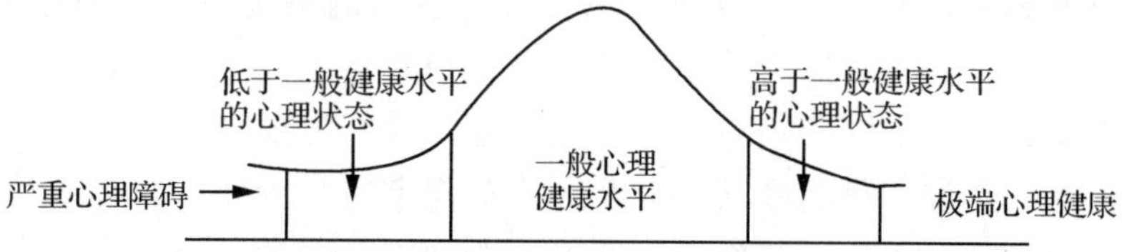

图2-1　心理健康水平的正态分布图

如图2-1所示，中间为平均正常心理健康水平，远离中间的两端则被视为极端。无论是患严重心理疾病的还是极端心理健康的，其人数比例都是非常小的，大多数人处于平均值附近的心理正常范围。

二、正确区分正常与异常心理

心理正常与心理异常之间并没有一个固定不变的、到处适用的绝对标准和界限。换言之，这种界限是相对的，随时代的变迁与社会文化的差异而变动的。要判断一个人的心理是否变态，只有把他的心理状态和行为表现放到当时的客观环境、社会文化背景中加以考虑，通过与社会认可的行为常模比较，并与其本人一贯的心理状态和人格特征加以比较，才能判断他有无心理变态及心理变态的程度如何。如果一个人能够按社会认为适宜的方式行动，其心理状态和行为方式能为常人所理解，即使他有时出现轻度情绪焦虑或抑郁现象，也不能认为他的心理已超出正常范围。也就是说，心理正常是一个常态范围，在这个范围内还允许不同程度的差异存在。

（一）判断正常与异常心理活动的“三原则”

1. 主观世界与客观世界的统一性原则

因为心理是客观现实的反映，所以任何正常心理活动和行为，必须在形式和内容上与客观环境保持一致性。不管是谁，也不管是在怎样的社会历史条件和文化背景中，如果一个人说他看到或听到了什么，而客观世界中当时并不存在引起他这种感觉的刺激物，那么，我们必须肯定，这个人的精神活动不正常了，他产生了幻觉。另外，一个人的思维内容脱离现实，或思维逻辑背离客观事物的规定性时便形成妄想。这些都是我们观察和评价人的精神与行为的关键，我们称它为同一性（或统一性）标准。

2. 精神活动的内在协调一致性原则

人类的精神活动虽然可以被分为知、情、意等部分，但它自身是一个完整的统一体，各种心理过程之间具有协调一致的关系，这种协调一致性保证人在反映客观世界过程中的高度准确和有效。比如一个人遇到一件令人愉快的事，会产生愉快的情绪，手舞足蹈，欢快地向别人述说自己内心的体验。这样，我们就可以说他有正常的精神与行为。如果不是这样，用低沉的语调向别人述说令人愉快的事，或是对痛苦的事做出快乐的反应，我们就可以说他的心理过程失去了协调一致性，转为异常状态。

3. 个性的相对稳定性原则

每个人在自己长期的生活道路上都会形成自己独特的个性心理特征。这种个性特征形成之后具有相对的稳定性，在没有重大外界变革的情况下，一般是不易改变的。个性特征总是以自己的相对稳定性来区别一个人与其他人的不同。如果在没有明显外部原因的情况下，这种个性的相对稳定出现问题，我们也要怀疑一个人的精神活动是否出现异常。这就是说，我们可以把个性的相对稳定性作为区分精神活动正常与异常的标准之一。比如一个用钱很节俭的人突然挥金如土，或者一个待人接物很热情的人突然变得很冷淡，如果我们在他的生活环境中找不到足以促使他发生如此改变的原因时，那么我们往往就可以说他的精神活动已经偏离了正常轨道。

（二）区分正常心理与异常心理的“四标准”

1. 数理统计标准

在普通人群中，对某些方面的心理特征进行测量的统计结果，往往呈现正态分布（图 2-1），即居于中间状态者为大多数，视为心理的正常范围，而偏离中间状态居于两端者为少数，视为心理异常的范围。但是，依据统计学标准认定的所谓正常或异常也是相对的，在心理疾病的诊断中仅有参考意义。因为一个人的心理由正常到异常，是一个连续的变化过程，某些心理症状，如抑郁、焦虑、恐惧、注意分散或人格结构上的某些弱点或缺陷在居中的大多数正常人身上也可能或多或少地存在，未必就是病态，只有偏离均值达到一定程度，超过一个半或两个标准差以上才是不正常的，并且偏离程度越大越不正常。尽管如此，其个体，也未必都有病理性变化，因而不可轻易做出心理疾病的诊断，一般可表述为某项或某几项症状偏高或略显偏高。

2. 心理测验标准

心理测验是指依据心理学的理论，使用测验方法对人的心理特质进行描述与评价。运用各种心理测验，如记忆测验、智力测验、人格测验、心理健康测验等，来判断人的记忆是否有障碍，智力水平如何，人格构成维度或因素的情况变化以及心理健康水平等。但是，心理测验有其局限性。由于人的心理现象具有复杂性和内隐性，无法像测量重量或长度那样进行直接测量，因此，任何心理测验都只能是通过测量人外显的行为来推断，是一种间接测量，其准确性和有效性也会大打折扣。

3. 个人经验标准

个人经验有两种含义：一是当事人的主观体验和感受。如果当事人有痛苦、抑郁、焦虑等感觉，且难以控制和摆脱，我们则视其为不健康；如果当事人自我感觉良好，无不适感，我们则视其为健康。二是判别者（如精神科医生或心理咨询师）的主观临床经验。即根据其以往的知识经验，结合当事人的心理和行为表现来加以判断。个人经验标准的主观随意性较大，如严重精神疾病患者没有自知力，精神十足、感觉良好，坚决否认自己有病，我们不能据此就认为其心理正常。

4. 社会适应标准

在正常情况下，人体维持着生理和心理的平衡状态，人能依照社会生活的需要适应环境和改造环境。因此，正常人的行为符合社会的准则，能根据社会要求和道德规范行事，亦即其行为符合社会正常模式，是适应性行为。如果个体违反了社会规范对其行为的期望则意味着其心理异常。如果按照这样的标准，是不是一个人不愿上班就意味着心理异常呢？似乎并不是，因为这样的想法很多人都有。但是，一位斯坦福的研究生在用斧子杀害了他的数学教授后，在他办公室门上贴上“今天不上班”的字条，这样的行为似乎就有着明显的心理异常意味了，因此，这条标准还要综合其他因素来进行评估。同时，由于地域、习俗的不同，社会规范有其差异性，在不同的文化习俗背景下，区分正常心理与异常心理往往要采取不同的鉴别标准。例如，一个男人吻另一个男人，这在美国可能是同性恋关系的一种信号，但在法国则是一种礼节性的问候，而在西西里岛则表示黑手党的“死亡之吻”来临。

第三节　大学生常见的一般心理问题及其应对

大学生的生理、心理逐渐趋向成熟，人格也逐渐趋于稳定，但依然处于自我同一性发展的关键时期。在这个阶段，由于受环境适应不良、人际关系问题、情感困扰、性困惑、经济困难、学业受挫、就业失败等影响，常常会出现一般心理问题甚至心理疾病。

大学生杂志社、中国大学生网曾经围绕涉及大学生心理困扰的产生原因、现状及对策等10个方面的问题，对大学生的心理健康状况进行了网络调查，近万名大学生进行网上投票。调查结果显示：27%的大学生认为自己经常有心理方面的困扰，66%的大学生认为自己偶尔有心理方面的困扰，仅有2%的大学生表示自己没有心理困扰，另有3%的大学生选择没有想过这个问题。

由调查结果可知，大学生的心理健康状况不容乐观，九成以上的大学生有过心理方面的困扰，这些心理问题存在性质和程度的差异，其中大部分属于一般心理问题，少部分可能会导致某些心理障碍，极个别的才属于严重的心理疾病。

一、大学生常见的一般心理问题

大学生常见的一般心理问题主要集中在以下几个方面：

（一）环境适应不良

【案例2-1】

“大学真的一点都不好!”

刚进大学的妍妍这段时间总是闷闷不乐，跟妈妈打电话的时候甚至控制不住连连哽咽。大学生活远不是她想象中的那样美好：气候跟家乡的完全不一样；食堂的饭菜不合胃口；衣服都得自己洗，洗厚重的牛仔裤时连搓都搓不动；同学不熟悉；班主任总共没见过几面，更谈不上嘘寒问暖了；上课的教室也不像高中的时候那样固定、熟悉，老是换来换去……一切的一切都让人无法适应。妍妍自小就是“被管大的一代”，爸妈只要求她好好学习，其余什么都不用她干，真的是“饭来张口、衣来伸手”。远离家乡的大学生活让妍妍头痛不已，吃不好、睡不好，上课注意力无法集中，妍妍很快就成了有心理问题队伍中的一员。

进入大学后，几乎每位新生都会面临各种适应问题。在生活上，离开了熟悉的家庭生活环境，离开了嘘寒问暖的爸妈，进入一个全新的学校生活环境，在气候、饮食习惯、住宿条件等方面都可能让人产生不适应感；在学习上，与高中阶段完全不同的学习环境、教学模式、教师管理模式都有可能让人产生空虚、迷茫感；在人际关系上，不同家庭背景、不同生活习惯、不同“三观”的同学开始朝夕相处的集体生活，容易让人产生不舒适感……种种不适应如果不及时调整，就会导致情绪低落、焦虑不安、无学习兴趣、孤独想家，甚至会导致想要逃避和退学的极端现象出现。本案例中的妍妍就出现了典型的适应不良问题。此外，还有一些大学生没有考上理想的大学或专业，进入大学后，理想和现实之间的差距也会让他们失落从而萌生退意。

刚入学的大学生要顺利度过生活、学习、人际环境的转变期，可以向父母、朋友倾诉，寻求支持和鼓励，尝试着接受、探索和学习适应新环境的方法。接受不能改变的客观现实，如饭菜口味、气候、校园环境等；探索新的学习方法和人际沟通模式；向学长学习，向周围的同学学习，从小事做起，从眼前做起，利用每一件小事和每一个机会锻炼自己独立生活、独立学习、独立工作的能力。

（二）学业问题

【案例2-2】

“我的努力都白费了吗?”

小君上大二了，目前最困扰她的就是学习问题。中学时小君是班上的优等生、老师心目中的乖乖女，却因考试焦虑发挥失常而在高考中一败涂地，又因填报志愿不合理，最终她以本二的分数考进了一所专科学校。考虑到家庭的经济状况，小君放弃了复读，想着进入大学后专心学习，将来努力专转本。但大学的学习并不能如小君所愿，无论如何努力，专业课的分数都不如她期待的那样优秀，虽然大一拿了二等奖学金，但在小君心目中感觉并不咋地。即将面临的英语四级和六级考试、计算机等级考试、专业证书考试及专转本考试，一场场考试如一座座大山压得小君喘不过气来。小君百思不得其解：“为什么同宿舍的同学一边谈着恋爱一边学习，成绩也不比自己差?我的努力都白费了吗?”

大二的小宋遇到了和小君类似的问题。小宋是班长，同时又是院学生会的干部，每天都有很多事情要处理，耽搁了很多学习和休息的时间，学习成绩因此受到了很大的影响，人也倍感疲惫。一直想做出一番成绩的小宋迷茫了、矛盾了：“我该放弃吗?我的努力都白费了吗?”

高考是让很多学生永远铭记的一段历程，经过高考的拼杀，有些人伤痕累累，有些人踌躇满志。带着不同的感觉进入大学校园，突然发觉自己竟然不知道该如何学习了。曾经的尖子生优势不再、专业课犹如天书、种种诱惑屡见不鲜，而未来的就业压力被老师像紧箍咒一般天天念叨着。

很多大学生存在学习方面的困扰，比如学习困难问题，尽管学习很努力，成绩却不理想，甚至多门课程不及格；又如学习兴趣缺乏问题，有的学生高考前对所选择的专业完全不了解，进入大学后对学校或所学专业不满意，出现厌学情绪；再如学习压力过大问题，许多学生学习的目的是报答父母，父母望子成龙的期望成为孩子的主要压力源。各种学习困扰有可能导致学生出现各种情绪和躯体上的症状，例如上课注意力不集中、考试焦虑、睡眠障碍等。

大学生要学会正视现实，认识到考上大学只是人生征途中的一次胜利或失败，今后的路还很长。从一进校门起，新的竞争又宣告开始，大家又站到了新的同一起跑线上。因此，入校后短暂的新鲜与兴奋之后就应当及时冷静、认真地分析利弊，正确认识自我，踏踏实实走自己的路。大学的学习不仅是知识的学习，也是学习能力的培养，全方位能力的锻炼。考试成绩只能部分说明这一阶段知识掌握的情况，其中还有很多偶然因素在起作用，并不能说明一个人的全部能力，任何努力都不会白费，在未来发展中一定能看到回报。

（三）理想与目标缺失

【案例2-3】

大学到底怎么度过？

小赵中学时的成绩还不错，但都是在父母、老师的严格管教下获得的。一进大学，小赵就如出了笼的小鸟，感觉一下子自由了。每天打游戏打到后半夜，白天上课睡觉，学习上也奉行“60分万岁”。很快到了大二，同学们忙着学习、参加社团活动、做兼职、谈恋爱，小赵却不知做什么好，整天一个人待在宿舍，除了上网外就是睡觉，感觉很无聊、很空虚。

进入大学后，学习上失去了高考的压力，同时也失去了中小学时的动力，又不可避免地接触到了社会市侩、阴暗的一面，习惯于只读圣贤书的学子们在现实面前感觉到困惑。

大学生应树立正确的理想与目标，并将其细化为远景和近景目标，制订可行的学习计划，逐步向理想迈进。同时，大学的学习与中学阶段不同，学习的主要目的是掌握一定的专业知识和技能，提高自身的素质。要想实现这一目标，就要从学好专业课，提高专业技能，培养高尚道德情操，锻炼组织社交能力，提高身体素质和心理素质等多方面去努力。在学习内容上注意寻找自己的学习兴趣，除完成正常的学习任务外，应根据自己的兴趣养成发现问题、思考问题、研究问题的习惯，变被动学习为主动学习，提高学习的自觉性和自主性。

（四）人际关系困扰

【案例2-4】

“谁能懂得我的孤独？”

小王来自山区农村，从小学习刻苦，总期望着有一天能出人头地。进入大学后，一直埋头学习、成绩优异的他却困惑了，体育、音乐自己样样不会，完全找不到在别人面前炫耀的资本。家里的经济状况不好，父母辛苦一年的收入积余还不够小王交学费和支付生活费，班级活动、同学聚餐都成了小王想要躲避的场合。极度自尊的他又不希望被别人怜悯、被别人资助。慢慢地，小王把自己封闭起来，变得越来越孤僻。

同班级的小李也遇到了类似的问题。出身富裕家庭的他自小娇生惯养，家中所有的人都以他为中心，一旦不如意他就会大发雷霆。大学生活远不如他想象的那般美好，同宿舍同学也远不如家人那般包容，慢慢地，舍友受不了他的坏脾气，不是与他大吵就是离他远远的，孤独的他无比苦闷。

大学生处于少年向成人转变的过渡阶段，如何与周围的同学、老师交往，如何建立和谐的人际关系，如何适应外面的世界，等等，这一切都要大学生学会独立面对。有些学生缺乏这方面的经验，加之自尊心过强，思考问题过于简单，往往对他人持有偏见，导致其在人际交往中出现各种各样的问题，有的甚至出现伤害他人或伤害自己的极端行为。

要想解决人际交往问题，首先要学会正确评价自己，增强自信，消除自卑和恐惧；其次，要加强自我训练，树立良好的自我形象，以积极的态度进行交往；最后，要学会善于使用各种交际技巧，比如主动交往、乐于助人、换位思考、善用赞扬和批评等。

（五）情感挫折

【案例2-5】

如何走出失恋的阴影?

19岁的琪琪正值花样年华，却因男友的一句“我们分手吧!”而感到伤心无比，一气之下从学校的桥上跳了下去。幸亏学校保卫部门及时发现，被救的琪琪躺在病床上，反反复复只说一句话：“你们为什么要救我?”

小刚从小生活在一个优越的家庭环境中，爷爷、奶奶、爸爸、妈妈对他百依百顺，小刚要什么，他们就给什么。小刚一帆风顺地进了大学，认识了小洁，开始了一段甜蜜而美好的恋爱。可好景不长，小洁因为受不了小刚长期的任性和坏脾气，提出分手。开始时，小刚显得很洒脱，“天涯何处无芳草!”没什么了不起的，一声“拜拜”就结束了。可谁知，离开小洁的小刚越来越觉得心里空落落的，硬扛了一个礼拜，终于没有扛住，想要“吃回头草”。小洁的态度却很坚决，完全不给小刚机会。小刚“软磨”不行，干脆“硬泡”，每天揣着把刀跟着小洁，连考试都不放过，吓得小洁躲在家里不敢来学校，气得小洁的父母要报警。小刚的父母、班主任都很着急，跟着小刚后面劝说、教育他，小刚却像铁了心，完全不计后果，说：“她不让我好过，我就是进班房也不让她舒服!”

在人一生的成长过程中，爱的渴望与需要是一个永恒的主题。时下的大学校园，恋爱已是公开的秘密，很多大学生匆匆加入“恋爱族”，他们可能会因情窦初开而兴奋、害羞，可能会经历浪漫而纯洁的爱情，也可能由于对爱或被爱缺乏正确的理解，饱受失恋、暗恋、单相思之苦。有的学生早早地偷尝了禁果，却也为此付出了沉重的代价，怀孕、人流给女大学生的生理和心理造成了极大的伤害。为情所困的大学生们不知如何自我调适，轻者陷入情感的漩涡难以自拔，重者则会痛不欲生，寻死觅活，甚至导致精神失常、自杀、伤人等严重后果。

失恋是恋爱中经常会遇到的挫折现象，大学生首先要学会改变认知，面对现实，接受分手的事实，而不应一味地停留在对过去的回忆以及对重归于好的幻想里；其次要学会寻找失恋带来的积极方面，失恋不仅有失去，同时也有获得；最后，要进行积极的自我心理调适，比如找亲人、同学、好友倾诉，适当地把情感转移到其他的人或事物上，尽快地消除心灵的创伤，恢复心理的平衡与健康。

（六）性的烦恼

【案例2-6】

左右为难

女生小江与班上一位男生是老乡，熟悉后逐渐互生好感，自然而然成了好朋友，进而又成了恋人。恋爱的感觉总是很甜蜜，自然免不了牵手、拥抱、接吻等让人脸红心跳的亲密举动。但随着相处的深入，小江发现有一个很大的难题横亘在两人之间。男友希望与小江发生性关系，并以此证明小江是爱他的，而小江自小接受的是传统教育，认为女性贞操非常重要，只有走入婚姻才可以有性行为，但又怕拒绝男友会影响两人关系。答应还是拒绝？小江感到左右为难。

初中时，男生小李偶然接触到一些色情视频，视频中的景象让小李感觉既新鲜又冲动，无法遏制自己的欲望，忍不住手淫起来。事情过后小李产生了强烈的罪恶感，同时担心这样的行为会对自己身体造成伤害，终日惶恐不安，影响了学习与生活。之后小李也看过一些关于性健康知识的书籍，并严格控制自己的手淫行为，但还是会忍不住去做，每次手淫后都会倍感愧疚，焦虑不安的情绪一直影响着他，直至进入大学。

一项针对大学生对于性知识了解程度的调查表明，只有7%（男生10%，女生1.4%）的学生表示对性知识了解很多，44.3%的大学生表示基本了解，其他人则只是多少知道一点。大多数学生尤其是女生，只对同性有一定了解，对异性的生理结构和特征则近乎无知。一些学生甚至把性看作肮脏、羞耻的事情。性知识的匮乏增加了性在大学生心目中的神秘感，使他们对正常的生理现象产生担忧和恐惧，又不好意思说出口，长期积压产生心理困扰。性的困扰包括性的观念、性的行为等方面，涉及性生理的成熟、性心理的发展及两性相处带来的问题。具体表现为：对性知识好奇，对异性渴望；有性冲动，但又不知道如何把握感情冲动的“度”；不知如何正确处理爱情与学业的关系及如何掌握两性交往的技巧和艺术，由此产生一些忧虑、苦恼和烦躁等心理不适。大学生应从正规渠道获取、学习相关生殖健康知识，积极参加学校组织的“青春健康同伴教育”活动，帮助自己逐渐适应性成熟的过程，用正确的态度面对正常的生理现象，减轻心理压力，消除担忧、焦虑、恐惧的心理。面对恋爱中出现的性烦恼，应尝试与恋人沟通，真诚表达，用“情”而非“性”促进亲密关系，树立正确的爱情观、性价值观，做好自我防护，预防性病、艾滋病。

大学生群体中，还有一个较为常见并引发心理困扰的是同性恋问题。同性恋是指一个人在性爱、心理、情感上的兴趣主要对象均为同性别的人，无论这样的兴趣是否从外显行为中表露出来。那些与同性产生爱情、性欲或恋慕的人被称为同性恋者。长期以来，由于同性恋行为是我国传统社会文化所不能接受的，同性恋者往往悄然行事。但近年来，大学生群体中公开承认自己是同性恋者的人数逐年增加，这与现代社会对同性恋行为的认可度增加有关。当今绝大多数科学家、心理学家、医学专家认为：同性恋有深厚的生物医学基础，同性恋者的性取向是由同性恋基因决定的，无法通过后天改变，不是一种选择，也不是自己可以控制的。这样的观点否定了同性恋性取向与道德相关的观念，认为同性恋是人性的一种自然流露，并非内心的扭曲，应尊重同性恋者的个性化情感的发展。同性恋经历了由“犯罪”到“宽容”的发展历程。现代人普遍认为，和异性恋一样，同性恋属于人类正常恋爱的类型之一。但即便如此，很多同性恋者依然顾虑重重，最主要的压力来源于父母、家庭，也因此产生情绪困扰。面对这样的问题，大学生应学会厘清自己的真实想法，了解同性恋的相关知识，明确自己的真实感受，尝试与父母诚恳沟通，获得父母的支持与谅解。

（七）未来发展的迷茫

【案例2-7】

未来的路何去何从?

想到大学生活已经过去了一大半，小刘突然忍不住焦虑起来，甚至出现了失眠的情况。晚上躺在床上，小刘思绪很乱：未来是就业还是考研？将来自己走上社会能适应职场吗？是从事自己并不太喜欢的但与所学专业一致的工作，还是从事与自己兴趣、个性相符的工作呢？是留在经济相对发达的大城市还是回自己的老家？将来自己跟女友也会面临毕业即分手的困境吗？所有问题纷繁复杂地交织在一起，一下子找不到答案，让小刘辗转反侧。

在就业压力巨大的社会背景之下，究竟应该如何自我定位、如何选择，已成为当代大学生不得不面对的一个问题。大学生不仅关心自己的未来，更关心个人的发展。选择什么样的职业，如何寻找工作，要不要进行职业转换等，都是大学生职业发展中面临的困扰。此外，是否继续升学，毕业后是否再读书等也是引发困扰的方面。面对压力，大学生应尝试认识自我，了解社会，寻找自我与社会的契合点，找到实现自我人生价值的正确位置。

以上这些心理问题我们也可以将其定义为“发展性心理问题”和“适应性心理问题”，是因为个体自身不能树立正确的自我认知，其心理素质及心理潜能没有得到有效而全面的发展带来的心理困惑，或是因为个人与环境不能取得协调一致带来的心理困扰。这些问题与大学生的成长局限性有关，即所谓的“成长的烦恼”。与障碍性的心理问题不同，这些问题也可以通过大学生自身的积极预防，提高心理健康水平，从而自我调适，克服问题。

二、预防与调适一般心理问题的方法

（一）塑造优秀心理品质，提高心理健康水平

1. 增强自我悦纳，制定合理目标

心理学实验证明，人对自己的认识和评价越是与其实际情况相接近，其所表现出

的自我防卫行为就越少，社会适应能力就越强。这样的人一般都有良好的自我接受能力，没有明显的自卑心理，即能够“自我悦纳”。对自己认识不客观，且自卑心理严重的人，时常会感到内心紧张、不安，总觉得他人不尊重自己，也不能善待他人，这样容易导致许多心理问题。因此，大学生应学会正确地认识和了解自己，对自己的个性特点、优缺点等情况有一个基本的把握，并且能够实事求是地加以评价。同时，还要根据自身实际树立理想和制定目标。当然这种理想和目标必须是经过努力所能达到的，过高或过低都会引起不良的心理反应，不利于心理健康。

2. 培养意志品质，克服艰难险阻

人生在世，难免经历顺境或逆境。坚强的意志品质能使人更好地克服困难和挫折，更好地献身于社会生活。社会转型时期，现实不断地向大学生提出各式各样的生活命题：学习上遇到困难，生活上阅历不足，同学关系处理不当及升学或就业方面的沉重压力等，这些都会使大学生不知所措、无法应对。为了出色地完成好人生的答卷，培养坚强的意志品质十分必要。为此，大学生首先要珍惜自己的宝贵年华，充分认识到大学时期正是人长知识、长身体的关键时期，要热爱学习和生活并努力加强实践锻炼。同时，要学会全面地看问题，掌握辩证思考问题的能力，要做好献身社会、承受逆境考验的思想准备。

3. 培养个性品质，提高交往能力

在人际交往中，要自信信人、自尊尊人和自助助人，这是当代大学生交往中具有典型意义的优秀个性品质。自信信人，是指既相信自己，又信任别人。自信是这一品质的起点和基础。自信，才能在生活的道路上不断激发自己前进，充分发挥潜在的能力并向着理想的目标奋然前行；信任他人才能换取他人的信任，与他人发展真诚的友谊，从而避免自我孤独和自我封闭。当然，这里的信任绝不等于轻信。自尊尊人，是指既尊重自己的人格，也尊重他人的人格。这里自尊是起点和基础，意即自己尊重自己、爱惜自己。一个能真正做到自尊的人，才有希望同他人友好相处，与人为善；尊重他人，才能获得他人的尊重。自助助人，是指既要自强自立又能帮助他人。自助是这一品质的起点和基础。因为很难想象一个不能自强自立的人能给别人带来什么帮助。同时，大学生在自助的基础上，还要能够助人为乐。只有依靠集体的力量，才能真正实现自身的价值。一个心理健康的大学生，不仅能够自强自立，而且还会乐于助人，在帮助他人的过程中得到崇高的精神升华。

（二）学会自我心理调适，克服心理问题

大学生要增进心理健康水平，预防心理问题，还要了解一些心理健康知识，包括学习如何识别常见心理健康问题，掌握一些必要的自我心理调适的方法和技术。目前，大学生获得心理健康知识的途径很多，除了书刊、电影、讲座外，很多学校还开设了大学生心理健康类课程，帮助大学生系统地了解心理健康知识和维护心理健康的方法。也可以通过参加一些体验式的团体心理辅导以增加大学生对自己的认识，拓展各种不同的体验，从而有助于提高心理健康的意识。

自我心理调适是指个体主动地运用心理学的理论和技术来改变自身的心理状态。也就是说，一方面，个体努力通过改变自身心理活动的绝对强度来减低或提高心理力量；另一方面，通过改变心理状态的性质，使其由消极的状态变为积极的状态。

1．松弛紧张情绪法

随着社会生活节奏的不断加快，大学生的学习生活也经常处于紧张的情绪状态之中。研究表明，现在大学生的学习负荷是有史以来最沉重的，尤其是处于升学和就业关口的大学生，其心理负荷和紧张状态几乎达到顶峰。而长时间情绪紧张又会导致心理疲劳和学习效率严重下降等不良后果。因此，大学生应进行必要的自我心理调节。首先，有计划地安排作息时间，养成有规律地生活和学习的习惯；其次，积极参加各类文体和社会实践活动，这既可解除心理疲劳和缓解紧张情绪，又能提高人际交往和社会实践的能力；再次，丰富课余生活，如阅读有益书刊，参加绘画、摄影、体育锻炼等，这不仅可以放松紧张情绪，还可以调整心理状态和调剂生活；最后，还可以采取回忆法，用愉快的回忆来消除紧张情绪。

2．调整心理平衡法

很多时候，人的心理问题往往是由一些小的心理不平衡开始的，而心理不平衡往往又来源于认知上的错误，认知偏误让人钻入牛角尖而无法自拔。要想调整自己的心理，大学生可以从以下几个方面尝试改变：

首先，不要盲目攀比。取得优异成绩、实现自我价值是很多当代大学生追求的目标，但达到这个目标的时间和进程因人而异，不同的人因自身状况和基础不同，需要付出的努力和花费的时间当然也就不同。处处以他人作为竞争对象，只会使自己经常处于紧张状态。因此，要结合自己的实际并学会纵横比较，再制订出合理的、可行的奋斗计划，脚踏实地地学习、生活，追求进步。

其次，对自己不要过分苛求。有些人做事要求十全十美，对自己的要求近乎吹毛求疵。但是，绝对完美的结果往往很难达到，不完美的结果让完美主义者倍感沮丧和挫败，而多次的挫败又使其产生畏难情绪，进而裹足不前。因此，对人、对事不要过分苛求，只要尽心尽力，大目标基本实现，小细节不够完美又有何妨?

再次，不要把自己的标准强加于人。每个人都有其自己的想法和观念，都有其优点和缺点，一味将自己的“标准”强加于人，会让自己失望，也会让别人不舒服，还有可能让别人远离自己。尊重他人，求同存异，这样会让大家的心情都舒畅些。

最后，学会思考，知道何时该坚持、何时该放下。人生难免经历挫折和逆境，只要大的目标不变，小处有时亦不必过分坚持，放下那些该放下的，以减少自己的烦恼。

3．寻找社会支持法

社会支持是指个体经历的各种社会关系对个体的主观或客观的影响。它是人与人之间的一种特定关系，有了社会支持，也就意味着有可以信赖的人在尊重、照顾和爱护自己，其基础就是健康良好的人际关系或社会交往。许多研究发现，社会支持是主观幸福感的一个重要影响因素。

大学生应学会善用自己的社会支持系统，及时获得心理上的支持与帮助。例如，经常与自己的亲人、朋友、同学、老师交流，出现心理困扰时可听听他们的意见与想法；又如，建立稳定的小集体（自助小组、同宿舍同学、学生社团等），集体中的每个成员相互信任、利益共享、忧患分担。这样的小集体可以给予我们强有力的支持力量。另外，心理咨询工作者也是个体社会支持系统中重要的一员。当我们出现因无法解决的心理问题而倍感痛苦时，一定要学会及时求助，主动寻求心理咨询师的帮助。相对而言，心理咨询师经过心理学的专业训练，能更好地帮助我们分析问题，指导我们走出困境。

第四节　大学生常见的心理障碍及其应对

一、心理障碍的分类

2013 年 5 月，美国精神病学会发布了《精神疾病诊断与统计手册》的第五次修订版（DSM-5），对各类心理障碍、精神疾病进行了重新分类，并制定了精确和具体的诊断标准。目前我国心理咨询或精神医学相关行业对心理障碍的诊断也大多以此为参考依据。根据 DSM-5，精神疾病主要可分为以下 20 类：

（1）神经发育障碍：主要有智力发展障碍、自闭症谱系障碍、注意缺陷/多动障碍、特殊学习障碍、运动障碍、抽动障碍等；

（2）精神分裂症谱系和其他精神病性障碍：主要有精神分裂症、分裂型（人格）障碍、妄想性障碍、短暂的精神病性障碍等；

（3）双相及相关障碍；

（4）抑郁障碍：主要包括破坏性情绪失调障碍、重度抑郁障碍（单次和反复发作）、持久性抑郁障碍（心境）、物质/药物引起的抑郁障碍等；

（5）焦虑障碍：主要有特定恐怖症、社交焦虑障碍（社交恐怖症）、惊恐发作、广场恐怖症、广泛性焦虑障碍等；

（6）强迫及相关障碍：常见的有强迫性障碍、囤积障碍、拔毛症（拔头发障碍）等；

（7）创伤和应激相关的障碍：常见有创伤后应激障碍和急性应激障碍；

（8）分离性障碍：分离性身份障碍、人格解体/失实障碍等；

（9）躯体症状及相关障碍：躯体性症状障碍、转换性障碍等；

（10）进食障碍：常见的有异食症、神经性厌食症、暴食症等；

（11）排泄障碍；

（12）睡眠-觉醒障碍：较为常见的有失眠障碍、嗜睡障碍、发作性嗜睡症、与呼吸相关的睡眠障碍、异睡症等；

（13）性功能障碍；

（14）性别苦恼症；

（15）破坏性、冲动控制和行为障碍：主要有品行障碍、反社会人格障碍、纵火症、盗窃症等；

（16）物质相关和成瘾性障碍：主要有物质相关性障碍、酒精相关障碍、咖啡因相关障碍、大麻相关障碍、致幻剂相关障碍、兴奋剂相关障碍、烟草相关障碍等；

（17）神经认知障碍：主要有谵妄、重度或轻度的神经认知障碍等；

（18）人格障碍：主要包括偏执型人格障碍、分裂型人格障碍、冲动型人格障碍、反社会型人格障碍、边缘型人格障碍、表演型人格障碍、自恋型人格障碍、回避型人格障碍、依赖型人格障碍、强迫型人格障碍等；

（19）性偏好异常症：主要有窥阴障碍、露阴障碍、摩擦障碍、性受虐障碍、性施虐障碍、恋童障碍、恋物障碍、异性装扮障碍等；

（20）其他心理障碍。

以上20类精神类疾病中，在大学生群体中较为常见的有精神分裂症、强迫症、抑郁症、社交焦虑障碍、广泛性焦虑障碍、神经性厌食症、暴食症、双相情感障碍、创伤后应激障碍、特定恐怖症、睡眠–觉醒障碍、人格障碍、性偏好异常症等。

二、大学生心理障碍的成因

从一般意义上讲，大学生心理障碍形成的原因，既有先天遗传基因，又有后天环境因素；既有内在因素，又有外部原因。

（一）内在因素

1. 不稳定的青春期心理发展

大学生的年龄一般在18至22岁之间，正处于青年初期或中期，亦即心理学上所说的“心理的断乳期”。他们的生理发育已趋成熟，而心理发展还不稳定，生活、工作、爱情等许多人生的重大问题尚无定论，他们的自我意识发展迅速，但自我认识、自我体验、自我调节的功能还不健全，表现为自尊心和自信心很强，而自我评价过高或过低；思想感情相当丰富，但自我约束和自我控制的能力差，意志品质还比较脆弱。这种心理发展和生理发展的不协调性，导致他们有可能经受不住激烈竞争的考验和某些急剧变化的负性生活事件的冲击，产生心理冲突和心理矛盾，导致各种心理障碍。

2. 自身性格使然

有研究表明，大学生心理健康水平与其性格有一定关联。相对而言，偏执、追求完美、内向性格的同学往往容易走入认知误区，且因不会与人相处而处于孤独境地，有了不良情绪得不到及时宣泄而成为心理负担，这类学生有可能比性格开朗的同学更易罹患心理疾病。

3. 遗传和生理因素

有资料显示，家族中有血亲患有精神疾病史的同学产生心理疾病的概率大于其他同学。不健康的遗传基因一般会导致个体的心理阈限值降低，为心理障碍的产生提供可能。一旦生活中出现负性生活事件的强烈刺激，就有可能引发心理障碍。

（二）外部原因

1. 家庭方面

家庭是大学生生活的主要场所之一，父母是子女的第一教育者和依存者，对于刚刚走上独立生活道路的大学生来说，虽然他们大部分时间生活在学校，但由于他们的吃、穿、住、行的费用绝大部分须由家庭来负担，所以，家庭的生活水平、家庭环境与父母的教育方式等都对大学生产生强烈影响。

（1）家庭生活水平

随着社会的发展，我国城乡居民的生活水平有了普遍提高，但各地区的生活水平相差甚远，贫富差距很大。一些家庭富裕的学生在社会高消费风气的影响下，在吃、穿、用等方面相互攀比；一些来自贫困农村地区的学生家庭生活困难，却因自尊心和虚荣心而产生自卑心理，在强烈的自卑感下，这类学生的精神受到压抑，有可能产生心理问题。

（2）家庭教育方式

父母的教育方式对子女的影响非常深远：父母对子女粗暴专制，缺乏与子女的心灵沟通；父母对子女过度保护溺爱，导致子女生活自理能力差、社会交际面狭窄；父母对子女冷漠忽略，致使子女得不到家人的支持和理解。这几类教育方式都有可能使子女产生异常心理。

（3）家庭结构残缺

父母亡故，父母离婚、分居或再婚等，都有可能使成长中的子女得不到家庭的温暖，造成子女心理上的缺陷，导致子女产生心理障碍。

2. 学校方面

大学生心理障碍问题的产生与高等学校在教育理念、教育体制等方面某些环节的缺失有关。

从教育理念方面看，学校过分重视智商教育而忽视对学生的情商教育。学校培养出来的学生有知识、会考试，却因过于强调竞争，忽视了合作与共处，有可能造成人格扭曲，最终导致其情商较低，缺乏适应环境和承受各种挫折的能力。

从教育体制方面看，面对大学生心理疾病问题日益严重的趋势，我们应对的机构、措施和干预机制以及必要的经费投入仍显不足。我国对学生心理干预的工作还处于初级阶段，仍需进一步加大投入力度。

3. 社会方面

人是社会的人，是一定社会环境的产物。大学校园作为社会母体的一个细胞，学校生活成为社会生活的缩影，大学生的心理活动也会受到社会生活的巨大影响。转型期的中国，社会风气发生变化，直接影响大学生的人生观和价值取向。面对社会的重重压力，面对社会生活中的种种阴暗面，一些大学生变得迷惘不安，有可能从忧患意识发展成不健康心理。

总之，心理障碍产生的原因是多方面的，内部因素、外部因素常常交织在一起互相制约、互相作用。某些先天因素的不健全，加上一些不良社会文化环境的影响，共同造成了大学生心理发展过程中的异常，最终导致心理障碍。因此，要预防大学生心理障碍，也应从多种渠道入手，方能取得良好的效果。作为大学生本身，也应树立科学的健康观，自觉维护和增进自身的心理健康。

三、大学生常见心理障碍及其应对

（一）焦虑障碍

焦虑是一种以显著的负性情绪、紧张的躯体症状及对未来的担忧为特点的情绪状态。焦虑在人类身上可能表现为一种主观上的不舒适感，一系列的行为（看上去忧心忡忡的，担忧或烦躁不安），也可能是某种源自大脑的生理反应和反射性的心率上升或肌肉紧张。焦虑并不是件令人愉快的事情，可为什么当我们每次在做重要的事情时又总会体验到焦虑呢？令人吃惊的是，焦虑对我们是有好处的，至少中等程度的焦虑如此。心理学家在一个世纪以前就发现，人在适度焦虑的情况下会把任务完成得更好。如果一点焦虑也没有，你的考试可能不会考得那么好。并且，适度焦虑也会使你在招聘面试前准备得更充分。简而言之，焦虑可以激发甚至提高我们在智力、体力活动上的绩效。如果没有焦虑，我们可能什么也做不成。但是，如果你焦虑过度了，又会怎样呢？考试时，你满脑子想的都是失败的严重后果，无法集中注意力，结果可能就是考试失败了；因为类似的原因，你的招聘面试也会告吹。情况更为糟糕的是，严重的焦虑并不会轻易消失。甚至，即使你意识到面对的情形其实并没有什么可怕的，你仍会莫名其妙地感到焦虑。焦虑会表现在焦虑障碍的各类疾病当中，此类心理障碍在大学生人群中并不鲜见，会严重影响其生活和学习。大学生较常出现的有广泛性焦虑症、社交恐怖症、考试焦虑症等。

1. 广泛性焦虑症

【案例2-8】

“活得好累啊！”

小叶弓着背、缩着脖子走进咨询室，小心翼翼地坐下。他告诉咨询师，自己每天都活得好累，对每件事都忍不住担心。担心早上乘公交车因堵车而导致上课迟到；因总是感觉心慌、胸闷而担心自己得了心脏病；担心图书馆保安刷不出卡说“这卡难刷死了”导致有人真的死去；担心自己毕不了业导致惨淡一生……这样的状况已经有好几年了，这样的痛苦也只有他自己一个人承担，父母总认为小叶没事找事，让他想开点儿就好了，可是要想开点儿对他而言谈何容易啊！

小叶是一位典型的广泛性焦虑症患者。这是一种慢性焦虑，常与生活紧张、工作重压、学业受挫、人际关系不良等心理因素有关。主要表现有：① 在认知方面，常常会担心和预料到某种可怕的事情将会发生，但又不知道具体是什么。广泛性焦虑障碍患者无论是在注意、解释和记忆方面对威胁都异常敏感，尤其对于针对其个人的威胁。② 在情感上，个体感到无助和紧张，易警醒，不容易得到他人的理解，常常被认为是自寻烦恼，经常处于崩溃的边缘。③ 在生理指标上，会表现为肌肉紧张、精神兴奋、容易疲劳及睡眠困难等。

2. 社交恐怖症

【案例2-9】

脸红的怪毛病

小丁觉得自己是个怪人，有害羞、脸红的怪毛病。两年多来，从不与人多讲话。一说话脸就发烧，不敢直视对方，眼睛躲闪，像做了亏心事，心怦怦直跳，皮肤起鸡皮疙瘩，好像全身都在发抖。觉得别人讨厌自己，在别人眼中自己是个怪人。她不愿与班上不熟悉的同学接触，特别是男生，即使在教室里，只要有男生出现，她就会紧张。对老师也害怕，特别害怕老师叫自己起来回答问题。她也曾努力想克服这个怪毛病，按照社交技巧去指导自己，用理智说服自己，用意志控制自己，但收效甚微。为了锻炼自己，她一进学校就报名参加了社团，可是每次参加社团活动她都因为自己过度紧张而无法完成任务，以至于现在一听说社团要活动就紧张到晚上失眠。

你害羞吗？如果是这样的话，你与20% ~50%的大学生具有某些相似之处。有研究表明，一般人群中，有13.3%的人会在生活中体验到社交恐怖的症状，这使得社交恐怖症成为一种比较普遍的心理障碍。患有社交恐怖症的人害怕别人的观察，害怕自己会丢脸或出丑。他们认识到这种恐惧是过分的、不合理的，但是，他们仍然会回避那些自认为会引发焦虑的社交情境。因此，一个患有社交恐怖症的人，会因为担心自己呕吐或被羞辱而不能在餐馆吃饭；一个患有社交恐怖症的学生在考试的时候，会因为恐惧老师的注视而停笔不写。这种恐怖症可能带有普遍性，包括对谈话、聚会或约会的完全排斥；也可能是针对某类特定的社交情境，比如在权威人物面前发言。

3. 考试焦虑症

【案例2-10】

一遇考试就紧张

李某，女，19岁，某大学机电系二年级学生，于学校开学一周后前来校心理咨询中心咨询。从大学一年级第二学期开始，她就出现了心理问题，主要表现为每到期末复习临近考试期间，就紧张焦虑，还伴有较严重的睡眠障碍。据了解，李某的父母均为中学教师，自幼家教甚严。李某从小懂事听话，学习成绩优异，中考更是以全年级第二的名次考进了当地最好的重点高中。开始时，李某的成绩不错，进入高三后，学习越来越紧张，她渐感吃力。高三第一学期的期末考试李某考砸了，从此她每到考试前就会心慌、焦虑、难以入眠。即使充分复习了，考前也会紧张得手脚冒汗，考试时更是紧张到脑中一片空白。就这样，最后的高考李某全线失利，最终被录取到了现在这个她觉得不太理想的大学。本以为进了大学学习会轻松一些，殊不知大学的专业课很难学，特别是理工科，李某越来越觉得力不从心，于是又出现了像高三时一样紧张的症状。

考试焦虑在大学生群体中较常出现，其特点是学生对考试恐惧，情绪高度紧张，特别担心考试的结果，导致心理活动失调，出现失眠、心慌、出汗、尿频、尿急、熟悉的知识无法识记、思维的深度和敏捷度受影响，甚至大脑一片空白、晕场的症状。以上案例中的李某所患的就是典型的考试焦虑症。

以上三个案例都说明：焦虑障碍对大学生的生活、学习、人际，以及未来的个人发展影响巨大，患上焦虑障碍的大学生主观上想努力克服却很困难，陷入无能为力的困境无法自拔。

（二）抑郁障碍

生活中经常听到有人在说“郁闷”“烦躁”“别理我，烦着呢!”等话语，这些成为与“爽”“酷”等流行语齐名的口头禅，实际上，这些词语都是抑郁情绪的代名词。回想一下你最近一个月的生活，可能在许多方面都是正常的：你在工作日学习，在周末参加社交活动，偶尔也会思考一下将来，或者正在愉快地期待下一个假期的到来。但是，或许最近一个月中你也曾感到过几分失意，因为你与你的男朋友或女朋友分手了，或者更糟一些，因为你的亲人过世了。想想你在这段时间中的感受，你是不是很沮丧？或许你还记得自己曾经哭过；可能你会感到无精打采，打不起精神与朋友外出；或许你偶尔会无缘无故地出现这种状况，使你的朋友觉得你喜怒无常。如果你同大多数人一样，你就会知道你的坏心情早晚会过去的，一两天后你又会成为原来的你。但是，如果悲伤持续的时间超过了正常范围，你便会受到心理卫生专家的关注了。许多与抑郁心理障碍有关的因素，包括过去的抑郁症史、心理的和社会的因素，都可能预示正常的悲伤反应向病理的悲伤反应的发展过渡。

【案例2-11】

“活着没有意义……”

小钱刚进大学一年级，按说对大学生活的新鲜劲儿还没过去，却不知为什么总是高兴不起来。整日无精打采的，对一切都提不起兴趣，思维似乎也开始变慢了，常常一堂课听下来什么也不懂。吃不下、睡不好，十点钟上床，十二点才睡着，凌晨三四点钟倒又醒了，只能睁着眼睛到天亮，体重也明显下降了。这段时间以来，小钱经常会觉得活着没有意义，很累，不如死掉倒轻松些，为此小钱还仔细想过如何死法痛苦会少一些。后来想到父母，犹豫再三最终没有实施。

现代人对于抑郁症并不陌生，很多名人死于抑郁症，从海明威到张国荣，直至因抑郁症自缢身亡的台湾美女作家林奕含，大家深刻体会到抑郁症的危害性之大。以上案例中的小钱可诊断为患有较为严重的抑郁症，主要表现为：情绪低落，兴趣减低，悲观，思维迟缓，缺乏主动性，有自我无价值感，自责自罪，饮食、睡眠、性欲差，严重者可出现自杀念头和行为。抑郁症是精神科自杀率最高的疾病，其自杀率近15%。一旦评估为抑郁症有自杀倾向，一定要有专人看护，及时就医，预防自杀事件的发生。此类疾病，大学生常见的致病因素往往与学业不成功、情感挫折、就业困难等联系在一起，这些常见的致病因素成为其抑郁症发病的导火索。

（三）强迫性障碍

【案例2-12】

纠结的小张

小张同学从高一开始出现强迫症状，当时他总是忍不住反复思考一个问题：“学习的意义何在？”上课时想，睡觉时想，考试的时候他还在想，以至于交了白卷，原本表现优异的小张成绩一落千丈，不得不休学。小张非常痛苦，觉着这样的自己生不如死。之后妈妈陪着小张就医服药，几经休学、复学，小张终于完成了高中的学业，考进了一所大专院校。可即便如此，强迫症状始终伴随着他，对什么事都忍不住纠结、反复思考，例如，他会对裤子上的一个小破洞反复想：“我是应该补呢还是不补呢？”一想就是一整天；总觉得自己脸上的眼镜是歪的，无论如何调整，跑了很多家眼镜店换了无数副眼镜都不行。小张痛苦不堪却又无法摆脱。

强迫性障碍又被称为强迫症，是指个体被连续的、反复出现的、不必要的，且患者又感到不能阻止出现的概念或思想所干扰而出现的失调行为，是一种以强迫观念和强迫行为为主要特征的心理障碍。其特点为有意识的自我强迫和反强迫并存，两者强烈冲突使患者感到焦虑和痛苦；患者自知力完好，体验到观念或行为冲突来源于自我，明知这样是没有必要的，虽竭力抵抗，却无法控制。

强迫症包含两种成分：强迫观念和强迫行为。强迫观念是持续反复的念头、影像或闯入意识的冲突。这些念头非常讨厌，且很难被消除或被控制。强迫行为是患者被迫对强迫观念的反应，其目的是避免或减少焦虑、逃避恐惧的事件或情境，包括固定仪式（如反复洗手、检查、抹擦）或心理活动（如反复数数、祈祷或默默地重复某个词语）。这些行为显然是过度了，耗费了患者大量的时间和精力，严重影响了患者的生活、学习和工作。相对于其他心理疾病，大学生的强迫症患病率较高，例如强迫洗涤、强迫计数、强迫检查、强迫观念等。

（四）精神分裂症

【案例2-13】

重要的大人物

同学们最近发现同班的小赵变得喜怒无常，他经常一个人自言自语，还说他能听到一些别人听不到的声音。有一天小赵神神秘秘地告诉同宿舍的小周，很长一段时间了，有一群人一直在监控他的一言一行，甚至能左右他的思想。因为他经常与毛泽东主席一起下棋，是一个非常重要的人物，所以那些人想迫害他，想派人来暗杀他。同学们告诉他这不可能，他却不相信。同学们很担心、害怕，急忙向老师汇报了此事。

上述案例中的小赵出现了明显的精神分裂症症状，应及时就医。精神分裂症是一组病因未明的精神疾病，具有思维、情感、行为等多方面的障碍，以精神活动自身之间及与环境不协调为特征。患者通常意识清晰，智能尚好，部分患者可出现认知功能损害。多起病于青壮年，常缓慢起病，病程迁延，有慢性化倾向和衰退的可能，但部分患者可保持痊愈或基本痊愈状态。在我国，精神分裂症患者约占精神科住院患者的3/4。精神分裂症是危害患者健康和社会功能最严重、最常见的精神疾病之一。

精神分裂症的主要症状有：① 感知觉障碍：最突出的是幻觉，包括幻听、幻视、幻嗅、幻味及幻触等，而其中以幻听最为常见；② 思维障碍：主要包括思维联想活动过程连贯性、逻辑性等方面的障碍，以及出现思维内容障碍——妄想，最常出现的有被害妄想、关系妄想、影响妄想、嫉妒妄想、夸大妄想等；③ 情感障碍：出现情感淡漠或情感反应不协调，或者兴奋、易被激怒、抑郁、焦虑等情感症状；④ 意志和行为障碍：意志减退甚至缺乏，表现为活动减少、离群独处，行为被动，对工作和学习兴趣减退，对将来没有明确打算；⑤ 认知功能障碍：信息处理和选择性注意、工作记忆、短时记忆和学习、执行功能等认知缺陷。

（五）创伤后应激障碍

【案例2-14】

“我不配活在这个世上！”

一年前，在一场车祸中，玲玲一下子失去了两位最爱自己的亲人——爸爸和妈妈。爸妈是在去学校探望自己的时候出的车祸，这让玲玲后悔无比，因为是她在电话中撒娇说希望爸妈来学校看自己的。对于原本无忧无虑的玲玲来说这一切就像一场噩梦，但这场梦似乎永远无法醒来。现在的玲玲会时不时一下子情绪失控，晚上经常梦见爸妈，看见他们面色苍白地躺在急救室，每每想到这一切，她就忍不住痛恨自己，觉得自己不配活在这个世界上。终于有一天，痛苦的玲玲服下了整整一瓶抗抑郁药……

2008年5月12日，四川省汶川县发生里氏8.0级大地震，死亡和失踪人数达8万多人。这场大灾难不仅给人民的生命财产和经济造成严重损失，也给灾后的人们带来了巨大的精神创伤。特别是对于那些目睹灾害恐怖场面的人，在很长一段时间内，一提起灾难场面，人们就会心有余悸、痛苦不堪，有些人甚至患上了创伤后应激障碍。这类患者的主要症状表现为：经历了恐惧、无助或憎恶的创伤性事件，之后会反复在记忆与噩梦中再度体验那些事件，出现“闪回”和“梦魇”症状，试图逃避能唤起创伤记忆的任何事物，变得过度警觉，易受惊吓及易怒。

除了自然灾害外，一些重大的生活事件也会给大学生带来心理上的创伤。例如，亲人意外丧失、患严重疾患、遭到性侵害等，这些重大的生活事件特别是处于急性应激状态时，会严重影响大学生的生活与学习。上面案例中玲玲患上的就是典型的创伤后应激障碍。面对这样的问题，患者应学会寻找积极的社会支持系统，比如寻求亲人、同学、好友、老师的帮助，及时就医或接受专业的心理咨询。而周围的老师和同学也应及时伸出援助之手，关心、帮助患者，随时关注其情绪和行为动态，并积极建议其接受专业的心理治疗。

（六）进食障碍

【案例2-15】

“为什么就是控制不住自己?!”

珑珑是一名大二女生，身材不高，长得有些黑黑壮壮的。两个月前，珑珑迷上了健身，每天最起码要花两个小时在健身房挥汗如雨，并且严格按照手机应用软件上的食谱控制自己的饮食。这样的努力很快取得了效果，珑珑一个月就瘦了7斤，同学们都说她变漂亮了。看着镜子中的自己，珑珑感觉到前所未有的自信，决心继续坚持下去。但好景不长，之后的体重指数很难下降，食物却变得越来越有诱惑力。终于一天晚上，珑珑从健身房回来，看见面包房里的奶油面包忍不住买了一大堆回来，迫不及待地全吃了，吃完之后撑得胃疼。其实珑珑之前一点儿都不喜欢吃奶油面包，现在却变得非常渴望，即使吃的时候也不觉得有多好吃。大吃之后的珑珑感觉自己非常糟糕，用手指抠喉咙将吃下去的食物吐了出来，第二天又到健身房加倍努力。之后，珑珑似乎陷入了一个怪圈，健身、控制饮食、暴食、催吐、再健身、再控制、再暴食……

进食障碍是一种以进食行为异常为主的精神障碍，主要包括神经性厌食、神经性贪食及神经性呕吐。目前，进食障碍已经成为一个严重危害女性青少年乃至中青年的严重的心身问题。当然，并不是每个人都会面临这样的危险。事实上，进食障碍倾向于发生在相对比较特殊的群体身上，即年轻女性及体操、舞蹈等特殊专业和职业者。超过90%的严重个案是年轻女性，且大多数家庭条件比较优越，生活在社会竞争很强的环境中。最明显的例子就是已故的英国王妃戴安娜，她曾详细地讲述过自己和贪食症长达7年的斗争。她曾经说自己在蜜月期，每天都会暴食并呕吐不下4次，甚至更多。

神经性贪食是以反复发作性暴食，并伴随防止体重增加的补偿性行为及对自身体重和体形过分关注为主要特征的一种进食障碍。主要表现为反复发作、不可控制、冲动性地暴食，继之采取防止增重的不适当的补偿性行为，如禁食、过度运动、诱导呕吐、滥用利尿剂、泻药、食欲抑制剂、代谢加速药物等，这些行为与其对自身体重与体形的过度和不客观的评价有关。暴食症在年轻女性（小于30岁）身上多见，并多在青春期和成年初期起病，患者体重正常或轻微超重，有时可能有肥胖史。

神经性厌食是一种多见于青少年女性的进食行为异常，其特征为故意限制饮食，使体重降至明显低于正常的标准（比正常平均体重减轻15%以上），为此采取过度运动、引吐、导泻等方法以减轻体重。常有过分担心发胖，甚至已明显消瘦仍自认为太胖，即使医生进行解释也无效。部分病人可以用胃涨不适、食欲下降等理由来解释其限制饮食。常有营养不良、代谢和内分泌紊乱，女性可出现闭经，男性可有性功能减退，青春期的病人性器官呈幼稚型。有的患者可能有间歇发作的暴饮暴食。严重患者可因极度营养不良而出现恶病质状态、机体衰竭从而危及生命，5% ~15%的患者最后死于心脏并发症、多器官功能衰竭、继发感染、自杀等。

以上六类障碍在大学生群体中较为常见，而以下两类障碍在大学生群体中所占比例相对较低，但对周边人群的影响、困扰很大。

（七）人格障碍

人格障碍，又称变态人格，是指人格特征明显偏离正常，形成了一贯的、反映个人生活风格和人际关系的异常行为模式。主要问题是自我评价障碍、选择行为方式障碍和控制情绪障碍，集中表现为对社会环境适应不良。人格障碍者没有认知障碍，智力正常，但他们往往不能对特定情景做出恰当的情绪反应和行为。常见的人格障碍类型有：

1．偏执型人格障碍

偏执型人格障碍又称妄想型人格障碍。这类人格的特点是多疑、固执、嫉妒心强，并常常因为自己的缺点而谴责别人。他们往往自以为是，自命不凡，对自己的能力估计过高，却对别人的过错不能宽容，很难与人相处。

2．强迫型人格障碍

强迫型人格障碍者要求严格和完美，容易把冲突理智化，具有强烈的自制心理和自控行为。这类人在平时有不安全感，对自我过分克制，过分注意自己的行为是否正确、举止是否恰当，因此，表现得特别死板、缺乏灵活性。责任感特别强，往往用十全十美的高标准要求自己，追求完美，同时又墨守成规。在处事方面，过于谨小慎微，常常由于过分认真而重视细节、忽视全局。怕犯错误，遇事优柔寡断，难以做出决断。他们的情感以焦虑、紧张、悔恨时多，轻松、愉快、满意时少。不能平易近人，难以热情待人，缺乏幽默感。由于对人对己都感到不满而易产生怨恨情绪。

3．冲动型人格障碍

冲动型人格障碍又称暴发型或攻击型人格障碍，以情感爆发伴有明显行为冲动为主要特征。男生多于女生，常表现为：情绪不稳，易激惹，易与他人发生争执和冲突，冲动后虽然后悔却不能避免再犯。这种人往往在童年时就有所表现，因微小的事情和精神刺激，就会突然爆发强烈的暴力行为，自己控制不住自己，而发生自伤、自杀或伤害他人的行为。

4. 反社会型人格障碍

其主要特征是极端自私自利，冷酷无情，容易冲动，往往受偶然动机驱使，违反道德法纪而不后悔，在犯罪者中约占10% ~50%。此类人完全不考虑别人，对自己的任何行为都没有丝毫的自责。他们完全没有良心的概念，对别人没有任何正常的责任感，可以毫不犹豫且毫无内疚地说谎、欺骗和偷盗等。这种人一向放纵自己，而不管自己的行为有什么后果或对别人有什么伤害。他们没有正常的自省能力，很容易受挫折，并往往以暴力行动来发泄自己的不满。这种人格障碍与家庭、社会环境和教育有关。2011 年发生的药家鑫车祸杀人案，有心理学者就将药家鑫诊断为反社会型人格障碍。

5. 表演型人格障碍

又称癔症型人格障碍，是一种以过分感情用事或夸张言行以吸引他人注意为主要特点的人格障碍。具有表演型人格障碍的人在行为举止上常带有挑逗性并且十分关注自己的外表。这类人情绪外露，表情丰富，喜怒哀乐皆形于色，矫揉造作，易发脾气，喜欢获得别人的同情和怜悯，情绪多变且易受暗示。以自我为中心，好交际和自我表现。对别人要求多，不大考虑别人的利益。思维肤浅，不习惯于逻辑思维，显得天真幼稚。女性发病率约为男性的两倍。

一般认为，人格障碍是在生物、心理和社会文化诸因素共同作用下形成的，有相对的稳定性，较难改变，人格障碍患者往往缺乏自知力，不能吸取教训，认识不到自己的缺陷。大学生正处于人格完善阶段，人格缺陷一旦固定下来即成为人格障碍，此类大学生往往会出现人际交往和适应不良的问题。

（八）性心理障碍

性心理障碍是以异常行为作为满足个人性冲动的主要方式的一种心理障碍，其共同特征是对常人不会引起性兴奋的某些物体或情境，对患者都有强烈的性兴奋作用，而在不同程度上干扰了其正常的性行为方式。已歪曲的性冲动付诸行动时，多导致违纪或违法。性心理障碍包括性指向障碍（如恋物癖、摩擦癖、恋童癖）、性偏好障碍（如性受虐狂、性施虐狂、露阴癖、窥阴癖等）、性别认同障碍三种类型。

1. 恋物癖

恋物癖是一种通过与异性穿戴和佩戴的服饰或与异性非性感部位相接触，并以此作为偏爱方式或唯一方式而引起性兴奋和达到性满足的性变异。常起始于青少年的青春发育期，患者几乎都是男性。临床表现为：抚弄或嗅咬异性的贴身用物（内衣、内裤、乳罩、月经带、丝袜等）而引起性兴奋和达到性满足。

2. 窥阴癖

窥阴癖是一种反复多次窥视异性裸体或他人性活动，并以此作为偏爱方式而引起性兴奋和达到性满足的性变异，患者均为男性。表现为：甘冒被扭送至公安机关的危险而不择手段地窥视和偷看异性脱衣、裸体、沐浴、小便及他人性生活过程，以此激起自己的性兴奋，同时往往伴有手淫或随后手淫行为。

以上列举了两类常见的心理障碍，希望可以帮助大家了解和识别，但切记不要随意对号入座。大学生群体中出现的心理障碍大多属于轻度心理障碍。如果感觉自己出现了某些症状表现，可与学校心理咨询中心联系或去相关专业医疗机构就医，明确自己究竟有何问题，找到产生问题的原因，通过必要的心理咨询或药物治疗，缓解或解决心理障碍。

很多大学生在产生心理问题后往往习惯于自我调节。自我调节这种方式对于解决症状较轻的一般心理问题比较适用，但如果出现内心冲突过于激烈、行为反应过于异常的较为严重的心理障碍时，自我调节往往难以奏效，此时应主动、及时地寻求心理咨询的帮助。除了求助于学校心理咨询中心外，严重的心理障碍应该及时到医院进行相关的心理与药物治疗，避免贻误治疗时机，导致问题加重。和心理咨询通过谈话促进患者心理健康不同，医院治疗心理障碍更多的是利用药物。以抑郁症为例，现代医学已经发明了很多既有不错疗效又没有太大副作用且费用也合理的抗抑郁药。因此，在某些情况下，药物同样是帮助改善心理障碍的有效途径。但是，药物只能通过调节个体的生物化学水平来缓解患者的心理症状，药物治疗不能代替心理咨询。心理咨询辅助药物治疗，是根本性解决心理障碍的有效途径。

第三章

揭开心理咨询的神秘面纱

【案例3-1】

沉重的“好”学生

小葛，大二男生，身高178cm，身材魁梧，皮肤黝黑，容貌俊朗。从上大学的第一天起，他就严格要求自己，学习刻苦努力，为人谦逊友好，工作认真负责，很快就被班级同学推选为班长。应该说小葛是一个全面发展的“好”学生。在大家眼里，小葛是成功的、幸福的、快乐的。可一到晚上，或独自一人的时候，小葛感觉“太累太累，想彻底放弃”。原来，从高二开始，小葛的内心一直驻着一个“心魔”，严重影响了他的学习和生活。白天，小葛坐在教室里想认真听课，突然感觉背部瘙痒，忍不住想去挠一下，但又担心如果自己反复挠背，别人会觉得他挺脏的。于是，小葛上课的时候表面上毕恭毕敬，而事实上内心有两个“小人”在激烈地为要不要挠背这件事“争论不休”，因此上课根本无法集中注意力。晚上躺在床上，小葛久久不能入眠，因为正当疲惫不堪、昏昏欲睡的时刻，他就感觉被褥的一角有点歪了，一方面认为没必要起身整理被子，该好好睡觉；另一方面，如果不整理，他心里又会很不舒服，总有一种冲动想起身整理，两个“小人”拉拉扯扯，让小葛心力交瘁，睡意全无。就连日常生活中最简单的洗手也让小葛纠结万分，明明知道冲洗一下就够了，但洗完了心里就是不踏实，一定非得反复搓洗不可。高二时，小葛曾经被精神科医生诊断为“强迫症”，接受药物治疗，可效果不尽如人意，强迫症状时轻时重，严重影响他的学习与生活。原本以为上大学之后这些症状会随着学习负担的减轻而缓解，但事实上，上大学后所有这些症状没有丝毫缓解，这让小葛内心充满了懊恼、焦虑和无助。谁也不会想到，这样一个“好”学生，在最痛苦的时候甚至会绝望得想冲到教学楼楼顶，有一种“一跳百了”的冲动。

在大学校园里，像上述案例中小葛这样长期遭受心理痛苦的学生屡见不鲜。2013年10月10日（每年的10月10日是世界精神卫生日，旨在提高公众对精神疾病的认识，分享科学有效的疾病知识，消除公众的偏见），中国卫计委公布最新的精神疾病统计资料显示，中国国内各类精神疾病患病人数比例已由10年前的5.4%上升到现在的

13.7%。在这些患病人群中，只有30%的患者得到了有效的治疗。同理，越来越多的大学生存在各种类型、不同程度的心理问题，严重者甚至为此付出了生命的代价。有资料显示，心理问题是导致大学生休学或退学的第一要素。然而，更多的资料表明，尽管全国大部分高校心理咨询中心纷纷建立，专业人员也越来越多，但真正从心理上坦然接受或行动上主动求助心理咨询的学生寥寥无几。

之所以会出现这种大学生心理咨询需求相对"萎缩"的现象，主要跟大学生对心理问题和心理咨询的相关知识缺乏科学的认识有关。遇到像小葛这样的情形，很多学生要么讳疾忌医，对心理问题视而不见；要么将心理问题简单地看成是意志力或品德的问题。事实上，小葛的心理问题已远远超过了他的自我调节能力，面对这种情况，唯一的建议是：感冒发烧找医生，心理有结找咨询。

本章重点阐述心理咨询的含义及其原则，大学生心理咨询的内容、过程及效果，旨在帮助大学生对心理咨询有一个全面而科学的认识，消除偏见，坦然地把心理咨询当作个人应对各种成长挑战和完善个性心理品质的重要社会资源。

第一节　心理咨询概述

一、心理咨询的含义

心理咨询最早起源于19世纪末期，美国职业指导之父弗兰克·帕森斯在底特律成立教育指导中心，专门为人们选择职业提供建议和指导。之后，心理咨询逐渐发展，被广泛应用于各行各业。比如，20世纪50年代，在美国，心理咨询被用来帮助第二次世界大战退役军人疗愈战后心理创伤；20世纪60年代，发达国家的一些知名企业开始施行员工心理援助项目，其中心理咨询是该项目的核心要素，旨在帮助企业员工提高应对各种压力的能力；20世纪80年代中期，中国国内很多高校建立心理咨询中心，为大学生提供团体心理辅导和个别心理咨询；而最近几十年，心理咨询在国内更是被广泛用来帮助人们解决婚恋情感、亲子教育、职业发展、人际关系等多个领域的心理问题。

《韦氏词典》对"咨询（consultation）"一词的解释是："咨询是一种磋商行为，磋商的目的在于通过对事情的商讨，有关意见的交换，以达到增长见闻，获取建议的目的。"那么，究竟什么是心理咨询呢？

心理咨询是指在建立良好咨访关系的基础上，由经过专业训练的咨询师运用心理咨询的相关理论和技术，针对来访者的各种适应和发展问题，通过共同探索，找出问题所在，经过咨询师的启发、指导、支持和鼓励，帮助来访者缓解内心痛苦，促进其人格健康协调发展。

心理咨询是一个专业的"助人自助"过程，其含义主要包括以下几点：

（1）实施这种帮助的是受过专门训练，精通人格形成和发展理论，掌握改变理论和技能的咨询师；

（2）咨询帮助是在专业框架内进行的，心理咨询师必须获得相应的专业资质，咨询机构必须获得法律法规的许可，咨询活动场所和程序必须符合专业设置；

（3）咨询的过程是咨询双方逐步展开问题，一起探索问题症结，但最终的目标并不是解决现实的具体问题，而是要达到来访者“自助”的目的，即在咨询以外的时间内，来访者习得新的认知和行为模式，以新的角度思考问题，以新的行为适应环境，提升整体的心理功能。

二、心理咨询的对象与形式

（一）心理咨询的对象

心理健康、心理亚健康与心理障碍者之间是一个连续体。即使心理健康的人群也会因自身发展阶段、自然社会因素的变化而发生心理功能受损。比如，一个性格活泼开朗的大学生可能因目睹父亲车祸现场而出现一系列情绪行为失调的症状：车祸情景不断浮现在其脑海，其不断体验濒临死亡的恐惧，一直失眠或做噩梦，记忆力严重下降，易怒，情绪反复无常；再比如，一个乐观外向的男生可能因高考失利选择闭门不出，拒绝与任何人交流；等等。

反过来，患有严重心理障碍的人群，即使情感、思维和认知严重失调，在接受精神业专业治疗之后，其精神症状显著缓解，但应对现实环境的能力并不会因药物治疗而得到显著改善。比如，一个患严重抑郁症的大学生，休学半年，在精神卫生机构住院治疗两个月后康复出院，半年后该生重新返校。学生对适应新班级和新宿舍充满担忧，更对自己被诊断为严重抑郁症而深感自卑和羞耻。对此，心理咨询师可有效帮助其适应新环境，消除自我否定的消极思维，发挥自身优势和潜能，提高其人际、学习、工作、生活适应等综合能力。由此可见，心理咨询的对象包括健康人群和障碍人群。既可以帮助心理健康人群因个人成长发展和环境压力导致的各种适应问题，也可以帮助心理障碍人群尽可能减少因疾病所导致的心理功能受损程度，促进个体心理与社会功能的全面康复。

（二）心理咨询的形式

心理咨询可以通过多种形式展开。我国国内常见的心理咨询形式包括：

1. 面谈心理咨询

面谈心理咨询一般适用于包括精神病院、综合医院、学校所属或私人执业的心理门诊和咨询中心。面谈心理咨询的对象主要是各种神经症、心身疾病、人格障碍、性障碍、情绪失调的病人和存在心理困扰的正常人。面谈心理咨询工作的承担者为获得专业资质的心理咨询师，工作方式主要采用咨询师和来访者直接面谈。这种方式首先有利于消除来访者的顾虑和心理屏障，咨询可以进行得比较深入、彻底，咨询师也可以根据来访者的具体情况，调整咨询或治疗的策略。面谈心理咨询也可以进行团体咨询。团体咨询的最大好处是让团体成员在团队形成、与人相处的过程中消除心理病症和困惑，团体的情感支持、群体的相互学习和正向体验在咨询中发挥着有益的作用。

2．电话心理咨询

电话心理咨询也是心理咨询的一种常见形式。它最早起源于20世纪50年代在国外开设的热线电话，旨在防止心理危机所导致的恶性事件，如自杀、暴力行为等，由此，也出现了“危机干预”一词。这类服务的电话号码像火警、匪警电话一样有专用号码，人人皆知，电话中心有专门的咨询人员24小时值班，有条件的还设有流动的急诊小组。这种咨询电话在挽救生命、防止恶性事件发生方面有很好的效果，因而被喻为“生命线”“希望线”。另外，在企业员工心理援助项目中，电话心理咨询是心理援助项目的主要形式。通过电话，心理咨询师为心理功能相对健全的企业员工提供亲子教育、婚恋情感、职场压力、职业生涯规划等方面的心理辅导。

3．书信心理咨询

书信心理咨询，顾名思义，是通过书信的形式进行的，多用于路途较远或不愿暴露身份的来访者。咨询师根据来访者来信中所描述的情况和提出的问题，进行疑难解答和心理指导。书信心理咨询的优点是较少避讳，缺点是心理咨询师不能全面地了解情况，只能根据一般性原则提出指导性的意见。来访者的来信往往杂乱无章，所述问题往往过于泛滥，有些甚至超出了心理咨询的范围。因此，一些心理咨询机构在接到来访者的信件时，往往给来访者寄去心理咨询的专用病史提纲，或者相应的心理或行为自评量表，让来访者按规定的形式填写后寄回，这样，可以使书信心理咨询更加规范。由于方法学上的困难，对于书信心理咨询的效果不太好统计研究，但是实际工作表明，书信咨询对于某些来访者还是很有帮助和益处的。对于比较严重的问题，咨询师可以在书信中建议来访者前来当面咨询。

4．网络心理咨询

网络心理咨询是随着网络技术的发展而逐渐开展起来的网络化心理咨询。对于那些由于个人躯体条件、地域环境的限制不能直接或不方便寻求心理咨询的来访者，以及由于个人生活风格或生活习惯，不愿意面对心理咨询师的人们来说，网络咨询显示出其独特的优势。网络心理咨询或许也可以成为心理咨询过程中的第一步。通过网络心理咨询，来访者实现“与心理咨询师的第一次接触”，体现“安坐家中，看心理咨询师”的方便途径。但是，网络心理咨询也有其不足，例如，来访者真实身份不易识别以及咨询师如何弥补因不在现场而造成的影响作用的不足，如何避免因信息交流不充分而引起的误会、投射作用等问题，这些都需要进一步研究和思考。

三、心理咨询的基本原则

心理咨询的基本原则即心理咨询人员在工作中必须遵守的基本要求，它是心理咨询师在长期的咨询实践中不断认识并逐渐积累的经验。

（一）保密性原则

这是心理咨询中最重要的原则。这一原则是指心理咨询人员有责任对来访者的谈话内容予以保密。在没有征得来访者同意的前提下，不得将来访者咨询时的言行随意泄露给任何人和机构。保密是心理咨询中最为敏感的问题，因为大部分寻求心理援助的问题涉及个人隐私，所以，保密是心理咨询师职业操守的基本要求，它反映了咨询师对来访者的基本尊重。如果因工作需要不得不引用咨询事例时，应该对材料进行适当处理，不得公开来访者的真实姓名、单位或住址等信息。

当然，从另一方面讲，保密也是有限度的。对于某些问题咨询师可以不保密。根据美国心理学家联合会（American Psychological Association，APA）的条例，以下几种情况属于例外：

（1）来访者有自杀倾向；

（2）当来访者有强烈的伤害他人的倾向时；

（3）确信一名未成年人是性虐待和其他虐待行为的受害者；

（4）当法庭要求提供个案资料时。

（二）尊重、接纳与理解的原则

在心理咨询的导入阶段，咨询师最好保持中立，对来访者的心理与行为、观点与立场无条件接纳。在咨询的过程中则要让来访者意识到咨询师接纳的是来访者本人而不是他的行为。给来访者以充分的尊重，努力与其建立起朋友式的真诚、友好、平等、信赖的关系。耐心倾听，适当提问，用心去理解来访者面临的困扰和感受，真正做到以来访者为中心。即使与来访者有不同意见，或者发现来访者的言行举止明显违背常理，也要努力从来访者的特殊成长环境和独特适应模式去理解，避免嘲讽、责问，避免做任何道德评判。

（三）“来者不拒，去者不追”的自愿原则

来访者寻求心理咨询原则上是应该完全出于自愿，这不仅仅体现对来访者的尊重，更是咨询发挥功效的前提条件。事实上，迫于学校或家人压力而前来的咨询的人也屡见不鲜，但咨询师往往要付出更多的热情和努力，才有可能激发来访者自愿求助的动力。如果最后来访者还是缺乏自愿求助的动机，对此咨询就难以发挥作用。反过来，即使是自愿前来咨询，也可以自愿选择离开或终止，这是来访者的权利，即所谓的“来者不拒，去者不追”。

（四）时间限定和情感限定的原则

咨询的时间是有限定的，一般每次咨询为50分钟，每周一次，具体持续时间视咨询问题而定。固定的咨询时间设置，可以让来访者有一定的安定感，并充分地珍惜和利用好每次咨询时间，此外，一周的间隔，也可以让来访者在咨询外的时间体会咨询会谈的体验，并尝试新的视角和行为适应方式。另外，咨询关系仅仅局限于咨询室内。咨询师要避免与来访者在咨询室外亲密接触和来往，更不能利用咨询关系来满足个人私利。最后，来访者过于了解咨询师的内心世界和私生活，也会妨碍来访者在咨询中的自我表露。

（五）发展性原则

咨询人员要用发展变化的眼光来看待来访者的问题。在看待来访者的心理问题时，不要轻易地将来访者的问题归为某种心理障碍或疾病，而是要从个体发展和社会环境因素的角度去理解来访者的适应性问题。一方面，“没有问题孩子，只有问题环境”，这句话就提醒咨询师要从发展变化的角度理解来访者的心理问题，对来访者的问题多一分理解和接纳；另一方面，在咨询的同时，咨询师也要看到来访者自身的潜能，每个来访者都会在咨询之外的时间通过个人努力和社会实践得到个性的完善与心理的成长。

四、心理咨询常见的认识误区

一对青年男女初次约会，男友迟到了，女友有些生气，询问男友为什么第一次约会就迟到。男友回答说：“因为今天约好要来见你，心理特别紧张，先去做心理咨询了。”在美国，女青年听了男青年这番解释后，会对男青年多一份好感。首先，这个男青年人品不错，不仅对自己负责任，更对他人够坦诚；其次，这个男青年有素质，有涵养，不轻易把负面情绪带给家人和亲友；最后，这个男青年具有一定的经济实力，有经济能力去接受咨询帮助。然而，设问我们中国的女大学生，如果你在初次约会时被男生告知他去做心理咨询了，你会有何反应？很多女生的第一反应是觉得这个男生不正常，并猜测他会不会有精神病或“神经病”。结果，女生要么选择扬长而去，要么在约会的时候对对方的一言一行加以审视，选择性地注意其不当言行。女大学生的态度恰好反映了当下大学生对心理咨询的印象。总体而言，在大学校园里还是有相当一部分学生对心理咨询的认识存在误区，具体包括以下六个方面：

（一）心理咨询只针对心理变态

有不少大学生会以为，接受心理咨询的人通常是脑子有病的人，是精神不正常的精神病人，因此，心理咨询常常被认为是不可告人、丢人现眼的事情。

事实上，大学心理咨询的内容大部分是个人发展方面的问题。我们每个人在成长的不同阶段和生活的不同方面都会遇到这样或那样的挫折、压力和挑战。比如，大学生中极为普遍的发展性问题有宿舍人际冲突、孤独、新环境适应、情感挫折、学业规划困扰等，这些问题都可能导致个体抑郁、焦虑、紧张、压抑等负面情绪的产生。

（二）心理咨询无所不能或立竿见影

不少学生将心理咨询神化，似乎心理咨询要么无所不能，要么立竿见影。有些大学生常常在咨询一开始便直截了当地向咨询师讨要解决问题的具体办法。或者在咨询1～2次后，没有达到预期的“奇效”，便会大失所望，觉得咨询没有用。事实上，心理咨询是一个连续而艰难的过程。首先，一个心理问题就像一个洋葱，里三层外三层地包裹着，表象掩饰着本质，而要了解问题就需要里三层外三层地层层剥离，全面深入地理解来访者。在充分了解来访者的前提下，咨询师针对不同的问题采取相应的干预措施。而解决问题又可形容成是冰雪消融。一座冰山，积封已久，没有强烈的改变动机，没有持久的改变和巩固，没有面对改变而带来的痛苦的勇气和尝试，冰山是难以消融的。由此可见，心理咨询从最初对来访者的理解到最后帮助来访者达到预期的咨询目标需要一个相对较长的过程。

【案例3-2】

毕业前的迷茫

小欣是一名即将毕业的高职院校的女生，因对个人职业发展感到十分迷茫而来求助咨询。面临毕业时，是继续升学，还是直接就业？对于该何去何从，小欣感到十分苦恼。咨询过程中来访者从外地实习单位特意赶回学校接受每周一次的咨询。自第一次咨询开始，小欣便讲述了自己的烦恼，并期待咨询能立竿见影，帮助其消除困扰。

在来访者咨询中，像小欣这样的学生很多，他们往往期待心理咨询能立竿见影。然而心理咨询通常都需要一个长短不一的过程，有的心理咨询一次就可以顺利结束，而有的则需要经历几个月，甚至更长的时间。心理咨询不是万能的，它也不能保证立竿见影，它需要来访者和咨询师的共同努力，更离不开来访者的积极配合和勇敢尝试。

（三）心理咨询等同于心理治疗

心理咨询和心理治疗的理论与技术几乎相同，但两者的服务对象、任务和工作场所、实施者都是不同的。心理咨询着重处理的是正常人所遇到的各种发展性问题，诸如日常生活中的人际关系问题、职业选择问题、适应发展问题、婚恋情感问题、压力与情绪管理问题等。其任务在于帮助来访者发挥潜能，完善个性，为正常发展消除障碍。心理咨询以发展性咨询为主，由心理咨询师在非医疗场所开展，如中小学与高校心理咨询中心、私人执业心理咨询机构等。而心理治疗的适应范围则主要以有心理障碍或处于康复中的精神病患者为主，其任务侧重于帮助病人缓解症状、恢复社会功能。此外，心理治疗大多由心理治疗师在医疗机构中开展工作。

（四）心理咨询的目的是帮当事人解决具体问题

很多来访者在进行心理咨询的时候，就急于寻求咨询师的建议，希望咨询师能给一方灵丹妙药以帮助解决自己的现实问题。殊不知，心理咨询并不直接关注现实问题的解决，而是侧重于个案的内在心理的变化与成长，现实问题的解决与否可能只是个案改变的继发结果，但绝不是心理咨询的重点。

【案例3-3】

“我没有存在感！”

小夏，大二女生，一直感觉孤单，不仅难以融入班级集体，更感觉班级所有人都讨厌她，甚至会伤害她。上周五，班级微信群里同学们正热议下周的校园活动，小夏也鼓起勇气表达了自己的观点，但结果是她的几次发言，都没有一人回复，大家似乎完全无视她的存在。这让小夏感觉特别孤独而失落。在咨询中，小夏希望咨询师告诉她怎样做才可以让同学们喜欢她。

像小夏一样，不少大学生在描述完心理困扰后就会直接向咨询师讨要解决问题的方法，比如，你能不能帮我换个宿舍，让我不要见到她们；我应该怎样做，才能让我女友回心转意；我怎样才能通过专转本考试；等等。事实上，心理咨询不关注具体问题的解决，但不排除来访者通过咨询提高问题解决的能力。比如像小夏这样的个案，咨询师便会对来访者的人际问题逐一具体剖析，深入了解来访者在人际互动中的认知、情感和行为，帮助来访者发现问题的核心所在。经过几次心理咨询，小夏越来越意识到不良关系中自己的责任，并增强了人际关系中的敏感性，在心理咨询外尝试新的人际行为，其人际关系终于得到初步改善。想象一下，如果在每一次心理咨询中咨询师都替来访者解决具体问题，那么这样将会增强来访者对咨询师的依赖，削弱来访者自我解决问题的力量。心理咨询提倡助人自助，授人以“渔”而非授人以“鱼”，核心目标在于提高来访者自己有效解决问题的能力和信心。

（五）心理咨询通过安慰与劝导达到助人的目的

当一个人遇到难以排解的苦恼时，可能会找好友诉苦，那样可以得到很多宽慰的话。一般来说，安慰具有情绪宣泄和情感支持的目的。但心理咨询不仅仅局限于安慰人或开导人，心理咨询更注重运用心理学的原理帮助来访者恢复受损的心理功能。一般人在相互安慰时，总是会劝说对方尽快忘却不愉快的经历。“过去的事情就让它过去吧”估计是人们相互劝慰时的共同准则。但心理咨询师不会简单地劝导，而是详细地了解事情的来龙去脉，体会来访者的痛苦感受，并帮助来访者探索其痛苦经历背后自己可能存在的不足，增进自我了解和对他人的了解，促进个人心理健康成长。

【案例3-4】

失恋的痛

小丽大学毕业后与小伟谈了两年异地恋。当两人关系发展到谈婚论嫁时，小丽突然接到小伟的短信说：感觉两人不合适，今后还是不要再联系为好。之后，小伟便销声匿迹。面对这突如其来的拒绝，小丽的内心痛苦不堪。几周过去了，周围的人都觉得为这样不靠谱的男友痛心不值得，小丽应该想开点，重新面对现实。而事实上，这两周，小丽越想让自己不再为这件事情伤感，就越难以抑制痛彻心扉。小丽都怀疑自己是否得了抑郁症或患有其他心理障碍，因为在别人看似简单的事情上，自己为什么就这么放不下呢？

面对这样的个案，咨询师是从以下几个方面着手工作的：首先是倾听，关注和理解小丽的情绪情感；其次，关注该个案的积极资源；最后，等该个案中人物小丽的情绪稳定后，再一起来探索这段关系的历程和意义。真实的案例最终结果是，经过6次咨询，小丽对失恋逐渐释怀，并逐渐恢复对未来生活的信心和勇气。由此可见，心理咨询不仅局限于心理安慰，而且包含以心理咨询基本理论和影响技术为依据的干预策略。

（六）心理咨询就是学生的思想政治教育

心理咨询是高校思想政治教育的一个重要组成部分，并且心理咨询与思想政治工作的对象都是人，本质上都是为了提高人的整体素质。因此，很多大学生自然而然地把心理咨询当作思想政治工作。事实上，心理咨询与思想政治工作存在本质的区别。

【案例3-5】

不被理解的愤怒

小俊是大二某班的班长，在学校纪念五四运动大合唱比赛中，小俊带着班级同学齐心协力、刻苦训练，经过初赛、复赛、决赛层层选拔，终于获得全校总决赛冠军。之后，小俊所在的班级被学校推荐参加全市大学生业余组合唱比赛。然而当小俊带着班级同学参加比赛彩排的那一天，他们发现其他高校的合唱演出简直精彩绝伦，堪比专业合唱选手水平。小俊和班级同学顿时感觉心慌意乱，感到巨大的精神压力。并且，当轮到小俊班级上台彩排的时候，设备出现故障，伴奏带无法播放，一直依赖伴奏带合唱的班级同学顿时慌了手脚，演唱时大家的声音乱成一团，效果差强人意。彩排完后，班级不少同学对自己的彩排表现感觉无地自容，根本无心参加下午的比赛。小俊对此也深有同感。于是，在同学们的强烈提议下，大家一致决定放弃下午的比赛。回到学校后，学校的辅导员找来小俊，严厉批评小俊作为班长擅自放弃重要比赛，严重违反校纪校规，有损学校形象。对于辅导员的批评，小俊感觉特别委屈，觉得辅导员一点也不理解自己当时的处境。

面对这样的个案，辅导员可能会从学生行为规范和道德准则的视角对学生实施教育与引导。而心理咨询可能会特别强调价值观中立，不加评判地倾听来访者的内心感受。在真实的案例中，小俊经过一次咨询，便感觉被咨询师理解、接纳和认可，愤怒和委屈的情绪显著缓解。之后，小俊反思自己在处理突发事件的时候需要更沉着和冷静。由此可见，心理咨询和思想政治工作之间看似相同，但其工作机制、目标和方法截然不同。首先，是两者工作机制不同：心理咨询主要是以发展心理学、人格心理学、心理咨询学等理论为基础；而思想政治工作则是以马列主义、毛泽东思想和邓小平理论为理论基础，在实际工作中将马列主义、毛泽东思想和邓小平理论的许多原理具体化，具有鲜明的阶级性。其次，是两者目标不同：心理咨询侧重于人的心理层面，即强调个性和谐，使对象摆脱消极情绪，提高人的心理健康水平和社会适应能力；而思想政治工作侧重于人的思想层面，主要解决政治观念、世界观、人生观、道德观、价值观等问题，以提高人的思想政治觉悟和道德品质。最后，是两者具体的干预方法不同：心理咨询注重温暖、共情、接纳、支持、启发等方法，具有个体性、保密性、非指导性等特点；而思想政治工作主要采用说服教育、集体教育、环境熏陶、实践锻炼等方式，具有公开性、群众性、主动性等特点。

第二节　心理咨询的理论与技术

心理咨询应该是在一定理论的指导下，运用恰当的治疗技术，对来访者进行有效帮助的过程。心理咨询发展至今，已经发展出400多种理论和技术，不同的心理咨询师会因其不同的专业训练背景，依据心理咨询的不同理论和技术采用不同的心理帮助方法。在专业领域内，大家约定俗成地将各种心理咨询的技术称为心理治疗的理论和技术流派（或取向）。以下简要介绍当前国内较常用的心理咨询理论和技术流派。

一、精神分析治疗

（一）概述

精神分析治疗是历史上发展最早的心理咨询流派，距今已经有100多年的历史，也被称为心理治疗与咨询的第一势力。精神分析的创始人是著名的奥地利精神科医生及精神分析学家西格蒙德·弗洛伊德。弗洛伊德探索了神经症、焦虑个体内心的无意识动机和冲突的深层的、长期的治疗方法。弗洛伊德的追随者保留了弗洛伊德的一些基本观点，却不断修正其某些治疗理论和实践内容。新发展的精神分析总体上来说更强调社会生活环境持续地对来访者的影响，更强调自我的功能。本章我们只介绍精神分析最基本的理论和治疗技术。

（二）基本原理

精神分析的核心观点是，一个人幼年的生活经历与情感经历决定其成年的认知和行为模式。个体幼年所经历的精神创伤，比如被忽视、家庭暴力、缺乏温暖安全的家庭环境，会导致其心理发展受阻，并且幼年的恐惧、绝望、愤怒和无助会不断地被压抑到潜意识里，成为日后罹患心理障碍或精神疾病的重要原因。

1．意识论

弗洛伊德将人的心理活动分出三个层次，即潜（无）意识、前意识和意识（图3-1）。潜意识指人的原始冲动、各种本能和出生后被压抑的欲望，潜意识具有强大的能量，是人活动的内驱力，决定或影响着人的全部有意识的活动。前意识指无意识中那些能被召回的部分或能被人回忆起来的经验。前意识介于潜意识与意识之间，担负着“检查官”的角色，严密防范以阻止潜意识的本能和欲望随便进入意识之中。意识指直接与感知有关的心理部分，它

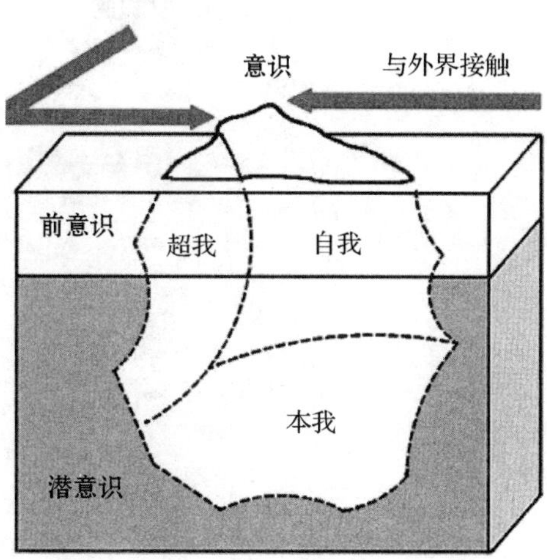

图3-1　弗洛伊德的意识论与人格论

调节着进入意识的各种心理现象，压抑着人类心中那些先天的本能和欲望。

2. 人格理论

根据精神分析的观点，人格包括三个组成部分，即本我、自我和超我（图3-1）。本我是人格中最原始的部分，按照“快乐原则”行事，渴望本能需要的直接满足，减少痛苦，获得快乐。人出生的时候只有本我。自我源于本我，随着婴儿的成长，外界环境对本我的满足施加越来越多的限制。在一岁左右，自我从本我中分化出来，开始对本能需要的满足寻求安全的渠道。自我按照“现实原则”行事，强调本能与外界环境的关系。超我的发展主要是儿童接受其父母及社会的伦理、道德和价值观内化的结果，它遵循的是“完美原则”。

3. 性心理发展理论

随着新生儿的成长，每个人都开始经历几个性心理发展阶段，每个阶段都是以与获得快感关系最密切的身体部位来命名的。弗洛伊德将人的性心理发展划分为5个阶段：①口欲期（口唇期，0—1岁）；②肛欲期（肛门期，1—3岁）；③性蕾欲期（俄狄浦斯期、前生殖器期，3—6岁）；④潜伏期（7—12岁）；⑤生殖期（青春期，12岁以后）（图3-2）。

【知识窗3-1】

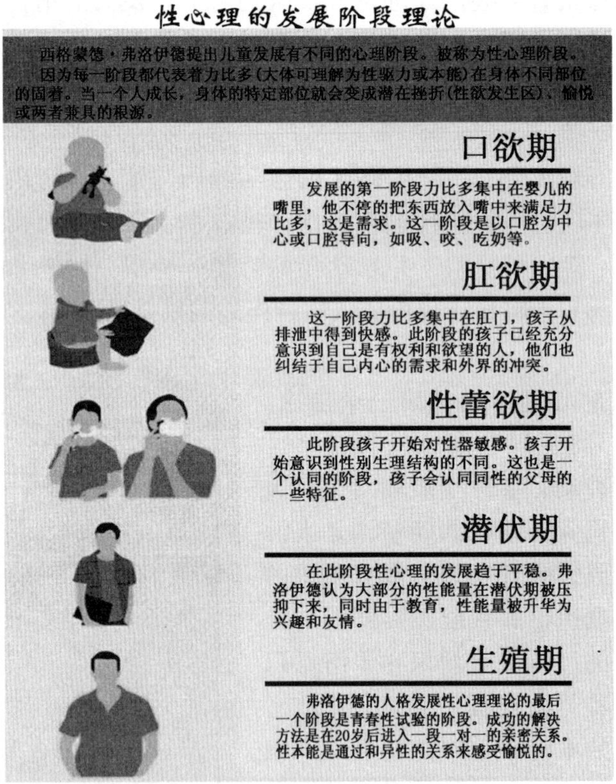

图3-2 性心理的发展阶段理论

4. 防御机制

本我、自我和超我之间的力量是不平衡的，相互作用，就会产生内心冲突，导致紧张与焦虑。自我总是通过各种防御（常常是潜意识的）努力避免让这些冲突和焦虑进入意识，其中最常见的，也是最原始的防御机制就是压抑。压抑就是自我将无法接受的想法、情感和冲动等排除到意识之外。自我还使用其他的防御机制，包括转移（例如一个父亲在单位受了气，回家后把怒气撒到年幼的孩子身上）、合理化（例如“吃不到葡萄说葡萄酸”）、否认（例如一个母亲面对孩子意外死亡的事实矢口否认）、投射（例如一个偏执的人总觉得周围的人对自己不怀好意）、升华（例如一个失恋而痛不欲生的年轻人将所有的精力都用来写作和绘画）等。

（三）基本的治疗技术

精神分析理论的一个重要假设就是病人最重要的情感和冲突都是潜意识的，而且受到心理防御机制的保护。不管病人多么努力，他都无法认识自己的潜意识。因此，治疗师必须创造一种环境，使病人在治疗师的陪伴和引导下，探索自己的内心世界，更深刻地理解自我，然后以更加适应的方式思考和行动。精神分析治疗主要包括以下技术：

1. 自由联想

在精神分析中，自由联想扮演着核心角色。在最初的阶段，分析师会向当事人说明精神分析的基本规则，也即当事人应该说出浮现在脑海里的任何内容，不管多么痛苦、可笑、无聊、不合逻辑或毫不相关。在精神分析治疗中，自由联想是极重要的技术。在古典的精神分析里，当事人通常会躺在长椅中，而分析师则坐在外面，如此做为的是避免当事人的自由联想受到干扰，不过当代的精神分析已逐渐很少使用长椅了。自由联想是打开潜意识里各种希望、幻想、冲突及动机等素材大门的基本工具。这种技术能收集过去的经验，有时也可以发现尘封已久的强烈情绪。

2. 梦的分析

分析梦境是揭开潜意识的重要手段，也能够使当事人顿悟一些未解决的问题。在睡眠中，防卫机制转弱，被压抑的感觉会浮现上来，因此，弗洛伊德认为梦是通往潜意识的绝佳途径，因为当事人在梦中会把潜意识的希望、需求与害怕表达出来。

梦境有两种内容：一是潜性内容；二是显性内容。前者是指梦境所包含的隐伏、象征性内容，它与潜意识动机、希望及害怕有关。因为它们是如此令人痛苦并具有威胁性，所以构成潜性内容的潜意识冲动与攻击冲动会转化成较能让人接受的显性内容，然后再呈现给做梦者，即显性内容是当事人醒来后所能记忆的梦境。此一转化过程称为梦的工作。分析师的任务就在于将显性内容的潜性意义挖掘出来。在治疗中，当事人叙述梦境，并在分析师的鼓励下自由联想梦中的要素，回忆其中被唤醒的感觉。

3. 解释

解释包括指出、说明，以及教导当事人了解其行为显现在梦境、自由联想及治疗关系中的意义，目的在于让对方自我消化吸收这些素材，并加速其潜意识里的素材进一步呈现。在做适当解释时，分析师必须感受到当事人已做好思考告知内容的准备。分析师根据对方的反应来做判断。解释的时机相当重要，否则会遭到当事人的抗拒。此时的通则是，当解释的现象接近意识知觉时，就是解释的时机。换言之，当当事人能够忍受与吸收，但自己尚未能明了时，咨询师就应该对其解释素材。另一项通则是，解释时应由浅入深，使对方能够跟得上。第三项通则是，在解释潜伏的情绪或冲突前，先指出对方可能会有的抗拒或防卫现象。

4．移情的分析与解释

移情是指当事人将自己过去对生活中某些重要人物的情感会太多投射到分析者身上的过程。比如，一个早年被父母忽视的来访者，在咨询中，可能因咨询师休假而感觉到强烈的被抛弃感。移情分析在治疗中是很有价值的，因为它能让当事人有机会再度去体验到各种他们不易接触到的感觉。透过与治疗者的关系，当事人将尘封在潜意识里的感觉、信念与欲望表达出来。在治疗过程中，他们会在潜意识下重复着过去的经验。经过咨询师适当的解释，以及突破这些早期的感觉，当事人将能够改变其维持已久的行为模式。

二、行为治疗

（一）概述

精神分析治疗关注人的行为的内部原因，而行为治疗学派则关注可以观察到的人的外部行为。“行为治疗”的概念最早是由斯金纳等人于1954年提出的。应该说，行为主义的理论已存在很长时间了，但行为治疗与行为咨询的发展历史远远短于其理论存在的年限。行为主义的研究早在弗洛伊德进行心理分析研究时就已开始，但行为治疗的发展是20世纪50年代末至60年代初的事情。不过，在较短时间内行为治疗已发展成为当今世界上最重要的心理治疗方法之一。行为治疗的核心观点是人的行为是后天学习的，因此，也可以通过再学习而加以改变。

（二）基本原理

1．巴甫洛夫的经典条件反射

在巴甫洛夫著名的狗的试验中，他证明了以下发现：食物可以引起狗分泌唾液，用一种声音和食物结合几次后，那么声音本身也可以引起唾液的分泌。通过这个试验，巴甫洛夫发现，如果可以引发无条件反射的无条件刺激与一个中心刺激配对结合，那么，这个中心刺激就会变成条件刺激，引起原来只有无条件刺激才能引起的反应，即条件反射（图3-3）。巴甫洛夫的试验发现了人类行为获得的一种学习方式。

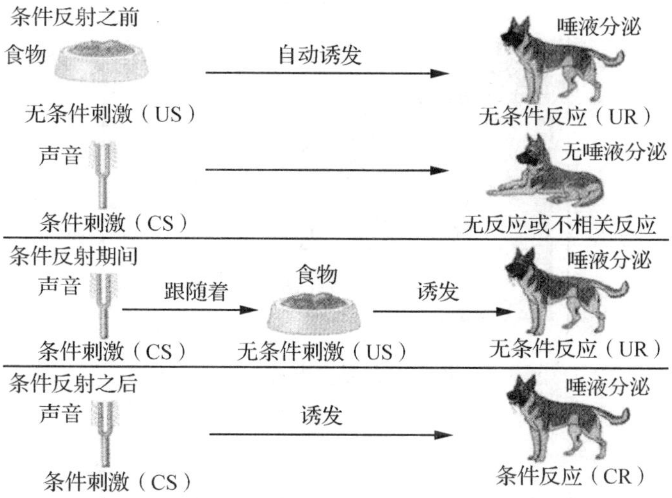

图 3-3　巴甫洛夫的经典条件反射

2. 操作性条件反射

斯金纳是操作性条件反射理论最主要的贡献者。斯金纳关于操作性条件反射作用的实验，是在他设计的一种动物实验仪器即著名的斯金纳箱中进行的。箱内放进一只白鼠或鸽子，并设一杠杆或键，箱子的构造尽可能排除一切外部刺激。动物在箱内可自由活动，当它压杠杆或啄键时，就会有一团食物掉进箱子下方的盘中，动物就能吃到食物（图 3-4）。操作性条件反射最主要的效果在于随意产生的行为会因为行为带来的结果而被塑造。比如，某种行为的结果是获得奖励，则该行为的频率增加，并得到强化。

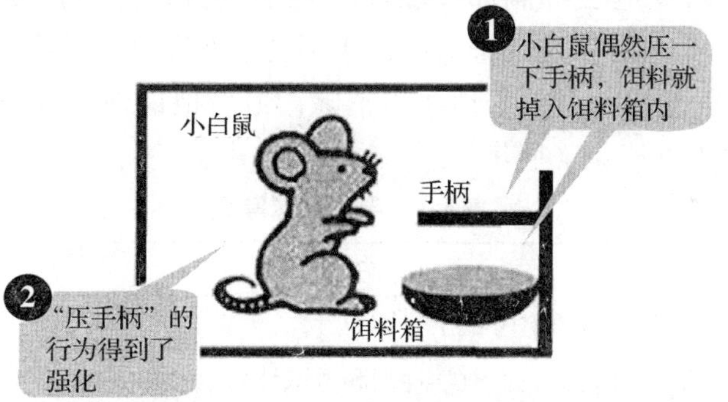

图 3-4　斯金纳的操作性条件反射

3. 社会学习理论

社会学习理论的代表人物是阿尔伯特·班杜拉。社会学习理论的主要特征是强调观察学习或间接学习。根据班杜拉的观点，行为的发展不仅仅是经由直接的操作性条件反射或者经典的条件反射的途径习得的，而且是通过观察或者模仿他人间接习得的。社会学习理论还非常注重认知因素对行为的影响，强调预期在行为中的重要影响，而对行为结果的预期也是可以通过观察而习得的。比如，儿童长期观看暴力电视，可能会习得暴力行为（图 3-5）。

图 3-5 儿童观看暴力电视习得暴力行为

（三）基本的治疗技术

1. 系统脱敏

系统脱敏疗法又称交互抑制法，是由精神病学家沃尔帕于20世纪50年代创立和发展的。该方法主要是诱导求治者缓慢地暴露出导致神经焦虑、恐惧的情境，并通过心理放松状态施加与之相对立的刺激，来对抗这种焦虑情绪，从而使患者消除焦虑恐惧，不再对有害的刺激发生敏感而产生病理性反应。

以考试焦虑为例，系统脱敏在实施的过程中首先要深入了解患者的考试焦虑是由什么样的刺激情境引起的，把所有焦虑反应由弱到强按次序排列成“焦虑等级”（表3-1）。然后教会患者训练放松反应，使患者感到轻松而解除焦虑；进而把放松反应技术逐步地、有系统地和那些由弱到强的焦虑等级同时配对出现，形成交互抑制情境（逐步地先让放松反应去抑制那些较弱的焦虑反应，然后抑制那些较强的焦虑反应）。这样循序渐进地、有系统地把那些由于不良条件反射（学习）而形成的、强弱不同的焦虑反应，由弱到强一个一个地予以消除，最后把最强烈的焦虑反应（我们所要治疗的靶行为）也予以消除（脱敏）。

表 3-1 考试焦虑等级

序号	事件	程度
1	学期结束了，明年再也没有考试了	0
2	新学期第一天，老师告诉我们教学计划和考试计划	10
3	约在考前一周，我感觉到考试即将来临	30
4	考试前两天，我变得非常紧张，开始感到难以集中思想	50
5	考试前一天，我的手掌变得潮湿，并且感觉把一切重点都忘了	70
6	考试前一夜，我失眠，并且半夜惊醒	85
7	前往考场的路上，我觉得自己摇摆不稳，几乎生病了	90
8	当我走进教室时，我双手潮湿，我真把一切都忘了，我真想离开	95
9	当考卷传过来，我几乎全身紧张，无法行动	99
10	当我看到考卷时，其中一道题我实在不知如何作答，并且感觉十分紧张	100

2. 厌恶疗法

厌恶疗法是一种帮助人们将所要戒除的靶行为（或症状）同某种使人厌恶的或惩罚性的刺激结合起来，通过厌恶性条件作用，从而达到戒除或减少靶行为出现的目的。这一疗法也是行为治疗中最早和最广泛应用的方法之一。在临床上多用于戒除吸烟、吸毒、酗酒、各种性行为异常和某些适应不良性行为，也可以用于治疗某些强迫症。

3. 行为塑造法

行为塑造法是根据斯金纳的操作性条件反射原理设计出来的，目的在于通过强化（奖励）而造成某种期望出现的良好行为的一项行为治疗技术。一般采用逐步晋级的作业，并在完成作业时按情况给予奖励（强化），以促使增加出现期望获得的良好行为的次数。比如，面对一个拖延症的来访者，治疗师指导其把一个复杂的任务分成若干个小任务，然后每完成一个小任务，治疗师就给予其奖励，以此帮助其克服拖延的不良行为。

4. 暴露疗法

这是一种主要用于治疗恐怖症的行为治疗技术。其治疗原则是让患者较长时间地想象恐怖的情境或置身于严重恐怖的环境，从而达到消退恐惧的目的。如治疗严重的广场恐怖并伴有严重焦虑的患者，每次让患者直接与令其最恐惧和焦虑的对象接触，并尽力设法使患者坚持。一般只要坚持，恐惧、焦虑反应就会慢慢自然消退。

三、认知疗法

（一）概述

认知疗法是一类心理治疗的总称，其共同的特征都是以改变适应不良性认知而促使心理障碍的好转为目标。与行为治疗的不同在于，它不仅仅重视对适应不良的行为的纠正，更重视对病人认知的调整。与精神分析的不同在于，它重视意识过程的事件而不是潜意识。

20 世纪 50 年代阿尔伯特·艾利斯的理性情绪治疗是最早出现的认知疗法。稍晚于艾利斯，阿伦·贝克在自己的研究工作基础上提出了和艾利斯类似的认知疗法。贝克最初的认知疗法主要用于治疗抑郁症，大量的研究结果证实其治疗方法的有效性。贝克的治疗方法已经成为临床上最广为使用的认知疗法，并且被证明对许多精神障碍同样有效。本章以贝克的认知治疗方法治疗抑郁症为例介绍认知疗法的原理和技术。

（二）基本原理

贝克认知疗法的基本原理可以概括为以下三点（图 3-6）：

（1）认知过程是行为和情感的中介，人的情绪状态与其想法或认知有关；

（2）情绪障碍和负性认知相互影响，相互加强，这种恶性循环是情绪障碍得以延续的原因，打破恶性循环就成为治疗的一个关键；

（3）情绪障碍者的认知中总能发现若干认知曲解，正是这些认知曲解使得他们情绪痛苦，识别和改变这些认知曲解，必将带来他们的情绪改善。

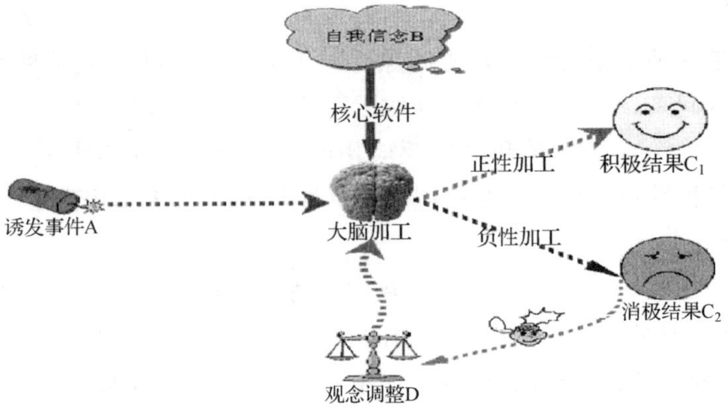

图3-6 认知疗法ABC

以抑郁症为例，抑郁症患者早年的生活事件和学习经历导致他们内心形成功能不良的任意推论，即没有充足及相关的证据便任意下结论。这种扭曲现象包括认为“大难临头”或对于某个情境想到最糟的情况。

（三）基本的治疗技术

贝克认知疗法治疗常见的技术包括：

1．识别负性自动思维

咨询师指导来访者将自己遇到事情后的所思所想识别出来。比如，当一次考试失利之后，就觉得“我真没用”“我又让父母失望了”“我什么都做不好，我无脸见人了”“我怎么总是做不好”……这些消极的想法貌似真实，却经不起逻辑的检验。

2．真实性检验

找到患者的认知曲解后，治疗师同患者一起对这些预测、推论和假设是否合乎逻辑，是否合乎实际和是否真有道理进行检验与辩论，并鼓励病人对自己的信念进行调查，以验证其正确与否。经过真实性检验，当事人可能发现，绝大多数的时间里他的这种消极认知和信念是不符实际的，从而动摇原先的信念。

3．监察抑郁或焦虑水平

许多慢性甚至急性焦虑患者往往认为他们的焦虑会一直不变地存在下去，但事实上，焦虑的发生是波动的。鼓励当事人对焦虑的水平进行自我监测，促使当事人认识焦虑波动的特点，增强抵抗焦虑的信心，是认知疗法的一项常用技术。

四、来访者中心疗法

（一）概述

来访者中心疗法由卡尔·罗杰斯开创。罗杰斯认为，任何人在正常情况下都有着积极的、奋发向上的、自我肯定的无限的成长潜力。如果人的自身体验受到闭塞，或者自身体验的一致性丧失、被压抑、发生冲突，使人的成长潜力受到削弱或阻碍，就会表现为心理病态和适应困难；如果创造一个良好的环境使来访者能够和别人正常交往、沟通，便可以发挥他的潜力，改变其适应不良行为。

（二）基本原理

来访者中心疗法的基本假设是人性本善，人是完全可以信任的，且人具有自我实现和成长的能力，有很大的潜能理解自己的问题，而无须咨询师进行直接干预。如果处在一个特别的咨询关系中，那么人就能够通过自我引导而成长。罗杰斯认为咨询师的态度和个性以及咨询关系的质量是首要的，咨询师的理论和技能是次要的，咨询师得相信来访者有自我治愈的能力。

1. 人有自我实现的倾向

罗杰斯认为，人天生就有一种基本的动机性的驱动力，称为自我实现倾向，它是人类有机体的中心能源，控制着人的生命活动。自我实现的倾向是一个引导人们努力认识、实践、自治、自我决定、完善的过程。这种倾向具有通过自我意识与自我引导引起态度和行为改变的能力。

2. 价值的条件化

每个人都存在两种价值评价过程，一种是先天具有的有机体评价过程，另一种是价值的条件化过程，价值条件化建立在别人的评价的基础之上，而非建立在个体自身的有机体评价的基础之上。个体在早期就存在来自他人积极评价的需要，即关怀和尊重的需要。当一个人的行为受到别人的好评时，这种需要就会得到满足；当个体对自己的行为满意，而他人没有感觉满意时，就会产生一种困境，自我概念和经验之间就会出现不协调。

3. 心理失调的实质

自我概念是来访者中心疗法理论理解心理失调的关键，自我概念与经验之间的不协调是心理失调产生的原因之一。个体为了保持自我对环境的适应，可能为了符合别人的期望而否认和改变自己的价值，但这种改变不符合自己的意愿。

（三）基本的治疗技术

1. 共情

咨询师要达到设身处地理解求助者，必须在一开始就能让求助者感觉到这种关注，即无条件的积极尊重，这种尊重建立在一种“一对一”的基础之上。不论来访者的阶层、感情和行为是什么样的，咨询师都要发自内心地感到对方是一个有价值的人，这种尊重是真诚的情感。

2. 真诚

真诚意味着在咨询中的表现如同在现实生活的表现一样坦率，并不把自己隐藏在职业咨询师的角色之内，而是继续保持与当时的情感和体验的和谐，并与来访者交流自己的感情。

3. 无条件的积极关注

无条件的积极关注被称为尊重，它是一个高水平的咨询师的最高价值观。无条件积极关注的技术表现在：对求助者的问题和情感表示关注；把求助者作为一个值得坦诚相对的人来对待，并且持有一种非评价性的态度；培养求助者的潜力，并以此向求助者表明他们本身的潜力及行为的能力。

第三节　大学生心理咨询的内容、过程和效果

一、大学生心理咨询的内容

大学生心理咨询的内容可以从两个角度来阐释，第一个角度是从大学生的角度来看，是指大学生来进行心理咨询都是因为哪些问题（大学生心理咨询的问题或者议题）；第二个角度是指从咨询师的角度来看，是指心理咨询师在咨询的过程中都会关注哪些内容以促进个案的康复（咨询干预的内容或焦点）。大学生心理咨询的问题或议题可以说是包罗万象，既包括一般性心理问题，也包括相对比较严重的心理障碍或心理疾病（具体内容可参见本书第二章的第二节和第三节）。无论大学生求助的心理问题或障碍为何种类型，也无论咨询师在帮助大学生的过程中期望达到长期的人格健康发展的目标或者短期的缓解痛苦的目标，咨询师在咨询的过程中都会从以下五个方面入手来促进个案的康复，本节侧重于介绍咨询干预的内容或焦点。

（一）提供心理支持，提升自我功能

当一个人遭遇严重的心理挫折或心理创伤，如面临高考失利、亲人离世、好友背叛等时，心理上会出现危机感或创伤感，此时最需要他人的理解与支持。几乎所有的心理咨询都非常注重咨询关系的建立，研究表明，良好的咨询关系是各种类型的心理咨询发挥作用的重要因素。没有良好的咨询关系，就很难取得预期的咨询效果。因此，心理咨询最重要也是最基本的内容就是为来访的学生提供心理支持。在咨询过程中，咨询师会特别注重倾听学生的痛苦，注重对其情绪和情感的准确回应，积极关注其资源和优势，适当地提供建议，只有这样，求助的学生才能感觉被尊重、理解、接纳和支持，因心理创伤或挫折而受损的自我功能才能慢慢提升，最终提升适应环境或应对困难的能力和信心。

【案例3-6】

突如其来的分手

小强，大二学长；小薇，大一新生，两人在新老生联谊会上相识。初次见面，小强就悄悄地爱上了清纯可爱的小薇。之后，小强经常通过QQ、微信关注小薇的动态，时不时地会对小薇嘘寒问暖。久而久之，小薇也逐渐对热情友善的小强有了一丝好感。两人在一起的时间越来越多，感情也越来越深。从每天早晨一起去食堂吃饭，到午后一起在操场上散步聊天，再到傍晚一起去上自习，两人在不知不觉中坠入爱河。而正当小薇沉浸在这段浪漫美好的爱情中时，有一天小强突然告诉小薇：“我想我们等候一

年，因为我想专心学习，准备明年的专转本考试。”面对这突如其来的请求，小薇只能忍痛割爱，同意在一年内尽量不去打搅小强，希望不要因感情的事情而影响小强的个人发展。然而事情的发展完全出乎小薇的意料，原来小强所谓的准备专转本考试只是一个借口，小强实际上浑然不顾小薇的感受，在校园里已开始一段新的恋情。小强与小薇同班的另外一个各方面条件都看似不如小薇的女生相恋了，两人还时常成双入对出现在小薇的眼帘中。这一幕让小薇感觉恍如一场噩梦，内心充满了被欺骗与被抛弃的愤怒、失落和伤感。

面对这样的案例，咨询师清晰地意识到被恋人抛弃的经历导致来访者怀疑自我存在的价值，动摇了对他人的基本信任。因此，在咨询过程中，咨询师一边耐心地倾听来访者的倾诉，一边关注来访者的情绪和情感，并设身处地对来访者表示理解和支持：你们曾经是那么相爱，而如今这样的结局真是让人难以接受，以至于你会怀疑是不是自己不够好。咨询师在第一次咨询过程中没有任何建议和宽慰，而是特别注重于提供心理支持，表达对求助学生的尊重、共情、温暖和支持。咨询中的情感支持有效地缓解了来访者的痛苦，让来访者更加接纳自己当前的感受，逐渐增强自我功能，提升了来访者应对失恋带来的痛苦的能力和信心。

（二）促进自我认识和对他人的理解

心理咨询有这样一种经验，它可以引导人们去发现真实的自我，去做回真正的自我。通过咨询，来访者可以真正地认识自己的需求、价值观、态度、动机、长处和短处，而且可以根据自己的心理状态设计自己的行为，从而尽可能地成长并获得最大的进步。

【案例3-7】

没人理我

小娟，一位高职院校的女生，大学入学之时，与三位室友关系融洽，心情愉快。但后来不知不觉，小娟感觉室友总谈论化妆、旅游、购物等话题，或出去逛街游玩，而自己碍于家庭贫困、生活拮据，总是选择回避类似活动。大多数时间小娟选择独处，或去图书馆看书，或去教室自修，学习成绩突飞猛进，居然期末考试位居班级第一，并获得学院一等奖奖学金。然而，小娟却越来越不愿意回宿舍了，感觉宿舍里气氛压抑，室友越来越冷落自己。小娟猜测其他三位室友因自己家境贫寒而瞧不起自己。临近大三毕业，想想当初刚入宿舍时的其乐融融，再看看现在的冷若冰霜，小娟深感失落与苦恼，却不知如何是好。

经过两次咨询，通过咨询中的深入探索、现实中的密切观察和沟通中的恰当表达，小娟才意识到原来并不是室友故意疏远自己，而是自己内心对贫穷家境的不接受，在室友面前敏感而自卑。对此，小娟往往回绝室友的盛情邀请，回避与室友的频繁接触，转移注意力，用专注于学习来补偿这种自卑心理，结果导致与室友关系从日渐疏远到最终陷入僵局。通过咨询，小娟才意识到是自己的敏感而脆弱导致与室友关系陷入僵局，而室友尽管个个家境富裕，但并未因此排斥自己，反而是自己的回避行为伤害到室友的感情。

由此可见，心理咨询不仅可以帮助来访者认清自己，而且还能促进来访者对他人的敏锐觉知，有效提高来访者的人际相处和解决冲突的能力。

（三）纠正不合理的信念

几乎所有来访者都体验到强烈持续的负面情绪，包括愤怒、内疚、自责、自罪、绝望。这些负面情绪的背后往往都有一个非理性的信念。比如，一个银行卡丢了的学生，觉得自己连卡都看不住，自己真没用；一个学业成绩不理想的学生会觉得自己连上课都听不懂，自己真笨；一个学生因失恋痛不欲生，会感觉没有恋人，生活还有什么意义。以前文所述失恋案例为例，表面上看，是失恋导致来访者严重的抑郁情绪，而事实上，是来访者看待失恋的非理性思维（糟糕之极）导致不良情绪。因此，咨询师往往会帮助来访者识别不良情绪背后的非理性思维，帮助他表达失恋后强烈的痛苦感受，并以合理的思维取代不合理的思维，比如："失恋确实令人痛苦，但与一个不再爱自己的人勉强生活，其实更令人痛苦"；"从这一次失恋中，我获得了成长"；"失恋了，我那么痛心，说明我曾经真心爱过"；"恋爱是生活的一部分，并不是生活的全部，失恋只是失去了一个恋人"；"很多人都经历过失恋，失恋是一种成长的挑战，而非灾难"；等等。通过合理思维，来访者的痛苦情绪虽然不会顿时消失，但会有所缓解。

（四）改善人际关系

大部分来访者都主诉存在人际困扰，他们一方面渴望发展和保持良好的人际关系，另一方面却遭遇长期的孤独与人际冲突。不良的人际关系看似使来访者的处境不良，但事实上，大部分的人际问题跟来访者内心的不良认知和情感的投射有关。来访者自身缺乏安全感，缺乏对人的基本信任，再加上不良的人际沟通模式，往往使得日常人际关系变得敏感而脆弱。

而在咨询中，咨询师对来访者的理解、尊重、同理心及积极关注，不仅让来访者体会到充分的安全感，提高自尊，重塑希望，消除过度的人际防御，更让咨询师的一言一行成为来访者学习人际交往技巧的榜样。此外，咨询师往往也会在认知层面帮助来访者识别自己的关系模式，并在行为层面帮助来访者尝试建立新的有效的人际关系模式。因此，心理咨询是在情感、认知和行为三个层面帮助来访者改善人际关系。

（五）发展有效的行为模式

心理咨询往往一方面帮助人们意识并接受生活的不完美（包括生活环境和人们自身的种种不如意），鼓励来访者表达和接纳自己的失落和哀伤情绪；另一方面，心理咨询还鼓励来访者创造性地适应环境，避免僵化和适应不良的行为模式。

【案例3-8】

讨好的人际模式

小雨，自幼被父母溺爱娇惯，上大学后发现自己难以融入大学生活。不仅生活自理能力极差，而且人际关系很不稳定。在宿舍过分讨好周围的同学，却不知如何拒绝别人，总感觉被同学欺负和控制。

面对这样的来访者，心理咨询师一方面鼓励来访者回顾其成长经历，表达对父母过分宠爱导致自己丧失成长机会的遗憾，但另一方面，咨询师更关注如何提高来访者对现实环境的适应能力，比如一起探索如何"赚取"足够的自尊，包括参加校园活动，专注于培养某个兴趣，参加社团或志愿者活动，等等。此外，心理咨询还对其僵化的人际关系模式（我不好，你好）进行分析，探索日常生活中如何发展"你好我也好"的健康人际关系模式。总之，心理咨询几乎都有一个共同的目标，即帮助来访者挖掘潜能，发展更灵活更有效的行为模式。

二、大学生心理咨询的过程

大学生对心理咨询的过程往往一知半解，尤其是对如何预约心理咨询忐忑不安，对自己能否在咨询中获得帮助更是心存疑虑。因此，了解心理咨询的步骤对于激发大学生对咨询的合理期待，以及增进大学生的心理咨询的依从性都会有所帮助。大学生心理咨询包括以下五个步骤：

（一）做出决定

人生的不同阶段都可能曾经存在或轻或重的心理困惑。有些心理困惑随着时间流逝而减轻，有些困惑则一直会缠绕着我们，甚至影响我们的生活。如果大学生在人际关系、学习发展、生活适应、情感情绪等方面遇到巨大的精神压力或长期的适应不良，经过自己的不懈努力还是无法解决问题，此时不妨求助心理咨询。

（二）选择心理咨询机构，提前预约咨询

在决定心理咨询后，大学生慎重地选择心理咨询机构十分重要。国内目前的心理咨询机构主要包括以下几个类别：

1. 学校心理咨询中心

几乎所有的高校都设有心理咨询中心，主要由专兼职心理咨询师组成。并且大部分高校的心理咨询中心为学生提供免费的心理咨询服务。当学生面临各种发展性问题时，首选与学校心理咨询中心联系。通常绝大多数的大学生的心理问题可以通过学校心理咨询中心得到解决。

2. 私人执业的心理咨询机构

目前国内私人执业的心理咨询机构发展迅速。一类是类似于社区医院的全科门诊，针对各类常见的心理问题；另一类则是专业色彩鲜明的咨询机构，比如专门针对职业

生涯规划的个人发展咨询机构、专门解决婚恋情感问题的婚姻咨询机构、专门针对亲子教育的家庭咨询机构，等等。当个人问题在学校心理咨询中心不能得到解决的时候，可以有针对性地选择这种专业帮助。但目前在国内，尤其是在一些中小城市，私人执业的心理咨询机构的发展相对薄弱，有时难以满足实际需求。

3. 附属于各种医疗机构的心理咨询门诊

随着社会科技、经济、文化等方面的飞速发展，每个人都面临越来越多的际遇、挑战和压力。因此，整个社会对心理咨询的接受程度和需求程度也不断提升。国内很多医院普遍设有心理咨询门诊。一类是综合性医院的心理咨询门诊，一类是精神专科医院的心理咨询门诊。对于一些发现有比较明显的不能自控症状的大学生，建议可以经学校心理咨询中心转介后，寻求此类咨询。不过，需要注意的是，这些机构目前都采用传统的医学模式，比较强调药物治疗手段。

对于大学生来说，不管是从经济或便利的角度看，还是从大多数求助心理咨询的大学生所提问题的角度来看，大学生心理咨询首选学校心理咨询中心。在确定将学校心理咨询机构作为求助目标之后，接下来就需要大学生与学校咨询中心预约咨询的时间和地点。预约咨询的方式一般有三种：电话预约、网络预约或直接去咨询室当面预约。绝大多数大学的校园网都会公布学校心理咨询的具体预约方式。在具体预约的过程中需要注意以下几点：

（1）心理咨询预约需要提前1～2天联系学校心理咨询中心，简单阐述自己的困扰，以及对咨询师的期待；

（2）咨询时间确定后，应准时赴约，确保心理咨询有一个良好的开始；

（3）如果在预约的时间里不能赴约，请提前12～24小时取消咨询；

（4）在一次咨询结束时，可预约下一次咨询的具体时间；

（5）在咨询时间开始后15分钟内保留被咨询者的预约时间，咨询结束时间不顺延。无事先说明的，迟到15分钟以上，视为退约。

（三）开始咨询

心理咨询一般是这样开始的：先由来访者与咨询师预约好咨询时间，在约定好的时间与地点见面，咨询过程要求在咨询室内进行。为确保安全和支持的氛围，一般咨询室的布置都是温馨而典雅的，给人以舒适放松感。整个咨询过程不受外界干扰，要求高度保密。

最初的几次咨询（1～4次不等），咨询师会同时专注于以下两项任务：

1. 信息收集，评估诊断和目标确定

咨询师需要了解来访者当前的困扰，必要时全面了解来访者的重要成长经历，在完成对来访者信息收集后，咨询师对来访者的心理问题进行评估诊断，双方确定咨询目标。

2. 咨询关系的建立

从咨询开始，咨询师和来访者都要努力推动双方发展积极信任的咨询关系。咨询关系是否良好决定咨询的成败。良好的咨询关系有助于来访者进行自我探索，有利于促进来访者的情感宣泄，有利于来访者提高自信和自尊。

（四）坚持咨询

在心理咨询师与来访者就咨询问题和咨询目标取得一致的情况下，咨询师对来访者的问题进行咨询性谈话，咨询师可能使用的技术有认知矫正、行为疗法、心理分析等方法。根据使用方法的不同，有可能咨询师会给来访者布置家庭作业，或者对来访者进行训练等。本阶段所需要的时间往往和来访者问题的类型、问题的多少、咨询技术以及来访者配合情况有关。如果来访者的问题是长期形成的，或者如果采用心理分析技术，抑或如果来访者未能按照咨询师的要求完成家庭作业，这些情况下咨询所需要的次数可能就比较多一些。而作为来访者自身则需要把咨询过程中获得的知识和经验不断转化为新的视角、情绪体验与行为方式，并在现实生活中不断实践，体验自我成长的过程，获得有效适应环境的能力。大部分的咨询不是一次就能够完成的。能否坚持下去，决定着咨询的最后效果，所以心理咨询是略带艰辛的成长过程，需要大学生有始有终，避免半途而废。

（五）结束咨询

如果完成心理咨询目标，达到预期效果，那么咨询就可以结束。在快结束的时候，咨询师往往会花 1 ~ 2 次的咨询用来与来访者一起回顾历次咨询过程和咨询收获，肯定来访者的努力和改变，巩固咨询效果。而如果咨询一段时间（经过约 4 次左右的咨询），来访者感觉咨询并不能有效帮助自己，那么此时来访者也可以主动提出中断咨询，或请求学校心理咨询中心帮助自己再约适合自己的心理咨询。

三、大学生心理咨询效果的评价及其影响

心理咨询是人与人之间的交往，是一颗心与另一颗心的交流，是一种经验和另一种经验的相遇，更是一种人格与另一种的人格的碰撞。大学生心理咨询的终极目标是促进学生提高自己解决问题的能力，达到预期的咨询目标。那么如何对咨询的效果做出评价呢？到底哪些因素会影响大学生心理咨询的成功呢？

（一）大学生心理咨询效果的评价

大学生咨询效果评定可以从以下几个维度来进行：

1. 来访者的主观感觉

来访者的主观感觉是咨询效果的重要评价指标。比如，来访者认为自己对原来害怕的事物现在不再害怕了，对原来无法接受的现实现在开始正视了，对自己的满意度上升了，对与人相处的能力和信心提升了，等等。

2. 来访者现实社会功能的改变

来访者现实社会功能的改善是指来访者从原先不能完好地履行基本的社会角色（如学生需要投入学习、父母需要精心照顾孩子、职员需要专心工作等）到最终能良好地承担各种社会角色和功能的转变。比如，大学生开始正常上学了，与人交往、相处

状况得到了改善，学习效率得到了提高，等等。

3. 来访者周围的人的评定

来访者周围人的评定包括家人、老师、朋友或同学对来访者状况改善的评定。比如，室友发现来访者不再乱发脾气、摔东西，父母观察到孩子更愿意跟自己心平气和地沟通，而不是采取沉默或爆发两种极端行为。

4. 测验比较

来访者咨询前后心理测量结果的比较也能反映咨询效果。比如，某些心理症状量表的分数得到改善；来访者自我评价更积极，敢于面对困难；等等。

5. 咨询师的评定

根据咨询师的观察，来访者在情绪、认知和独立性等方面有进步，自我评价更积极，敢于面对困难，等等。

需要说明的是，咨询师评价的内容应以咨询目的为主，只有目标内容的改善，才是咨询的直接成效。比如，一个有社交恐惧症的来访者，咨询后自信心增强，焦虑情绪减轻，工作时的紧张心理缓解了，但仍然存在社交恐惧，不敢与人交往。虽然咨询对来访者产生了积极的影响，有一定的咨询成效，但没有达到预期的目标。另一方面，虽然来访者没有消除社交恐惧症，但改善了心理状态，咨询产生了间接的效果。

（二）影响大学生心理咨询效果的关键因素

心理咨询如同一趟自我成长的心灵之旅，咨询师为副驾驶，来访者为正驾驶，咨询师陪伴、启发、适度指导来访者不断朝自我实现的目标前进，至于能否最终到达目的地，这取决于很多因素，取决于主驾驶的个人因素、副驾驶的能力因素，主驾驶和副驾驶的配合程度，起始点与目的地的差距，车况与路况，等等。同理，心理咨询能否取得预期的效果，也取决于很多因素，概括起来主要包括以下五个因素：

1. 咨询师的人格特征

心理咨询师的人格特征是咨询成功的最重要的因素，良好的人格特征是心理咨询师必须具备的首要条件。如果一个心理咨询师不具备助人的人格条件，他的知识和技能就不会有效地发挥作用，而且可能有害；如果心理咨询师仅仅具有广博的理论知识和咨询技巧，但缺乏同情人、关心人的品质，不能坦诚待人，不能赢得信任，缺乏对人际的敏感性，他就只能算是一个技术工匠，最终是无法协助来访者解决问题的。咨询师人格中对咨询效果最具有影响力的特质包括：

（1）热情、耐心、真心、认真。来访者往往带着非常无助、苦闷、压抑、难受的心理来咨询，他们希望在这里得到关心和爱护。所以，作为咨询师，真心实意地表达对来访者的关心、爱护、理解和支持，可以消除来访者对心理咨询的顾虑，增强对咨询师的信任，提高解决问题的勇气和信心，为心理咨询发挥功效奠定良好的情感基础。

（2）拥有健康积极的自我意识。一个自我意识不健康，对自我和他人的看法消极偏执的咨询师，即使掌握所有的心理咨询技巧，也无法弥补其自身人格缺陷带来的负面影响。因此，作为一个咨询师必须具备积极健康的自我意识，能够正确认识自己，接纳自我，形成稳定而健康的人生态度。在此基础上，咨询师才能润物细无声地为来访者注入积极正面的心理能量。

（3）敏锐的觉察力。从与来访者接触的那一刻开始，咨询师便需要一直保持敏锐的觉察能力，专注于从来访者看似细枝末节、漫不经心的言谈举止中体察来访者的情绪情感、认知信念和行为模式，以便更好地理解来访者的内心冲突和应对模式。因此，一个敏锐的咨询师必须关注来访者任何蛛丝马迹的变化，及时发现问题，将治疗谈话引向深处。

2. 咨询师的专业能力

心理咨询是一门特定的基于一定实证研究支持的助人和自助的实践工作。一个咨询师仅仅具备健康的人格，而缺乏足够的专业能力，充其量只是一个热心有余而能力不足的助人者。心理咨询师必须具备相应的专业知识结构和丰富的临床实践经验，其具体的专业能力要求如下：

（1）理论基础。首先，心理咨询师需要掌握普通心理学、社会心理学、发展心理学、人格心理学的知识，这类知识使咨询师对正常人的心理活动规律有基本的认识，对心理学的基本理论有所了解；其次，心理咨询师还需要掌握变态心理学、精神病学的知识，这类知识使咨询师对异常心理活动规律有所认识；最后，心理咨询师还需要深入学习心理测量学、咨询心理学及心理卫生学，这类知识涉及的是解决问题的手段和方法。

（2）实践技能。世界上没有完全相同的两片叶子，咨询室内也少有完全相同的两个个案。面对看不见、摸不着，却又错综复杂、千变万化的心理问题，咨询师与临床医生一样，都非常强调实践经验的积累和丰富。一个合格的咨询师在掌握专业知识之后，就需要在实践中不断接受指导和训练，具体包括专业的技能培训、案例督导和自我体验，以此不断积累和丰富临床经验，以提高助人自助的能力。

此外，咨询师的专业能力还决定他可能只擅长某一方面的专业问题。比如，一些咨询师在处理大学生人际关系问题上驾轻就熟，一些咨询师对大学生的职业生涯规划胜人一筹，而还有一些咨询师对恋爱情感问题更为擅长。

3. 咨访关系

咨询师和来访者之间建立良好的咨访关系可以使来访者感到安全、放松，增加对咨询师的信任，减少不成熟的心理防御，从而推动会谈的顺利进行。良好的咨访关系本身就具有协助治疗的功能，能使来访者从容地打开自己，正视自己过去被否定或受压抑的经验，变得更加自我接纳。然后把咨询中体验到的经验运用到咨询之外的学习、生活和人际交往，做出整合，进行积极的改变。总之，良好的咨访关系是咨询成功的重要基础。人本心理学家罗杰斯特别强调咨询师与来访者关系的三大核心条件：

（1）共情式理解。共情是指咨询师能站在来访者的角度，设身处地地感受来访者的感受，体会了解来访者的想法，并把这些感受表达出来告知来访者。正确的共情能让来访者感觉被咨询师倾听和理解，促使来访者更开放、更深入地探索自我。

（2）无条件积极关注。无条件积极关注是指咨询师不依据来访者行为的好坏，无条件地接纳来访者，并给予其关怀。由于大多数来访者存在这样或那样不同程度的痛苦经历，往往认为自己一无是处，不能全面客观地看待自己，当咨询师以积极、肯定的态度看待来访者，密切关注来访者自身的积极资源和品质时，往往能促进来访者全面积极地看待自己，增强战胜困难的信心和勇气。

（3）真诚一致。真诚一致是指在咨访关系中，咨询师表里如一，言行一致地对待来访者，真诚一致对咨询关系和咨询效果具有重要意义。一方面，真诚一致让来访者感觉被尊重、被接纳，从而促进咨访关系的建立；另一方面，咨询师的真诚对来访者起到榜样和示范的作用，促使来访者更坦诚地对待自己和他人。

4. 来访者自身的因素

在咨询中，来访者作为咨询的主体，其自身因素也决定着咨询的成败。来访者的自身因素包括：

（1）主观能动性。外因要通过内心起作用。来访者对咨询的信任、积极动机和投入状态是取得良好的心理咨询效果的前提条件。即使是一个高明的咨询师也往往对一个缺乏咨询动力的来访者束手无策；反过来，一个有强烈求助动机，并愿意在咨询中积极投入，在咨询外积极体验和勇敢尝试的来访者，往往能通过心理咨询获得事半功倍的喜人效果。

（2）心理学头脑。在咨询中主动坦言内心冲突，反思自身与外在世界的互动，在咨询外时时刻刻尝试觉察和分析自我，寻求不同的问题视角和行为方式，这样善于反思和总结的心理学头脑往往能迅速提升来访者有效适应环境的心理能力。

（3）来访者心理问题的性质。来访者不同类型的心理问题，以及同一类型不同严重程度的心理问题，其咨询的效果也不尽相同。总体来说，心理咨询对一些境遇性的心理问题，比如压力和情绪管理问题，往往在短期内取得预期的效果；对于一些中等严重的心理问题（如广泛性焦虑障碍、强迫症、厌食症等）则往往需要较长时间的心理咨询才能取得预期效果；而对于那些长期或严重的心理障碍或者精神疾病（比如大学咨询中偶有遇到的严重的抑郁症、精神分裂症等），此时，来访者往往丧失合理的自我意识，丧失现实检验能力，因此，不适宜心理咨询。面对后两种情形，心理咨询师往往会推荐大学生首选精神科治疗，辅以心理咨询。心理咨询则往往关注来访者的现实问题的解决。

5. 来访者的社会支持系统

研究表明，良好的社会支持系统能有效提高一个人应对压力的能力和信心。对于大学生来说，社会支持来源于社会大环境、家庭、学校和宿舍。一个遭受社会歧视、缺乏家人关爱，在校园里独来独往、在宿舍内被众人排挤的来访者往往缺乏基本的安全感，缺乏对人的基本信任，这无形中会妨碍来访者树立对咨询师的信任和对咨询的投入，妨碍来访者树立克服困难的信心和勇气，影响咨询取得预期的效果；反过来，一个充分感受社会、家庭、学校和朋友无限关爱的学生则往往更乐观，更开放，更投入，咨询效果必然更加显著。

综合上述，心理咨询的效果取决于内外诸多因素。作为一名大学生，在心理咨询开始之前，有必要了解咨询效果的影响因素，以便对心理咨询效果形成一个合理的期待。在咨询过程中，需坚持咨询，积极配合，勇敢尝试，尽到作为咨询主体的基本责任。只有这样，心理咨询才能最大限度地发挥助人和自助的功效。

第四章

走进团体咨询

你了解团体咨询这一“神奇的圆圈”吗？清楚团体辅导、团体咨询和团体治疗的区别吗？你参加过团体辅导活动吗？体验如何？你对设计或主持团体辅导活动感兴趣吗？有哪些实例或者练习可以参考？本章将带你走进团体咨询，了解这些问题。

第一节 团体与团体咨询

一、团体和团体咨询的界定

（一）团体的概念

在我们的生活中，团体无处不在。比如，我们所在的班级是个学习的团体，街舞社团是个拥有同一兴趣的团体，创新创业实验室是个专注于研发与创新的团体……那么，到底什么是团体（group）呢？

美国心理学家科里（Gerald Corey，1987）认为，团体是一个由具有目标、内容、结构、过程和评估要素的一群人组成的集合体。团体不是一群人的简单组合，而是一种有序组织。团体有一定的规范，使得成员遵循约定的行为准则，保证团体目标和团体利益的实现。在心理辅导领域中，团体是指在团体目标和团体指导者引领下，通过团体成员之间的心理、行为、情绪和情感的深度互动，以满足成员的特定心理需求和实现行为有效改变的结构性组织。

美国心理学家舒茨（Schutz，1958）曾提出，每个个体都具有三种基本的人际需要：包容的需要、支配的需要和情感的需要。团体成员借助语言或非语言的方式相互了解，表达个人观点，适时自我表露，与人分享自己的经验和感受，包容他人的观点和行为，促进个人对自己和他人的觉察，寻求回应和共鸣，互相学习、支持和反馈，寻找乐趣并解决问题，从而满足自我被关注和被尊重的需要、安全和归属的需要、获取信息和知识的需要，甚至也能获得自我实现的良好感受。

团体成员之间的关系互动呈现出丰富的表现形式，如紧密型、松散型、支配型或民主型，这些都是团体内的心理关系和情感关系的反映，对团体功能和团体目标的实现有直接或间接影响。

我国台湾师范大学团体心理咨询专家吴武典认为，一个有意义或有功能的团体，除了具备“两个或两个以上的人”的“形式组合”条件之外，还需结合共识、互动和规范三要素，具体如下：

1. 共识

成员有共同的目标、兴趣、规范。假如没有共识，团体就不成为团体，即使一些人勉强凑在一起，也是一盘散沙而已。有了共识，就有“我们都是一家人”的感觉；否则便是“我们一家都是人”。共识越强，团体的凝聚力越大。

2. 互动

互相依存、互相影响。团体内的互动有两种：正向互动与负向互动。彼此了解、关心、支持、鼓励、欣赏、互助等属于正向互动，彼此挑剔、责备、讽刺、欺骗、攻击等是负向互动。团体内缺乏互动，团体就会冷漠而缺乏生机。团体内正向互动越多，团体就越健康、越有活力；团体内负向互动越多，团体则可能名存实亡或土崩瓦解。

3. 规范

通过共识和互动，形成规范，包括明文和非明文（潜在）的规范。明文的规范付诸文字，如生活公约、校规、法律等；非明文的规范则是一种默契，包括道德、风俗、习惯等。规范越清楚明白，且为大家所遵守，团体便越健全、稳定。团体若缺乏规范，就会出现“无序”状态；有规范而不遵守，则是“脱序”状态。“无序”或“脱序”均是病态，易导致团体的衰亡。

由此可见，团体可以帮助人成长，也可能阻碍人成长。这就要求团体领导者了解团体动力的性质和作用，善于运用团体策略，发挥团体效能。减除团体阻力，帮助团体成员获得成长与发展。

团体按照不同的标准，有多种分类。按照人数规模可分为大型团体与小型团体；按照组织程度可分为正式团体与非正式团体；按照成员背景可分为同质性团体与异质性团体；按照开放程度可分为开放式团体与封闭式团体；按照结构化程度可分为非结构性团体、半结构性团体与结构性团体；按照团体的性质可分为成长性团体、教育性团体与治疗性团体等。不同的团体类型，对成员也会产生不同的影响。

（二）团体咨询的界定

团体心理咨询和个别心理咨询构成了心理咨询的两大支柱。团体心理咨询（简称团体咨询），从广义上来看，是指在团体情境中提供心理帮助与指导的心理咨询的形式。它是通过团体内人际交互作用，促使个体在交往中观察、学习、体验，认识自我、探讨自我、接纳自我，调整和改善与他人的关系，学习新的态度与行为方式，以发展良好的生活适应的助人过程。团体咨询通常由 1 ~ 2 名咨询师主持，咨询师一般被称为团体领导者或团体指导者，来访者一般被称为团体成员。团体领导者根据成员问题的相似性，组成团体，通过共同商讨、训练、引导，解决成员共同的发展问题或共有的心理障碍。团体的规模因咨询目标的不同而不等，少则 3 ~ 5 人，多则十几人，甚至几十人、上百人。通过单次或多次的团体聚会、活动，团体成员相互交流，共同讨论大家关心的问题，彼此启发、相互支持、鼓励分享，使团体成员了解自己的心理，也了解他人的心理，以便改善人际关系，增强社会适应性，促进人格成长。

简要来说，团体咨询的成功需要四大要素：明确的目标、称职的领导者、积极参与投入的团体成员和适当的团体活动。团体咨询也被称为“神奇的圆圈”，可以发挥“魔力”。

（三）团体咨询的分类

根据工作过程深度的不同可以划分出三类团体咨询：团体辅导（group guidance）、团体咨询（group counseling，狭义上）、团体治疗（group psychotherapy）。

团体辅导主要强调团体咨询在认知或知识层面的功能。美国心理咨询与治疗专家阿勃克（D. S. Arbuckle）曾经列举出团体辅导的10项特征：

① 团体具有共同目标。

② 讨论多半是知识性的，通常并不与个人有关联，而是与团体的重要课题有关。

③ 重点放在讨论内容。

④ 特别注重团体本身的利益与学习。

⑤ 由实行评价及判断任务的领导者评价。

⑥ 团体成员对于他人的态度不会有很大改变。

⑦ 团体的主要目的是知识的增加与了解。

⑧ 团体活动通常是以领导者为中心。

⑨ 团体活动的举办使得团体辅导通常具有一定的形式和类型。

⑩ 团体辅导的人数可以比较多。

可见，团体辅导主要强调是在认知或知识层面的功能，用间接的方法来改变人的思想和行为。主要目标在资料的提供或知识的获得，以作为个人拟订计划或做出决定的参考，其功能是预防性和发展性的。

团体咨询的对象一般是具有暂时性或持续性困扰的人，主要目标是提升或改变团体成员的思想观念、态度行为等。团体咨询同时具有预防性、发展性和矫治性的功能。团体咨询强调的不只是在认知或知识层面的功能，而且有大量情感的介入，主张用直接的方法来改变团体成员。团体咨询非常注重团体过程、团体动力、咨询技术和引导技巧等，以帮助成员做深入的自我探索，解决他们在生活、学习、交友、感情、择业等方面的困扰。团体咨询属于专业范畴，必须由受过专业训练，能胜任的咨询师来带领，而且人数不宜太多，原则上6~8人。

团体治疗，是在一个正式组成且受保护的团体中进行的。治疗的方式经由团体治疗师特别设计，是在控制下的互动行为，目的在于协助成员人格和行为上的改变。一些有严重情绪问题的人，如焦虑症患者、抑郁症患者等，可以成为团体治疗的对象。团体治疗尝试让团体成员再度去回顾过去痛苦的情境或经验，然后帮助他们重建外在的支持系统及学习适应行为，重新获得洞察事物和调节情绪的能力来面对现实。

阿勃克还曾列举团体心理治疗的10项特征：

① 团体各个成员的目的比整个团体的目的更加重要。

② 讨论通常偏重情绪或情感，讨论或感受的问题是个人的问题。

③ 特别强调讨论过程，其次是讨论内容。

④ 团体只是手段，注重的是个人。

⑤ 采取自由宽松的气氛，因此可以减少焦虑，团体内各个成员可以自由表达任何感情。

⑥ 团体成员更能互相支持。

⑦ 团体成员更能了解自己、接纳自己，因此可以带来变化。

⑧ 团体治疗倾向于以当事人为中心。

⑨ 团体治疗具有非形式或非组织的类型。

⑩ 团体治疗的规模比较小，团体人数较少。

团体辅导、团体咨询和团体治疗强调的重点不同，但在本质上并没有重大区别，所有团体工作都在于预防社会功能的缺失，提供个人需要的资源，协助个人发挥长处，充分发挥团体的功能，协助社会功能受损者康复，同时，团体工作都需要聚焦问题，确定团体目标，也会运用相似的团体技术，理论依据也比较接近。

这三者的主要区别可从对象、目标、方法、行为等方面进行对比，具体见表4-1。

表4-1　团体辅导、团体咨询与团体治疗的区别

类别	团体辅导	团体咨询	团体治疗
对象	正常人	正常人	患者
目标	知识、信息的获得	促进想法、情绪、态度行为的改变	人格重建、人格改变和治疗
功能	预防性、发展性	预防性、发展性、矫治性	临床性
领导者	教师、辅导员、社会工作者等	心理咨询师	心理治疗师
行为层面	意识的认知活动	意识的思想、情绪问题和行为	意识及潜意识的心理/思想、情绪问题和行为
方法	一般教学活动技术，传授知识、提供资料	辅导技术，引导探索、自我觉察	治疗技术，以分析、解释行为为主
规模	30～40人为宜	6～8人	以少数人为原则
时间	定期	短期	长期

（四）团体凝聚力

过去许多学者和实证研究都指出，凝聚力对于团体咨询效果有很重要的影响。一个团体的凝聚力和真正有治疗性的接纳，能使团体成员有归属感。当团体成员面对他的困难而感到特别焦虑时，团体的凝聚力可以让团体成员去忍受那些可能让他逃离个别治疗的焦虑（Guttmacher & Birk，1971）。所以，团体凝聚力对于团体咨询与团体治疗的历程非常重要。

提高凝聚力不仅需要精熟的领导能力与技术，还需要其他因素的适当协助才能奏效。伯林盖姆（Burlingame，2011）等人的研究对于团体领导实务有很高的参考价值。他们发现，在团体凝聚力与团体治疗效果会受到一些中介因素调节的影响，这些中介因素包括：团体成员的年龄、团体领导的理论取向、团体的人数多少、团体建立的时间长度等，它们对于团体凝聚力与团体治疗效果呈显著正向相关。他们的主要研究结论为：

① 凝聚力有助于明显改善症状困扰和人际功能。

② 成员评定人际取向的领导的团体凝聚力，高于心理动力学取向及认知-行为取向的领导的团体凝聚力，不过三种取向的团体，其凝聚力确实都与病人的改善有关。

③ 鼓励成员互动很重要，有利于提高团体的凝聚力和治疗效果。

④ 使用团体凝聚力去解释团体治疗效果的关系，需要团体成员有较多的互动和时间。

⑤ 成员年纪轻且凝聚力高的团体，评估效果也高，因此，大学生和青少年的团体要特别重视凝聚力。

⑥ 不管是门诊还是住院病人，以及不同的疾病和问题，团体凝聚力都有助于改善状况，因此团体领导者需要刻意介入，去增强团体凝聚力。

虽然研究一再强调，团体凝聚力对于团体历程与团体治疗效果有很重要的影响，但是，至目前为止，在团体咨询与团体治疗领域，对于团体凝聚力的定义与建构概念仍旧没有定论，需要学术界的进一步研究与探索。

二、团体咨询的特点

如前文所言，心理咨询的形式可分为个别咨询和团体咨询。本书第三章所讲的心理咨询主要指的就是个别咨询。团体咨询与个别咨询在目标、对象、原则、技术、伦理等方面都有其相似之处，但在咨询技术、互动氛围、场所等方面有显著差异。

（一）团体咨询的优势

1. 效率高、省时省力

个别咨询是心理咨询师对来访者一对一地进行帮助指导，每次咨询面谈需要花 50 分钟到 1 个小时的时间。而团体咨询是 1 ~ 2 个团体领导者带领多个团体成员来开展，提高了咨询效率，节省了咨询的时间与人力，符合经济的原则。团体中的多元性和复杂性也会给团体成员带来其他收获。

2. 提供归属感

团体会给成员提供一种被接纳和尊重的感受，让他们彼此产生认同，感觉到自己是团体的一份子，认为自己是重要且有价值的，归属感油然而生。在团体情境中，当团体成员发现很多人和自己有相似的想法与体验时，他们就没那么孤单，便产生了共鸣。例如，在父母效能团体辅导中常常面临一些子女习惯问题，如孩子动作慢吞吞、赖床、写作业磨蹭、挑食、顶嘴等，团体成员会发现大多数父母有类似的烦恼，自己并不“孤独”。这些共同的感受本身就有疗愈的功效。由于团体成员面临的问题相近，解决问题的迫切性强烈，在团体中，成员交流各自已经采取的措施及取得的效果，起到了相互启发的作用，找到了归属感的他们齐心协力，共同探讨解决问题的有效措施，可以取得事半功倍的效果。

3. 容易迁移、后续效果好

团体咨询的基本原理是它提供了一种生活经验，参加者能将团体经验应用于日常与他人的互动中。通过团体历程，成员们经历了之前难以突破的瓶颈，也重现了先前做决定时的情境，从而学会在适当调整之后重新做决定。比如，在这个团体的“迷你”社会中，练习如何与他人有效沟通，学会进行情绪管理，透过团体领导者的带领和系统性的互动活动，团体成员会发现自己心理上更加成熟。然后将实践成果迁移到日常生活中，提高适应能力，巩固团体咨询效果。

（二）团体咨询的局限性

团体咨询在咨询中有着非常重要的作用，在某种程度上优于个别咨询，特别是对人际关系适应不佳的人具有特殊作用。但是，团体咨询也具有其局限性。清华大学团体咨询专家樊富珉教授将团体咨询的弊端概括为以下几点。

1. 个人深层次问题不易暴露

团体内的多元关系对需要一对一咨询和治疗的成员而言，显然是不够的。由于团体领导者需要关照每个成员，这势必会相对减少与单一成员的交流。在团体工作过程中，通常是优先解决团体的共同问题，个人问题变得次要，对于某些团体成员的个人特殊问题没有足够的时间进行讨论。此外，个人和团体在还没有充分准备的情况下，团体的压力会使个人的深层次问题，特别是会引发羞耻感的隐私问题难以暴露，团体成员会因为团体情境而感到不安、害怕，甚至受到伤害。这些因素都可能会导致团体成员的个人深层次问题难以暴露。

2. 难以顾全个体差异

团体领导者要照顾每个成员，但在团体中每个成员所需的时间和所要解决的问题往往有很大的不同，如果团体咨询将时间和注意力平均分配到每个团体成员身上，就会减少对一些成员的关注，甚至会忽视个别成员的需要。而且，由于不同团体成员的个性及自身问题的不同，团体咨询往往难以顾全每个成员，经常是那些投入快的、积极的团体成员收获多些，而那些比较被动的团体成员收获少些。所以，同一个团体，每个成员的体验和收获是很不相同的。

3. 有时会给一些成员带来伤害

在团体咨询中，个人如果在没有充分准备的情况下，因受到团体的压力而被迫做自我暴露，就很容易导致个人受伤害，产生新问题。在咨询过程中，团体领导者或团体成员获得的一些关于个人的隐私，事后可能在无意中被泄露，这会给当事人带来不便甚至伤害。这也就要求在团体咨询中遵守保密的原则。

4. 对团体领导者要求高

团体咨询对团体领导者的人格、所受的专业训练、所采用的技术方法、临床经验和伦理道德等都有很高的要求，一个团体领导者应具备丰富的个别咨询知识和团体咨询知识，接受过严格的咨询技术的专业培训，同时不断接受专业督导和学习新技术，并要有参加多个团体咨询的经验。一些有热情但能力不足的团体领导者在带领团体时会给团体成员带来负面影响。因此，团体领导者要意识到个人的特点和局限性，要觉察到自己的能力和不足，在带领团体时要做好充分的心理准备，充分尊重每一位团体成员，在团体中经常了解成员的体会，评估团体对成员的影响，将可能因领导者个人能力不足而导致的负面影响降到最低程度。

5. 团体咨询并不适用于每个人

团体的局限性还反映在其适用面上。团体咨询虽然可以在许多范围得到应用，但它绝对不是万能的，团体咨询不可能适用于每个人。在某些情况下，团体咨询的助人功能会受到限制，甚至会给不适合团体咨询的人造成很严重的伤害。例如，依赖性过强的人、有社会交往障碍的人、自我封闭的人或过于以自我为中心的人，他们在团体中都难以获得成效，还有可能妨碍团体的发展。所以，要意识到团体咨询的局限性，不能夸大团体的功能和作用。

（三）使用个别咨询和团体咨询的建议

个别咨询和团体咨询各有优缺点，在什么情况下使用个别咨询或团体咨询呢？吴武典教授等人从两者的适应情况及各自的功能出发，给出了一些使用建议。

1. 个别咨询的适用情况：

① 原因和解决办法都很复杂的危急情况。

② 为了当事人及他人的安全，需要保密的情况。

③ 在解释个人测试资料时。

④ 对在团体中讲话有极大恐惧的个人。

⑤ 因害怕与人交往而可能被团体其他成员拒绝的个人。

⑥ 自我觉察力较弱的个人。

⑦ 涉及性行为（特别是不正常的性行为）的情况。

⑧ 有强迫性需要，要求自己被注意及被认可的个人。

2. 团体咨询的适用情况：

① 想更多地了解他人及他人对事物的感受的个人。

② 对不同于自己的人怀有很深的尊重感的个人。

③ 需要学习社交技巧（如与人谈话、交往等）的个人。

④ 需要与他人分享归属感的个人。

⑤ 有能力谈及自己的忧虑、问题及价值观的个人。

⑥ 需要他人对自己的问题、忧虑做出反应的个人。

⑦ 认为朋友的帮助有益的个人。

⑧ 喜欢以缓慢的节奏接受咨询，希望在感到威胁时能有路可退的个人。

三、团体咨询在国内的应用

团体咨询因其类型众多，功能特点各不相同，它的应用领域十分广泛，目前在教育、医疗、企业、社区、司法等多种领域都有了深入且成熟的应用。

就学校而言，尽管团体工作的形式在中国早已存在，但专业意义上的团体辅导在中国大陆只有 20 多年的发展。相比我国台湾和香港地区团体辅导的发展，大陆起步较晚。但大陆有着长期通过团体形式进行思想工作、教育活动的历史和经验，如班团活动等。学习和借鉴国外和我国港台地区先进团体咨询的有效形式，使团体咨询在帮助学生矫治人格成长、心理问题等方面发挥重要的作用。

学校领域的团体咨询具有天然的优势。因为，学校里的团体自然存在着，学生是有着共同发展课题或相似心理困扰的同质性群体，他们也更认同同龄人的肯定与欣赏，也更乐于模仿和学习同龄人。国内专家通过潜心研究，论证了团体咨询的有效性。李敏等在 2001 年进行了贫困大学生心理健康教育模式的实证研究，认为开展团体辅导、个别辅导和心理训练的综合性教育对于降低焦虑、抑郁等症状有显著效果。樊富珉团队陆续开发了网络依赖大学生团体干预辅导、地震灾后青少年康复艺术治疗团体辅导等一系列团体辅导方案。于晶团队探索了团体沙盘心理技术在高校学生工作中的应用与实践。

团体咨询强调团体成员的互动，实践性强、形式多样、生动有趣，经过几十年的发展，团体咨询已然成为学校心理健康教育的重要手段，以促进学生人格发展为主的心理健康教育模式越来越受到人们的欢迎。

第二节　团体咨询的实施

团体是一个有机体，处在一种持续改变的状态中。团体从开始形成到最终结束，一般都要经历准备、初创、转换、工作、结束等几个发展变化的阶段，每一阶段是前一阶段的延伸，又都是后一阶段发展的基础。团体咨询的运作是动态的复杂的变化过程。

一、团体咨询前的准备阶段

正所谓“磨刀不误砍柴工”，团体形成前的准备工作是团体历程中最为关键的阶段，只有经过充分扎实的前期准备，团体咨询才能顺利成功地进行。

（一）确定团体目标和性质

为什么要组织团体咨询？团体的功能是什么？目标是否清晰？这些都是在组织和实施团体咨询前要考虑并确定的重要问题。目标不同，团体咨询所采取的方法和活动形式也会有差异。

在确定团体目标前，团体领导者应广泛收集各种资料，了解成员对团体的需求，参考同类型团体的方案，考虑社会文化背景等影响因素。在此基础上，确定团体的总体目标和每次团体会面的具体目标。随着团体的发展，每次会面的目标也不同，比如有相识、增加信任、自我探索、问题解决等目标。同时，还要依据不同的标准，确定团体的性质是结构式团体还是非结构式团体，是开放式团体还是封闭式团体，是同质性团体还是异质性团体，等等。

（二）确定团体的规模

团体的规模就是团体成员的数量。一个团体的大小视团体的性质、领导者的经验、成员的成熟度等多种情况而定。团体规模较小时，成员有较多的参与和互动，容易形成亲密感。但如果规模太小，又会存在团体资源有限、团体活动缺乏丰富性、成员互动范围有限等问题，从而使成员感到紧张、乏味、压力较大。团体规模较大时，成员资源较为丰富、成员互动关系增加。但如果规模过大，团体指导者就难以关注每一个成员，成员参与和沟通分享的机会就越少，探讨原因、处理问题和学习技能时也容易流于表面，团体凝聚力难以建立，活动效果不佳。那么团体的规模多大才合适呢？一般而言，成长性的团体辅导，人数可以多一些，以 30 ~ 40 人为宜。团体咨询或团体治疗的人数不宜太多，以 6 ~ 12 人的团体较为多见。

（三）确定团体活动的时间安排

团体活动共需进行多长时间，多少天聚会一次，每次会期选择什么时段、持续多久，都需要事先考虑和落实。团体活动次数太少，每次活动间隔太长，或是时间安排不当，都会影响团体的效果。团体的期限太短，成员就无法充分参与，也难以完成团体计划的内容；期限太长，则容易使人产生疲劳和厌倦。聚会间隔时间太长，无法产生团体的连贯性；频率过高，又会占用成员太多时间，同时也不利于成员把在团体中获得的体会和感悟应用到现实生活中。通常情况下，团体每月需进行 4 ~ 10 次活动，每周 1 ~ 2 次，每次 1.5 ~ 2 个小时。

（四）选定团体活动的场所

环境是团体咨询过程的一部分，安静、温暖的团体环境会使成员从中体会到尊重和关怀，也有助于他们形成认同感。对团体活动的场所的基本要求有：环境舒适、温馨，使人情绪稳定、放松；让团体成员有安全感；有足够的空间可以活动身体。具体来讲，房间大小要适中、温度适当、空气流通，隔音效果良好，避免干扰。座位的安排以围成一圈为宜，以便团体带领者与团体成员进行面对面的沟通。椅子要选择独立、可移动、舒适的，条件允许的话，也可以席地而坐或坐在垫子上。

（五）团体咨询方案的设计

设计团体咨询方案时，应确定每次团体活动的分目标、活动的内容及形式、所需时间、道具及材料等，并列出计划书。

团体计划书的内容可以包括下列项目：

团体的名称、性质；

团体目标：团体要达到什么样的目标行为或效果；

理论基础：依据哪种理论或观点达成目标；

探讨的主题与内容：团体活动包括哪些课题和内容；

主要对象：这次团体为谁设计？成员的条件是什么？遴选方法有哪些？

团体结构：结构式或非结构式，开放式或封闭式，同质性或异质性，等等；

领导者：资历与经验如何；

场所：地点所在及所需设备；

效果评估：评估方法及工具；

费用：是否收费？费用多少？

（六）招募、甄选成员，组成团体

科里（Corey. 1991）认为，任何形式的团体在组建之前都需要考虑以下问题：

① 明确团体咨询的对象，团体是为一般人设立的，还是为有特殊需要的人设立的？成员从哪里来？他们是医院的病人、监狱的犯人，还是学校的学生、社区中的居民等？

② 是所有报名者都被纳入团体，还是要经过某种筛选？这往往取决于团体的目标、性质、时间限制和场所等因素。

③ 组建同质性团体还是非同质性团体？即是否将年龄与背景不同的人员放在同一个团体中，比如婚姻问题团体可以由不同年龄和教育程度的人组成，但对于职业规划团体而言，如果将大学学历和小学学历的人组织在一起一般就不合适了。

团体带领者可以通过三种途径或方法来招募成员：

① 建议法，咨询师根据日常咨询状况，选择存在共同问题的人，建议他们报名参加团体辅导。

② 推荐法，通过其他渠道，比如辅导员、班主任介绍或推荐。

③ 公告宣传法，利用口头、文字、海报、通知、广告、宣传册、广播电视和互联网等方式吸引有兴趣的人自愿报名。这种方法适用于发展性团体辅导的成员招募。

团体的书面公告包含的要素有团体的名称，团体组成的目的和目标，团体活动的日期、时间、地点、次数和期限，适合团体目标的人群，团体规则，团体指导者的资质与背景说明，收取的相关费用说明，报名办法或报名机构的名称、联系电话及地图、交通方式等（图 4-1）。

自愿报名参加团体的申请者不一定都适合成为团体成员。从团体咨询的特点看，参加团体的成员最好具备以下三个条件：

图 4-1　幸福力提升工作坊海报

① 自愿报名参加团体，并有改变自我和发展自我的适宜性动机；

② 具备与人交流的能力和意愿；

③ 能坚持参加团体活动的全过程，能遵守团体规则。

一般来说，当条件允许且对团体有益时，团体带领者需要对申请者进行筛选。常用的方法有三种。

1. 个别面谈法

这是最佳也是最费时间的筛选成员的方法。面谈法的重要价值在于使团体带领者比较容易有效评估申请者是否适合参加团体咨询，团体带领者和可能进入团体的成员当面交流，增进彼此了解和建立信任感，缓解或消除申请者担心害怕的心理。同时，团体带领者有机会提前告知准备进入团体的成员关于团体的规则、内容、目标、操作过程和成员组成等信息并获得反馈，使申请者能较多地了解团体的信息，自主决定选择是否继续参加。

2. 书面报告法

团体带领者依据申请者对一些书面问题的回答结果来判定其是否适合这个团体。通常除了需要的背景资料如年龄、性别、教育程度、婚姻状况、疾病诊断、患病时间、生活状况等之外，还需要了解其他一些信息，比如，你为什么希望参加这个团体？你对这个团体抱有什么期待？你希望从团体中得到什么帮助？你有什么忧虑希望在团体中得到解决？你认为你对团体能有什么贡献？你参加每次团体活动的可能性有多大？请写一篇简短的自传描述你生活中重要的人和事，等等。

3. 心理测验法

舒茨（1958）针对团体工作设计了一个基本人际关系指标的心理测验，协助团体带领者预测成员在团体中可能出现的性格和行为。这些指标主要测试三个层面：团体成员与他人能否建立深入而良好的关系，即是否有被接纳的倾向，是否关心或喜欢朋友；个人对权力的态度，包括自己如何接受权力或使用权力，对团体带领者的看法和服从的态度；个人坚持自己原则的程度，包括在公开场合如团体聚会时是否坚持自己的意见等。

在甄选成员时，正如前文所说，并不是所有人都适合加入团体。不能从团体中受益、会给团体带来不良影响的成员就是不适合参加团体的成员，需做好鉴别。比如极端以自我为中心者，自恋狂，有攻击性、做事霸道、有仇视心的人，等等；其他诸如有脑伤、妄想症、酒瘾、药瘾、精神疾病、社会功能障碍、极度躁狂症或忧郁症和有自杀倾向的人，以及处于危险状况中的人，也不适合加入一般团体。

二、初创阶段

（一）成员的心理、行为特点

1. 陌生与好奇

成员刚进入团体时，对团体还不了解，成员之间陌生、客套，同时充满好奇，急于了解团体的活动和其他成员。

2．缺乏安全感

在初创阶段，团体成员往往不知道自己该做什么，显得紧张、不安，会担心其他成员能否接纳和尊重自己、自己是否受欢迎。因此，说话比较小心谨慎。

3．对团体领导者依赖

由于团体成员间彼此陌生和缺乏安全感，希望表现自己最好的一面，以获得他人的好感，往往对团体领导者有很强的依赖感。

（二）团体领导者的主要任务

1．要消除团体成员的疑虑和担心

在活动开展之前，团体领导者应重申组织此团体的目的；强调团体的规则及保密的重要性，必要时签订承诺书；澄清团体领导者的工作、职责及帮助团体成员的方法；澄清团体领导者及团体成员彼此之间的期望，有时还需通过解释来修正成员对团体的错误观念。

2．协助成员之间彼此熟悉

可通过巧妙设计互动游戏，引导全体成员积极参与，在互动中不断强化，相互熟悉。

3．积极营造良好氛围

要引导和鼓励团体成员尽量开放，表达个人感受，同时鼓励其他成员积极做出真诚回应和支持，从而在团体中营造温暖、安全、自由的氛围。

4．团体领导者要带头示范

团体领导者从一开始就应以身作则：让大家自由发言，对团体成员尊重、信任，态度开明、不乱批评、不武断，鼓励团体成员通过集体讨论解决可能出现的各种问题。

三、转换阶段

（一）团体成员的心理、行为特点

1．试探或抗拒

在大家互相了解以后，团体成员开始改变当初加入时的客套和浅层交流，这时会有成员通过试探，了解团体是否安全，确定个人分享的深浅，尝试表达不同的意见。

2．焦虑与防卫

成员虽尝试表达自己内心真正的感受和想法，但内心会有矛盾、焦虑和自我防卫意识，担心别人能否理解、关心、帮助自己；担心在触及个人问题时，自己能否控制住情绪；担心团体能否达到预期的效果。

3．冲突与挑战

随着互动的增加，有些团体成员之间可能会出现冲突，团体领导者会受到挑战，有团队成员开始退却，成为旁观者。

（二）团体领导者的主要任务

1. 告诉团体成员识别和处理冲突情境的重要性

团体领导者通过预先设计好的活动，带领成员进行自我探索；启发成员进行个人分享；鼓励成员学会更好地表达自己的感受；消除成员的紧张、不安、担心、怀疑等不良情绪。鼓励成员讨论与此时此地有关的事情，协助他们成为团体中独立自主的一员。

2. 接纳团体成员的挑战，创造支持性与挑战性平衡的氛围

团体领导者要坦诚面对成员的挑战，在恰当的时机以谨慎、敏感的态度采取介入措施。研究表明，领导者的攻击性对质是团体中最大的危险。

3. 尊重团体成员的焦虑及防御行为

教导和鼓励成员公开地处理矛盾冲突，面对各种可能出现的问题，团体领导者要以身作则，勇敢面对，为成员树立榜样。转换阶段是矛盾频发期，也是团体成功的关键期。

四、工作阶段

（一）团体成员的主要心理、行为特点

1. 和谐默契

经过转换阶段，团体凝聚力增强，形成和谐的整体氛围，团体成员间建立了有效的沟通渠道，减少了对团体领导者的依赖；成员通过沟通和互动，积极地尝试去改变自己；成员间互相帮助，互相支持；成员对团体活动产生兴趣并对团体产生了依恋，愿意真心为团体奉献。

2. 全身心投入

成员在团体里能看到别人的真心表露和分享、承诺的兑现，对团体充满信心与希望，自我改变的愿望强烈，并且相信团体一定会促进自己的成长。因此，成员们会全身心投入，做较深层次的自我暴露。

3. 彼此信任、关怀

在团体中，成员对团体的安全度表示积极肯定，拥有融洽、亲密的关系；团体成员开始认同团体领导者的能力，团体的发展趋于稳定。

（二）团体领导者的主要任务

1. 鼓励团体成员之间的互助

此时，团体领导者可以以身示范、引导成员相互帮助，彼此互为资源。

2. 帮助团体成员认识个人问题的实质

团体领导者启发团体成员做进一步的自我探索，通过对个人问题澄清、分析和诊断，尝试寻找正确的解决方法。

3. 帮助团体成员认知重建

团体成员在团体中宣泄自己积压的情绪后，团体领导者还需帮助团体成员针对其存在的心理问题重建认知，这样才对改变行为和解决问题有实质意义。

4. 鼓励尝试新行为

团体领导者鼓励团体成员把领悟化为行动，在团体中尝试新行为，并在所期待的新行为出现时给予强化，鼓励在团体之外运用。

五、结束阶段

（一）团体成员的主要心理、行为特点

1. 留恋与担心并存

在结束阶段，团体成员的心情比较沉重，会被强烈的分离感、依恋感、无助感困扰，他们往往会彼此表示感谢，彼此交谈和留言，同时也对离开团体表示担心，团体成员将要独自面对生活、工作中出现的各种问题，他们为此会感到担心、困惑。

2. 有松散现象

意识到团体活动快要结束了，有些成员表现出害怕和犹豫，他们可能用缺席团体活动来逃避离别的伤感。考虑到离别，成员间互动的频率和强度降低，团体的影响力降低，成员的自我约束放松。

（二）团体领导者的主要任务

1. 回顾与总结团体经验

团体领导者主动回顾和总结团体的经验，比如团体咨询的目标是否实现，成员是否满意，今后做哪些改进等。

2. 处理离别情绪

可通过临别赠言等活动，启发团体成员真诚地向其他成员表达团体对自己的帮助，分享结束时的个人感受。

3. 处理未完成事项

协助团体成员对团体经历做出个人评估，整理自己的学习效果；结合团体目标，对团体发展过程做出评估。反馈情况可参见团体活动反馈表（表4-2）。

表4-2　团体活动反馈表

参与次数：__________			日期：__________			成员姓名：__________		
1. 我来参加团体是基于__________。								
（1）需要的	1	2	3	4	5	6	7	好奇的
2. 我觉得这个团体的过程是__________。								
（2）参与的	1	2	3	4	5	6	7	游离在外的
（3）有条理的	1	2	3	4	5	6	7	散漫的
（4）有目标的	1	2	3	4	5	6	7	无目标的
3. 我觉得团体的气氛是__________。								
（5）温暖的	1	2	3	4	5	6	7	冷淡的
（6）友善的	1	2	3	4	5	6	7	敌意的
（7）信任的	1	2	3	4	5	6	7	猜疑的

续表

(8) 轻松的 1 2 3 4 5 6 7 紧张的
(9) 尊重的 1 2 3 4 5 6 7 轻视的
(10) 接纳的 1 2 3 4 5 6 7 拒绝的
(11) 安全的 1 2 3 4 5 6 7 危险的
(12) 自由的 1 2 3 4 5 6 7 限制的
4. 参加完这次团体后，我的感觉是＿＿＿＿＿＿。
(13) 有趣的 1 2 3 4 5 6 7 无聊的
(14) 适当的 1 2 3 4 5 6 7 不适当的
(15) 有价值的 1 2 3 4 5 6 7 无价值的
5. 团体活动中，你印象最深刻的环节是什么？为什么？

6. 参加这次团体活动，你最大的收获是什么？（具体描述）

7. 如果让你提一个建议以便将团体活动开展得更好，你会提什么建议？（越具体越好）

4．帮助团体成员预备适应外界环境

为团体成员指明今后应注意的方面，使成员能将团体经验及感悟带到日常生活中去，从而独立、有效地面对自己的问题。

第三节　大学生的团体辅导

大学生在大学一年级入学时的适应状况关系到大学生整个大学期间乃至今后更长时间的学习和成长。新同学来到一个新环境，无论是生活上还是学习上，都会遇到各种新情况。班主任、辅导员或团体领导者不妨组织学生参加新生适应主题的团体辅导，通过活动来搭建沟通平台，引导学生善用团体资源，尽快适应大学生活。

下面与大家分享华东师范大学周圆团队的大学新生适应的成长性团体辅导实例。

一、大学新生适应性团体辅导

新生适应团体辅导的起始时间建议在新生入学后 2 ~ 10 周内完成，这一阶段是班集体形成和新生入学适应的关键期，学生对心理辅导的需求强，团体带领者容易发挥作用，团体辅导效果最为显著。

（一）大学新生适应团体辅导的设计背景

初入大学校园，每位大学生都对未来的美好生活充满了憧憬与渴望，然而真正开始大学生活之后，他们可能会感受到理想中的大学与现实生活的某些反差。许多人往往开始产生失落感，各种各样的烦恼以意想不到的方式出现。根据有关研究结果显示，大学新生从中学走入大学，普遍存在着入学适应方面的问题，对大一新生心理普测的回访也从侧面印证了这一点。集中体现为价值观缺乏，学习、生活、环境、人际关系、心理等方面的适应不良等问题。

1．价值观缺乏

考上大学的目标实现以后，如果没有及时树立未来的职业理想和人生目标，新生就很容易松懈，造成考上大学前后的动机落差。尤其是刚考上大学的学生，为了在激烈的竞争中取胜，在书本知识的钻研上投入了绝大部分的精力，而对于“我是谁”“为什么上大学”“为什么活着”“我最终的理想是什么”这些涉及人生与价值的问题缺乏思考，这些正是动力不足产生的根本原因。部分新生便产生失望、迷茫和痛苦的消极体验。

2．生活适应问题

大学新生需要适应的环境主要包括校外环境和校内环境。大部分新生需要面对地域环境与文化差异的冲击，他们在语言口音、饮食口味、住宿环境等方面需要面对较大变化。他们远离家乡，感受新的地域文化，会存在一个再社会化的过程，这在跨南北地域界限的学生身上表现得较为明显。对校园环境而言，一些缺少独立生活能力与住宿经历的学生适应起来感到困难，而军训活动也会给身体素质不佳的学生带来冲击，加重其不适应程度，在正式开始大学生活后，部分新生在无人监管的环境中，养成懒惰散漫、饮食习惯不当、作息无规律、上网成瘾等不良嗜好。所有这些大学新生环境适应不良和生活习惯中的问题都必然会直接影响其学习与生活。

3．人际关系问题

大学新生面临着维持已有人际关系与发展新人际关系的社交任务，在尚未建立新的人际关系之前，新生可能会过度留恋中学朋友，沉迷于过去的经历。对新生而言，新同学在社会心理和行为方式等方面具有较大的异质性，新的师生关系、异性关系和寝室关系也更加复杂，这些都对新生的心态与交往技巧提出考验。但在心态上，他们会有渴望交往与拒绝回避的冲突心理，存在着自我中心与依赖他人并存的心理特点。在人际交往技巧上，一些原本就缺乏人际交往能力的学生在离开父母来到大学这个大环境后，他们在克服羞涩、主动交往、倾听他人与自我表露、共情移情等方面存在困难，因而容易产生孤独与自卑的心理问题。同时，相关研究显示贫困生与独生子女这两类群体在处理人际关系问题上会遇到更多困难。

4．学习心理问题

大学的学习有很大的弹性，更多地表现为自主学习。灵活多变的考核评价方式也使许多新生难以适应。究其原因，中学的学习方式使学生的学习能力，尤其是自学、独立创造与实践的能力没有得到充分锻炼，在“如何学习”上没有得到指导，导致大学新生在入学之初，不能把握大学的教学规律和学习方法。如何安排课前预习、课后复习、听课、记笔记、与老师同学交流等，都成了新生的问题。此外，他们还要面临选择课程、选择老师、选择时间等问题，在经验参照系缺乏的情况下，就会茫然无措。此外，部分对大学学习生活理想化的学生或对专业不满意的学生会在学习上产生更多的心理问题。

（二）大学新生适应团体辅导的目标

1．建立良好人际关系，熟悉和适应环境

大学的人际关系不同于中学，同学人际距离拉大，个人空间更独立。大学生毕业之时还有同学叫不出名字、没有说过话的现象并不少见。大学新入学阶段，是熟悉和适应环境、结交新朋友的关键时期，建立有质量的友谊也能帮助新生适应生活。在建立良好人际关系问题上，大学新生有着类似的心理需要或目标，因此，以班级为单位的团体辅导可以起到良好效果，在具体的团体辅导中，可以让新生组队、起队名、设队歌并集体展示，再开展诸如“轻轻松松交朋友”“自我介绍串串烧”“直呼其名”“刮大风”“网鱼”“默契报数”等活动，以实现人际破冰，开展诸如“拍打穴位”“目光炯炯”“笑容可掬”等活动传授人际交往技巧。在互动阶段，不同性格特点的同学得以在宽松、活泼的气氛中实现人际交往，以便在较短时间内尽可能多地认识新同学。这些活动对有交往困扰的大学新生而言，人际交往压力较真实情境小，他们可以从中观察学习其他同学的人际交往行为，从而克服自身障碍，完成社交破冰，进而实现人际关系的良性发展。同时，活动的分享和交流环节能让新生以活动为索引，以大学新生活为话题，自愿表达自己的感受，交换对新环境的想法。这能给予新生一个宽松的环境，使外向、主动的新生可以通过自我表露缓解新环境带来的压力；而内向、孤独的新生则通过倾听别人相似的感受，获得“和别人一样”的体验，缓解自己“独特性”问题带来的心理压力与负担，发挥抚慰功能，克服由此带来的自卑感、孤独感等负面情绪。

2．了解自我，悦纳自我

大学新生的自我意识包括自我认知、自我体验和自我调控三个方面。团体辅导通过活动设计，使新生在具体情境中感受自我体验，通过互动与交流去发现自我认知中的问题，澄清内心业已存在的问题，最终实现调整自我认知，达到自我调控的目的。大学新生入学之初，可组织如“同舟共济”“人椅”“我想有个家”“巧解千结”“松鼠搬家”“生日线”“手拉手”“红黑游戏”“信任背摔”等活动让学生形成自我接纳、乐善合群的心理品质。在团体领导者的调动、鼓励下，被辅导团体能逐渐形成良好的团体气氛、合作的团体规范、内合的团体凝聚力，自然而然地接受团体辅导的影响。具体而言，在分组这类活动中，团体成员具有共同的团队目标，共同分担目标责任，在小组的情境体验中实现组织承诺，体验团队归属感。同时，在活动中帮助缓解男女间交往的敏感心态，破除可能出现的隔阂现象，营造出一个民主、平等、和谐的气氛。这些辅导活动在一定程度上改变了新生的认知方式与行为方式，使团体辅导效果向日后真实情境下的班级活动自动迁移，促进“真正的”班集体的形成。

（三）大学新生适应团体辅导设计

① 团体名称：携手启航大学新生适应团体辅导。

② 团体性质：结构性团体为主，非结构性团体为辅。

③ 团体对象：团体成员为在校大学新生。有共同成长和交往意愿的班级或几个班级，成员需要有比较强烈的认识自我和他人的意愿，能认真地对待团体活动，并且性格友善坦诚，能和他人和睦相处。团体中若有经历过重大负性事件或性情过于极端的成员，可以提前面谈，就参加团体的意向和注意事项达成共识。如果其不适合参加团体活动，征得对方同意后可邀请其作为助手参加活动。人数以 30 ~ 100 人为宜。人数多则对活动场地及现场音效要求更高。

④ 时间频率及次数：前后共组织 5 次活动，每次活动持续时间为 120 分钟。

⑤ 招募方式：利用海报传单宣传招募，或者由团体领导者、辅导员或班主任到班组织。

⑥ 活动流程：见携手启航大学新生适应团体辅导流程（表 4-3）。如对该方案的具体操作感兴趣，可具体查阅周圆主编的《团体辅导：理论、设计与实例》一书。

表 4-3 携手启航大学新生适应团体辅导流程〔1〕

团体阶段		活动序号及内容	活动目的	时间/分
创建阶段	第一次	01 微型演讲：团体规则与示范 02 大风吹，小风吹	就团体规则达成共识； 热身暖场	10 10
		03 独一无二 04 寻人游戏	促进成员彼此相识； 寻找共同爱好，增加团体凝聚力	20 20
		05 进化论游戏 06 你是我的眼	体验成长过程； 团队合作任务	15 45
工作阶段	第二次	07 漫步相知	增进成员进一步了解	20
		08 国王与天使	增强团体动力	10
		09 一人一故事剧场	学习共情和对他人的接纳	90
	第三次	10 数字游戏	热身暖场	10
		11 人际直升机	了解自己的人际支持系统	30
		12 越狱	团体中的合作与融合	50
		13 I'm OK，you are OK	肯定自我、接纳他人	30
	第四次	14 马兰开花	热身暖场	10
		15 头脑风暴：团体创意走	自发性和创造性训练	20
		16 头脑风暴：学习的困惑 17 微型课堂：锦囊妙计	征集学习中遇到的问题和困惑； 抛砖引玉，开拓思路	20 30
		18 神塔	运用讨论成果，寻找学习规律	40

〔1〕 周圆. 团体辅导：理论、设计与实例［M］. 上海：上海教育出版社，2013：112.

续表

团体阶段		活动序号及内容	活动目的	时间/分
结束（分享）	第五次	19 光荣与梦想	自我展示、加深团队成员的了解	80
		20 天使大揭晓 21 收获园	团队温馨时刻； 回顾团体体验，分享收获； 彼此祝福，获得肯定与支持	20 20

二、常见的结构式团体练习

结构式练习不仅在团体开始时能促进成员的相互交流，而且可以在整个团体过程中的不同阶段进行运用，以推进团体发展，达成团体目标。但需要注意的是，结构式练习并不是可以随便应用的，而是要根据团体活动的具体目标而定。

活动1：滚雪球

目的：促进团体成员彼此相识并在短时间内和尽可能多的成员交流。

时间：约40分钟。

材料：无。

步骤："滚雪球"是经典的相识类活动，分为知你知我、对对碰、循环自我介绍三部分。

① 知你知我。团体领导者先让成员在房间里自由漫步，见到其他成员，微笑着握握手，给一定时间让成员自然相遇，鼓励成员尽可能多地与其他人握手。当团体领导者叫停时，每个成员和自己正面对的或正在握手的人就成了朋友，两人一组，互相做自我介绍。介绍的内容包括姓名、身份、性格特点、兴趣爱好等个人情况，每人约2分钟。

② 对对碰。刚才分别做自我介绍的两个组合并，形成4人一组。每位成员将自己刚才认识的朋友向另外两位新朋友介绍，每人2~3分钟。

③ 循环自我介绍。两个4人小组合并，8人围圈而坐。从其中一个人开始，每人用一句话介绍自己，这句话中必须包括姓名和一个与众不同的特征等内容（可自行设计）。当第一个人说完后，第二个人必须从第一个人开始讲起，依此类推，第三个人一直到最后一个人都必须从第一个人开始讲起，直到最后一个人复述完所有人的信息，任务完成。

活动2：自画像

目的：强化团体成员的自我认识，促进成员的自我觉察。

时间：50~60分钟。

材料：1张图画纸，1盒彩色水笔或油画棒，可挂画的装置。

步骤：

① 每位团体成员取出1张图画纸，每人或几个人合用1盒彩笔，请成员画出自己。画可以有标题，也可以无标题。若有标题，可以是"大学生活中的我""我的梦"之类。无标题则让成员根据自己的想法、用任何形式来画出自己，抽象的、形象的、写实的风

格，画成动物、植物都可以。总之，要把自己心目中最能代表自己的形象画出来。

② 画完后挂在墙上，开“画展”，让团体成员自由观看他人的画，不加评论。

③ 请每一位“画家”对他的画做出解释并回答其他团体成员的提问，促进“画家”的深入思考。

自画像用非语言的方法将作画者的内心投射出来，是一种独特的自我探索、自我分析、自我展示的方法。通过团体内交流，可以促使团体成员深化自我认识并加深对他人的认识和理解。

活动3：天生我才

目的：发现独特的我，悦纳自我、增强自信，扬长避短，做最好的自己。

时间：30分钟。

材料：练习纸、黑色水笔。

步骤：

① 填写练习纸。

② 小组内分享，每人3分钟。

③ 小组派代表，大组内分享。

我最欣赏自己的外表是：

我最欣赏自己的性格是：

我最欣赏自己对家人的态度是：

我最欣赏自己对朋友的态度是：

我最欣赏自己对学习的态度是：

我最欣赏自己做事的态度是：

我最欣赏自己从困难中崛起的经历是：

我最欣赏自己的一次成功经验是：

图4-2　纸笔练习：“天生我才”

活动4：绝地反弹

目的：让团体成员意识到自己有克服逆境的勇气，提高其承受高压的能力，在逆境面前保持良好的心智，增强自信心。

时间：30 分钟。

材料：空白活动卡纸。

步骤：

① 全体成员参加，分小组进行。其中一人承担挑战者的角色，其他人则分成两排面对面地站好，扮演参与者的角色（站成两排的团体成员相互之间要空出一段距离）。

② 挑战者从两排成员的中间经过，并分别向每一位参与者面带微笑地打招呼，同时要求参与者提供帮助。

③ 挑战者发出请求后，所有参与者都要一脸严肃地一一拒绝他。无论挑战者说什么，其他团体成员都要从不予接受的角度去找理由予以驳斥（比如用手势、语言暗示等）。

④ 在挑战者寻求帮助的时候，站成两排的参与者要不停地缓慢地移动，向挑战者靠拢，缩小空间，将挑战者夹在中间，给其空间压抑感。

⑤ 换一个挑战者进行以上活动。

⑥ 挑战者将感受写下来。感受必须包括：你被拒绝并看到大家向你不断靠近的时候，你是怎样想的？在这种情况下，你会做些什么改善你的境况？

⑦ 大家分别评一评每位参与者的做法是否有效。

活动5：自我肯定行为

目的：团体领导者介绍并区别自我肯定行为、非自我肯定行为及攻击性行为，团体成员学习如何表达自我肯定行为。

时间：30 ~ 40 分钟。

材料：情境测验纸、黑色水笔。

步骤：

步骤一：

区别三种行为：

自我肯定行为：在互相尊重的基础上，以不侵犯他人权益而能坦诚地表达自己的情感、意见、情绪和信念，并能维护自己权益的行为。（I am OK，you are OK）

非自我肯定行为：无法坦诚地表达自己的思想、情感、态度和信念的行为。（I am not OK，you are OK）

攻击性行为：只顾自己而不顾他人的行为，即自私自利的行为。（I am OK，you are not OK）

步骤二：

情境测验：

① 你很喜欢上陈老师的课，你对他说："陈老师，我很喜欢您这门功课，也喜欢

您上课的方式，生动有趣！”

② 有个异性同学邀请你去聊天，你上次曾经跟他（她）出去过，但对第二次约会不感兴趣。你跟对方说：“喔，我这星期很忙，星期六可能没空和你见面。”

③ 开会途中有人以不正确的理由反对你的一项提议，你站起来说：“我已经了解你所说的，但我不赞成，希望你也能听听我的看法。”

④ 你正要出门，有个朋友打电话来开始倾诉他与父母之间最近出现的问题，而你急着挂电话。你说：“你太烦了，老是有一些问题，我现在有更重要的事要做，再见！”

⑤ 你在选课的时候没有选到心仪的心理学课，有个同学劝你随便选一门早点修完。你对他说：“我不想像你一样乱选一通。”

⑥ 你的室友习惯把寝室弄得很乱。你对他说：“你真的好差劲，寝室被你弄得跟狗窝一样。”

⑦ 你在车站前排队买票，有个人在你前面插队。你对他说：“我知道你不喜欢排队等待，但是我比你先在这里排队，而且我真的希望赶快买到票，请你到后面排队。”

⑧ 傍晚的时候，一位很熟的朋友向你借电动车。你说：“你疯啦！你知道，我从来不把电动车借给任何人。”

⑨ 有个朋友经常向你借钱，除非你开口向他要，否则他都不会还，这次他又开口借钱。你对他说：“很抱歉！我今天身上只有付午餐的钱了。”

⑩ 你的好朋友认为你一个女生专科毕业就行了，反对你继续转本和读硕士，你对他说：“我无法相信你这么无知，难道你认为学历提升是男生的专利吗？”

请对以上情境分别归类，制成表4-4（＋表示自我肯定行为、N 表示非自我肯定行为、－表示攻击性行为）。

表4-4　情境分类

1	2	3	4	5
6	7	8	9	10

步骤三：

① 选取大家观点有争议的句子，进行现场讨论。

② 选取2～3句描写非自我肯定行为或攻击性行为情境的句子，将之改写成自我肯定行为的表达，并分组讨论，角色扮演，分享改写后的感受。

活动6：情绪表达

目的：帮助团队成员了解、识别和转化情绪，提升情绪管理能力。

时间：30分钟。

材料：练习纸、黑色水笔。

步骤：

① 我们通过语言（包含内在对话）表达我们对世界的感知，构成了我们日常的故事情节，那些赋予我们能量的故事情节我们称为绿色表达，那些打击我们能量的台词我们称为红色表达。

② 写些关于“我”“他”“学习”的故事情节。

③ 评估以下描述中故事情节的颜色（表 4-5）。

④ 想办法将红色转化为绿色，并写出转换内容，组内分享。

⑤ 体会红转绿给你带来的感受有什么不同？

表 4-5　故事情节填色及转换内容表

关于“我”的故事情节	颜色	转换内容
关于“他”的故事情节	颜色	转换内容
关于“学习”的故事情节	颜色	转换内容

活动 7：促动轮

目的：帮助团体成员了解自己的目标与规划，确定具体目标，学会积极行动。

时间：30 分钟。

材料：练习纸、黑色水笔。

步骤：

① 列出你想成为一个什么样的人。

② 成为你理想中的人需要做哪 8 件事？写进图 4-3 中，创建促动轮。

③ 依据目前情况进行自我评分（1—10 分，1 分表示“非常不满意”，10 分表示“非常满意”）。

④ 你看到了什么？

⑤ 如果每选择一项提升 1 分，你会选择哪项，为什么？

⑥ 你具体会做些什么来提升这 1 分？第一步怎么做？

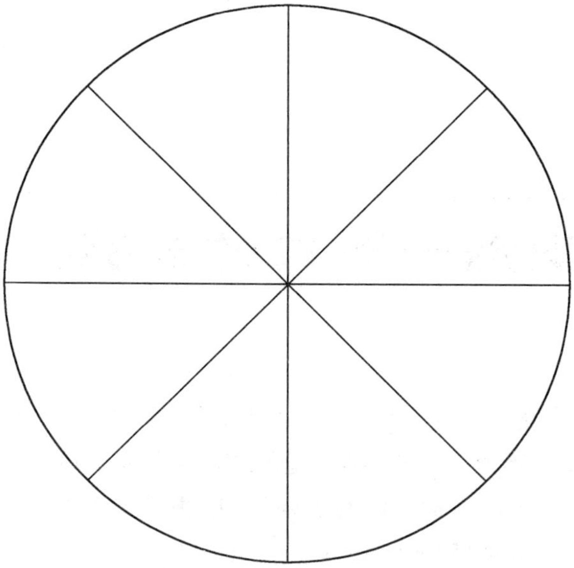

图 4-3 “成为理想中的人”促动轮

活动 8：真情告白

目的：使团体成员在结束前肯定在团体中的收获，帮助成员表达离别和彼此祝福之情，圆满结束团体活动。

时间：30 分钟。

材料：大白纸、彩笔。

步骤：

① 每人在背后用胶带粘贴一张白纸，小组内每个成员在其他人背上写一句祝福的话或建议。

② 小组内成员互相写完后，也可以邀请自己认为重要的团体成员写。

③ 写完后，坐下想一想，猜一猜其他成员会给自己写什么，自己又期待他们写什么。

④ 主持人喊“停”后，每位成员取下自己的背后的纸条仔细阅读，分享读后的感想，感谢成员的真诚祝福，并珍藏这份珍贵的礼物。

第五章

探索独一无二的自我

俗话说，“江山易改，禀性难移”。无论是在文学作品中，还是在现实生活里，我们都能遇到形象生动、个性鲜明的人物，他们或温柔细腻，或开朗健谈，或坚忍勇敢，或诙谐活跃……所谓“人有千面，各有不同”，这些千差万别、千姿百态的心理面貌，成就了每一个“我”的人格魅力。

第一节 掀开面具，解密独特“我”

“人格”是我们日常生活中经常使用的词汇，它涵盖了法律、道德、社会、哲学等领域。人格的英文“personality”一词，最初源于古希腊语 persona，原意是指希腊戏剧中演员戴的面具，用于表现剧中人物的身份。如同我国戏剧中的脸谱（图 5-1），在舞台上随人物角色不同而变换，以体现角色的特点和人物的性格。心理学沿用面具的含义，转意为人格。

图 5-1 我国戏剧中的脸谱

一、人格的心理学解读

在心理学概念中，关于人格的定义不下 50 个，综合各家看法，我们可以这样界定人格的概念：人格是指一个人整体的精神面貌，即具有一定倾向性的、相对稳定的、独特的心理行为模式，是一个人的气质、性格、能力及动机、兴趣、信念、自我意识等多方面的综合表现，是从人出生时就有并一直延续和发展下去的。同时，在心理学中，人们经常将“个性”与“人格”等同，《大百科全书·心理学卷》中就有“人格即个性”的说法。

（一）人格的心理构成

一般认为人格的心理结构由个性倾向性、个性心理特征和自我意识三部分组成。个性倾向性包括需要、兴趣、动机、理想、信念、价值观等心理成分，是推动个性发展的动力因素，决定着一个人对现实的态度，集中地表现了人格的社会实质；个性心理特征集中地反映了人的心理面貌的独特性，包括能力、气质、性格等心理成分；自我意识是自我完善的能动结构，充分地反映了个性对社会生活的反作用，是人的心理能动作用的体现，包括自我评价、自我体验和自我控制三方面（图 5-2）。

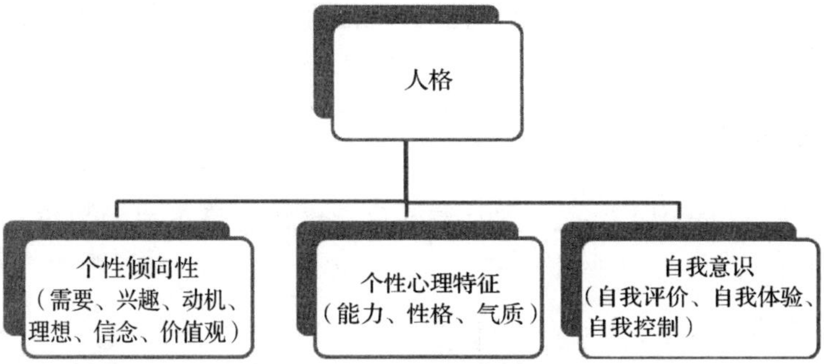

图 5-2　人格的心理结构

（二）人格的基本特征

与其他心理过程和心理特征相比，人格具有以下四个方面的特征：

1．独特性

一个人的人格是在遗传、环境和教育等因素的交互作用下形成的。不同的遗传、生存及教育环境，形成了各自独特的心理特点，世界上没有完全相同的两个自我。如“执着”在不同的环境下、不同人身上有不同的含义：在娇生惯养、过度溺爱的环境里，“执着”带有“走极端”的意思；而在冷淡疏离、艰难困苦的环境里，“执着”又夹杂着“不服输”的味道。

2．整体性

在每个人的人格世界里，各种特征并非简单的堆积，而是如同宇宙世界一样，是依据一定的内容、秩序与规则有机组合起来的动力系统。人格的有机结构具有内在一致性，同一种行为模式会表现在不同情境中，并且受自我意识的调控。当一个人的人格结构的各方面彼此和谐一致时，人们就会呈现出健康的人格特征，否则就会出现各种心理冲突，导致“人格分裂”。

3．稳定性

人格的稳定性是指那些经常表现出来的特点，是一贯的行为方式的总和。昨天的我是今天的我，也是明天的我。一个人的某种人格特质一旦稳定下来，要改变是较为困难的事。例如，一个性格外向的大学生，他不仅仅在家庭中非常活跃，而且在班级活动中也表现出积极主动的一面，不仅在读大学期间如此，毕业 20 周年聚会时他的这个特质往往依旧不变。

4. 社会性

人格是个体在社会化过程中形成的，是社会的人所特有的。每个人的自我都打上了他所处的社会的烙印。不同社会的政治、经济、文化对个体有不同的影响，使人格带有明显的社会性。比如，尽管东西方文化中都有推崇英雄人物的情结，然而中国的英雄形象常常是舍己救人、公而忘私类型的，美国的英雄形象则更多地宣扬人性至上，这就是不同的社会赋予的不同人格特点。

需要指出的是，我们在理解人格的这些基本特征时不是一成不变的，同时也应该看到，人格独特性的另一面是人格的共性，稳定性的另一面是可塑性，而社会性的另一面则是生物性。

二、气质与性格

人格是一个复杂的结构系统，其中气质与性格是它最重要的内容，人格常常与气质、性格紧密相连。

（一）气质及其类型

气质是不以活动目的和内容为转移的、典型的、稳定的心理活动的动力特征，是表现在心理活动的强度、速度、稳定性与指向性等方面的一种稳定的心理特征，即我们平时所说的脾气、秉性。

这里讲的心理活动的强度是指情绪的强弱及意志努力的程度。心理活动的速度和稳定性是指知觉的速度、思维灵活的程度。心理活动的指向性是指有的人倾向于外部事物，从外界获得新印象；有的人倾向于内部心理世界，经常体验自己的情绪，分析自己的思想和印象。

人的气质具有一定的先天性。例如，有的新生儿具有安静、平稳、胆小的特点，有的新生儿具有好动、喜欢吵闹、胆大的特点。一个人的气质特征有着极大的稳定性，但是，在环境和教育的影响下，气质也会发生某些变化。因此，气质既有稳定性的一面，又有可塑性的一面，是这两者的统一。

人的气质是有明显差异的，最早对气质加以分类并被后人广泛应用的是古希腊医生希波克拉底划分的四种气质类型：胆汁质、多血质、黏液质和抑郁质。

1. 胆汁质

胆汁质的人反应速度快，具有较高的反应性与主动性。这类人的情感和行为动作产生得迅速而且强烈，有极明显的外部表现；性情开朗、热情、坦率，但脾气暴躁，好争论；情感易于冲动但不持久；精力旺盛，经常以极大的热情从事工作，但有时缺乏耐心；思维具有一定的灵活性，但对问题的理解具有粗枝大叶、不求甚解的倾向；意志坚强、果断勇敢，注意力稳定而集中但难于转移；行动利落而又敏捷，说话速度快且声音洪亮。

2. 多血质

多血质的人行动具有很高的反应性。这类人的情感和行为动作发生得很快，变化得也快，但较为温和；易于产生情感，但体验不深，善于结交朋友，容易适应新的环境；语言具有较强的表达力和感染力，姿态活泼，表情生动，有明显的外倾性特点；机智灵敏，思维灵活，但常表现出对问题不求甚解；注意与兴趣易于转移，不稳定；在意志力方面缺乏忍耐性，毅力不强。

3. 黏液质

黏液质的人反应性低。其情感和行为动作迟缓、稳定，缺乏灵活性；这类人情绪不易发生，也不易外露，很少产生激情，遇到不愉快的事也不动声色；注意力稳定、持久，但难于转移；思维灵活性较差，但比较细致，喜欢沉思；在意志力方面具有耐性，对自己的行为有较大的自制力；态度持重，好沉默寡言，办事谨慎细致，从不鲁莽，但对新的工作较难适应，行为和情绪都表现出内倾性，可塑性差。

4. 抑郁质

抑郁质的人有较高的感受性。这类人的情感和行为动作相当缓慢，柔弱；情感容易产生，而且体验相当深刻，隐晦而不外露，易多愁善感；往往富于想象，聪明且观察力敏锐，善于观察他人观察不到的细微事物，敏感性高，思维深刻；在意志方面常表现出胆小怕事、优柔寡断，受到挫折后常心神不安，但对力所能及的工作表现出坚忍的精神；不善交往，较为孤僻，具有明显的内倾性。

【知识窗 5-1】

四人看戏

苏联心理学家达威多娃曾经做过一项实验，有四个人去戏院看戏，都迟到了 15 分钟，工作人员拦住他们：先生，对不起，您已经迟到 15 分钟，为了不影响他人，您不能进入。四种气质类型的人，表现出了不同的心理状态和行为特点。

胆汁质的人与检票员争吵起来，并不顾阻拦闯入剧场；

多血质的人看到楼下检票员管得很严，马上会想到设法另寻门路，随即找到了楼上一个没人检查的入口进剧场，安心看戏；

黏液质的人很规矩地等在大门外，并自我安慰“第一场戏总是不太精彩，先去小卖部买点吃的休息一下，等幕间休息再进去不迟”；

抑郁质的人早就对自己的行为很后悔，认为这场戏不该看，进而想到“我运气不好，偶尔来一次戏院，就这么倒霉！”接着便垂头丧气地回家了，并发誓再也不来看戏了。

希波克拉底的这一分类，后来被俄国生理学家和心理学家巴甫洛夫证实。根据巴甫洛夫高级神经活动的类型学说，气质是由人的高级神经活动类型决定的。他认为，人的高级神经活动类型是气质的生理基础，气质是高级神经活动类型的外在表现，四种神经活动类型分别与四种气质类型相对应（表5-1）。

表5-1　高级神经活动类型与气质类型对照表

神经系统的基本特点	高级神经活动类型	气质类型
强、不平衡	兴奋型	胆汁质
强、平衡、灵活	活泼型	多血质
强、平衡、灵活	安静型	黏液质
弱	抑制型	抑郁质

气质的类型没有绝对的好坏之分，也不能单纯地决定一个人的社会价值和成就的高低。

（二）性格及其类型

性格一词来源于希腊文，原为雕刻的意思，后来转意为印刻、标记、特性。现代心理学家把性格理解为：个体在社会实践活动中所形成的对人、对事、对自己的态度以及与之相适应的习惯化了的行为方式。譬如，有的人工作勤恳，有的人则敷衍了事；有的人待人接物慷慨热情，有的人则吝啬冷漠。这些都是人不同的性格特征。恩格斯说过，人物的性格不仅表现在他做什么，而且表现在他怎样做。

性格是人格结构中表现最明显同时也是最重要的心理特征。爱因斯坦说过，一个人在事业上的成功取决于他性格上的伟大。人的性格是后天形成的，性格一旦形成，就具有相对的稳定性，并在很大程度上影响着一个人的命运。根据在划分性格类型时参照物的不同，性格有不同的分类方法：

1. 按倾向性分类，性格可以分为内倾型和外倾型

内倾型的表现为：心理活动倾向于内部世界，情感内隐，只对自己感兴趣，以自我作为行为的出发点；外倾型的表现为：心理活动倾向于外部世界，情感外露，对人对物均感兴趣，以环境作为行为的出发点。

2. 按独立和顺从程度分类，性格可以分为独立型和顺从型

独立型的人不易受外界因素的干扰，善于独立地发现问题和解决问题，应变能力强，易于发挥自己的力量；顺从型的人独立性差，易受外来因素的干扰，常不加分析地接受别人的意见，应变能力差。

除此之外，性格划分的类型还有很多，比如，按心理机能划分，我们可以把人的性格划分为理智型、情绪型和意志型等。

（三）气质与性格的关系

气质与性格都是人的个性心理特征，是在统一的人的生活实践中形成的，也是由统一的脑的活动实现的。一般认为，气质与性格既有区别又有联系。

气质与性格的区别主要表现在四个方面：

第一，从起源上来看，气质是先天的，一般对个体发展的早期阶段有直接影响，主要表现为神经类型的自然表现；性格是后天的，是人在实践活动中与社会环境相互

作用的产物，反映了人的社会性。

第二，从可塑性上看，气质的变化较慢，可塑性小；性格的可塑性大，环境对性格的塑造作用是明显的，性格的改变相对较易。

第三，从社会评价上来看，气质是人行为的动力特征，与行为内容无关，因而无好坏善恶之分；性格主要是人行为的内容，表现为个体与社会环境的关系，因而有优劣善恶之分。

第四，从在个性结构中的地位来看，气质特征表现较早，性格特征表现较晚。

气质与性格的联系主要表现在三个方面：首先，气质影响性格形成的发展速度；其次，不同气质类型的人即使形成同一种性格，也保留各自的色彩；最后，性格在一定程度上掩盖和改造气质，使气质服从于生活实践的要求（图5-3）。

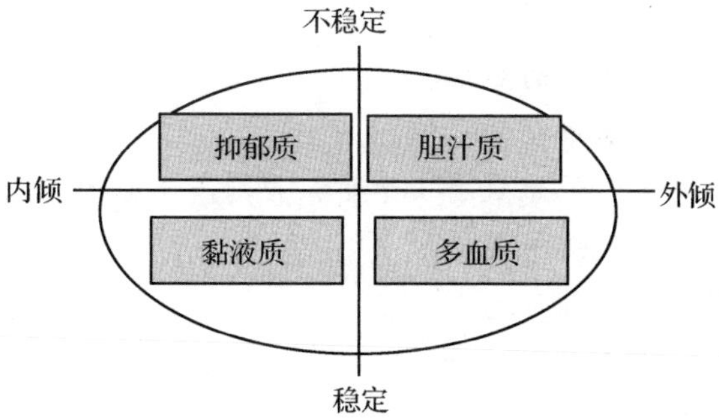

图5-3　性格与气质的联系

总之，性格与气质彼此相互渗透，又相互制约。具有不同气质类型的人可以形成同样的性格特征，具有同一气质的人也可以形成不同的性格特征。

【自我探索5-1】

气质类型测量

下面是山西省教科院陈会昌教授编写的60道题，可以帮助你了解自己的气质类型。请认真阅读下列各题，对于每一题，你认为非常符合自己情况的，记+2；比较符合的，记+1；拿不准的，记0；比较不符合的，记-1；完全不符合的，记-2。

（1）做事力求稳妥，一般不做无把握的事。

（2）遇到可气的事就怒不可遏，想把心里话全说出来才痛快。

（3）宁可一个人干事，不愿很多人在一起。

（4）到一个新环境很快就能适应。

（5）厌恶那些强烈的刺激，如尖叫、噪声、危险镜头等。

（6）和别人争吵时总是先发制人，喜欢挑衅别人。

（7）喜欢安静的环境。

（8）善于和别人交往。

（9）是那种善于克制自己感情的人。

（10）生活有规律，很少违反作息制度。
（11）在多数情况下，情绪是乐观的。
（12）碰到陌生人觉得很拘束。
（13）遇到令人气愤的事，能很好地自我克制。
（14）做事总是有旺盛的精力。
（15）遇到事情总是举棋不定，优柔寡断。
（16）在人群中从不觉得过分拘束。
（17）情绪高昂时，觉着干什么都有趣；情绪低落时，又觉得干什么都没意思。
（18）当注意力集中于一事物时，别的事很难使我分心。
（19）理解问题总比别人快。
（20）碰到问题总有一种极度恐惧感。
（21）对学习、工作怀有很高热情。
（22）能够长时间做枯燥单调的工作。
（23）符合兴趣的事情，干起来劲头十足，否则就不想干。
（24）一点小事就能引起情绪波动。
（25）讨厌那种需要耐心细致的工作。
（26）与人交往不卑不亢。
（27）喜欢参加热闹的活动。
（28）爱看感情细腻、描写人物内心活动的文艺作品。
（29）工作、学习时间长了，常感到厌倦。
（30）不喜欢长时间谈论同一个问题。
（31）愿意侃侃而谈，不愿窃窃私语。
（32）别人总是说我闷闷不乐。
（33）理解问题常比别人慢些。
（34）疲倦时只要短暂休息就能精神抖擞，重新投入工作。
（35）心里有话，宁愿自己想，也不愿自己说出来。
（36）认准一个目标，就希望尽快实现，不达目的，誓不罢休。
（37）学习或工作同样一段时间后，常比别人更疲倦。
（38）做事有些莽撞，不考虑后果。
（39）老师或他人讲授新知识、技术时总希望他讲得慢些，多重复几遍。
（40）能够很快忘记那些不愉快的事情。
（41）做作业或完成一项工作总比别人花费的时间多。
（42）喜欢参加运动量大的剧烈体育活动或文艺活动。
（43）不能很快地把注意力从一件事情上转移到另一件事情上去。
（44）接受一个任务后，就希望把它迅速解决。
（45）认为墨守成规比冒险强些。

（46）能够同时注意几件事情。

（47）当我烦恼时，别人很难使我高兴起来。

（48）爱看情节起伏跌宕、激动人心的小说。

（49）对工作认真严谨，有始终一贯的态度。

（50）和周围人的关系总是相处不好。

（51）喜欢复习学过的知识，重复做熟练的工作。

（52）喜欢做变化大、花样多的工作。

（53）小时候会背的诗歌，我似乎比别人记得清楚。

（54）别人说我“出语伤人”，可我并不觉得这样。

（55）在体育活动中，常因反应慢而落后。

（56）反应敏捷，头脑机智。

（57）喜欢有条理而不甚麻烦的工作。

（58）兴奋的事情常使我失眠。

（59）老师讲新概念，常常听不懂，但弄懂以后就很难忘记。

（60）假如工作枯燥，马上就会情绪低落。

四种气质类型对应记分题号如下：

胆汁质（2）（6）（9）（14）（17）（21）（27）（31）（36）（38）（42）（48）（50）（54）（58）　　总分（　　）

多血质（4）（8）（11）（16）（19）（23）（25）（29）（34）（40）（44）（46）（52）（56）（60）　　总分（　　）

黏液质（1）（7）（10）（13）（18）（22）（26）（30）（33）（39）（43）（45）（49）（55）（57）　　总分（　　）

抑郁质（3）（5）（12）（15）（20）（24）（28）（32）（35）（37）（41）（47）（51）（53）（59）　　总分（　　）

记分方法：

A. 如果某一项，或两项的得分超过20，则为典型的该气质。

B. 如果某一项，或两项的得分在20分以下、10分以上，其他各项分数较低，则为该项一般气质。

C. 若各项得分均在10分以下，但某项或几项得分较其余几项为高（相差5分以上），则为略倾向于该气质（或几项的混合），如略偏黏液质型，多血质-胆汁质混合型。其余类推，一般来说，正分值越高，表明该气质越明显；反之，分值越低，表明越不具备该项气质特征。

三、自我意识

自我意识是构成人格的重要心理组成部分，大量研究表明，自我意识是造成不同个体差异的主要原因。有人说，人最好的朋友是自己，最大的敌人也是自己。一个人对自己的看法和评价，不仅会影响到他的社会行为，而且会直接关系到他的身心健康。

（一）自我意识的内涵

自我意识就是一个人在社会化进程中逐渐形成和发展起来的，对自我及自己与周围环境关系的多方面多层次的认知、体验和评价，是个体关于自我全部的思想、情感和态度的总和。自我意识是人的意识活动的一种形式，也是人的心理区别于动物心理的一大特征。

【知识窗 5-2】

乔哈里窗口理论

现代人有很多文化经验、科学知识，可以说无所不知，但往往缺少自知。而自知是一个人自我意识发展的基础。美国心理学家约翰（John）和哈里（Harry）提出关于人自我认知的窗口理论，被称为乔哈里窗口理论（表 5-2）。他们认为人对自己的认识是一个不断探索的过程。根据一个人对自身的了解与他人对自身的了解两个维度可把每个人的自我分为四个部分：公开的自我、盲目的自我、秘密的自我和未知的自我。通过与他人分享秘密的自我，通过他人的反馈减少盲目的自我，人对自己的了解就会更多、更客观。

表 5-2 乔哈里窗口理论中的四个自我

	自知	自不知
他知	A. 公开的我	B. 盲目的我
他不知	C. 秘密的我	D. 未知的我

自我意识一般包括三方面的内容：

1. 对自身生理状态的认识和评价

这是指对自己身高、体重、容貌、身材、性别等的认识，以及对生理病痛、温饱饥饿、劳累疲乏等的感受。如果一个人对生理自我不能接纳，嫌自己个子矮、不漂亮、身材差，那么他就会讨厌自己，表现出自卑和缺乏自信。

2. 对自身心理状态的认识和评价

这是指对自己知识、能力、情绪、兴趣、爱好、性格、气质等的认识和体验。如果一个人对自己的心理自我评价低，嫌自己能力差、智商不高、情绪起伏太大、自制力差、性格不成熟，那么他就会否定自己。

3. 对自己与周围关系的认识和评价

这是指对自己在群体中的地位、作用，以及自己与他人相互关系的认识、评价和体验。如果一个人认为自己不善于交流和沟通，周围的人不喜欢自己，不接纳自己，没有知心朋友，那么他就会感到很孤独、很寂寞。

自我意识除了与我们的自我态度、成长经历、生活环境有关以外，还与他人的评价相关，他人对我们的评价也会对我们的自我意识有重要的影响。

（二）自我意识的结构

自我意识也可从“知、情、意”三个方面进行分析。“知”指自我认识，“情”指自我体验，“意”指自我调节，自我意识正是通过这三种形式表现出来的。

首先，自我认识是自我意识的认知成分。主要涉及“我是一个什么样的人”“我为什么是这样的人”等问题，包括自我感觉、自我观念、自我分析、自我批评等。目前心理学关于自我意识的研究，大量地集中在自我认识方面。

其次，自我体验是自我意识的情绪成分。它以情绪体验的形式表现出人对自己的态度，主要涉及“我是否接受自己”“我是否对自己满意”“我是否悦纳自己”等问题，包括自尊、自爱、自卑、自弃、自恃、自傲、责任感、义务感、优越感等。一个人若希望在某件事上取得成功，但他实际上失败了，他认识到行动的失败同他成功的需要相悖，他就会对自己产生不满的情绪体验。

最后，自我调节是自我意识的意志成分。主要表现为人的意志行为，它监督、调节自己的行为，调节、控制个体对自己的态度和对他人的态度，涉及“我怎样克制自己”“我如何改变自己”“我如何成为那种人”等问题，表现为自主、自立、自强、自制、自律、自卫等。例如，在课堂上教师不会讲与所授内容不相干的内容，学生不会随便大声喧哗、打闹、开玩笑。

综上所述，自我意识的结构包括自我认识、自我体验、自我调节，三者有机统一，构成了个性心理面貌的重要组成部分。

（三）自我意识的发生

自我意识是人类所特有的，但也不是与生俱来的。自我意识的能力是人类在与外在世界的相互作用过程中，特别是在同社会的人相互作用中才逐渐形成的。人的自我意识是随着人生每一阶段的成长而逐渐发展的，从发生、发展到相对稳定，大约经过20多年的时间。它是在社会交往过程中，随着语言和思维的发展而发展的，起始于婴幼儿时期，萌芽于少年儿童期，形成于青春期，发展于青年期，完善于成年期。而青少年阶段是自我意识发展最重要的时期，自我形象得到了良好建立，人就会生活得有信心、有动力，了解和接纳自己的优点与缺点，能进一步迈向成熟的阶段。

【知识窗5-3】

自我意识发生发展的理论

威廉·詹姆斯的自我发展三阶段说：躯体我、社会我和精神我

心理学家詹姆斯认为，人最先是从自己的躯体知道自己的存在的，产生了“躯体我”，即对自己的身体、健康状况、外貌、动作技能等方面的感受，照镜子、美容美肤等都是躯体我的表现。而后与人交往，从他人对自己的反应中及自己的社会角色中，体验出自己的“社会我”，对自己在社会生活中所处的经济状况、政治地位、声誉、威信等方面的自我评价和自我体验，如自己是贫穷还是富裕，是否受人尊重和信任，在集体生活中举足轻重还是无足轻重，别人对自己是亲近还是疏远。再后来从生活的成败得失中、在心理发展中，逐渐形成“精神我”，对自我心理品质、精种状态的认识体验，如自己的理解力、记忆力是强还是弱，想象力是丰富还是不丰富，思维是敏捷还是迟钝，行动的自觉性是高还是低，自制力是强还是弱，等等。

弗洛伊德的自我的结构：本我、自我和超我

精神分析大师弗洛伊德在其人格结构理论中深入探讨了自我的结构。他认为，人出生时只有一个本能的我（本我），其功能是一切为生存，其行为表现大多属于原始性的冲动，遵循的原则只要快乐，肆无忌惮，且个人多不自知。他显得有些紧张，希望得到满足，易冲动、非理性、无组织。自我是人与外部世界的媒介，它适应环境中的一些条件和限制，代表人的学习、训练和经验，遵循现实原则。超我是社会规范中是非标准与价值判断的代表，它遵循道德原则，支配、监督个人的一切。

我国心理学界的三阶段发展模式：生理自我、社会自我和心理自我

0—3 岁的幼儿时期，其行为是一种以自我为中心的行为，以自己的身体为中心，以自己的想法与情感来认识和投射外部世界。因此，这一时期的自我意识被认为是“生理自我”时期，也有人称之为“自我中心期”，它是自我意识最原始的形态。

3—14 岁的成长期，是个体接受社会教化影响最深的时期，也是角色学习的重要时期，他们主要用别人的观点去评价事物、认识他人，对自己的认识也服从于权威或同伴的评价。因此，这一时期个体自我意识的发展被称为“社会自我”发展阶段，也称为“客观化”时期。

从青春发育期到青春后期，自我意识经过分化、矛盾、统一，日益趋于成熟。此时个体开始清晰地意识到自己的内心世界，关注自己的内在体验，喜欢用自己的眼光与观点去认识和评价外部世界，开始有明确的价值探索和追求，强烈要求独立，产生了自我塑造、自我教育的紧迫感和实现自我目标的驱动力，这一时期被称为“心理自我”发展时期。

（四）自我意识的功能

1. 自我意识大大地提高了人的认识功能

自我意识使人能把自己的心理活动也当作客体加以反映，这就大大提高了人的认识活动的效能。人的认识活动不论感觉、知觉、记忆、想象、思维等，都由于自我意识的存在而更加自觉、更加合理、更加有效。个体对自身认知过程的监控和改善，意味着人在认识和改造客观世界的同时，也可以改造其主观世界。

2. 自我意识大大地丰富了人的感情世界

进入青少年期，人类自我意识发展逐渐成熟，心中“自我”概念逐渐明晰和稳定，于是便发现自己新的情感世界。他们意识到“自我”的独一无二、与众不同，才会逐渐产生“孤独”感；他们体验到自尊的需要，才会产生与自尊感相联系的“羞赧感”和“腼腆感”。由于他们发现了一个自己的内部世界，他们才时常感到“内在”自我

和“外在”行为的种种不符或冲突，从而产生“苦闷”“彷徨”等新的情感。

3. 自我意识大大地促进了人的意志发展

意志以人确定自觉的行为目的为开端，而自觉目的的提出又是以自我意识的存在为前提，因为任何自觉行为总有自觉的主体，那就是“自我”。自我自主性的实现需要个人监督，需要意志的力量，无论其表现形式是施力于外部，促使环境服从主体的要求，还是施力于内部，促使自身特性与需求适应环境，都离不开自我意识的作用，离不开在意识中对自我和环境明确的区分。

【知识窗 5-4】

常用的人格测量方法

人们试图运用各种方法了解一个人的人格。现代人格测量方法主要有自陈量表、投射测验和境遇观察三种：

（1）在自陈量表法里，主试要求被试自己描绘或刻画自己。可以给被试一张形容词词表，要求他从中找出一些能够描绘他自己性格的词；或者要求被试在大量的自陈句子中指出那些能够描绘他自己性格的句子。其优点是能在短时间内调查很多研究对象，取得大量资料，能对资料进行数量化处理，经济省时。缺点是被试由于各种原因可能对问题做出虚假或者错误的回答导致测量结果不可靠。

艾森克人格问卷（Eysenck Personality Questionnaire，简称 EPQ）是英国伦敦大学心理系和精神病研究所艾森克教授编制的自陈量表。他搜集了大量与人格有关的非认知方面的特征，通过因素分析归纳出三个互相成正交的维度，从而提出决定人格的三个基本因素：内外向（E）、神经质（N）和精神质（P），人们在这三方面的不同倾向和不同表现程度，便构成了不同的人格特征。其问卷分为四个部分，获取四个方面的信息：

① 内外向：分数高表示人格外向，可能是喜好交际、渴望刺激和冒险，情感易于冲动。分数低表示人格内向，可能是好静，富于内省，除了亲密的朋友之外，对一般人缄默冷淡，不喜欢刺激，喜欢有秩序的生活方式，情绪比较稳定。

② 神经质：反映的是正常行为，与病症无关。分数高可能是焦虑、担心，常常郁郁不乐、忧心忡忡，有强烈的情绪反应，以致出现不够理智的行为。

③ 精神质：并非暗指精神病，它在所有人身上都存在，只是程度不同。但如果某人表现出明显程度，则容易发展成行为异常。分数高可能是孤独，不关心他人，难以适应外部环境，不近人情，感觉迟钝，与别人不友好，喜欢寻衅搅扰，喜欢干奇特的事情，并且不顾危险。

④ 掩饰性：测定被试的掩饰、假托或自身隐蔽，或者测定其社会性朴实幼稚的水平。掩饰性与其他量表的功能有联系，但它本身代表一种稳定的人格功能。

注：被试在各部分上获得的总分（粗分）根据常模换算出标准分，分数高指的是标准分大于65，分数低指的是标准分小于35。

艾森克人格问卷是目前医学、司法、教育和心理咨询等领域应用最为广泛的人格测量问卷之一。

(2) 投射测验法是向被试显示一组意义不明确的刺激，让他加以解释或把这些刺激组构起来。这种方法的基本假设是：当一个人处在意义不明确的刺激情境之中时，他往往会把那种反映自己特有性格的结构强加于刺激情境。

目前最常用的投射测验有两种，即美国心理学家默里（H. A. Murry）设计的主题统觉测验和瑞士精神病学家罗夏（H. Rorshach）设计的墨迹测验。主题统觉测验(TAT) 由主试向被试呈现一系列带有人物和风景的图片，这些图片均模棱两可，可做各种各样解释。当被试者看到图片时，要凭个人的想象编造出一个故事。被试在看图编造故事时，会不知不觉地把自己内心的冲突、动机、愿望由故事的情节宣泄出来，主试则通过被试编制的故事中反复出现的情节以及整个故事的情调对被试的性格做出鉴定。罗夏墨迹测验（RT）包括一套特制的墨渍图，被试要说出他从图中看到了什么东西。这里很显然，刺激本身没有固定的意义，任何意义都是被试给予的，被试把意义投射到了墨渍中。

图 5-4　主题统觉测验

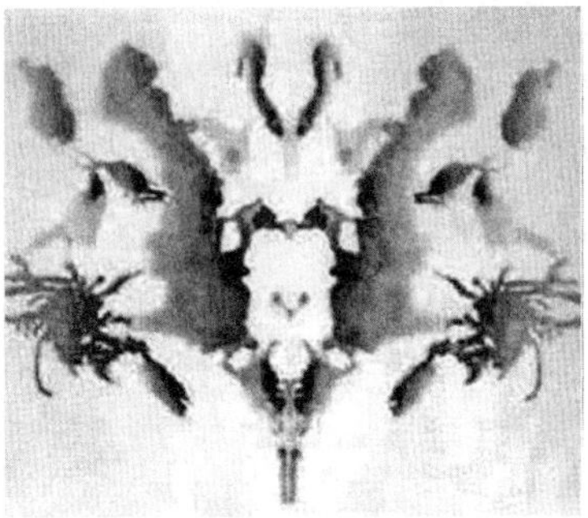

图 5-5　墨迹测验

(3) 境遇观察法则是由主试将被试安置在那种要求做出某些行动或反应的情境中，将其行为观察并记录下来，对其所表现的性格特征加以评定。例如，当一组学生进行班会活动时，可以观察他们彼此之间是怎样相互影响的，他们是怎样提出自己的意见的，这些意见又怎样为集体中其他成员接受的，谁是作为“领袖”人物而出现的，其他人是怎样执行集体所分派的任务的，以及别的有关行为，等等。主试者可以按某些个性维度来评定这些人的行为特点，诸如领导的才能、社会能力、表情的效应、支配和合作等。

第二节　扪心问诊，找回健康的“我”

大学生处于成年早期（18—25 岁），正是身心急剧发展和自我意识由分化、矛盾逐渐走向统一的特殊时期，根据美国著名精神科医师、新精神分析派的代表人物埃里克森的人格发展理论，这一阶段的主要发展任务是获得亲密感、避免孤独感。受自身身心发育变化和社会文化价值多元化的强烈影响，大学阶段仍然是人格发展的重要时期。因此，只有了解大学生人格发展的特点，研究大学生可能存在的人格发展偏差问题，有针对性地对大学生进行引导和调适，才能真正帮助大学生健康地成长自我。

一、大学生人格发展的特点

根据国内外心理学家对人格结构的研究，结合我国当代社会发展的现状和实际表现，大学生人格发展中呈现出如下几个方面的特点：

1. 能正确认知自我

首先是能自我认可，基本上能接受一切属于自我的东西，从而形成对自己积极的看法；其次是自我客体化，对自己的所有与所缺都比较清楚和明确，理解现实自我与理想自我之间的差别。大多数人有明确的奋斗目标和愿望，并为之而努力。

2. 智能结构健全而合理

具有良好的观察力、记忆力、思维力、注意力和想象力，没有认知障碍，各种认知能力能有机结合并发挥其应有作用。

3. 对社会环境的适应能力较强，不断地进行社会化活动

当代大学生对外部世界有着浓厚的兴趣，有着广泛的活动范围和许多爱好，人际交往范围扩大，积极参与各种形式的社会实践。同时，能容忍别人与自己在价值观和信念上存在的差别，能根据事物的实际情况看待事物，而不是根据自己的主观愿望来看待事物。

4. 富有事业心，具有一定创造性和竞争意识

能把事业看成生活的重要组成部分，在事业上有较强的进取心和责任感；具有竞争意识，具有开放性的思想观念，少有保守思想；喜欢创造，勇于创新，甘愿冒险，独立性强；富有幽默感，态度务实。

5. 情感饱满适度

情绪上稳定性与波动性、外显性与内隐性并存，情感丰富多彩，积极的情绪、情感体验在学习和生活中一般居主导地位。

这些特点表明，我国大学生人格发展状况基本良好，大学生在人格教育方面具有良好的自觉性。

【自我探索 5-2】

心理游戏小测试——你会发挥你的人格魅力吗？

你想知道你的魅力指数吗？请回答以下问题：

(1) 你希望自己的穿戴引起异性的注意吗？　　(　　)

a. 偶尔　　b. 经常　　c. 很少

(2) 同喜欢的异性坐在一起时，你经常采取哪种坐姿？　　(　　)

a. 双脚打开坐着　　b. 将一条腿放在另一个膝盖上

c. 双脚并拢

(3) 与欣赏的异性交谈时，你会怎样？ ( )

a. 双手自然下垂　　b. 双手交叉，置于腹前　　c. 抱着胳膊

(4) 走路时，你是否很稳健？ ( )

a. 很少　　b. 偶尔　　c. 经常

计分方法：

(1) 选 a：2 分；选 b：3 分；选 c：1 分。

(2) 选 a：3 分；选 b：2 分；选 c：1 分。

(3) 选 a：3 分；选 b：2 分；选 c：1 分。

(4) 选 a：1 分；选 b：2 分；选 c：3 分。

分数解释：

8 分以上：你很具魅力，很会发挥自己。5—8 分：你的魅力一般，有发展潜能。5 分以下：你的魅力较差，缺乏自制力。

二、大学生存在的人格偏差

心理健康与人格偏差的关系是复杂的，心身医学的研究已表明，许多生理疾病都有相应的人格特征模式，这种人格特征在疾病的发生、发展过程中起到了生成、促进、催化的作用。例如，哮喘患者多有过分依赖、幼稚、暗示性很高的人格特征；偏头痛患者多有刻板、好胜、嫉妒心强、刻意追求完善的人格特征；而具有矛盾、强迫性、吝啬、听话、抑郁特征的人容易患结肠炎、胃溃疡等疾病。如此等等，这里不一一赘述。

符合医学标准的人格障碍，诊断的年龄界限是 18 周岁以上，由于大学生年龄刚好 20 出头，属于正在受教育的特殊群体并处于“人格再造期”，而且其人格问题也没有医学标准那么典型，因此，把大学生的人格问题视为“人格偏差”较为妥当。人格偏差的含义是个体的人格适应有问题，但还未定型，只要加强认识，还是很有可能形成正常人格的，这样对待大学生的人格问题，有益于对大学生的人格培养。

【知识窗 5-5】

人格障碍的概念与特征

人格障碍（Personality Disorder）是指明显偏离正常且根深蒂固的行为方式，具有适应不良的性质，其人格在内容上、质上或整个人格方面异常，由于这个原因，病人遭受痛苦或使他人遭受痛苦，或者给个人或社会带来不良影响。人格的异常妨碍了他们的情感和意志活动，破坏了其行为的目的性和统一性，给人以与众不同的特异感觉，在待人接物方面的表现尤为突出。人格障碍通常开始于童年、青少年或成年早期，并一直持续到成年乃至终生。部分人格障碍患者在成年后有所缓和。

人格障碍具有如下共同特征：

(1) 人格障碍开始于童年、青少年或成年早期，并一直持续到成年乃至终生。没有明确的起病时间，不具备疾病发生、发展的一般过程。

(2) 可能存在脑功能损害，但一般没有明显的神经系统形态学病理变化。

(3) 人格显著的、持久的偏离了所在社会文化环境应有的范围，从而形成与众不同的行为模式。个性上有情绪不稳、自制力差、与人合作能力和自我超越能力差等特征。

(4) 人格障碍主要表现为情感和行为的异常，但其意识状态、智力均无明显缺陷。一般没有幻觉和妄想，可与精神病性障碍相区别。

(5) 人格障碍者对自身人格缺陷常无自知之明，难以从失败中吸取教训，屡犯同样的错误，因而在人际交往、职业生涯和感情生活中常常受挫，以致害人害己。

(6) 人格障碍者一般能应付日常工作和生活，能理解自己行为的后果，也能在一定程度上理解社会对其行为的评价，主观上往往对自己的境况感到痛苦。

(7) 各种治疗手段效果欠佳，医疗措施难以奏效。

常见的人格障碍类型有偏执性人格障碍、分裂性人格障碍、反社会性人格障碍、冲动性人格障碍（攻击性人格障碍)、表演性人格障碍、强迫性人格障碍、焦虑性人格障碍、依赖性人格障碍、回避性人格障碍与自恋性人格障碍，等等。各类人格障碍的具体症状在美国精神病学会发布的《精神疾病诊断与统计手册》第五次修订版（DSM-5）等文献中均有详尽说明，相关内容介绍参见本书第二章。

大学生中常见的人格偏差问题主要有以下几种：

(一) 懒惰

懒惰是一种不少大学生为之感到苦恼并难以克服的人格发展缺陷，是意志活动无力的表现，也是个性发展动力不足的结果。懒惰是影响大学生积极进取、张扬青春活力的天敌。

处于懒惰状态的大学生往往想得多而做得少，缺乏坚持到底的意志力。这一方面是因为当代大学生成长的客观环境大多数是从小娇生惯养，缺乏对意志力的训练；另一方面也是大学生个体主观努力不够、行动力差导致的。

(二) 拖拉

拖拉是不少大学生的通病。拖拉是指可以及时完成的事情不及时完成，今天推明天，明天推后天。正如古诗所说：“春天不是读书天，夏天炎炎正好眠。秋多蚊虫冬又冷，一心收拾待明年。”

导致拖拉的原因，一是试图逃避困难，二是目标不明确，三是惰性。拖拉一方面耽误学习、工作，另一方面并不使人感到轻松，却往往会带来压力而焦虑，总是因为事情未完成而无法安心干别的。

(三) 怯懦

怯懦在大学生中并不少见，主要表现为缺乏勇气和信心，害怕可能面临的困难和挫折，常常在困难和挫折面前半途而废甚至不战而败。有些大学生过去的经历一帆风顺，因此特别害怕失败。“只能成功，不能失败”的非理性认知也是造成一些大学生怯懦的原因。有的大学生因为胆怯，不敢与人讲话，不敢出头露面，也不敢表明自己的态度，甚至不敢向老师提问。有些大学生由于软弱而不敢冒风险，不敢承担责任，不敢坚持自己正确的观点，更不敢与坏人坏事做斗争。

（四）虚荣

大学生都争强好胜，有较强的自尊心，希望在各个方面得到赞赏和尊重，这是正常的需要，是荣誉感的体现。但是，如果过分注重外在的荣誉、名望和赞美，不考虑自身的现实情况和能力局限，甚至以不恰当的手段去满足自尊心，就成为虚荣了。虚荣心在大学生身上带有普遍性。虚荣心强的大学生一般情感脆弱、多愁善感，过分介意别人的评价，尤其敏感于批评性意见，与人交往时总有一种较强的防御心理，且千方百计地抬高自己的形象，夸大真实的自我。

（五）狭隘

狭隘在生活中的表现很多。一是缺乏大局观，凡事只顾自己，不顾他人；二是攀比心理重，只能比他人强，不能比他人差；三是成绩和功劳总是自己的，而失误和错误总是别人的；四是“只许州官放火，不许百姓点灯”；五是心念不正，时常曲解别人话中的含意。

心胸狭隘往往影响人际关系，伤害他人感情，也给自己带来烦闷、苦恼，影响自己的情绪以及他人心目中的自我形象，因此，心胸狭隘于人于己均有百害而无一利。

（六）嫉妒

客观地说，生活在社会群体中的每个人都有嫉妒心理，然而嫉妒心理在不同人的行为中表现不同。嫉妒源于病态竞争，与个体的性格、文化背景、阅历、世界观关系密切。一般来说，自我封闭、自大、自我中心等性格缺陷者更易产生嫉妒。

嫉妒是看见别人某些方面（才华、成就、品质、相貌等）高于自己而产生的一种羡慕，也是不甘心落后于别人而恼怒的情感以及由此所导致的相应行为。嫉妒者往往不择手段地采用各种办法打击其所嫉妒的对象，因而会造成对他人的伤害，对嫉妒者本人的身心健康也会起不良作用。因此，培根称嫉妒为“恶魔”，诗人艾青把它比喻为“心灵上的毒瘤”。

（七）悲观

悲观是对世界、社会和人生悲观失望的态度与观点。它与“乐观”相对。认为现实世界充满苦难和罪恶，人生毫无价值和幸福，从而对现实世界的事物和生活采取悲观失望的消极态度。悲观心态是一种严重的不健康心理，对人的身心危害极大。引起悲观的原因既有人生态度、意志品质的原因，也有认知错误、人格不成熟的因素。

悲观会带来一系列困扰：

1．抑郁

悲观的人长期养成了失落情绪，“相信自己会失败”的想法被失败和无法控制环境所强化，最终导致抑郁症。

2. 影响潜能发挥

预言往往是自我实现的，自我评价过低时就会放弃成功的可能。

3. 免疫能力差

失败—悲观—抑郁—儿茶酚胺减少—内啡肽增加—免疫系统被抑制—生病。

4. 生活没有情趣

悲观的解释风格使得人们的生活一片昏暗。

（八）急躁

急躁是大学生常见的不良情绪和个性品质，俗称“坏脾气”“急性子”。表现为碰到不称心的事情易于激动，做事想赶快达到目的，不经仔细考虑或准备就行动，缺乏耐心、细心、恒心等。

急躁这种“坏脾气”可能会带来许多危害：工作中忙中生乱，祸及他人；朋友间随意发怒，令人生畏；家庭里出口伤人，心生嫌隙；身体上暴躁伤肝，失去活力。总之，既影响自己的健康和效率，又妨碍人际交往。

我们不难发现，大学生的这些人格偏差问题常常表现为认知、情绪与行为三方面的不协调，其成因也离不开这三方面因素的复杂影响。

三、大学生人格偏差问题的调适

大学生的人格偏差问题在很大程度上妨碍了他们对外界刺激做出反应，以及反应的方向、强度、效果等，它影响着大学生的心身健康、潜能开发、活动效率及社会适应状况。对大学生人格偏差矫正和调适的目的，不仅仅是为了避免身心疾病，更重要的是发挥人格最佳作用，达到自我实现。所谓最佳作用，即人是可变的，人是最佳的，人能够实现任何一种个体潜能，能够塑造自己的生活，促进周围环境的发展。

如何调适大学生的人格偏差问题？我们的基本观点是：

第一，要让当事人认识到自己的人格有偏差，由于人格问题往往是不自知的，所以要做到这一点是很难的。

第二，深入分析人格偏差的形成过程，找准问题的根源。

第三，从人格的独特性和社会性两方面进行人格的全面分析，看哪方面是主要问题，具体情况具体分析。

第四，了解人格塑造的限度，立足已有的个性基础，确立合理、适切的发展目标。

【案例5-1】

嫉妒的女大学生

小张，一个聪明秀气的女大学生。她说：“小雨是我的好朋友，也是我的舍友，她学习优秀、人际交往能力强、工作出色，是我们班的班长，大家都对她交口称赞。我平时学习也没比她少努力，可是学习就是不及她，人际交往更是远远不如她。渐渐地时间长了，我开始讨厌她，虽然表面上还没表现出来，但我真的很想让她难堪，让她下不了台，让她出丑，甚至还想造谣诬陷她，败坏她的名声，我也知道这样下去很不好，可就是不知道怎么来调整自己。”为此，生活中的小张很少真正快乐过。

【分析与指导】

案例分析：该案例中小张的心理问题属于嫉妒心理。

原因分析：嫉妒心理往往产生于竞争环境之中。可能来源于两种错误认知，一是认为别人成功了，说明自己失败了，别人取得了成绩，说明自己没有取得成绩；二是认为别人的成功就是对自己的威胁，是对自己利益的侵害。

案例指导：克服嫉妒心理可以从以下几方面入手：

（1）增强自信。一是学会找到自己的优势所在，在竞争中学会从有利于自我评价的角度和标准与他人比较；二是懂得接纳自己的弱势，接纳那个会嫉妒的、要强的自我，允许自己不完美。

（2）充实自我。把更多的时间和精力放在充实自我、完善自我上面，让自己变得更强大，更有能力，自然就不用去嫉妒别人了。

（3）换位思考。离开事件本身，让自己站在第三者的立场或者一个更高的位置，试着将别人的成就看作对社会的贡献而不是对自己的剥夺或威胁，当你将别人的成功当作一道风景线来欣赏时，你就会衷心地为他人鼓掌，嫉妒心理自然消失得无影无踪。

第三节　我型我塑，成就理想“我”

对当代大学生来说，不断完善人格不仅关系到自身的健康与成才，而且关系到社会的进步与发展。21 世纪属于能够承受社会、经济与文化变革所带来冲击的人格健全者。每个人都是自己人格的工程师，为了自身的健康与发展，为了自我的今天与明天，大学生们应随时担负起塑造或修整自己人格的责任。

【自我探索 5-3】

三个“我”

目的：协助个体作自我反省，促进协调，整合自我。

（1）请先预备三张纸，首先在第一张纸上描述“理想的我”，时间约为 10 分钟。然后将已经写好的第一张纸搁置一旁，暂时不准再看。接着以此类推，在第二张和第三张纸上分别具体描述“别人眼中的我”和“真正的我”，每次大概 10 分钟。

（2）完成后，将所有三张纸放置在桌上，对三张纸上的三个“我”做出比对，主要看看三个“我”是否协调一致。若否，则找出差异何在，并尝试找出原因。请你留意另外一个重点：“理想的我”和“真正的我”是否协调一致。透过此重点，你往往可以发现两者之间的差异，甚至矛盾点。同时，往往会发觉自己对人生所产生的一些深层次感受和渴望。

(3) 为了达到更积极的效果，你应当努力探索，看看如何可以使三个“我”更加协调一致，制订促进三个“我”协调一致的方案。有了具体的计划，你就会比较容易地在生活中落实、改进。一个心理健康的人，三个“我”是和谐一致的。一个人自己和他人眼中的“我”没有太大的差距，个人理想也没有脱离现实，就是一个自我形象明确而健康的人。但当三个“我”非常不协调时，我们就该问自己：别人为何不了解我？我是否能表里如一？不过，我们不必期望自己的三个“我”百分之百协调一致，因为那是不切实际的期望，只会导致产生负面的影响。

(4) 进行上述思考后，请填写表5-3。

表5-3　三个“我”协调一致吗？（汇总表）

三个“我”	开始时	调整后
理想的我		
别人眼中的我		
真正的我		

(5) 团体分享。请最有感受的成员在团体内交流自己的体会，大家共同分享。

一、中西方的理想人格模式

由于受到社会价值观的制约，中西方文化对于人格的理想模式有着不同的探索。了解和把握人格的社会模式并选择健康的人格，这对于当代中国青年成就“理想的我”是非常重要的。

1. 中国传统的理想人格模式

中国传统的理想人格定型于春秋战国，先秦时期儒家经典《易经》中就有非常详尽的描述。这一理想人格是围绕着“君子”设计的，其核心具有两个方面：其一是德为首，仁礼合一；其二是儒道互补，中庸与自然结合。

2. 西方的理想人格模式

西方理想人格是围绕着理性的灵魂和自由意志这个中心展开的。古希腊人推崇美德至上，文艺复兴时期主张大力发展人的潜能和“全才”观念，近代资产阶级又把所谓“真正自由人”作为他们的理想人格。

3. 马克思主义的人格模式

马克思主义的人格设计是与人类社会发展的美好理想分不开的，因而把德、智、体、美“全面发展的人”作为人格完善的标准。具体地讲，有两个显著特点：其一，人是历史的产物，个人的发展是由社会历史条件决定的；其二，人只有在改变社会的实践中才能使自身获得不断完善和发展，社会实践对理想人格的塑造起决定性作用。

无论是中国传统的人格模式，还是西方的理想人格模式，从现代人的眼光来看，都既有其合理、科学的思想内涵，也有局限的、需要摒弃与完善的内容。正如美国著名社会学家阿历克斯·英格尔斯（Alex Inkeles）所说，一个国家，只有当它的人民是现代人，它的国民从心理和行为上都转变为现代的人格，它的现代政治、经济和文化管理机构中的工作人员获得了某种与现代化发展相适应的现代性，这样的国家才可真正称为现代国家。这就是说，一方面，现代化呼唤着现代化的人格，并塑造着现代化的人格；另一方面，国民的现代化人格也影响着国家现代化的发展进程。所以，在国家现代化的时代背景下，大学生的健全人格就是一种理想的社会人格。

二、大学生的健全人格标准

大学生健全人格的特征有以下标准：

1. 具有远大而稳定的奋斗目标

有坚定的社会主义信念和远大的共产主义理想，有科学的世界观和人生观。

2. 具有强烈的道德责任感

能以社会主义、集体主义道德观为核心，正确处理生活和工作中的各种关系，具有正直诚实、谦虚谨慎、尊老爱幼等良好品质。

3. 具有正确的自我意识

能够正确地认识自己，客观地评价自己，自尊、自信、悦纳自我；能够自我监督、自我调节，努力发展身心潜能，能够与环境保持平衡。

4. 具有良好的情绪调节能力

经常保持愉快、开朗、乐观的心境，能合理地宣泄、排解消极情绪，富有幽默感。

5. 具有良好的社会适应能力

能够正确观察和了解社会现象，关心社会发展变化，使自己的理想行为跟上社会发展的主流，对新环境具有较强的适应能力。

6. 具有和谐的人际关系

在人际关系中能够相互沟通理解，尊重信任多于嫉妒怀疑他人，同时也能得到他人的尊重和接纳。

7. 具有乐观向上的社会态度

对前途和生活充满希望与信心；对学习和工作抱有浓厚的兴趣，并充分发挥自身潜能；勇于面对困难和挫折，并设法克服困难，振作精神。

8. 具有健康、崇高的审美情趣

有正确的审美理想、审美态度和对美的追求；抵制各种低级趣味的腐朽思想的侵蚀。

需要指出的是，健全人格的标准与心理健康的标准有许多重叠的部分，那是因为人格健全是心理健康的前提与核心，所以，拥有健全人格是大学生心理健康的基本保证。

【知识窗 5-6】

心理学家关于健全人格的几种不同标准

(1) 阿尔波特“成熟、健全人”的标准:
① 自我扩展延伸的能力;
② 与他人热情交往的能力;
③ 情绪上有安全感和自我认可;
④ 表现具有现实性知觉;
⑤ 具有自我客体化的表现;
⑥ 有一致的人生哲学。
(2) 罗杰斯“机能健全人”的标准:
① 能接受一切经验;
② 自我与经验和谐一致;
③ 有自由感;
④ 具有高度的创造性;
⑤ 个性因素都发挥作用;
⑥ 与他人和睦相处。
(3) 马斯洛“自我实现人”的标准:
① 良好的现实知觉;
② 对人、对己、对大自然表现出最大的认可;
③ 自发、单纯和自然;
④ 以问题为中心,不是以自我为中心;
⑤ 有独处和自立的需要;
⑥ 不受环境和文化的支配;
⑦ 对生活经验有永不衰退的欣赏力;
⑧ 神秘或高峰体验;
⑨ 关心社会;
⑩ 深刻的人际关系;
⑪ 深厚的民主性格;
⑫ 明确的伦理道德标准;
⑬ 富有哲理的幽默感;
⑭ 富有创造性;
⑮ 不受现存文化规范的束缚。

三、大学生健全人格的塑造

许多事实说明，成功者并非完人，他们也有这样或那样的性格缺点，然而他们善于扬长避短、取长补短，从而收获了成就和荣誉。大学阶段是人生的转折点，不仅可以拓宽我们的知识面，更是不断培养和完善人格的黄金时期。如何让我们的心灵足够强大，以直面人生的风雨？我们可以从以下几方面入手。

（一）提高认识，坚持知行合一

人格的形成是一个从知到行、知行合一的过程。一个人只有首先知晓健全人格的内容，把握必要的人格知识，并勇于在实践中体现自己的认识，形成良好的行为习惯，才能为塑造人格打下坚实的基础。

提高认识主要是指提升价值观和人生观。价值观和人生观是人格继续发展和完善的内部调节器，它们具有定向、解释、选择和调节四种功能：

1．定向功能

规定了一个人的行为取向和人生追求目标，确定了其基本的社会和道德定向，从而决定其发展方向。

2．解释功能

对外部世界的一种内在解释系统，从而更好地去认识与理解所有的人和事。

3．选择功能

筛选和过滤周围现实生活对自己的各种影响，保证人的选择主动性。

4．调节功能

作为稳定的态度体系，有意或无意地对人的社会行为和活动方式进行调节。

因此，提升价值观和人生观有助于大学生抵制与克服外界的不良影响，保证人格发展的正确方向；提升价值观和人生观有利于大学生积极地吸收与学习外界的良好影响和高尚行为，不断发展好的人格品质；提升价值观和人生观有益于大学生自觉主动地培养与塑造自己的健全人格。

知行合一的重点在于良好行为习惯的养成，表现在：从小事做起，对小事负责；善用自我反省，敢于自我剖析；坚持不懈，实践检验。

我们知道，无数优良的人格品质，诸如坚韧、细致、开朗、热情等，都是长期锻炼“聚沙成塔”的结果。

（二）了解自我，优化人格整合

了解自我是改变自我的开始。大学生想要有效地进行人格塑造，就应当充分了解自己的人格状况，对自己的人格品质和人格结构进行择优汰劣，选择某些良好的人格品质作为自己努力的目标，如自信、勇敢、热情、勤奋、坚毅、诚恳、善良、正直等；纠正自己的人格弱点，如自卑、羞怯、冷漠、任性、猜疑等。

了解自我，优化人格整合的具体做法如下：

1．培养良好的性格

美国心理学家特尔曼从1921年开始对1 528名智力超常儿童进行几十年的追踪研究，其成果表明：性格与成就的关系大于智力与成就的关系。他对在800个男性中成就最大的20%与成就最小的20%进行了比较研究，发现这两组人在智力方面没有什么差别，而最显著的差异在于他们的性格差异。成就最大的这组人的性格特征是：有理想、谨慎、有进取心、自信和不屈不挠，在最后完成任务的坚持性等方面，也都明显高于成就最小的那一组人。

有专家分析国内100名优秀企业家发现，无论是创业型的企业家还是守业型的企业家，在性格上，接近100%的倾向于坚强、果断、坚毅、开朗，而较少懦弱、犹豫和封闭。

就人格与性格的关系而言，有些心理学家认为性格即狭义的人格，但从严格的意义上来划分，性格是对人格的评价。良好的性格在人格优化中发挥着强大的动力功能。大学生应该在了解自己、悦纳自我的基础上，力求培养良好的性格：内外倾向均衡、场独立与依存适度、自我效能感良好、归因方式合理等。

2．发挥积极的气质

就气质与人格的关系而言，既没有离开人格的气质，也没有离开气质的人格。气质制约着人格的形成发展，在人格优化中与性格一起，同样起着导向、评价和自控的作用。

气质本身虽然没有好坏之分，但是每种气质都有积极和消极两个面，我们可以根据不同气质类型的特点，有意识地施加积极影响，塑造大学生的优良品质（表5-4）。

表5-4　气质类型特点与大学生优良品质的塑造

气质类型	胆汁质	多血质	黏液质	抑郁质
心理倾向	外倾明显	外倾	内倾明显	内倾
易形成的优良品质	热情、勇敢爽朗、有进取心、不怕困难、自信	机敏、亲切、有同情心、兴趣广泛、适应性强	稳重、坚定、踏实、有毅力、有耐心	细心、谨慎、守纪律、富有想象力
易形成的不良品质	任性、粗心、性急、暴躁	浮夸、散漫、不踏实、不诚恳、不专一	固执、冷淡、拖拉、缺乏生气	狭隘、多疑、优柔寡断、怯懦、缺乏自信心、自卑
教育要点	不要轻易激怒，培养自制力和坚持到底的精神，可进行有说服力的严厉批评	养成扎实、专一、克服困难的精神，防止见异思迁，多给活动机会，可严厉批评	要耐心，容许有考虑与做出反应的足够时间	多关心爱护，不在公共场合指责，不能严厉批评，鼓励参加集体活动，增强自信心

3．锻炼坚忍的意志

韧性，是一种心理的耐力。美国性格心理学测验专家罗森茨威格最初使用“耐力”这一概念，并将它定义为：能够战胜、驾驭心理适应。也就是说，可以抵抗挫折而没有什么不良适应反应的能力。可见，韧性就是一种对困难和挫折的巨大心理承受能力。这无疑是完善人格的又一闪光处。韧性同其他被人们珍视的可贵品质一样，需要在生活的熔炉里练就，而不能祈望上苍的恩赐。

（1）要有明确的目的性。大学生需要树立积极向上的人生观，建立符合自身能力的奋斗目标，这样遇到困难或挫折时，才能站得高，看得远。

（2）要在日常生活中锻炼韧性。我们可以尝试一些具体的方法，比如，要求自己每天晨跑500米，或睡前做10个仰卧起坐，坚持半年；找一本自己喜欢的字帖，制订一个每天练5个字、每个字写20遍的计划，或者要求自己每天记5个新的外语单词，坚持半年。

（3）要灵活变通锻炼韧性。人们还需要锻炼自己在志向和原则不轻易改变的前提下，通过对具体目标和行为方式的灵活调整来达到目的的能力，而不是僵硬地死搬教条，否则就变成了固执，离韧性反而更远了。

（三）面向社会，强化主体意识

社会是一个大舞台，每个人都必须接受社会生活的锻炼，才能把握自己的角色，形成自己独特的人格。因此，社会实践活动是大学生人格塑造的一个重要途径。与此同时，个体人格在融入社会时，既不能坚持“闭门造车”式的“人格修养”方式而与社会脱轨，也不能不加甄别地放弃主体自我意识而直接“并轨”。首先，大学生要处理好个人与社会的关系。做到自我设计与社会发展相统一，自我奋斗与社会需要相统一，自我价值与社会价值相统一。其次，要发挥大学生自我教育的作用，使其能从道德、政治、思想等方面进行自我解剖、自我评价和自我控制，从而使大学生能根据现实社会发展的要求，选择自己的理想人格目标和人格发展道路，塑造健康人格。

（四）增加理性，建立良好人际关系

人是介于理性与非理性之间的动物，始终难以摆脱非理性因素，从幼年到成年的发展过程，也是由“情感中心”逐步发展到能够用理性指导和调控情绪的，其调控水平的高低表明人的心理成熟水平的高低。要养成良好的社会适应能力，就必然要加强个体内在的理性因素，用理性有效地制约非理性，而不能让非理性占据主导地位，否则社会就会像脱缰的野马放纵无羁，最近人工智能在某些领域战胜人类大脑的实验结果也验证了这一点。

在人际关系中，引导大学生多进行理性思考，保持理性调控，才能摆脱情绪和情境的困扰，建立起良性循环的人际互动模式。首先，增加理性可以避免“自我中心”，促进自我与他人之间的分化，恰如其分地评价自己，而不是走向另一个极端——“自我否定”；其次，增加理性能够使人客观面对现实，理解他人的需要和情感，并善待他人获得支持；最后，增加理性便于保持开放的心灵，从而保证以最正确的、语言表达的方式与人沟通，而不是简单地诉诸行动。

（五）改进思维，适度心理调适

大学生的思维方式与其人格偏差是有关联的，如偏执性、被动攻击性、依赖性和

心境恶劣性等人格障碍，就与当事人的思维方式紧密联系。改进思维方式和心理策略，有利于大学生健全人格的形成。

人格偏差或障碍没有躯体症状，是不自知的，对此如果没有深入的认识就谈不上主动进行矫正。一般来说，通过学习心理卫生知识并进行认真的自我分析，是可以达到一定的自知程度的。大学生通过对自己人格的全面分析，可以知晓个体人格心理哪些方面是好的，哪些方面是不好的，再扬长避短进行改进。实践证明，通过改进思维方式和心理策略来矫治人格障碍或偏差，收效快，预后好。

改进思维方式和心理策略最核心的方法就是建立合理化信念。20 世纪 70 年代，艾里斯总结出 11 种人们对自己、对他人、对自己周围环境及事物的绝对化要求和不合理信念。心理学家韦斯特总结这些不合理信念的三个特征：绝对化要求、过分概括化和糟糕至极。在现实中，我们常常被这些不合理信念左右而影响了自己的情绪和行为。如果大学生能找出自己的不合理信念，不断地给自己积极性暗示，便能逐渐将自己的信念体系合理化，于是其思维方式和心理策略也就实现了自我超越和突破。

思维方式的改变，本身就是一种自我的心理调适，可以增强我们对生活的适应力，健全我们的心理防御机制。此外，大学生还可以通过必要的社会调适来辅助心理调适，比如，积极参加各种有意义的活动，主动向心理健康机构寻求心理咨询和辅导等，都是社会调适的有效途径。

【知识窗 5-7】

有损人格魅力的弱点

社会心理学归纳出妨碍人际吸引的个性弱点有以下 10 个方面：

（1）为人虚伪。人们在与为人虚伪的人交往时，常担心受骗上当，没有安全感，让人难以相信他。

（2）自私自利。这种人只关心自己，不关心他人，个人利益至高无上，斤斤计较、患得患失、损人利己，为了个人的蝇头小利可以放弃他人、集体的巨大利益。私心太重的人必然缺乏吸引力。

（3）不尊重人。这种人常常挫伤别人的自尊心，破坏了别人社会心理需求的满足，别人自然讨厌他。

（4）报复心强。与报复心强的人交往，常使人担心稍有不慎就会遭到报复，心理上很紧张，因此自然疏远他。

（5）嫉妒心强。妒忌别人，实质上是企图剥夺别人已经得到的物质和精神的需要。这种心理一旦表现出来，就会引起别人的反感。

（6）猜疑心重。人们往往感到与猜疑心重的人难以真诚坦率地交往。这种人心眼小、敏感多疑，难以让人亲近。

（7）苛求别人。这种人吹毛求疵、苛求于人、使人不快，常令人自尊心受挫。解除不快的办法就是远离这种人。

(8) 骄傲自大。恃才自傲、目中无人、自吹自擂，使人难以接近，因而严重地影响人际交往。

(9) 过分自卑。自卑者在人们心目中是无能和卑贱的影子。缺乏自信心的人，往往自暴自弃、畏缩不前，这种人自然没有魅力吸引别人。

(10) 孤独固执。人们一般难以和孤独固执的人和谐共事。

以上个性弱点是我们常见的，也是常人或多或少沾有的。这些个性弱点使个体的人际吸引力大大减弱，所以我们应该努力地克服这些个性弱点，减少个性弱点对学习、生活和事业的消极影响。

第六章

做快乐高效的学习者

高职院校学生常由于没考上理想高校，心理落差大，易产生心理挫败感等原因，而出现学习动力不足，学习目标不明确等现象。刚入学的小辉就是典型代表。他来自高考生源大省，在与心理咨询师的交流中一再表示家乡人特别看重学历，刚收到录取通知书时特别不好意思跟亲戚提自己是被专科院校录取的，入校后一直想回家复读，但又清楚凭自己的高考成绩明年再战也很难考进本科院校，为此他一直情绪低落甚至食不知味。通过不懈的努力顺利转本后，小辉有了清晰的人生理想，他克服学习中的各种困难，树立学习的信心和毅力，为实现心中的理想继续拼搏。由此可见，大学生只有确立人生目标，追寻自我价值，才会选择不放弃、不自卑，自觉地承担起人生的职责和义务。

你了解大学生的学习心理特点吗？如何有效进行大学学习？你遇到过学习心理问题吗？应该如何调适？本章将教你如何做一名快乐高效的学习者。

第一节　洞察大学生的学习心理

一、大学生的学习

（一）学习的概念

孔子说：“学而时习之，不亦说乎？”又说：“学而不思则罔，思而不学则殆。”可见，学习和练习、学习与情感、学习与思维是有密切联系的。《中庸》也把学习分成五个步骤：学、问、思、辨、行。

许多心理学家、教育学家和哲学家从不同的观点角度对学习的概念做了界定。桑代克（E. L. Thorndike，1931）认为，人类的学习就是人类本性和行为的改变，本性的改变只有在行为的变化上表现出来。加涅（R. M. Gagne，1970）认为，学习是人类倾向或才能的一种变化，这种变化要持续一段时间，而且不能把这种变化简单地归之为成长过程。希尔加德（E. R. Halgard，1977）认为，学习是指一个主体在某个现实情境中的重复经验引起的，对那个情境的行为或行为潜能变化。不过，这种行为的变化是不能根据主体的先天反应倾向、成熟或暂时状态（如疲劳、醉酒、内趋力）来解释的。联合国教科文组织（United Nations Edueational，Scientifc and Cuctaral organization，UNESCO，1996）在1996年出版的《学习：内在的财富》（*Learning*：*The Treasure Within*）一书中指出：学习是指个体终身发展、终身教育的理念。我国学者黄希庭给出的定义为：学习是在经验的基础上形成的相对持久的行为或行为潜能的变化。

学习是心理学的一个术语，它有广义与狭义之分。从广义上讲，学习是人和动物在生活过程中通过实践训练而获得的由经验引起的相对持久的适应性的心理变化，即有机体以经验方式引起的对环境相对持久的适应性的心理变化。狭义的学习是指人的学习，人的学习是指社会实践活动中，以语言为中介，经思维活动而自觉、积极、主动地掌握人类历史的社会经验以积累个体经验的过程，它是一种有目的、有计划、有组织的活动。

【知识窗6-1】

爱迪生与爱因斯坦

据说，有一天，爱迪生怒气冲冲地对爱因斯坦说："每天上我这儿来的年轻人真不少，可我也一个没有看得上的。""你判断应聘者合格或不合格的标准是什么？"爱因斯坦问道。爱迪生一面把一张写满各种问题的纸条递给爱因斯坦，一面说："谁能回答出这些问题，我就让他当我的助手。"

"从纽约到芝加哥有多少英里？"爱因斯坦读了一个问题，并且回答说，"这需要查一下铁路指南。""不锈钢是用什么做成的？"爱因斯坦读完第二个问题又回答说，"这得翻翻金相学手册。""您说什么，博士？"爱迪生打断了爱因斯坦的话问道。"看来我不用等您拒绝。"爱因斯坦幽默地说，"就自我宣布落选好啦！"

这两位科学巨匠的对话令人深思。作为专攻应用技术的"发明大王"爱迪生，从切身经验出发，要求自己的助手必须拥有广博的知识，对各种相关的数据资料能倒背如流，而且，据说他的招聘试题有时竟达130个。作为专攻理论物理的"开拓大师"爱因斯坦，则从自己的切身体验出发，强调灵活掌握所学的理论知识。

（二）大学生的学习特点

在进入大学阶段之后，无论是学习内容还是学习方式，都发生了很大的变化。大学生的学习特点主要有以下几个方面。

1．大学学习的自主性

自主性是指在学习过程中，大学生主观能动作用的增强，从被动学习向主动学习的逐步转化，当然，要在教师的正确指导下，这一过程才能顺利完成。

无论是在学习内容、学习时间还是学习方式上，都应强调个体在学习活动中承担的角色。中小学时期的学习，以教师组织教学为主，大学学习则是以教师为引导、学生为主体进行的。因此，大学生的学习应带有一定的创造性，即学生不仅要懂得举一反三，还要能提出自己的独到见解，灵活应用所学的知识。

2. 大学学习的多元性

大学生学习的途径很多，除课堂教学以外，大学生可以通过多种渠道开展多方面的学习。例如，参加专题性讨论、社会调查、参观考察、查阅文献资料等，丰富多彩的教学和教辅活动为拓宽大学生知识面提供了良好的条件。

3. 大学学习的专业性

大学是专业教育阶段。学生首先按所选专业进行划分，所以大学生的学习是在确定基本的专业方向以后进行的，因此其学习的职业定向性比较明确，即大学生的学习是为将来走上工作岗位、适应社会需要所进行的学习活动。专业性是大学生学习与中小学生学习的明显不同之处。

在入校前后的一段时间内，大学生根据自己的兴趣、爱好及特长而选择一定的专业。各专业之间在教学安排、课程设置、教学内容及培养目标上存在较大差异。大学生一旦选定了某个专业，确定了主攻方向，就应对该专业知识进行深入的了解和掌握，以满足学校培养专门人才目标的需要。当然，专业性不等于单一性，学科之间是有联系的，是相互渗透的。因此，大学生应当在侧重学习本专业知识的同时，广泛涉猎各学科领域，才能扩大自己的知识面，实现“一专多能”，更好地满足社会对人才的需求。

4. 大学学习的探索性

大学的学习具有研究和探索的性质。大学的课堂教学已从阐述既定结论，逐步转变为介绍各学派理论的争论、最新学术动态等。学生的学习和思维慢慢从死记硬背、正确再现教学内容，逐渐向汇集众家之长、确立个人见解的方向转变，其中，高年级学生学习活动的探索性特点更为突出。

知识的学习与能力、素质的培养同等重要。目前正在进行的高等教育改革一再强调知识技能的学习与智慧能力的培养。忽视学生创造能力的培养或只重视书本知识学习的教学方式必然被摒弃。

二、大学生的学习心理

（一）学习心理概述

学习心理是指在学习过程中人的心理反应、心理特点及其活动规律。这些心理因素被心理学家分为两个系统。其一是智力因素（又称认知因素），包括注意力、观察力、记忆力、想象力、思维力。智力因素在人的智慧活动中有着相当重要的作用。它直接参与对客观事物的认识、处理并操作一切内外信息。其二是非智力因素（又称非认知因素），从广义上讲包括动机、兴趣、意志、情绪、个性（气质、性格）等不直接参与认识过程但对认识过程起制约作用的心理因素。它们对人的智慧活动起着推动、维持、控制、强化、导向等作用。

1. 智力因素

人的智力是人脑中各种认识组成的对客观事物的稳固的综合反映。它是影响人的反映效率、反映效果的个性心理特征，表现为人对客观事物的反映深度、广度、速度及准确度。感知力、观察力、注意力、记忆力、想象力和思维力等是智力的构成要素。

【心理训练1】

划数测验

目的： 测定个体的注意力，帮助提高个体的注意力集中程度。

操作： 它由几个分测验构成。

第一个测验要求被试划去“3”字；

第二个测验要求被试不划“3”字，而划去位于“3”字前面的一个数字（要求被试的注意力从“3”转移到“3”字前面的一个数字）；

第三个测验要求被试只选划“3”字前一位的“7”字（进一步要求被试选择性注意）；

第四个测验要求被试划去夹在“3”字和“7”字中间的一位数字（要求被试注意广度扩大）；

第五个测验是划“3”和“7”之间的偶数（要求被试在注意的广度上加选择性注意）。

你会发现，从测验一到测验五，随着任务难度的不断提高，完成任务所需要的注意力集中程度也越来越高。

记分方法： 全部划对数之和称粗分，错划和漏划的一半称失误，粗分减失误为净分。

净分 = 粗分 -（错划 +1/2 漏划）

失误率 = {（错划 +1/2 漏划）/划对} ×100

例1：将下面数字串中的“3”划去。

24913652048635217892543791257650813476451208735209478901852417801546341864552180732586067592543447350649108461576816247250425658984987149365268274755937041287589613403390929157812980277368470721405417537

例2：将下面数字串中“3”和“7”中间的偶数划去。

439723478013676354017103891373571329840159736026170498473216540261305816491267317608186726161393379160391521624031464653945972613582760443879197076415619780451306403702193573109205379293176807182069179051634782

参照例1和例2，你自己也可以编写更多的练习题目来训练自己的注意力。

一个学生学习的好坏首先同他的智力品质有关，所以智力如何，直接关系到一个人的学习情况。学习是通过智力活动感知客观世界、积累经验、掌握知识、解决各种问题，从而认识客观世界发展变化的本质和规律的活动。应该说，智力水平的高低直接影响学习的效率和质量。智力水平高，学习中才能对知识掌握得牢、掌握得深，才能学得活、学得透。

智力水平的高低，一方面，受先天遗传因素的影响；另一方面，是后天环境和教育开发的结果。先天因素决定一个人的智力潜能的大小，而后天因素决定一个人是否能充分地发挥自己的智力潜能。

2. 非智力因素

非智力因素包括除智力以外的所有个性心理特征，如个体的学习兴趣、爱好、意志、情绪、个性、理想、自我抱负、自尊心、成就感、社会责任感、人生价值观、生活态度，等等。这些个性特征往往构成个体学习动机，成为激发学习的重要动力。非智力因素虽然不直接参与认识过程中对外部信息的接收、加工、处理等任务，但它对认识过程起着动力和调节的作用，是智慧活动的推动者和调节者。如果说智力因素反映的是人们能不能干，那么非智力因素反映的就是人们肯不肯干的问题，干得好坏与否就是由这两个因素共同决定的。对一般人来说，干得好坏与否主要是由非智力因素决定的，一个对学习缺乏兴趣，同时又没有吃苦勤奋精神的人，即使智力水平再高，也不会有好的成绩。

（二）大学生学习心理

1. 大学生的学习意志具有独立性、自主性和可控性的特点

大学生的学习意识基本成熟，其学习意识具有更强的独立性、自主性和可控性。一是大学生在学习内容的选择上有一定程度的自由，他们可以根据自己的兴趣、特长和需要，在完成教学计划规定的基本任务并达到教学基本要求的同时，有所侧重地扩充某些知识，发展个人能力。二是大学生在时间安排上有较大的支配权。三是自学能力已成为决定大学生学习效果的主要因素。

2. 学习动机发展达到核心层

大学生的学习活动具有更高的自觉性、竞争性和紧迫感，随着学习年级的升高，直接性学习动机逐渐减弱，专业性学习动机进一步发展，社会责任感成为主导的学习动机。

3. 学习智力和能力发展达到最佳期

1970 年，贝雷（N. Bayley）研究的结果表明，20—34 岁是人生智力发展的鼎盛时期。“智商具有相对稳定性，但在良好的环境、教育和主观努力下，智商可以适当改变。”因此，大学时期是人生智力发展水平的最佳时期，良好的教育条件和主观努力可以促进大学生智力的提高。

4. 学习自我评定能力日益增强

随着知识的丰富、能力的提高，大学生的自我评定能力也不断增强。他们在学习过程中能够依靠自己的学习结果提供的信息，对自己的学习活动自动进行调节和控制，结合个人实际情况，制订出一套适合自己智力、能力发展的计划，更好地完成大学阶段的学习任务。

【心理测试】

学习心理的自我测试

请根据表6-1完成学习心理的自我测试。

表6-1 学习心理的自我测试表

自测项目	状态选择				
	10分	6分	4分	2分	自评分
学习动机	为祖国富强和民族振兴	主要为国家，其次为自己	主要为自己，其次为国家	不知道为什么	
学习兴趣	学习虽然很艰苦，但其乐无穷	不学习显得无聊	学习显得单调乏味	学习是苦差事，一学就头痛	
情绪表现	学习时精神振奋、愉快乐观、积极，情绪稳定而持久	大部分时间精神振奋、愉快乐观	少数时间精神振奋、愉快乐观	常萎靡不振，郁郁寡欢	
学习自觉性	能主动支配自己的学习活动，不需要别人督促	基本能支配自己的学习活动，不太需要别人督促	多半是在别人监督下进行学习	脱离了别人的管教，学习活动难以进行	
学习毅力	遇到难题总是坚持不懈、克服困难	基本能做到迎难而上，不太怕挫折	遇到困难就灰心丧气	害怕困难	
怀疑精神	既不相信别人的观点，也不一味地固执己见	很少会轻信别人的观点，固执己见	经常会赞同别人的观点	不是缺乏远见就是固执己见	
自信心	对学习充满信心	比较有信心	有时信心不足	没有信心	
交往	很喜欢和别人一道讨论问题	只与看法相同的人讨论	有时与人讨论	不喜欢和别人讨论问题	
独立思考问题	做作业时，一般不问别人解题方法和答案	自己没有把握就去向别人请教	先问别人，然后自己思考	常抄袭别人的作业	
学习态度	勤奋、认真，富有创造精神	比较勤奋、认真	不够勤奋、认真	懒惰、马虎	

注：满分为100分。90分及以上为优秀；80—89分为良好；70—79分为中等；60—69分为一般；59分以下为差。

三、学习的心理机制

不同学派的心理学家，对于学习问题都提出过自己的理论观点。学习心理机制问题分为行为主义的观点、认知主义的学习理论和观察学习的理论。

（一）行为主义的观点

1. 巴甫洛夫经典条件反射中的学习观

俄国生理学家巴甫洛夫（I. P. Pavlov）发现了条件反射现象。巴甫洛夫利用条件反射的原理，对人和动物的高级神经活动进行了许多推测，发现了关于人和动物学习的最基本的机制。

巴甫洛夫认为，大脑皮质的基本神经过程是兴奋和抑制及其之间的转化。兴奋过程表现为条件反射的建立和出现，即由条件刺激引起机体的积极反应，如分泌反应、运动反应等。抑制过程则表现为条件反射的抑制，即反应不出现或强度减弱。巴甫洛夫经典条件作用的核心是反射性反应。反射是一种无须学习的反应——唾液反应、瞳孔反应、膝跳反应等，这些反应是由有机体生物学相关的特定刺激自然诱发的。任何能够自然诱发反射性行为的刺激，都叫作“无条件刺激”（Unconditioned Stimulus, UCS），因此学习对刺激控制行为而言不是一个必要条件。由无条件刺激诱发的行为，叫作“无条件反应”（Unconditioned Response, UCR）。与无条件刺激相对应的是中性刺激，如巴甫洛夫实验中的铃声，被称为“条件刺激”（Conditioned Stimulus, CS）。经过多次反复，条件刺激引发出的反应，称为“条件反应”（Conditioned Response, CR）。

巴甫洛夫实验中一定频率的铃声（条件刺激，CS）与食物（无条件刺激，UCS）多次结合，原先只能由食物（UCS）引起狗的唾液分泌（无条件反应，UCR），在铃声单独出现时也可以引起类似的唾液分泌（CR）。也就是说，当 CS—CR 之间形成了稳固的联系时，学习就出现了。

巴甫洛夫的实验表明，学习是暂时神经联系的形成。巴甫洛夫的经典条件反射学习理论在儿童良好习惯的培养中具有重要的实践意义。

2. 操作条件反射中的学习观

斯金纳（B. F. Skinner）在 20 世纪 30 年代发明了一种叫作“斯金纳箱”的学习装置，箱内装上一操纵杆，操纵杆与另一提供食物的装置连接。把饥饿的白鼠置于箱内，白鼠若无意间踏上操纵杆，供应食物的装置就会自动落下一粒食物。经过几次尝试，白鼠会不断按压操纵杆，直到吃饱为止。这说明，白鼠具备了按压操纵杆以取得食物的反应能力，按压操纵杆成了取得食物的手段或者工具。

斯金纳从操作条件反射的实验中得出结论：学习过程就是外界环境的刺激与有机体的反应之间建立连接或联系的过程，这个联系（学习）的形成与巩固，是不断强化（如奖励和惩罚）的结果。斯金纳认为，教育就是用强化措施塑造人的行为。教育成功的关键是建立特定的强化措施。

（二）认知主义的学习理论

1. 格式塔的学习观

以科勒（W. Kohler）著名的黑猩猩实验为例。科勒把黑猩猩关在笼内，为其设置了一个问题情境：在笼内放一把香蕉，笼外放一根棍子，黑猩猩用四肢去抓，都够不着。后来，黑猩猩发现笼外的棍子，它“领悟”到棍子与香蕉的关系，尝试着用棍子成功地取到了香蕉，解决了问题。以后在类似的情境中这只黑猩猩仍然能运用已经获得的经验去取到香蕉。

在格式塔心理学家看来，知觉经验变化的过程不是渐进地尝试错误的过程，而是忽然领悟的，所以格式塔的学习理论又称为“顿悟说”。

2. 托尔曼的认知论

托尔曼（E. C. Tolman）对“刺激-反应”的联结说表示不认同。他首先提出了中间变量的概念，认为学习的结果不是“刺激-反应”直接联结的，主张把“S-R”公式变成“S-O-R”公式。在后一公式中，“O”代表有机体的内部变化。为了探索动物在学习过程中的认知变化，托尔曼设计了老鼠走迷宫的实验，证明通过学习，老鼠具备了认知地图（认知结构）的能力，这就是学习的实质。

托尔曼认为，外在强化并不是学习产生的必要因素，不强化的情况下也会出现学习。他认为动物的行为是有目的的行动，也就是在走迷宫时，根据情境的感知，在头脑里有一种预期（或者假设）效果，动物的行动受到该预期指导。托尔曼也承认，在学习过程中存在着尝试与错误的过程，在多次尝试中，有的预期被证实，有的未被证实。预期的证实也是一种强化，这可以解释为内在的强化，即由学习活动本身所带来的强化。托尔曼提出的认知学习理论和内部强化理论，对现代学习理论的发展具有一定的贡献。

3. 现代认知心理学的学习观

美国当代著名的认知心理学家布鲁纳（J. S. Bruner）和奥苏贝尔（D. P. Ausubel）认为，学习是认知结构的组织与重新组织。这与格式塔的学习观点基本一致。但现在认知心理学家更加强调学习过程中已有的知识经验的作用（原有的认知结构的作用），也强调学习材料本身的内在逻辑结构。新旧知识发生相互作用，新知识在学习者头脑中被赋予新的意义，这些就是学习变化的实质。

（三）观察学习

按照条件反射的说法，个体行为的学习，都是通过奖励或惩罚的方式实现的。这对动物来说，或许可以成立，这是由动物的学习能力及行为的限制性决定的。但对于人类来说，未必这样，因为人的认知、技能、态度、观念等很多来自间接经验。

美国心理学家班杜拉（Bandura）提出的社会学习理论强调观察学习的作用。观察学习是由学习者在社会情境中，通过观察别人的行为表现及其后果（得到奖励或惩罚）的方式间接学到的。间接学习的过程就是模仿，模仿的对象即榜样。对榜样的行为进行模仿时，学习者给自己的行为制定一个标准，而该标准是以榜样的行为为依据的。学习者有了标准之后，就会根据标准来评判自己、改正自己，这就叫自我规范。如果学习者觉得自己的行为符合了标准，就会感到满足；满足之后自然会加强所模仿的行为，这种心理效应称为自我增强。

通过对观察学习的分析，一方面证实了强化原则影响行为，另一方面也证实了人类有能力运用认知过程，借助替代奖赏和替代惩罚来改变行为。

第二节　大学生有效学习的途径

大学生进行有效学习，可以从培养学习能力、激发学习动机、构建学习策略、挖掘学习潜能等方面实现。

一、培养学习能力

学习能力是直接影响学习活动效率的个性心理特征。它是在一般能力，如观察力、记忆力、思维能力等基础上发展起来的。

1．信息获取与处理能力

大学生能运用科学的学习方法去独立地获取信息，能根据自己的学习目标有效地搜集和选择各种学习信息，能熟练地使用阅读、讨论、参观、实验、检索等获取信息的方法，并能对搜集到的信息进行理解、归纳、分类、记忆、批判、遴选、分析综合、抽象概括和表达，然后解决实际问题。

2．实际操作能力

实际操作能力是在实际活动中表现出来的，将思想、理论转化为技术和行为的能力。现代社会对实际操作能力要求越来越高，越来越精细。因此，我们应当充分利用大学的各种条件和资源，努力提高自己的实际操作能力。

3．研究探索能力

研究探索能力是一种综合性能力，它是建立在逻辑推理能力、思维能力、空间想象能力、分析问题能力、解决问题能力等基础上的能力。大学生要努力培养自主思考和自主创新的学术研究能力，能根据老师指导的研究方向，独立探索有研究价值的科研问题，并完成分析问题、解决问题的后续工作。

4．竞争与合作能力

竞争与合作能力是现代社会、未来社会必须具备的能力。同时，创造性成果的取得往往不是一个人单枪匹马能够实现的。因此，作为一名大学生，我们不仅要学会竞争，而且要学会合作。

5．自我反省与监督能力

自我反省与监督能力是学习中一个不可或缺的组成部分，它是指个体对自己学习或活动过程的自我认识、自我评价和自我调节的能力。在未来社会，一个人的成功最重要的不是取决于一个人的智慧，而是取决于一个人能有效地运用自己的智慧，成功属于那些能够最有效地运用自己智慧的人。

6．网络学习能力

大学生应具备网络学习能力，这是在网络高度发展的当今社会必须掌握的技能之一。大学生应能熟练使用各种网络传播工具，了解和掌握浏览器、在线图书馆、杂志、报纸、全文电子资源的功用，学会查找文献，获取并且处理信息。利用文字处理、图像处理、电子表格和 Web 网页制作工具来创建文档、图像、图表、讲演稿和网页等。

二、激发学习动机

（一）学习动机的含义

学习动机是指为激发个体进行学习活动、维持已引起的学习活动，并使行为朝向一定学习目标的一种内在过程或内部心理状态。它能够激发某种学习活动，如记忆英语单词；也能使人的行为指向某一目标，如考试、出国；还可以维持和调整学习活动，有强化的功能，如面对学习中的挫折，克服学习中的痛苦。

（二）内部动机与外部动机

根据动机的来源，学习动机可以被分为内部学习动机和外部学习动机。内部学习动机是指个体由对学习本身的兴趣所引起的动机，动机的满足在活动之内，不需要外界的诱因、惩罚来使行动指向目标，如好奇心、求知欲、发现的兴趣等。与之相对，外部学习动机是指个体由外部诱因所引起的动机，动机满足在活动之外，即个体不是对学习本身感兴趣，而是对学习所带来的结果感兴趣，如由父母、教师等的奖励、表扬、批评、惩罚等引起的学习动机。具有内部动机的学生能积极投入学习，发挥主动性，容易在学习中获得满足；具有外部动机的学生通常在达到目标后，学习动机容易下降，或选择没有挑战性的任务，避免失败。

（三）大学生学习动机的激发

1. 创造外部条件，激发学习动机

竞赛是利用人们的荣誉感及对成功的渴望而激发学生学习动机的有效手段。研究表明，学校开展适当的竞赛活动对学生的学习具有良好的促进作用。竞赛可以激励学生努力学习，积极进取，消除懈怠情绪。竞赛的外部刺激与强调学习质量及引导思考相比，能有效地刺激学生努力的强度。因此，应该开展适当的竞赛活动，设计有效的竞赛内容及竞赛方式，通过竞赛来激励学生努力学习。同时，要进行适当奖励，大学生取得进步时教师要及时发现，适当奖励，真正实现运用奖励激发大学生学习动机的目的，从而实现奖励与进步的良性循环。此外，还要提供成功机会，体验成功是激发学习动机的重要因素之一，美国心理学家奥苏贝尔（D. P. Ausubel）研究发现："动机是从成功的教育成就中发展起来的，它将加强进一步的学习。"因此，在教学过程中，教师要不断创造条件，提供成功机会，确立适当的目标，控制教学的进度和难度，让学生不断努力达到目标，满足其成功的需要，激发其学习的动机。

2. 利用内部因素，激励学习动机

首先，提供交流机会。教师是教学活动的"组织者"和"引导者"，如果在教学过程中教师能广泛地、积极地听取学生的意见和建议，让学生真正感受到自己的主体地位，了解自己确实是"课堂主人"，就能激发学生强烈的学习欲望和高涨的学习热情。其次，增加自主权利。在实行"学分制"的前提下，积极引入"选教制"，增加

学生自主选择课程和相应任课教师的权利，这样不但能提高学生学习的兴趣，而且能积极推动教师教学水平的提高。充分利用多媒体交互方式进行教学，发挥学生的主体作用，使学生按照自己的学习基础、兴趣来选择学习和练习内容，为学生提供参与的机会，使学生获得有效的认知。最后，反馈学习效果。学生都有一种想要及时了解学习结果好坏的心理。对学生的学习结果及时予以反馈，可以增强他们的学习动机，学生知道学习结果后，可以看到自己的进步，提高学习的热情继续努力，同时又能看到自己的不足，激起上进心，克服缺点，争取好的成绩。

三、构建学习策略

“工欲善其事，必先利其器。”根据学校学习的不同环节（时段），将学习策略分为学习准备策略、课堂学习策略和课后巩固策略三类，构建并运用行之有效的学习策略，切实提升学习效果。

（一）学习准备策略

学生听课要有目的性，增强自觉性，提高听课的效率，一个很重要的方面就是做好课前预习工作。

1. 学会阅读

全面浏览。如果是阅读书籍，应重点看书的序言、内容提要、目录和书中的大小标题、图标、注释及附录的参考文献等；如果是阅读文章，应着重看它的大小标题、文章的开头和结尾部分及注释（或提示）。

设置问题。一般应阅读用黑体字标示出来的内容、文前的提要或提示和文末的结论，然后思考并提出自己应该重点阅读理解的问题。

深入阅读。首先，带着问题细读，着重留意关键词语和重点段落，做好笔记和圈点批注。其次，联系阅读分析理解问题。既解决疑难问题，又加深对读物的理解。

回忆复述。这一步骤的主要任务是通过复述来检查阅读效果，或者复述读物的主要内容，或者联系问题进行解答性复述。在复述时，发现尚未理解和掌握的问题，要及时弥补。

复习巩固。可采用重点复习或全面复习的方式，对于需要熟记的内容，要反复诵记。这一步骤中也伴有阅读，只是这时的阅读主要是针对重点内容或需要诵记的内容进行。

2. 学做笔记

在笔记本或书上记录下自己的看法和体会，以及自己没读懂的问题。

（二）课堂学习策略

学生听课是学习过程的中心环节，课堂上所要学习的知识多数是老师以语言的形式呈现的，因此，学会听课十分重要。

1. 集中注意力

排除外界干扰。有意识训练自己抗干扰的能力。我们可以在环境嘈杂的地方学习

（如坐在人流量大的路边），多几次这样的训练，之后当我们进入要阅读和学习的科目时，一般就可以做到对周围的一切置若罔闻。

排除内心干扰。我们可以做放松练习，让内心各种情绪的干扰随身体的放松而被排除。

不在难点上停留。在听课过程中，出现任何不理解的环节，不要在此停留，要跟上老师讲课的速度。如果后面大部分内容我们都能理解，前面的难点也会慢慢理解。如果老师后续的讲解仍无法帮助我们解决预习中的问题，就要积极向老师提问，尽可能在课堂上把所有问题弄清楚。一个个疑难问题的产生和解决，会使学习深化。

2. 主动记笔记

记笔记是一种集多种感觉（视觉、听觉、动觉）于一体的综合活动，除听力外还需要付出更多的努力。正是这种额外的努力提高了学习效率，为保留信息及今后的信息再利用提供了有利的手段。

【小贴士】

5R 笔记法

5R 笔记法诞生于美国康奈尔大学，故又称康奈尔笔记法，它几乎适用于一切课堂自学场合。5R 是 5 个单词开头的字母简称：①记录（record），在听讲或阅读中尽量多记有意义的概念、论据等；②简化（reduce），将记录内容进行恰当概括，提取简明扼要的内容记录在案；③背诵（recite），即遮住笔记内容，通过回忆用自己的话叙述主要内容；④反省（reflect），把听课或阅读时的想法与意见做成卡片，与笔记分开，并加上标题与索引，编制成提纲或纲要，分门归类；⑤复习（review），每周花上一定时间快速浏览笔记，主要浏览简化了的内容。

（三）课后巩固策略

1. 有效复习

任何学习仅通过简单的识记是很难掌握系统知识的，必须通过复习来巩固所学知识。复习不是简单的重复，要根据学习规律特别是记忆规律来合理科学地组织复习，达到牢固掌握系统知识的目的。为此，应注意以下几点。

集中复习与分散复习相结合。分散复习是基础，集中复习是复习系统的最后一个环节，但不能理解为唯一环节。心理学研究证明，分散复习的效果不论在记忆的持久性上还是在记忆的精确性上都比集中复习的效果要好。

多种感官协同参与复习记忆。单一感官进行的学习，不论是在记忆的精确性上还是在记忆的提取性上都比多重感官参与复习的效果差得多。

机械记忆与意义记忆相结合。大学生记忆的优势在于意义记忆。机械记忆的基本条件是重复，不求甚解；意义记忆的基本条件是理解，是在理解所学内容的基础上掌握知识。有些知识缺乏内在联系，需要使用机械记忆来掌握，但大量的知识有着多重的内在联系，使用意义记忆的效果会更好，而且有事半功倍的效率。

尝试回忆与反复阅读相结合。不少同学为了牢固掌握知识，在复习中反复阅读，直到滚瓜烂熟、熟练背诵为止，这是非常不科学的学习方法。在复习中，对那些还没有完全掌握的知识应该尝试进行回忆，这样既可为自己取得的成效而自豪，又可明确复习的重点和难点，使复习的指向性更加明晰。

运用各种有效的记忆术。如联想法、口诀法、谐音法、形象法等，都是提高记忆力的有效方法。

适当的超额学习。心理学研究表明，150% 的过度学习效果最好，超过 200% 的学习则会出现“报酬递减”现象，也就是说，过量的超额学习不仅达不到增效的目的，反而会降低学习效果，纯属浪费，并且会消耗大量的心理资源。

【心理游戏】

学习生命线

游戏人数：不限。

游戏场地：室内。

游戏对象：适合所有学生。

游戏方法：

① 准备一张白纸和两支笔（须一支较鲜艳，一支较暗淡），以便用不同颜色来代表情绪。

② 把白纸横放摆好，在纸的中上部写上“XXX 的学习生命线”，从左至右画一道长长的横线，然后给这条线加上一个箭头，让它成为一条有方向的线。

③ 按照自己规定的生命长度，找到自己目前年龄所对应的标志点。在标志点的左边，即代表着过去岁月的那部分，把在学习方面对你有重大影响（比如学习成就、曾经遇到的学习挫折等）的时间节点用笔标出来。快乐的事用鲜艳的笔写在生命线的上方。如果感觉非常快乐，就把这件事的位置写得更高些。在生命线下，用暗淡的笔同理记载不快乐的事。在记录的同时需要在线上注明时间。

④ 在标志点的右边，即代表着未来学习展望的那部分，把你这一生想干的事情，比如职业生涯、个人追求都标出来。将这些能给你带来的快乐和期待按程度高低置于坐标上方。当然，在将来的生涯中，还有挫折和困难，如职场或事业方面可能出现的挫折、失败等，用暗淡的笔写于坐标下方。在记录的同时需要在线上注明时间。

⑤ 最后，你便收获了一张清晰明了的“学习生命线”。

2. 学会管理时间

人们常常在 20% 的时间内完成 80% 的事情，而在剩余 80% 的时间内才完成 20% 的任务。可见，因为缺乏时间管理能力，人们的大部分时间被白白浪费掉了。所以，大学生要学会科学地安排自己的学习时间，有效提高时间的利用率，提高学习和复习效率。

要有积极的学习态度。在有限的学习时间里，积极的学习态度、高涨的学习热情，可以提高学习的效率，无形中也就提高了时间的利用率。

找出自己的“黄金时间段”，顺应生物钟。据研究，人体的智力、体力、情绪存在着周期为33、23、28天的变化。我们的状态不是一成不变的，如果根据自身状态来调节学习训练进度和内容，在能力较低的时间里，安排较容易完成的任务，而把困难的任务留在能力较强时完成，就能大大提高学习效率。

同样，人体在一天中也有周期性变化。清晨起床后，大脑经过一夜的休息，消除了前一天的疲劳，脑神经处于活跃状态，没有新的记忆干扰，此刻认知、记忆印象都会很清晰，适合学习一些难记忆且必须记忆的东西，如语言、定律、事件等的记忆和储存。上午八点至十点是第二个学习高效期，体内肾上腺等激素分泌旺盛，精力充沛，大脑具有严谨而周密的思考、认知和处理能力，此刻是攻克难题的大好时机，应当把握战机，充分利用大脑的兴奋来攻克难关。第三个学习高效期是晚上六点至八点，这是用脑的最佳时刻。不少人利用这段时间来回顾、复习全天学过的东西，加深印象，分门别类，归纳整理。这段时间也是整理笔记的黄金时机。入睡前一小时是学习与记忆的第四个高潮期，利用这段时间来加深印象，特别是对一些难以记忆的东西加以复习，则不易遗忘。

善于化整为零。抓住大量存在的零星时间，是做好时间管理的重要方面。可以在零星的时间里安排一些可以持续的任务。

制订合理的学习计划。合理的学习计划能对时间进行有目的、有计划的安排，明确每个时间段的学习任务，可以使学习时间利用得更充分、更合理。

【知识窗6-2】

善于科学用脑

现代科学揭示了大脑两半球的不同功能，大脑的左半球与逻辑思维有关，右半球则与形象思维有关（图6-1）。此外，大脑活动还有一种“优势现象”，即当大脑某一功能区的活动占优势时，可使其他功能区的活动相对处于休息状态，所以不同学科尤其是文、理科穿插进行学习，可有效地预防疲劳。此外，进行某种脑力劳动之后，可以采用“换脑筋”的方式，翻阅一些与刚看过的内容截然不同的东西，或者看一些消遣性的书籍、听听音乐等，这些都有助于消除大脑的疲劳。

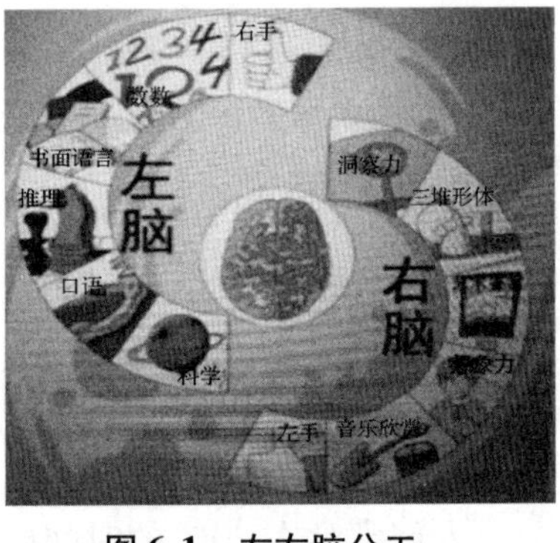

图6-1　左右脑分工

四、挖掘学习潜能

学习潜能，是指学习者内在的并在一定条件下（如激励、模仿等）可以外化、转变成现实的心理、生理能力。大学生的学习潜能只要得到合理挖掘，就会表现出自觉主动的学习状态，学习能力就会相对增强。大学生要挖掘学习潜能，最重要的是要在正确认识自己的基础上，培养创造性思维，塑造创造型人格，开发学习创造力。

（一）培养创造性思维

创造性思维并不是一种独立的思维形式和方法，作为思维活动中最积极和最有价值的形式，它指的是在感性认识的基础上，综合、统一、协调各种逻辑和非逻辑思维（包括灵感、直觉等），从而发挥思维创新性效率的心理过程。创造性思维是逻辑思维和非逻辑思维的辩证统一。逻辑思维的条理性、准确性和严谨性同非逻辑思维的流畅性、灵活性、独创性一起构成创造性思维的互补性结构。

创造性思维能力的具体训练技巧有认清问题想，跳出框架想，朝四面八方想，倒过来想，换个角度想，拐个弯想，傻乎乎地想，抓住机遇想，用形象想，凭直觉想，激发灵感想，梦里想，让两个车轮都转起来想，要求将逻辑思维与非逻辑思维有机结合起来进行创新思考等。

【心理训练2】

创造性思维训练题举例

① 旧衣服有多少种用途？

② 列举尽可能多的半圆结构的物体。

③ 5只猫用5分钟捉5只老鼠，请问，需多少只猫，才能在100分钟内捉100只老鼠？

④ 如果世界上没有了猪，会发生什么事情？

⑤ 旅行家萨米·琼在周游世界之后，回到他阔别10年的故乡。有一次，他向人们诉说了这10年中他在世界各地的所见所闻。他还向人们提出了一个怪问题：在非洲的某地，我看到一个人的身体内有两颗心脏，而且跳动得很正常。你说，这有可能吗？

⑥ 如何用4根火柴摆出5个正方形？

⑦ 1分硬币和5分硬币的相同点与不同点分别是什么？

⑧ 怎么样从老虎联想到鲜花？

⑨ 10个硬币怎么分装在3个杯子里，且每个杯子里的硬币都是奇数？

（二）塑造创造性人格

创造力与人格特征有密切关系。心理学家很早就开始研究各个领域中对于创造力的发展和创造任务的完成起重要作用的人格特征，结果发现各种创造性人才身上有着一些共同的特点，心理学把这些共性人格称为创造性人格。

1. 创造性个体的人格特点

吉尔福德（J. P. Guilford）等对创造性个体的人格做了深入研究，总结出创造性个体的人格具有以下特点：有高度的自觉性和独立性，不肯雷同；有旺盛的求知欲；有强烈的好奇心，对事物的机制有深究的动机；知识面广，善于观察；工作中讲求条理性、准确性和严格性；有丰富的想象力、敏锐的直觉，喜好抽象思维，对智力活动与游戏有广泛的兴趣；有丰富的幽默感，表现出卓越的文艺天赋；意志品质出众，能排除外界干扰，可长时间地专注于某个感兴趣的问题之中。

2. 大学生的创造性人格特点

一般而言，有创造性且有健康的学习心理的大学生有以下心理特点：对一切都持包容的态度，对问题有一种强烈的超越常规的要求；喜欢发明自己的游戏，对学习或日常生活中出现的问题能够找到新的解决方法；学习带有更强的自我探究性，喜欢发现式的学习；更注重对个性化学习经验的总结和自我认知结构的建构；兴趣广泛，有强烈的好奇心和求知欲；感情丰富、精力旺盛，对学习与生活充满热情；敢于冒险、接受挑战，敢于标新立异、张扬个性；想象丰富，有自己远大的生活理想；自信自立，有责任感和使命感；性格独立，有自己的生活原则；自觉自律，有良好的意志心理品质；有自己的抱负，能把学生阶段的学习和未来的职业理想紧密联系起来。

（三）开发学习创造力

1. 探源索隐

大学生在学习过程中，要学会从事物的联系中思考，追溯偶然发现的起因，在掌握知识的同时，思考导致前人发现与发明定律、定理和公式的思路；从事物内部或事物间的联系中，探索创新的思维方式，激发自己的创造力，提出解决问题的办法。

2. 辨异求同

要善于比较，从比较中打开思路。不谋求唯一正确的答案，要“逼迫”自己通过不同的思路达到同一目标。从比较中发现新问题、新情况，发现老问题的不同解决办法，发现已知情况的新变化，使自己的创造欲在执着追求中受到激发，培养自己创造性解决问题的习惯与能力。

3. 智力激励法

这是一种在世界上得到普遍推广的创造技法。它是以专题讨论会的形式，通过充分扩散思维过程，进行信息催化，激发大量创造设想，形成综合创造力。运用该方法，讨论的主题应该明确，旨在克服通常讨论会中的自我评价系统和相互评价系统对萌发创新思路的抑制作用，达到集思广益、激发创造的目的。智力激励法能催化信息，产生连锁反应，形成综合创造力。

4. 六三五默写式激励法

这是德国人鲁尔吸收智力激励法的优点而发明的一种方法，各参加者不妨碍他人发声，自己也不用发声，参加者 6 人坐成一圈，每人在各自的卡片上写出 3 个构想，并在 5 分钟内完成。方法与程序：开始进行该法之前，由出题者提示问题，如果有疑问则要澄清。5 分钟一到，每人须把卡片交给右邻者，每 5 分钟传递一次，一共 6 次，30 分钟一个循环，可得 108 个构想。完成后将每个构想剪下，分类并设计贴在海报纸上，展示报告。

5. 六六讨论法

这是一种以智力激励法为基础，适用于大团体讨论的方法。将大团体分为 6 人一组的小组，进行 6 分钟小组讨论，再回到大团体中分享成果，最后进行评估。方法与程序：决定一个主题；推行一位主席，一位计时员；每人轮流发言 1 分钟，所有成员要注意倾听发言者所说的，1 分钟不到，则不能停止发言，1 分钟到了，则立即停止发言；推派一位发言代表，回到大团体分享成果。

6. 检查表技术

这是从一个与问题有关的列表上寻找解决问题线索的方法，用以训练周密的思维。可以先将问题列成一张分析表，然后写出表中每一项所需要解决的要点，最后逐一考虑每一要点可供改变的方向。也可以使用“可能解答表”方法，用智力激励法提出各种可能的问题解决办法，将这些方案列表进行考虑。

第三节　大学生常见的学习心理问题与调适

经常会有大学生在进入大学后缺乏对学习的热情，表现出消极的状态，比如厌学、成绩下降、考试不及格、留级、辍学等，这些问题从很大程度上折射出大学生在学习过程中的心理健康问题。把握学习心理对学习的影响，了解心理健康与学习心理的关系，有助于端正学习动机，激发学习热情，改变不良学习心理。

一、大学生常见学习心理问题的表现和成因

（一）学习适应不良

学习适应不良，是指学生不能适应大学的学习方式，包括不会听课、不会复习、不能制订合理的学习计划、不能掌握大学的学习方法等方面。这一问题在大学各年级学生中都存在，只不过表现的方式和程度不同，在一年级新生身上表现得尤为明显。

【案例 6-1】

“迥然不同”的大学学习生活

进入大学后，小袁觉得大学和中学的学习是两回事。在高中的时候，每堂课该看什么、该学什么，课后又该看什么、该学什么，老师都会明确地告诉学生。而进入大学后，老师上课不会说这里是重点、难点，那里是考点。上课时内容讲得飞快，笔记很难字字句句都记下来，一整章的内容在一次课上就讲完了，有时候老师讲的内容在教材上根本找不到。有时，老师还会列出一串长长的课外阅读参考书目让学生独自去

翻。小袁原本打算好好学习，但学到什么程度、如何去学都很不明确，失落感油然而生，久而久之，觉得学习很没劲儿。

1．学习适应不良的表现

学习上的适应不良，以情绪障碍为主，比如焦虑、不安、烦恼、抑郁、注意力不集中等，从而使学生对学习丧失兴趣。学习适应不良主要体现在两个方面。一是对大学学习的特点不适应。初入大学的新生对于大学教学方法的高度理论性、概括性和教学内容的大容量，一时难以适应。部分大学生未能掌握适应大学的学习方法，思想上颇有压力。二是对大学的专业学习不适应。由于种种原因，新生入学前对录取的专业了解不多，而期待又太高，入学后也许发现专业和兴趣不对口，而目前大类招生、转专业这种小概率事情在大学校园里是需要通过一定的条件才能实现的。因此，这种现象常造成大学生的心理不适。

2．学习适应不良的原因

大学生学习适应不良，其根源在于不少同学对大学与中学的学习差异性缺乏认识。大学学习有着自身的特点：课程信息量大，课堂交流较多，教师的教学特点、方式和内容相对于中学都有很大变化。不少同学面对这种新变化感到迷惑，一时难以适应。

（二）学习动力不足

学习动力不足，是指学习没有内在驱动力量，没有明确的学习方向和兴趣，不想学习，甚至厌倦学习、逃避学习。学习动力是影响大学生学业成败的一个重要因素。

【案例6-2】

明确目标的重要性

小赵读的是汉语言文学专业，刚上大学时，他很有雄心壮志，立下了“自信人生二百年，会当水击三千里”的宏伟志向。但这一志向是模糊的，具体怎样去做，他没想那么多。渐渐地，他对大学生活熟悉了，和师兄、老乡们的交往也多了，于是常听别人说，基础学科学得再好也不实用，学了也白学，找工作时靠的是技术专长或关系。小赵灰心起来，不知不觉放松了学习，大量的时间都用来上网、聊天、打牌，也经常睡懒觉和逃课。学校的管理很松散，没人去干涉他闲散的生活，这使他更加肆无忌惮，结果成绩直线下降。他也曾制订各种各样的计划，但就是不能落实，因此学习成绩越来越差。他想振作起来好好学习，但总是提不起精神。直到期末考试有两门课的成绩不及格，他才像被泼了盆凉水，清醒过来：“难道就这样度过大学这几年?”

1．学习动力不足的表现

（1）缺乏方法

学习动力不足的学生往往把学习看成是奉命的、被迫的“苦差事”，不能积极寻求一些适合自己的学习方法。由于缺乏正确、灵活的学习策略和方法，学习动力不足的学生往往不能适应新的学习环境。

（2）独立性差

学习动机缺乏的学生一般在学习上缺乏明确的目标，学习行为往往表现出从众性与依附性。随波逐流，极少有独立性和创造性。

（3）厌倦情绪

学习动力不足的学生对学习冷漠、畏缩，直至产生厌倦情绪，对学校及班级生活感到无聊。学习时无精打采，很难享受到学习成功带来的快乐。

（4）懒惰行为

懒惰行为主要表现为不愿上课，不愿动脑筋，不愿完成作业，学习上散漫，怕苦怕累，而且经常为自己的懒惰行为找借口。

（5）容易分心

学习动力不足的学生往往注意力不集中，不能专心听课，不能集中精力思考，兴趣容易转移。他们对学习的认识肤浅，满足于一知半解；行动忽冷忽热，情绪忽高忽低。

2．学习动力不足的原因

部分大学生缺乏学习动力的原因是多方面的。

（1）外部原因

从学校教育来看，课程设置不合理、专业培养与社会需求脱钩、教学内容陈旧、方法刻板、教学效果不佳、教学管理不严、教学条件跟不上等都是造成大学生学习动力缺乏的直接原因。从整个社会来看，尚未完全建立合理的用人制度、就业不合理与不公平的现象依然存在，这些是影响大学生学习状态的重要原因。从家庭教育来看，家长不恰当的期望、过高或过低的要求也是导致大学生学习动力缺乏的原因。

（2）内部原因

大学生对所学专业缺乏兴趣。当学生所学专业与其兴趣爱好相差甚远时，学生容易在学习时感到疲乏和厌倦，削弱学习动机。其原因主要分为以下三方面：其一，部分学生由于高考分数的限制，没有选择专业的条件；其二，部分学生屈从于家长的意志，从当前社会热点出发，填报了所谓好找工作又挣钱多或相比之下轻松的专业，但事实上，其本人对家长所选的专业并不感兴趣；其三，在高考填报志愿时，学生对所选专业缺乏了解，具有一定的盲目性，进大学开始学习后，才发现对本专业并不感兴趣，导致情绪低落、消极悲观、随意缺课。除此之外，学习动机不正确、社会责任感不强、价值观念不健全、自我意识不成熟、学习态度不端正等都是造成学习动力不足的重要原因。

（三）学习动机过强

心理学研究认为，学习动机过强会使学生专注于自己的抱负和外部的诱因（如奖惩），从而阻碍正常学习。

【案例6-3】

学习动机过强的小林

小林今年读大三，他一向对自己要求很高，这与他的家庭期望有关，父母都是具有高级职称的知识分子。在大学，小林认真细致地做了学习和职业生涯设计，一步一个脚印向前走：成绩要拔尖，二年级英语通过国家六级，三年级通过英语托福考试，为将来出国留学做好准备。于是，小林就像一只陀螺飞速运转着，珍惜大学的分分秒秒，因为他相信付出总有回报。但他发现离自己的目标越来越远，他忽然怀疑起自己的学习能力，感到自己在学习上的优势在减弱，甚至多年积累的自信也受到挑战，对未来，他开始担心起来，不知道该怎么办。

1．学习动机过强的表现

（1）学习强度过大

比如学习时间过长，学生往往处于疲惫状态。

（2）奖惩动机过强

对奖惩考虑太多，一心只想获得奖励，避免受到惩罚。奖惩动机过强的大学生大多被动地学习，因而不注重能力的培养，往往成绩不错，但思路狭窄，能力不高。

（3）成就动机过强

急于取得成就并超过他人；所树立的抱负或期望远远超过自己的能力；只能成功，害怕失败，造成很大的心理压力。

2．学习动机过强的原因

学习动机过强的原因主要有以下几个方面。

① 目标设置过高，自尊心过强，过分看重荣誉；

② 补偿心理，用学习来弥补自己其他方面的劣势；

③ 自我认识不足，如对自己的学习能力认识不足，缺乏恰当的估计；

④ 外部不适当的强化，主要是指各种具体的外部环境，如社会、家庭等。社会文化倾向于赞扬勤奋学习的学生，大多数人更会支持那些学习动机强的学生，称赞他们学习刻苦、有毅力，并期望他们做得更好，从而对这部分学生进行不适当的强化，使他们看不到学习动机过强的危害，造成身心困扰。

【知识窗6-3】

学习动机强度定律

人们常常认为，学习动机越强，对学习活动越有推动作用，但是，事实并非如此。有时，超过一定强度的学习动机，反而会导致学习效率下降。心理学家耶尔克斯与多德森研究表明，任何任务或活动都有其“最佳的动机水平”，活动效率在此水平上达到最高（图6-2）。在最佳水平范围之内，效率随动机的增强而提高；超过最佳水平，效率反而随动机的增强而下降。研究还表明，对于不同难度的活动，其最佳的动机水平是不一样的。容易或简单的活动及任务，譬如背诵英语单词、抄写课文、训练打字，所需要的最佳学习动机要强一点；而困难或复杂的活动及任务，譬如解答数学难题，需要的最佳学习动机就要弱一点。过强的学习动机会导致焦虑，从而降低学习效率。

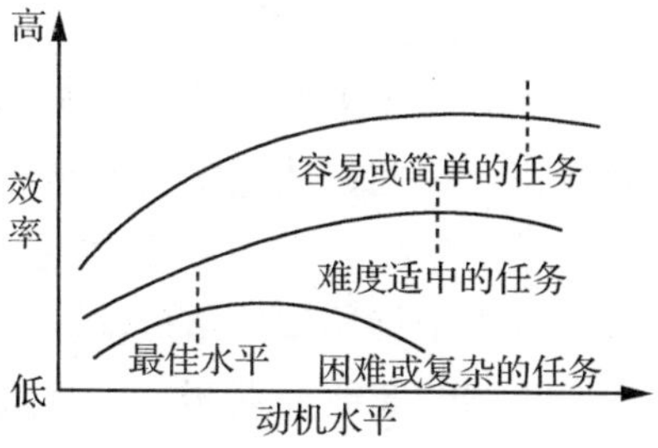

图 6-2　动机强度与工作效率的关系

（四）学习焦虑

学习焦虑是指由于学习不能达到预期目标或不能克服学习困难，而引发的一种带有紧张和恐惧的精神状态。有些学生由于平时学习不够努力或学习方法不当等，学习目标无法完成，又担心自尊心、自信心受挫，而对学习和考试产生过度的惧怕和焦虑心理。

【案例6-4】

学习焦虑的状态

小颖从小就对学习有一种惧怕心理，最开始是害怕自己考不好会挨骂，渐渐地又害怕自己因学不好而会无法顺利升学。为了考上大学，她从小就接受家教的帮助，可到了大学以后，家教的帮助没有了。面对大学阶段的学习，她更加对自己没有信心，生怕自己通不过考试，那样会很丢脸。这种对学习的担忧，让她觉得在同学面前低人一等。时间久了，似乎谁都可以拿她这个软肋来刺激她。

1．学习焦虑的表现

学习焦虑主要表现在情绪躁动，寝食难安，郁郁寡欢，精神恍惚。学习压力大，精神长期高度紧张，思维迟钝，记忆力下降，注意力涣散。有严重学习焦虑的大学生在考试前表现得更加明显，考试日期越近，精神就越紧张，即便已经投入很多精力和时间，对于考试准备得非常充分，仍然不放心，惧怕考试不通过或考试成绩不如别人。

2．学习焦虑的原因

学习焦虑的原因主要有以不正确的自我意识为基础导致自信心挫败；自信心不足，自我了解不够；过强的自尊心或虚荣心；对以前考试失败和挫折体验记忆深刻；成就动机过强，总想超过别人；性格内向，不擅交往；兴趣爱好单一，只关注于学习。

（五）学习疲劳

学习疲劳是指学习者由于学习过度或学习方法不当而产生的学习效率逐渐降低，并伴有渴望停止学习的生理和心理现象。

1．学习疲劳的表现

学习疲劳主要表现为注意力不集中、思维迟钝、情绪躁动、精神萎靡、学习效率下降、学习失误增多、失眠等。

2. 学习疲劳的原因

从人脑生理机制的角度来看，学习疲劳是指脑细胞活动持续时间过久，转入了抑制状态。因此，从大学生的学习活动来看，缺乏调节是学习疲劳的直接原因，如学习内容过于单调，学生缺乏休息；因学习内容难度较大，大脑持续处于高度紧张状态；其他因素干扰导致情绪低落，大脑神经活动处于抑制状态。

心理学家研究表明，心理疲劳是长期的精神紧张、反复的心理刺激及恶劣的情绪影响而逐渐形成的。一项对北京市海淀区6所大学的调查显示，每天学习时间在9～11小时的学生占20.5%，11～13小时的占34.1%，13小时以上的占30%。长时间高强度的学习不仅直接影响睡眠质量，还会造成上课时注意力无法集中、思维迟钝、学习效率低下等。同时，大脑长期处于高度紧张状态而得不到及时改善还会对身体造成伤害，导致神经衰弱、严重失眠、抑郁等心理疾病，影响大学学业的完成。

【小贴士】

学习疲劳防治操

① 坐着时做一些挺胸直背的动作，同时用手臂绕圈按摩腰部；
② 体后屈，伸腿，直臂用力后摆几次；
③ 头慢慢地按“米”字书写笔画做运动；
④ 深吸气，然后慢慢地呼气；
⑤ 两臂下垂，做几组手部动作，两手手腕放松抖动，手指交替做握拳、伸直动作；
⑥ 变换坐姿，背靠椅背，前后轻微移动椅子，欠身，臀部短暂离开座椅；
⑦ 离开座位，在室内或室外走动一下。

（六）学习中的高原现象

学习中的高原现象是指学习在到了一定阶段后产生的学习效率降低、学习进步的速度减慢甚至停滞的现象，在对各种知识与技能的学习过程中，都会出现高原现象。学习过程中的高原现象是在学习的中后期出现的，其特征：一是成绩在较小范围内波动；二是成绩在高处徘徊，一般来说在学习的初期不会形成高原现象；三是高原现象持续时间长。由于这些特征，高原现象对学习过程会产生很大的消极影响，因持续时间长，成绩提高缓慢，有时要经过坚持不懈的努力才能克服，所以容易使大学生产生沮丧、急躁心理，这对其学习耐心和毅力是一个巨大的考验。

二、大学生常见学习心理问题的调适

面对学习中出现的各种心理问题，应注意从以下几个方面进行调适。

（一）养成良好的学习习惯

学习是持之以恒的工作。平时养成良好习惯，在学习过程中才能持之以恒地保持较高的学习效率。课前预习、课堂记笔记、课后复习、主动学习、勤思考、善观察、常反思等都是良好的学习习惯。

(二) 客观评价自我

绝大多数学习困难者学习困难与自信心不足有关，过去的学习经历中有过惨痛的失败体验、与同学的竞争中仍有差距或自己的学习目标一时无法实现，都有可能导致学生对自己能力的怀疑和前途的担忧。对自己过于苛刻，只会导致更严重的学习焦虑。反之，如果能够自我接纳、自我尊重，不断从自身的努力中汲取力量，从点滴的进步中看到希望，那么，焦虑状况就会得到较好的控制。

(三) 正确对待考试

应该认识到，考试只是衡量学习好坏的手段之一，是学校教育中的一个环节，成绩不能完全准确地反映一个人的知识水准，特别是能力水平。所以，大学生虽然应该重视考试，但不必过分要求每门学科、每一次考试都得高分，应该做到不为分数所累，轻装上阵，沉着冷静应试。

(四) 正视自己学习的失败

担忧和恐惧失败，往往是学习焦虑产生的直接原因。解决的办法只有一条，那就是勇敢地面对失败、承认失败，从积极的角度去认识失败的价值，然后从失败中吸取教训，发现不足，明确今后的努力方向。

(五) 提高应试技巧

合理安排作息时间，不要使大脑过度疲劳，以免影响学习效率，尤其是临考前几天应保证充足的睡眠，这样才能以清醒的头脑和充沛的精力应对考试。在考前 4 ~6 周进行“强化复习”，将所学内容进行系统的整理，边整理、边回忆、边思考，从面到点，从点到面，不断深化，使所学的内容形成一个清晰、完整、有逻辑联系的整体。复习时先制订计划，合理分配各门功课的复习时间，并把相似学科的复习时间错开，以免各科间相互干扰。临考前一天晚上，再用 1 ~2 小时进行最后一次强化训练，使考前复习效果达到最理想的状态。

如果通过自身努力调节的方式，仍不能摆脱学习心理问题的困扰，建议寻求专业的心理咨询与治疗。

第七章

构筑沟通的桥梁

美国卡内基说过，一个人事业上的成功，只有15%是由于他的专业技术，另外的85%要依赖人际关系、处世技巧。人人都希望自己拥有良好的人际交往，这也是大学生们所追求的。良好的人际交往不仅有助于大学生学习知识和开发智力，也有助于大学生身心健康，还有助于大学生提高自我认知和评价能力。因此，掌握人际交往的基本规律和技巧，提高人际交往能力，建立起良好的人际关系，是大学生心理健康教育的重要内容。

第一节　人际交往概述

心理学家研究表明，在正常情况下，一个人除了八小时的睡眠时间外，其余时间的70%以上花在人与人之间的直接或间接的交往上。一位阿拉伯哲人说过，一个没有交际能力的人，犹如陆地上的船，是永远不会漂泊到人生的大海中去的。所以，交往不仅是大学现实生活的需要，也是大学生今后走向社会的需要。

【知识窗7-1】

社交剥夺实验

20世纪70年代，心理学家哈洛做了著名的恒河猴实验（社会剥夺实验）（图7-1），他把刚出生的小恒河猴和母猴分开，并且分别用铁丝和绒布做了两个不同的代理母猴，结果发现，尽管把奶瓶放在铁丝母猴身上，幼猴在喝完奶之后，会选择第一时间依偎在绒布母猴身上，而且实验还发现，从小被剥离母爱的小猴，缺少群体性行为，不合群，或富于侵犯性，怯于探索环境，且不能适应未来的生活。

图7-1　恒河猴实验

一、人际交往的概念

（一）人际交往的定义

人际交往是指人们运用语言或非语言符号交流信息、沟通感情的过程，包括物质交往和精神交往。人际关系是在沟通和交往的基础上形成的人与人之间的心理上的联系，它表现为人与人之间的心理距离，反映着人们寻求满足需要的心理状态。通俗地说，人际关系就是人和人相互来往而建立起来的关系。亲子关系、夫妻关系、师生关系、朋友关系、同学关系、同事关系、战友关系、网友关系等，都属于人际关系的范畴。

人际交往是人际关系实现的根本前提和基础，也是人际关系形成的途径。人际关系则是人际交往的表现和结果。两者的区别是：人际交往侧重于人与人之间的联系与接触的过程及行为方式的程度等；人际关系侧重于在交往的基础上所形成的心理状态和结果。从时间上看，人际交往在前，人际关系在后；人际交往是一个动态的过程，而人际关系则具有相对的稳定性。

（二）人际交往的类型

人际交往的分类方法很多，这里主要介绍三种。

1．按其发展层次不同，人际交往可以分为三类

（1）低层次、低水平人际交往——建立在个人需求、好恶、爱憎基础上的人际交往，其思想基础薄弱，显示出脆弱、肤浅、表面、波动等特征。

（2）中等层次、一般水平的人际交往——建立在共同的社会目标和一定行为规范基础上的人际交往。其思想基础比较牢固，显示出团结合作、友爱互助及比较稳定持久的特征。

（3）高层次、高水平的人际交往——建立在对自然和社会发展规律的科学的认识基础上，具有远大的理想、抱负和志向，动机高尚、行为规范，并能根据社会的客观需要加以理性调节。这种人际交往建立的关系稳定、持久，能经受各种严峻考验，是我们所需要建立的、良好的人际关系。

2．按其形成基础的不同，人际交往可以分为四类

（1）血缘人际交往——此种人际交往是围绕血缘联系和姻亲联系所构成的人际交往。这种人际交往以家庭为中心，成员间的交往构成一个血缘关系网络和一个由若干家庭交叉形成的亲缘关系网络。例如，亲子关系、祖孙关系、夫妻关系、婆媳关系、叔侄关系、甥舅关系、妯娌关系等。血缘人际交往是人际交往中最直接、最普遍的交往。

（2）地缘人际交往——此种人际交往是因居住在共同的区域，以地域观念为基础而展开的人际交往。地缘人际交往常常以社会历史和文化为背景，使人际交往带有文化传统、心理纽带和乡土色彩。例如，邻里关系、老乡关系等。地缘人际交往对社会的作用和影响十分广泛。

（3）业缘人际交往——这种人际交往是以共同的事业、志趣为基础的。例如，同学关系、同事关系、师徒（生）关系、经营买卖者关系等。业缘人际交往打破了血缘人际交往和地缘人际交往的界限，以事业和志趣为纽带，在人际交往中所占比例最大，对社会最有影响。

（4）网缘人际交往——这种人际交往是指人们以网络为纽带，在虚拟的网络世界中发生互动并形成的人际交往。网络交往方式吸引着越来越多的人，不同性别、不同职业、不同年龄、不同地域的人们之间都可以通过网际的沟通，扩大自己的朋友圈。网缘人际交往具有虚拟性、便捷性、脆弱性等特点，对社会的影响正在日渐变大。

3. 按其目的和动机不同，人际交往还可以分为三类

（1）出于包容的需要形成的人际交往——个体希望被他人信任和接受，建立起彼此亲密和谐的关系，其行为特征表现为主动的交往、沟通、相容、参与等。与此相反的特征则表现为孤立、疏远、对立、退缩等。

（2）出于控制的需要形成的人际交往——个体需要保持自身的权利和威望而与他人建立、保持良好的关系。主要行为特征有影响、控制、支配、领导等。相对特征则表现为抗拒权威、忽视秩序、受人支配、追随等。

（3）出于感情的需要形成的人际交往——个体希望与他人进行情感的交流而形成的交往，行为特征表现为喜欢、友善、同情、亲密、热心等。相对特征则表现为憎恨、厌恶、冷淡等。

根据其他分类标准还可将人际交往分为个体的和群体的、纵向的与横向的、稳定的与临时的、积极的与消极的等各种人际交往类型。

【自我探索 7-1】

交往类型测试

对照以下四对人际交往类型，符合自己实际情况的打“√”，不符合的打“×”，介于符合与不符合之间的打“△”。

主动型-被动型：

（1）在路上碰见熟人你会主动打招呼吗？

（2）你经常主动写信或打电话与外地亲友联系吗？

（3）在课堂上你会主动发言吗？

（4）在你有困难时，你会毫不犹豫请求别人帮助吗？

（5）在车船上，你会主动与人交谈吗？

（6）在人们各行其是的环境中生活，你感到不自在吗？

（7）你喜欢串门吗？

（8）有同学来拜访你，你非常热情和高兴吗？

领导型-随从型：

（1）你喜欢在大庭广众之下侃侃而谈吗？

(2) 在集体讨论中你常坚持己见吗?
(3) 别人批评你时，你很难接受吗?
(4) 你喜欢考虑影响全局的宏观问题胜于考虑具体的微观问题吗?
(5) 在同学意见有分歧时，你愿意当仲裁吗?
(6) 你很同情弱者吗?
(7) 当与你有关的人做错事时，你是否感到自己也有责任?
(8) 在有几个人的情况下，有人提出问题你会率先回答吗?

严谨型-随意型:

(1) 和老朋友渐渐疏远了，你会感到心里不安吗?
(2) 在新环境中，你会结交一些朋友吗?
(3) 班级活动时，有人替你垫付了公共汽车票、门票，事后你一定如数归还吗?
(4) 与人约会，因意外情况迟到了，你会再三解释吗?
(5) 你很少与异性同学交往吗?
(6) 在集体活动中，你会爽声大笑吗?
(7) 你从没有忘记自己诺言的情况吗?
(8) 根据情况取消既定计划，你很不自在吗?

开放型-闭锁型:

(1) 在信中或电话中，你经常谈论自己吗?
(2) 心中有事，你总是憋不住要向同学倾诉吗?
(3) 与志趣不同、性格相异的人交往，你感到愉快吗?
(4) 同学们愿意找你交流不同的见解吗?
(5) 在集体中，你会发表没有完全成熟的意见吗?
(6) 你喜欢不断结交新朋友吗?
(7) 你喜欢不断接受新思想、新观念、新信息吗?
(8) 经常有同学来拜访你吗?

评分方法：打“√”的每题得3分，打“×”的每题得1分，打“△”的每题得2分。将四对交往类型分别加出总分。如果你的每对交往类型得分在16分以上，说明你属于每对交往类型的前一种；得分在11分以下，说明你属于每对交往类型的后一种；得分在12至15分之间，说明你属于每对交往类型的中间型。

(三) 人际交往的建立

人际交往的建立过程，可以分为认知过程、情感过程和意志过程三个阶段（图7-2），大学生在人际交往的过程中，开始由不相识，到由于某个偶然的机会、偶然的场合，甚至是一个微笑等微小的细节而引起另一方的注意或是兴趣。于是，一方或双方开始关注对方的言行举止，获得对方的相关信息，确认后会愿意与对方相互联系。当彼此都认为有相互交往的必要或是意愿时，双方就会进入实质性的交流，两个圆之间的距离开始缩短。随着双方交往频率的增加，相互信息捕捉得更多，情感交流加深，进而带来两者的相互依恋性或是依赖性与日俱增，两个同心圆开始交叉在一起，从而进入融合期。在融合期间，若两者在交往中满意度逐步提升，并且依存性越来越强，此时就会进入第四个阶段，两个圆会更加深入地交合在一起，最后难舍难分，建立起良好且深入的交往。

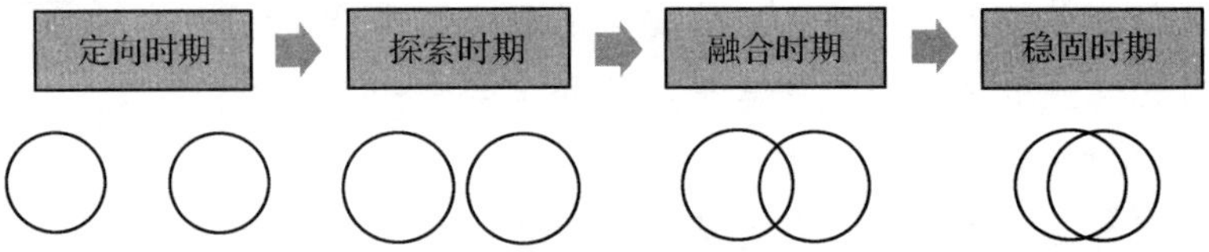

图 7-2　人际交往互动递增关系示意图

二、人际吸引的影响因素

人际吸引，也就是我们通常所说的“喜欢”，它是一种比亲近更深一层的亲和行为。具体地说，人际吸引是指在人际交往过程中形成的、以感情因素为主的、针对他人的一种特殊形式的社会态度。那么，影响人际吸引的特定因素有哪些呢？心理学家把它们归纳为：美感、邻近性、熟悉性、相似性、互补性和个性特征。

（一）美感

亚里士多德曾经说过，美丽比一封介绍信更具有推荐力。这里的“美丽”应该指的是外貌美。外貌美对人际交往所产生的力量是毋庸置疑的，尤其是和陌生人初次打交道时更是如此。虽然不少人对此颇感不平，甚至有说“人不可以貌相，海水不可斗量”。但外貌在人们初次交往时的作用是不可忽视的。所谓“爱美之心，人皆有之”，这也是人之常情。美貌之所以有吸引力，一方面是美丽的容貌能让人感到轻松愉快，构成一种精神奖赏。而且人们常常认为，同外貌美的人在一起，仿佛自己的身价也随之升高了。为了满足自己的虚荣心，人们不但愿意同外貌美的人接触，而且也会更喜欢他们。另一方面，美丽的容貌可以产生晕轮效应，即较好的外貌会使别人以为这个人还具备其他一系列较好的品质，实际上，并非一定如此。通常情况下，外貌总是有形无形地影响着人际交往。

外貌美固然重要，但它并不是美的全部，人的美除了外在美之外，还有更重要的内在美，气质美就是一种非常重要的内在美。一个人纵然外貌不佳，只要气质不凡，照样能使人为之倾倒。气质美可以弥补甚至取代外貌而在交往中占据主导地位。

（二）邻近性

人与人之间时空上的距离是影响人际交往的一个重要因素，时空距离越小，双方相互交往、接触的机会越多，彼此之间越容易接近，越容易熟悉并建立友谊和融洽的关系。另外，根据社会交换理论的解释，人们在互动中总是想用最小的代价换取最大的报酬。遵循付出的代价最小，所获得的酬赏会很多。与邻居闲谈，询问他如何搭乘公交到最近的超市不需要多大努力就可以实现；相反，相隔很远的人际关系需要较多的时间、计划和金钱来维持。如果好朋友搬到远方，他们通常发誓一定要定期保持联络，不过最后许多人发现这种定期联络往往是可怜的几张生日卡片或者偶尔的一两个电话。

当然，在接近-喜欢的联系中也有例外。如果一开始两个人之间就有矛盾和冲突的话，邻近性和更多的接触反而可能加剧彼此的厌恶感。

（三）熟悉性

在一个研究中，罗伯特·查容克（R. Zajonc）给被试者（大学生）看人像照片。一些面孔出现了25次，而其他的只出现了1次或2次。实验结果表明，每个人都喜欢他们看到次数最多的面孔。这是因为，交往越多，越容易形成共同的经验，有共同的话题和共同的感受等。当人们变得越来越熟悉彼此时，他们同时也更能预测对方的行为，这会便于彼此之间打交道，当他们在场的时候，我们就越来越感到舒适。不过，过多的接触也可以导致厌烦。能够获得最大化好感的接触可能有一个最佳水平，这个最佳水平的高低取决于具体的人和情境。

（四）相似性

我们倾向于喜欢在态度、兴趣、价值观、背景和人格上与我们相似的人，这种相似性效应体现在朋友间、约会和婚姻中，正应了那句古话，“物以类聚，人以群分”。人与人若对具体事物有相同或类似的态度，有共同的语言、共同的理想、信念和价值观，就容易产生共鸣、同情、理解、支持、信任、合作，从而形成密切的关系。相似性包括的范围很多，如年龄、教育、经历、态度、价值观等，其中态度是最重要的特征。

心理学家纽科姆（J. M. Newcomb）最早为相似性有助于建立并保持友谊提供了证明。他在密歇根大学附近租了一间很大的房子，并给男大学生提供免费住宿，条件则是参与他的研究：在搬进去前，填写一份关于他们态度和价值观的问卷。纽科姆控制了房间的分配，使得有些住在同一房间的人态度有些相近，有些则大大不同。在学期末，住在同屋且态度相近的人通常喜欢彼此，并且成为朋友，而那些住在一起却态度迥异的人则倾向于厌恶对方而不能成为朋友。

（五）互补性

互补是指在交往过程中，交往双方互相获得心理满足的心理状态。当双方的需要及对对方的期望正好成为互补时，就能形成强烈的吸引力，双方之间的喜欢程度也会大大增加。有些外向型的人愿意和内向型的人相处，而且能够互相欣赏；依赖性强的人愿意和独立性强的人相处。取长补短，就反映了人们有心理补偿的倾向。有研究发现，在恋爱与婚姻中，一个男性只要有地位，即使他不帅气也能吸引女性；而没有地位的女性只要长相好，她依然吸引男性。这也许与女性看重男性的事业是否成功，而男性往往看重女性的外表是否漂亮有关。这一效应反过来却不成立。

从表面上看，相似与互补是矛盾的，但实际上，二者是协同的。互补性产生的吸引往往建立在价值观及对重要问题的态度的相似性基础上。

（六）个性特征

心理学家的实证调查研究表明，有些特质受到普遍的赞许，排在最前面的是与信任相关的一些特质，包括真诚、诚实、忠诚、可靠，而排在最后面的包括不诚实和虚伪。此外，我们通常喜欢那些社交能力强、聪明和有才能的人。

表 7-1　各种人格品质受欢迎的程度

最积极的品质	中间品质	最消极的品质
真诚	固执	古怪
诚实	刻板	不友好
理解	大胆	敌意
忠诚	谨慎	饶舌
真实	易激动	自私
可靠	文静	粗鲁
智慧	冲动	自负
可信赖	好斗	贪婪
有思想	腼腆	不真诚
体贴	易动情	不善良
热情	羞怯	不可靠
善良	天真	不老实
友好	不明朗	虚伪
快乐	好动	令人讨厌
不自私	空想	冷酷
幽默	追求物欲	邪恶
负责	反叛	装假
开朗	孤独	说谎
信任	依赖别人	恶毒

三、人际交往中的心理学原理

社会心理学研究表明，在人际交往中对交往对象的认知、印象、态度及情感等，都直接影响到交往的正常进行。然而，由于种种原因，交往过程中的人际认知往往会出现这样或那样的心理偏差，科学地用好人际交往中的心理效应对我们很有意义。

（一）首因效应（又称第一印象）

首因，即最初的印象。在人际交往中，人们往往注意开始接触到的细节，如对方的表情、身材、容貌等，而对后来接触到的细节不太注意。这种由先前的信息而形成的最初的印象及其对后来信息的影响，就是首因效应，即我们常说的“先入为主”。第一印象赖以产生的信息是有限的，第一印象并非总是正确的，但通常是最鲜明、最牢固的，并且决定着今后双方交往的过程。

（二）近因效应（又称最后印象）

近因效应指的是最后的印象对人们认知具有的影响。最后留下的印象往往是最深刻的印象，这也就是心理学上所阐释的后摄作用。

首因效应与近因效应不是对立的，而是一个问题的两个方面。在我们的人际交往中，第一印象固然重要，但最后的印象也是不可忽视的。在对陌生人的认知中，首因效应比较明显，在对熟悉的人的认知中，近因效应比较明显。这就告诉我们，在与他人进行交往时，既要注意平时给对方留下的印象，也要注意给对方留下的第一印象和最后印象。

（三）光环效应（又称晕轮效应）

光环效应指的是在人际交往中，人们常因对方所具有的某个特性而泛化到其他相关的一系列特性上，从局部信息形成一个完整的印象，即根据最少量的情况对别人做出全面的结论。所谓“情人眼里出西施”，说的就是这种光环效应。

光环效应实际上是个人主观推断泛化的结果。在光环效应状态下，一个人的优点或缺点一旦变为光环被扩大，其优点或缺点也就隐退到光环的背后。如教师对学生智力的看法，很可能受学生本人相貌、举止、家庭背景及一些无关事项的影响。光环效应容易产生以偏概全的结果，这在人际交往中是比较常见的，也是我们应该尽量避免的。

（四）投射效应

投射效应是指在人际交往中，认知者形成对别人的印象时总是假设他人与自己有相同的倾向，即把自己的特性投射到其他人身上。如“以小人之心，度君子之腹”，反映的就是投射效应的一个侧面。又如，考试中想作弊的人总感到别人也在作弊，如自己不作弊就吃亏了，这都是投射效应在作怪，其目的是通过这种投射重新估价自己不称心的特性，以求得心理上的暂时平衡。

（五）刻板印象（又称定势效应）

刻板印象是认知者对于某一类事物或人物的一种比较固定、概括和笼统的看法。主要表现为，在人际交往的过程中，主观、机械地将交往对象归于某一类人，不管他是否表现出该类人的特征，都认为他是该类人的代表，进而把对该类人的评价强加于他。刻板印象作为一种固定化认识，虽然有助于对某一群体的概括了解，但也容易忽视差异性，造成“先入为主”的成见。如认为脾气暴躁的人一定是很顽固的，好脾气的人多半是没有主见的；又如年轻人总认为老年人墨守成规，缺乏进取心，老年人总觉得年轻人“嘴上无毛，办事不牢”。

（六）从众效应

一则笑话这样说道：一日闲逛街头，忽见一长队绵延，赶紧站到队后排队，唯恐错过什么购买紧缺必需品的机会。等到队伍拐过墙角，发现大家原来是排队上厕所，才不禁哑然失笑。这就是从众效应闹出的笑话。

从众指个人的观念与行为由于群体的引导或压力，而向与多数人一致的方向变化的现象。用通俗的话说，从众就是“随大流”，可以表现为在临时的特定情境中对占优势的行为方式的采纳，也可以表现为长期性的对占优势的观念与行为方式的接受。所谓“中国式过马路”“法不责众”，只要人多，哪怕明知闯红灯是错的，行人也照样凑满一堆人就一起走，这就是从众现象的反应。

第二节　人际交往能力的培养

人际关系状况是一个人心理健康水平的体现，人际交往能力是一个人能否有效适应社会的标志。大学生要想拥有健康的心理并能有效地适应社会，不仅要遵循一些人际沟通的基本原则，而且应该在把握人际交往规律的基础上，掌握成功沟通的若干技巧。

【自我探索 7-2】

信任之旅

目的：认识信任在人际交往中的意义，学习非言语交往技巧，体会助人与被助的快乐。

操作：

（1）按学号单、双数分组。每组派代表 1 人，抽签决定盲人和向导角色。

（2）扮演盲人的学生用眼罩蒙住眼睛，原地转 3 圈，暂时失去方向感。

（3）扮演向导的同学依次站在盲人的面前，教师发出开始的指令后，每位向导搀扶一位盲人，沿着选定的路线，带领“盲人”绕室内外活动。在此期间，“向导”不能暴露自己身份，不能讲话，只能用肢体语言帮助“盲人”，体验助人与被助的感觉。

（4）角色互换，最好换新同伴，重复上面的活动。

（5）分享：

① 作为“盲人”或“向导”，感受如何？

② 在带领“盲人”的过程中你是如何传达信息的？

③ 完成活动是否顺利？请找出原因。

（6）教师小结。

一、人际沟通的原则

人际沟通是社会中人与人之间的联系过程，即人与人之间通过各种观念、思想、兴趣、情绪、感情等形式传递信息，以沟通思想和交流情感的过程。它是一个交往双方相互影响、相互作用和协调操作的动态过程。人际沟通的效果直接影响到人与人交往的结果及关系的维系。

沟通的核心内容是信息交流，如果把人的观念、思想、感情等看作信息，人际沟通也就可以看作信息交流的过程。人际沟通有三个特点：其一，在人际沟通中，每一个个体都是积极的主体，交往双方都不能把对方客体化；其二，交往双方可以借助符号系统相互影响，以达到改变对方行为的目的，但这种符号必须具有共同性；其三，由于社会性和心理性的原因，人际沟通可能会产生一些特殊的沟通障碍。

通过考察我们发现，人际沟通的过程有着共同的规律，并形成了一般的模式(图7-3)。

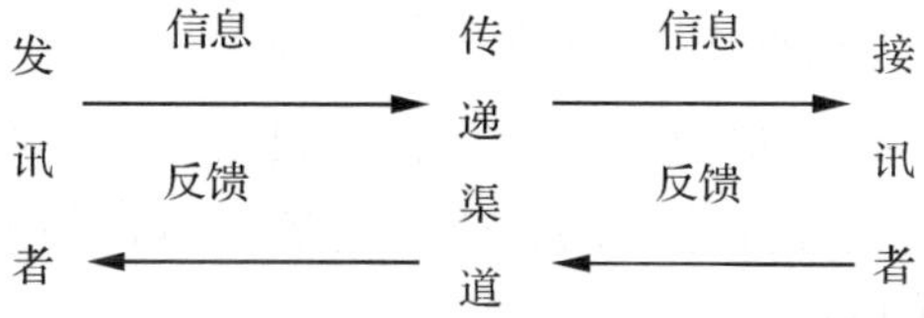

图7-3 人际沟通过程中一般信息沟通的模式

沟通的目的是要让对方明白你的想法或达成共识，心与心交流，走进对方心里才是真正的沟通。良好的沟通需要稳定的情绪和比较健康的心态及对于沟通对象的尊重，外加一定的技巧和手段，这些全部构成了沟通的四个原则。

（一）情绪中不沟通原则

人有两个大脑：不仅有理智的大脑，还有情感的大脑。我们每个人的观念和心态都是两者共同作用的结果。情感大脑和理智大脑各以其极不相同的认知方式密切合作，一方面，理性思维可以使我们的情绪得到更好的控制；但另一方面，情绪也具有干扰思维的强大功能。

情绪是沟通的大敌，尤其是那些强烈的负面情绪，如愤怒、羞愧、悲伤等。当被这些负性情绪裹挟的时候，人们往往很容易失去理性，不能客观分析事物，沟通往往出语伤人、口无遮拦，不仅直接导致沟通的失败，而且进一步影响人际关系，这就是所谓的“暴力沟通”。

为了避免这种“无效沟通”甚至“暴力沟通”，管理好我们自己的情绪，做到情绪中不沟通原则，是非常重要的。情绪中不沟通，至少可以让我们关切地倾听别人而不是被解读为批评或指责；同时，也让我们可以诚实地表达自己而不是一味地批评或指责别人。当我们感觉到自己有情绪的时候，不要急于表达，而应优先处理情绪。比如，让自己深呼吸调整一下状态，或者干脆先把事情放一放，离开这个让你情绪强烈的情境之后，再回来处理这个事情或做出一个决定，其成效要好得多。

（二）真诚沟通原则

马斯洛曾经说过：“当人际关系缺乏真诚的时候，就无可避免地会产生疾病。”真诚待人是人际沟通中最有价值、最重要的原则，以诚待人是人际交往得以延续和深化的保证。人与人之间以诚相待、实事求是，才能相互理解、接纳、信任，才能团结共处。

真诚沟通是指在人际交往中以真正的自我出现，不带任何面具，不做任何伪装，不把自己藏在专业角色后面，自然和谐。真诚沟通要做到：

一是言语真诚，即讲出的都是真的，但并不是真的都要完全讲出。

二是态度真诚，即流露出的表情、眼神及身体姿势等都是自发的自然表现，不是技巧或技术性的表现，也就是说，不能为了真诚而真诚。

三是情感真诚，即表达出来的情绪和情感状态是真实自然、恰如其分的，而不是夸大其词、矫揉造作的。

（三）尊重为先原则

古人云："敬人者，人恒敬之。"人本主义心理学家罗杰斯也认为，尊重是人性的普遍需要。尊重包括自尊和尊重他人两个方面。自尊就是在各种场合自重自爱，维护自己的人格；尊重他人就是尊重他人的人格、情感，承认他人的社会价值，只有这样才能保持人际交往的平等地位。

尊重他人是一个人对别人的态度，也是心理沟通的前提，是指在与人沟通时，不带任何功利目的，向对方传输温暖和表示接纳。

尊重他人，首先，要尊重朋友的人格和尊严。对朋友尊严有碍的话不说，有伤朋友感情的玩笑不开，有损朋友名誉的流言蜚语不传。其次，不拿朋友的生理缺陷开玩笑。尊重别人就一定要学会保护别人，不拿朋友的生理缺陷或先天不足取笑朋友，因为那样是极为卑劣的行为，也是不道德、没有修养的表现。最后，还要注意不要揭别人的伤疤和老底，要学会维护他人的自尊心。

真正的尊重应该是：虽然我不认同你的某个观点和行为，但我仍然尊重你这个人。

（四）共情（同感）原则

心理学大师卡尔·罗杰斯说过，体会来访者的内心世界，有如自己的内心世界一般，永远不能失掉"共情"这个特质。共情是沟通双方在平等关系基础之上的理解与共鸣，没有高低上下之分。

要做到共情，首先要放下自己的主观参照标准，站在对方的角度去感同身受；其次要进行有效的倾听，真正明白对方想要表达的内容；再次，还要努力去感受对方此时此刻的情绪状态，并试图理解它；最后，要通过语言把自己对对方的感受有效地反馈给对方。

共情所起的作用是：

首先，会使别人感到被理解，被接纳，从而产生信任，有助于良好人际关系的建立。

其次，使沟通者能够逐渐放下自己的心理防卫机制，愿意向对方更进一步地开放自己，进行深入的自我表达。

最后，共情的表达，促进了情绪的宣泄，有利于双方心灵的深度沟通。

真正的共情应该是：我可以不同意你的看法，但我仍然愿意与你感同身受。

二、人际沟通的技巧

卡内基在其名著《怎样赢得朋友，怎样影响别人》一书中，总结了在交往的过程中如何给人留下良好印象的途径，即真诚地对别人感兴趣，微笑，多提别人的名字，做一个耐心的倾听者，鼓励别人谈自己，谈别人感兴趣的话题，以真诚的方式让别人感到自己很重要，等等。以下，我们从六个方面具体地来谈谈人际沟通中运用的技巧。

（一）初识的技巧

良好第一印象的建立，首先靠的是外部特征，如长相、面部表情、身体姿态、言语、行为表现、衣着服饰等。首次相见，双方的注意力特别集中，记忆力也很强，将眼睛和耳朵都朝向对方捕捉对方身上发出的信息，并依此形成第一印象。因此，在人际交往中，应尽量使自己的仪表符合当时所扮演的角色，即在不同的场合，针对不同的人，伴以不同的表情、姿态、语调，该严肃时严肃，该放松时放松，衣着要干净整洁，这是获得对方好感、留下良好第一印象的有效方法。

（二）交谈的技巧

俗语说："一样话，十样说，一句话让人笑，一句话让人跳。"可见，交往中的同一句话，会由于语气、语调、面部表情和当时的情景不同而出现不同的含义。所以，交谈成功与否不仅取决于交谈的内容，而且取决于交谈的方式、方法。我们在与别人交谈时应掌握以下一些技巧：

第一，谈话的过程中，尽可能不要谈论对方的隐私和忌讳的话题。

第二，在有几个人一起交谈时，不要把注意力集中在一个人身上，要注意平衡。不要长时间盯着对方或审视对方，以免让对方感到不舒服。

第三，不要经常打断对方的谈话或抢接对方的话题。

第四，不要口若悬河、滔滔不绝、忽视对方的反应，也不要注意力不集中，经常让对方重复谈过的话题，或对对方的谈话表现出不耐烦。

第五，不要单方面突然结束交谈或强行把话题转移到自己感兴趣的方面去，也不要随便解释某种现象、妄下断语或不懂装懂，借以表现自己。

第六，谈话时尽量让对方先说，一来可以显示自己谦逊，二来借此机会来观察对方。

（三）倾听的技巧

倾听是一门重要的交往艺术，越是善于倾听他人意见的人，人际关系就越融洽，因为，倾听本身就等于告诉对方，你是一个值得我倾听你讲话的人，表现出对别人的尊重，无形中就会提高对方的自尊心，加深彼此的感情。在倾听对方讲话时应掌握以下技巧（图7-4）：

第一，精神要集中，表情要专注，经常与对方进行目光交流；

第二，要不停地赞许性地点头、微笑、做手势，或不时用"对""是这样"，以及重复一些你认为重要的话，这表示你在注意倾听，鼓励对方把话继续讲下去；

第三，在交谈中如有疑问，可以提出一些富有启发性或针对性的问题，对方会感到你对他的话很重视，有遇见知己的感觉。

图 7-4　倾听的姿势

（四）非言语的技巧

美国心理学家梅拉比安曾提出了这样一个公式：信息的全部表达 = 7% 的语调 + 38% 的声音 + 55% 的表情。这充分说明了非语言行为的状态作用。为了增进自己的人际交往，应注意以下非言语交往技巧：

第一，服饰技巧。服饰展示着一个人的形象和风度，因此，在人际交往中必须注意自己的服饰问题，服饰要整洁、得体，要体现出自己的个性，与自己的身份相符合，形成自己的人格风度。

第二，目光技巧。我们说“眼睛是心灵的窗户”，眼睛显示着心灵深处的信息。目光是人际交往中重要的信息来源，心理学家发现，在一般文化背景中，人们相互之间频频的目光对视是一种亲切交往，但其对象大多限于情侣和亲人之间。如果一般关系的异性敢于长时间地对视，则意味着彼此感情和关系的升级；在相互不太亲密的交往对象之间，直愣愣地盯着对方，往往是一种失礼的行为；而上下打量对方则是一种轻蔑和挑衅的表示；躲避别人的目光表示自卑；在对方瞪视之下垂下视线，则表示退让和服从；在遇到困难或感到恐惧时，以长时间凝视来向别人求援，往往会增加得到帮助的可能性。

第三，体态技巧。体态是一种无声的语言，它通过人的手势、身体的姿态等来传递信息，多方面反映他的内心世界；而一个人的面部表情更是人的内心状态的晴雨表，它是一个人情绪、态度和人格的外在表现。

【知识窗 7-2】

非言语信息及其含义

说话时捂上嘴（说话没把握或撒谎）；摇晃一只脚（厌烦）；
把铅笔等物放到嘴里（需要更多的信息、焦虑）；
没有眼神的沟通（试图隐瞒什么）；
脚置于朝着门的方向（准备离开）；擦鼻子（反对别人所说的话）；
揉眼睛或捏耳朵（疑惑）；触摸耳朵（准备打断别人）；
触摸喉部（需要加以重申）；紧握双手（焦虑）；
握紧拳头（意志坚决、愤怒）；手指头指着别人（谴责、惩戒）；
坐在椅子的边侧（随时准备行动）；坐在椅子上往下移（以示赞同）；
双臂交叉置于胸前（不乐意）；小腿在椅子上晃动（不在乎）；
衬衣纽扣松开，手臂和小腿均不交叉（开放）；背着身坐在椅子上（支配性）；
背着双手（优越感）；脚踝交叉（收回）；
搓手（有所期待）；手指叩击皮带或裤子（一切在握）；
无意识地清嗓子（担心、忧虑）；有意识地清嗓子（轻责、训诫）。

第四，距离技巧。心理学家通过观察和实验发现，人都有一个把自己围住的心理上的空间，一旦这个空间被人触犯，人就会感到不舒服或不安全，甚至愤怒。在人际交往中，人与人之间的距离往往表示特定的意思。

（1）亲密带（0～0.5 米）。在这种距离内，人们不仅靠语言，还通过视觉、听觉、触觉、嗅觉来传递信息，每个人都能感受到对方呼吸的快慢，皮肤的气味等。这样的距离往往限于贴心朋友、夫妻和情人之间，其他人如果插足这个空间，就会引起十分敏感的反应和冲突。

（2）个人距离带（0.5～1.25 米）。一般的亲密朋友是在 0.5～0.8 米的距离带交往，而普通朋友则在 0.8～1.25 米的距离交往。

（3）社会带（1.25～3.5 米）。在这种距离内的交往，彼此的关系不再是私人性质的，而是公开的社会交往，例如，在办公室里一起工作的同事总是保持这种距离进行交往。

（4）公共带（3.5～7.5 米）。这种距离常常用于非正式交往，人们之间极为生硬的谈话适合于这个距离。例如，上课、开会等。

在实际交往中，需要我们根据相互之间的关系、亲疏、远近，以及类型来调整与人交往的最佳空间距离，从而有助于增进人际交往。

（五）拒绝的技巧

中国的文化中有一种优良的传统，就是“好人”。在我们头脑中“好人”就是那种无怨无悔，从来不拒绝别人的人。很多人都认为，拒绝意味着对信任的打击。别人那么相信我们能帮助他们，而我们却这么无情地拒绝，是不是很过分？但问题的关键不在于拒绝与否，而是如何拒绝。不善于拒绝的人，不得不面对拒绝之后的较大损失。其实，拒绝也是有技巧的。

（1）谢绝法："对不起，谢谢，这样做可能不合适。"

（2）婉拒法："哦，是这样，可是我还没有想好，让我考虑一下再说吧。"

（3）不卑不亢法："哦，我明白了，可是你最好找对这件事更感兴趣的人。"

（4）幽默法："啊！对不起，我今天还有事，只能当逃兵了。"

（5）无言法：运用招手、摇头、耸肩、皱眉、转身等身体语言和否定的表情来表示拒绝的态度。

（6）缓冲法："哦，我再和朋友商量一下，你也再想一想，过几天再决定。"

（7）回避法："今天咱们先不谈这些，还是说一说你关心的另一件事吧。"

（8）以退为进法："抱歉，我真的帮不上你。"

（9）预测未来法："如果真让我去干这件事，就一定会把这事情搞糟的，或许他能行。"

（10）真情表露法："我真的很想帮你，但实在是心有余而力不足啊！"

（六）应对冲突的技巧

在人际交往的过程中，难免会遇见很多比较棘手的问题，甚至还会发生某些利益上的冲突。此时，为了平衡相互之间的利益，我们不得不冷静地面对交往中出现的问题。以下介绍几种应对冲突的技巧：

一是直言不讳。这是人际交往中的一个技巧，可以通过学习掌握。它可以让你表达自己的感情、思想和愿望，维护自己的合法权益，而不会去侵犯他人的权利。直言不讳可以提高你的自信，使你在很多场合都能够表达自己，而不是逆来顺受或好争斗。当然，也并不代表在任何情况下都能够直言不讳。

二是合理争吵。这是 Peter Wyden 和 George Bach 在《亲密冤家》（1969 年版）一书中提出的关系词语。他们将知己之间的口角描绘为一种为了共同解决问题而必然发生的、自然的、具有潜在好处的过程，并提出了使之保持合理及有效的方法。

【知识窗 7-3】

对合理争吵的建议

（1）一次只解决必须解决的一件事情。其他的事情一概不提，尤其不能旧账重翻。

（2）确定解决问题的时间。长时间地争吵而没有得到解决方法的时候，就要决定停止争吵。好的争吵会在很快的时间内得到解决争端的方式。如果到了约定时间而没有解决争端，就约定下次解决问题的时间。

（3）表达自己的情绪和感情，而不要别人为你承担责任。情绪都是自己产生的，没有人能够引起你的情绪，也没有人需要为你的情绪负责。你可以说"我很愤怒"，而不能说"你让我很愤怒"。

（4）提出解决方式并说明后果。说出你希望的解决方式、考虑的因素、利弊的平衡等。

（5）不让问题扩大。就算今天没有解决问题，那么回到原来的那种状态，等待另一个时间去解决。而如果因为没有解决问题而烦恼，或者因为烦恼而烦恼，那就没有必要了。

（6）效果导向而非结果导向。今天的争吵不一定会有一个满意的结果，但是彼此都在为这件事情做出努力，看到了解决的方向，这就是有效果了。

三是谈判。人人都得面临谈判，它不仅发生在国家的外交、政治领域，也和我们的工作、日常生活息息相关。今天你想晚上 11 点睡觉，可你的室友说要聊天到 12 点钟，你怎么办？上街购物，遇到需要压价的情形怎么办？这些都需要谈判。下面是一些有利于达成谈判目标的建议：

（1）找到双方需要谈判的问题，既节约谈判的时间和精力，也让谈判有更好的效率。

（2）挑明你的利益，甚至在某些情况下亮出你的底线，让别人了解你能做到的极限。

（3）善解人意，投其所好。比如，在谈判的地方，装饰上对方很喜欢的绿色，会发现谈判可以很轻松平和。

（4）坚持自己的原则。当触及你无法接受的底线时，你有权利去坚持。

第三节　大学生人际交往面面观

和谐的人际交往，犹如空气之于人、水之于鱼一般重要。大学生的心理健康在很大程度上取决于个体对人际关系的适应。良好的人际交往使人获得安全感、归属感，给人精神上的愉悦和满足，有益于身心健康；不良的人际交往使人感到焦虑，并且需要承受孤独与寂寞，不利于身心健康的发展。

然而，由于交往环境和对象发生了变化，大学阶段的人际交往远不同于中学时期。权威第三方教育咨询和评估机构麦可思公司联合腾讯网对大学生调查得出的结论是：进入大学后新生面临的所有问题中，人际交往问题排名第二。

一、大学生常见人际交往困扰

（一）舍友纠纷

大学生的寝室关系是时空充分接近的人际交往，也是纠纷、矛盾相对集中的人际交往。个体的行为习惯、人格特征在同室关系中彻底呈现出来，在这些方面存在较大差异的同学之间就不可避免地产生矛盾和紧张。除去睡眠时间之外，大学生每天在宿舍待5～7小时，与室友间的接触和交往比与其他任何人的时间都长。因此，与室友的关系融洽与否，直接决定了一天中的大多数时间里心情是否愉快。

【知识窗7-4】

宿舍关系面面观

宿舍里存在的主要问题有：

“猫头鹰”和“百灵鸟”——“猫头鹰”型是指晚睡晚起类型的舍友，他们喜欢夜里打游戏，语音聊天，点蜡烛看书，打电话，发微信等；“百灵鸟”型是指早睡早起的同学，比如每天早上睡不着很早起床洗漱，影响大家早上的睡眠，尤其让喜欢睡懒觉的舍友感觉不爽。

“邋遢大王”和“栗原太郎”——“邋遢大王”是指那些不讲卫生者，他们常常乱扔东西，从来不叠被子，床上又脏又乱，袜子穿完也不洗，踢了球一身臭汗也不洗澡，上厕所甚至常常忘记冲水，从不打扫寝室卫生，反而是垃圾制造者；“栗原太郎”是有洁癖者，他们不允许任何人碰自己的东西，每天要洗很多次手，每天都要洗衣服，觉得到处都是细菌。

“万人迷”和“无人理”——有一些同学是班级里的“爱情宠儿”“老师宠儿”“学习宠儿”，是学生中的焦点人物，有众多追求者，但也常是一些同学嫉妒的对象；也有一些同学长相平平、成绩平平，得不到大家的关注，从来没有人追求，这造成了某些室友的心理失衡，容易产生嫉妒、反感情绪。

“富二代”和“草根族”——大学生来自不同的地区，地域的差异可能带来贫富差距，这种“经济的不平等”导致的矛盾在大学生中也很普遍。有的学生家庭条件好，经常请客吃饭，买名牌衣服和化妆品，用高级电子产品；但是有的学生家境贫寒，节衣缩食，自己打工补贴生活费，可能还要申请助学贷款，如果处理不好他们之间的关系可能造成互相敌视。

“胶布人”和“独行侠”——有的同学无论室友当时是否愿意，都要拉上室友一起锻炼、上课、吃饭、娱乐等，过于亲密的交往使得室友失去了与别人交流的时间和空间，狭隘的人际交往让室友觉得空虚并对此人的“友好”烦恼不堪；还有的同学做什么事都独来独往，万事不求人，很难与他人建立亲密关系。

如果你遇到上面说到的这样的室友，你该如何调节与其相处的方法呢？

宿舍是大学生的“第一社会，第二家庭，第三课堂”，宿舍人际不良会严重影响身心健康，表现在三个方面：易使宿舍成员感到孤独；易造成心理障碍、产生心理疾病；易产生冲突甚至造成悲剧，著名的“马加爵事件”和“复旦大学投毒案”都是这方面的深刻教训。

（二）密友矛盾

现在的大学生常常把“闺蜜”二字挂在嘴上，这类人际关系超越了同学关系或同室关系，可以是同性朋友，也可以是异性朋友。但无论何种朋友，都要求是有共同志向、兴趣、爱好，关键时候可以提供更大、更切实帮助的个体。正如通常所理解的，密友关系是一种比较亲密的人际交往，密友对个体的影响可以超过家长或教师的作用。大学生往往存在理想化的朋友观念，认为朋友就应该是亲密无间、无话不谈的，绝对以双方的利益为重，这是人际期望的表现之一，也是自我同一性的表达。实际上，保持适度的时空距离有利于大学生朋友关系的巩固和发展。在时空过分接近的情况下，朋友之间如果过于亲密，也可能产生有害的人际交往，使个体失去人身自由和个性独立，形成无法摆脱的人际束缚和人际张力，这就是大学生密友之间常常闹矛盾的根源所在。一旦发现对方有什么事没告诉自己，就觉得不够朋友，甚至有被欺骗、受伤害之感。

（三）亲子代沟

造成代沟的主要原因是大学生与父母在思想观念、思维方式、生活方式及行为方式等方面存在明显差异（表7-2）。

表7-2　大学生与父辈的差异

比较表现	思想观念	思维方式	生活方式	行为方式
父母	较保守、重传统	习惯纵向比较、“以前如何”	朴素节约、重实用	尊重风俗、摆老资格
子女	较开放、讲时髦	喜欢横向比较、盲目攀比	追求享受、缺统筹	喜欢创新、个性鲜明

以上差异常常形成代际冲突，影响亲子之间的感情和谐，严重的甚至造成亲子之间的尖锐矛盾，进而影响到大学生的心理健康。

【自我探索7-3】

你的人际财富

（1）在白纸的中央画一个实心圆点代表自己。

（2）然后以这个实心圆点为中心，画三个半径不等的同心圆，代表三种人际财富或者人际圈。从同心圆内任意一点到中心的距离表示心理距离。将亲朋好友的名字写在图上，名字越靠近中心圆点，表明他/她与你的关系越亲密。

（3）写在最小同心圆内的属于你的“一级人际财富”。你们彼此相爱，你愿意让对方走进自己心灵的最深处，分享你内心的秘密、痛苦和快乐。这样的人际财富并不多，却是你最大的心灵慰藉，也是你生命中最重要的成长力量。

（4）写在第二大同心圆内的是你的“二级人际财富”。你们彼此关心，时常聚在一起聊天戏耍，一起分享快乐，一起努力奋斗。虽然你们之间有些秘密是无法分享的，但这类朋友让你时常感到人生的温馨。

（5）写在最大一个同心圆内的属于你的“三级人际财富”。这些朋友可以是平时见面打个招呼，但是需要帮助时也愿意尽力帮忙的朋友；也可以是曾经比较亲密但渐渐疏远，却仍然在你心中占有一席之地的朋友；还可以是平时难得见面，却不会忘记在逢年过节的时候问候一声的朋友。

(6) 同心圆外的空白处代表你的“潜在人际财富”。尽量搜索你的记忆系统，把那些虽然比较疏远但仍属于你的人际财富的人的名字写下来。

(四) 师生摩擦

师生关系是大学生人际交往的主要关系之一，是学校人际关系的中心。研究表明，良好的师生关系能提高教师的教育效果，有利于学生身心的健康发展；不良的师生关系则易导致教育上的失败。据调查，大学生喜欢的教师具有知识渊博、业务能力强、对待问题敢于发表独到见解、热情、平易近人、严格要求并关心学生、办事公正等个性特征。大学生期待教师的教育和帮助、关怀和热爱，并在此基础上建立起与教师纯真的感情。但是，大学阶段的师生关系与中小学时的不同，大学教师着重培养学生的系统学习能力、自立能力和独立思考能力，双方交往主要发生在课堂上，课下也多与专业学习有关。所以，尽管师生关系比较重要，然而相对于同学交往来说，大学生对老师在人际关系上没有更迫切的交往动机，因此，师生交往显得比较淡薄，相互沟通少，甚至容易造成关系紧张，主要表现为与年级老师、政治辅导员，或者任课老师之间的摩擦。“摩擦”的原因可能更多地与利益相关，涉及贫困助学名单、奖学金发放及各种奖项归属等，这些事因为都与大学生的在校学业、毕业择业休戚相关，常常容易引发师生摩擦，导致大学生产生诸如偏袒不公正、挟私报复等许多消极情绪体验，从而影响他们的心理健康。

(五) 网络困惑

任何事物都具有其两面性的特征，网络发展对大学生的人际交往而言，同样是一把“双刃剑”：它既给大学生的学习和生活带来积极影响，也可能造成大学生心理行为的失调，产生某些心理障碍。

据调查显示，大学生中认为网络可以满足其学习需要的占67.9%，认为网络可以扩大交往范围、填补心灵空虚的占51.7%，认为网络能促进自我意识发展，增强自尊、自信、成功感的占28.2%，认为网络能帮助认识自我社会角色，吸引其对社会认识的深入，改变社会责任的占22.6%。从以上数据来看，互联网对于改善人际关系是具有积极影响的。然而，另一组数据显示，浏览网上不健康的内容挤占了大学生大量的学习时间，其中浏览色情内容者占5.5%；体验到上网令自己成绩下降者占6.8%；虚拟世界淡化了现实生活中的人际关系，上网的自由性和随意性使部分大学生因迷恋网络而不能自拔者占4.2%；虚拟世界与个体的交互作用，使大学生忽略了规范，迷失了理想和价值追求，淡化了对社会责任感的占11.8%。这些数据说明，网络给大学生的人际交往带来的负面影响也是显而易见的。具体而言，这些负面影响有如下几种：

1. 人际情感疏远

人际情感是需要人与人之间的社会交往来维持的，而在网上交流时，人的言谈举止被转换成二进制的语言。在这种新的语境中，人的音容笑貌以数字化方式在屏幕上传播，缺乏现实情感体验，必然导致个体对现实情感的疏远，现实社会中亲朋好友的感情联系淡化。

2. 人际信任危机

网络社会的虚拟性使很多网民以游戏的心态进行网上交际，现实社会人际交往中的诚信制约机制因此而明显弱化，网上交往为虚假的甚至是带有欺骗性人际关系的出现提供了方便，从而造成人际信任危机。大学生往往会把这种网上人际信任危机迁移到现实社会：由于在网络交往中已经习惯于以虚假的身份和语言进行交往，所以在现实的人际交往中他们就可能会缺乏真诚性，从而影响到他们的现实人际交往态度。从心理方面分析，大学生网络成瘾、大学生网络情感心理问题及大学生网络人际交往问题等，往往导致大学生人际交往受阻，感情冷漠，虚拟世界与现实生活脱节。

3. 个体心灵封闭

一些大学生终日与电脑打交道，这虽然缩短了时空距离，却造成了大学生对近距离沟通的忽视，变得不在乎近在咫尺的亲情和友情，对他人总是表现出漠不关心的态度，迷恋于网络带给他们的快乐，把更多的时间和精力投入网络交往中。如果他们在现实生活中遇到挫折，更倾向于在信息网络中寻求安慰。网络可改变大学生的情感沟通方式，削弱其道德责任感，诱发冷淡、无情、自私的性格。美国的一项调查表明，每周上网一小时，会有40%的人孤独程度增加20%。因此，长时间与网络交往，会逐渐丧失与现实交往的技巧，容易造成人际情感的逐渐萎缩和淡化，使大学生趋向于社会分隔化和个人孤立化。

【自我探索7-4】

人际关系自测问卷

每一个问题后面，各有A、B、C三种答案，请你根据自己的真实情况选择其一。

(1) 在人际关系中，我的信条是（　）

A. 大多数人是善良的，可与之为友的；

B. 人群中有一半是狡诈的，一半是善良的，我将选择善良者交友；

C. 大多数人是狡诈虚伪的，不可与之为友的。

(2) 最近我新交了一批朋友，这是因为（　）

A. 我需要他们；　B. 他们喜欢我；　C. 我发现他们很有意思。

(3) 外出旅游时，我总是（　）

A. 很容易交上新朋友；

B. 喜欢一个人独处；

C. 想交朋友，但又感到很困难。

(4) 我已经约定要去看望一位朋友，但我因为太累而失约了。这种情况下，我感到（　）

A. 这是无所谓的，对方肯定会谅解的；
B. 有些不安，但又总是在自我安慰；
C. 很想了解对方是否对自己有不满意的情绪。
(5) 我结交朋友的时间，通常是　　( )
A. 数年开外；
B. 不一定，合得来的朋友能长久相处；
C. 时间不长，经常更换。
(6) 一位朋友告诉我一件极有趣的个人私事，我　　( )
A. 尽量为其保密，不对任何人讲；
B. 根本没有考虑过要继续扩大宣传此事；
C. 当朋友刚一离去，随即与他人议论此事。
(7) 当我遇到困难时，我　　( )
A. 通常是靠朋友去解决的；
B. 要找自己可信赖的朋友商量着办；
C. 不到万不得已时，绝不求人。
(8) 当朋友遇到困难，我觉得　　( )
A. 他们大多喜欢来找我帮助；
B. 只有那些与我关系密切的朋友才来找我商量；
C. 一般都不愿意来麻烦我。
(9) 我交朋友的一般途径是　　( )
A. 经过熟人的介绍；
B. 在各种社交场合；
C. 必须经过相当长的时间，并且还相当困难。
(10) 我认为选择的朋友其最重要的特质是　　( )
A. 具有能吸引我的才华；
B. 可信赖；
C. 对方对我感兴趣。
(11) 我给人的印象是　　( )
A. 经常会引人发笑；
B. 经常启发人们去思考问题；
C. 和我相处时别人会感到舒服。
(12) 在晚会上，如果有人提议让我表演或唱歌时，我　　( )
A. 婉言谢绝；　B. 欣然接受；　C. 直截了当地拒绝。
(13) 对于朋友的优缺点，我喜欢　　( )
A. 诚心诚意地当面赞扬他的优点；
B. 奉行诚实的原则，会对他提出批评意见；

C. 绝不奉承，也不批评。

(14) 我所结交的朋友 ( )

A. 只能是那些与我的利益密切相关的人；

B. 通常能和任何人相处；

C. 有时愿意同自己意气不相投的人和睦相处。

(15) 如果朋友们和我开玩笑（恶作剧），我总是 ( )

A. 和大家一起笑；

B. 很生气并有所表示；

C. 有时高兴，有时生气，依自己当时的情绪和情况而定。

(16) 当别人依赖于我的时候，我是这样想的 ( )

A. 我不在乎，但我自己喜欢独立于朋友之中；

B. 这很好，我喜欢别人依赖于我；

C. 要小心点，我愿意对一些事物的稳妥可靠持十分清晰的态度。

各题的记分标准如下：

(1) A3B2C1	(2) A1B2C3	(3) A3B2C1	(4) A1B3C1
(5) A3B2C1	(6) A2B3C1	(7) A1B2C3	(8) A3B2C1
(9) A2B3C1	(10) A3B2C1	(11) A2B1C3	(12) A2B3C1
(13) A3B1C2	(14) A1B3C2	(15) A3B1C2	(16) A2B3C1

根据你所选择的答案，找出相应的分数，将16个题目的得分累加起来，这个总分数值可以大致评定你的人际关系是否融洽：

38—48分，说明你的人际关系是很融洽的，在广泛的交往中很受众人喜欢。

28—37分，说明你的人际关系并不稳定，有相当数量的人不喜欢你。

16—27分，说明你的人际关系是不融洽的，你的交往圈子确实太小了。

二、大学生常见人际交往问题解析

人际认知反映的是个人对自己及自己的人际交往状况的了解程度，它是人际知觉的结果，是人际关系得以形成的理性条件。个体通过知觉了解他人与他人的关系、他人与自己的关系及他人对自己的反应。每个人只有形成了对自己人际关系客观、正确的了解，才能更好地认识自己，调节自己与他人的人际交往。在现实生活中，大学生常见的交往问题大多数是由于人际认知偏差所导致的（表7-3），主要表现为以下几个方面：

（一）过于理想化

大学生生活经历不足，缺乏对事物本质的把握能力，因此，他们对人际的认知过于理想化，易把理想和可能性当作现实，对人际交往的期望较高，用理想化的尺度来衡量现实。大学生在进入大学之前，对自己心中理想的大学充满了憧憬，当然也包括对大学里温馨、和谐的人际关系的憧憬。他们赋予大学人际关系以理想、完美的色彩。这使得他们对校园里人际关系的复杂性和多样性缺乏足够的心理准备，而大学生人际关系中又确实存在某些不足，因此，与同龄人相比，大学生对人际关系的满意度更低。有资料显示，有大约七成的大学生在不同程度上对自己的人际关系感到不满意，从具体分析来看，主要是因为其理想与现实不吻合而产生的失望。

（二）归因偏差

大学生在认识自己的人际关系，处理自己人际关系中的一些事情时，容易呈现出一定的归因偏差甚至错误。有调查发现，一些女生不敢与异性同学打招呼，归因于自己来自农村，长得不漂亮等；而一些学生将自己交往范围缩小，归因于对方考虑地位、家庭背景、利益等因素过多，而不是归因于自己没有主动与人交流，自己的兴趣爱好不够广泛等。另一项调查发现，大学生对自己人际关系总体归因偏向于内控性，但对人际交往失败的归因表现出外控倾向；文科学生较理科学生对人际关系的归因更为外控；大四学生在人际交往失败方面的归因与大一、大二的学生存在显著差异，更为外控。对自己的认知偏见和对他人的消极认识与评价，使许多大学生在自己的人际交往中产生嫉妒、自卑、猜疑、报复等不良心理，极大程度地局限了他们的人际交往，阻碍了他们人际关系的发展，也严重影响着他们的心理健康。

（三）自我中心

现在的大学生有一大部分仍然是独生子女（或者曾经是），他们在中小学时期往往是表现出色的好学生，已习惯接受别人的表扬和肯定。许多人进入大学后仍主观固执、自我意识强、自理能力差，考虑问题、处理事情往往以自我为中心。他们往往会过分关注自我，过分注重自我需要的满足，却忽略或否认他人的需要，并以自我需要展开人际活动，进而以此作为判断和评价人际关系的标准。他们不大注意了解他人的性格、爱好、生活习惯、思维方式等差异，缺乏宽容精神；他们认为好朋友就是和自己观点一致，处处维护自己利益的人，只要别人的思想和自己产生分歧，就把这些人视为“异己”，将其排斥在交际圈之外。调查结果显示，有26.21%的同学要求自己的朋友要100%地对自己好。如果朋友达不到这一要求，那么往往会由最初的亲密走向后来的分道扬镳。

（四）过分苛求

由于大学生的生理、心理还不够成熟，情绪化色彩重，生活经验也不丰富，他们在认知方面往往还存在绝对化、概括化的误区，即过分苛求自己和他人，追求完美；经常以一时一事评判自己或他人整个人乃至整个人生，缺乏辩证的弹性思维。在交往过程中，这种不全面的认知能力首先表现为从自己的心理出发认识和理解问题，缺乏对对方性格和心理的客观了解与理解，从而很容易产生误解和矛盾。

表 7-3　大学生人际交往常见问题类型及表现

人际交往问题类型	具体表现
不敢交往	与人交往时显得特别紧张，心跳气喘、面红耳赤、两眼不敢正视对方，与人交谈时显得语无伦次、词不达意，尤其恐惧人多的场合
不愿交往	认为自己不如别人，怕别人瞧不起自己。遇事总是回避退让，整日郁郁寡欢，缺乏与他人交往的愿望和兴趣，自我封闭、孤芳自赏或乖僻。但又特别敏感，心理承受力差，经不起任何刺激，独来独往
不善交往	不了解交往的一些知识、技巧，在交往中显得过于生硬、书生气十足，不注意交往中的“第一印象”，在劝说、批评、拒绝他人时不讲究艺术等，影响与他人进一步的交往
不易交往	不轻易相信别人，不轻易流露自己的真实思想，很难与他人推心置腹，对他人怀有很深的戒备心理
不利交往	不注意交往的原则，开玩笑不注意场合，不懂得给别人面子；或出言粗鲁伤了对方的自尊心；或不懂得尊重对方的风俗习惯；或不懂装懂、夸夸其谈
不懂交往	不懂得交往的关键在于平时的交往积累，总是自己有事求人时才“临时抱佛脚”

三、大学生良好人际关系的建立

一个想要在现代社会生活中有所作为的大学生，应努力培养自己交往的能力，掌握交往的主动权。为此，不仅要克服交往障碍，更要了解良好的人际交往原则，以及成功交往的技能与艺术。

（一）培养人际交往的意识

俗话说，“一个好汉三个帮”，好的人际关系可以使你获得更多的机会和帮助，因此人际交往能力是现代人不可缺少的素质。与人交往和相处的问题不是大学生独有的，但这个问题在大学生中的表现有特殊性。大学生的主要任务是为走向社会做职业前的专业基础准备，而人际交往能力的培养也是必要的准备之一。随着社会的发展，交往能力与人际关系已受到越来越多的大学生的重视。大学生要努力培养人际交往的意识，为将来走向社会、展现才能做好充分的准备。

（二）健全人际交往的模式

心理学家爱利克·伯奈依据人们对自己和他人采取的基本生活态度，提出了四种人际交往模式：“我不好，你好”；“我不好，你也不好”；“我好，你不好”；“我好，你也好”。

1. “我不好，你好”

对自己缺乏信心，认为别人都比自己强，于是形成自卑心理，甚至对社交恐惧。

2. “我不好，你也不好”

不喜欢自己，也不喜欢别人；否定自己，也否定他人。对他人怀有敌意，妒忌别人，陷入孤独、退缩、悲观、绝望之中。

3. “我好，你不好”

以自我为中心，狂妄自大，总认为自己是对的，而别人是错的。人际交往中将失败的责任推在他人身上，常导致固执己见，唯我独尊。

4. “我好，你也好”

自信、积极、乐观、进取，悦纳自己和接纳他人，是一种成熟、快乐、和谐、双赢的人际交往的心理模式。

很显然，良好的人际关系模式应该是第四种，即“我好，你也好”。

（三）遵循人际交往的原则

人的行为都是在一定的观念指导下进行的，积极、全面而良好的交往认知是健康交往的基础。为了使自己的交往行为引起交往对象的反应，引发积极的交往行为，在交往中应该遵循一定的原则，包括尊重原则、真诚原则、互利原则、宽容原则、理解原则、信用原则等。这些原则有的促进了彼此之间的了解，有的增强了双方的信任感，还有的真正做到了以对方为中心，创设一种尊重、包容、互惠互利的互动氛围和交往环境，有利于进一步的人际关系的发展。

（四）掌握人际交往的技巧

人际交往是一种能力，也是一种技术，可以通过学习与训练来培养和提高。建立良好的人际关系，还必须掌握一些人际交往的方法和技巧。

1. 保持友好的灵活性

当你与人们发生冲突时，其根源更多的是你的自我主义，而不是问题本身。要学会在生活中的大多数方面保持灵活变通，而不是争斗，这是极为关键的。实现目标的方法有很多，一条路不通，那就走另一条路。要把目标建立在“混凝土”上，而把计划建立在“砂子”上，这会帮助你更好地与他人相处。

2. 喜爱自己

心理学中称为悦纳自己。那些不喜爱自己的人，在与他人交往时的形象是不利于相互间的关系正常发展的。要能够充分地了解自己，了解自己的长处和短处，客观正确地分析自己，并愉悦地接受自己。不能自我悦纳的人常常搞不好与他人的关系。唯有喜爱自己的人，才善于与他人交往，别人也容易与之交往。我们要培养和增进喜爱自己的意识，客观地看待自己。

3. 培养幽默感

幽默使人放松，让人们解除戒心。当事情进展不顺利时，幽默感会降低打击的强度。过了某个阶段，你也可以大笑，这样做，会比为一些你不能控制的事情生气或担心好得多。

人际交往的方法和技巧很多，在具体实践中因人而异，下文罗列了更多种类，可供大家选择性使用。

【知识窗 7-5】

建立良好人际关系的若干种技巧

建立友谊，必须从友好开始，应用下面这些基本的技巧，你就能发展成功的人际关系，并在此过程中建立持久的友谊。

1．保持令人愉悦的声音

谁也不会认为自己讲话的声音过大，其实声音过大会让很多人感到厌烦。如果你希望人们对你做出热烈的反应，你就要让自己的声音听起来像“微笑”似的。无论他们能否看到你的表情，他们都会做出反应。

2．恰当地表达信念

你的个人信念可能会吸引一些人，但不能吸引所有的人。虽然我们希望我们的生活能反映我们的信仰，也乐意与那些想知道信仰是如何改变我们生活的人分享，但要恰当地表达信念。要学会温和地对待人们，千万不要粗鲁无礼，令人讨厌。要想影响人们，就要细心地对待他们，尊重他们，那样他们会更加尊重你。

3．做好准备

有时，你害怕约见别人，是因为你对情况毫无准备。大多数人都有过这样的经历。如果你没有准备好谈话或者紧张不安，你就很难与对方进行良好的沟通。做好准备是建立良好人际关系的一部分。

4．找到靠岸点

人们像岛屿，你则是一只绕着岛屿行驶、想找到一个港口停靠的小船。要想找到停靠的“港口”，就要找到人们的某个优点，把它作为切入点，这样你就与他产生共鸣。

5．站稳立场

虽然你要关心他人，但不能让他人控制你的生活。针对那些在生活中没有积极态度的人，关键时可以严肃指正。这样他可能会做出积极的改变。

6．专注于解决问题

人际关系出现了问题，你的目标就是解决问题，而不是赢得战争。每个人都有自尊，每个人都希望自己是正确的，这是人类的正常渴求。首先你必须问问自己：我想实现什么目的？换句话说，我必须做出什么改变才能让事情进展得更好？其次，尝试了解对方想要的是什么。最后，努力让双方的基本需求都得到满足。

7．采用“你能帮我吗?”的方法

当你觉得对方对你的计划不感兴趣时，你可以用“你能帮我吗?”的方式，把对方引入解决问题的思维中，这样你与对方之间就建立了心连心式的接触。这样不但提升了对方的价值，还能使对方马上做出反应。

8．真诚地表达赞美和欣赏

要慷慨地赞赏别人，不是虚伪地、操纵性地奉承，而是真诚地赞美和欣赏。每个人都有他的“发光点”。寻找对方的优点，然后大声赞赏。称赞作为一种美德，人们内心深处非常渴望，却很少品尝到。如果你愿意给予人们赞赏，他们就会喜欢你，他们将很难离开你，并期待再次与你相见。

9. 善于讲故事

世界上最好的沟通者都知道，让人们接受一些东西，最有力的方法就是讲故事。生活其实不是关于事实和数字的，而是关于人的，是关于人的感情、行为、决定和结果的。因此，要学会讲故事这门高超艺术，它会创造奇迹。

10. 巧妙地令别人觉得他重要

请记住，你越使人觉得他很重要，别人对你的回报就越多。比如：要学会聆听、赞许和恭维；尽可能经常无恶意且合法地使用他人的姓名和照片；在回答他人的话之前，请稍加停顿；多使用这些词“您”和“您的”；多肯定和关注交往对象。

（五）增强人际交往的合作

社会文明进步的特点之一是：人类在变得越来越强大的同时，也变得越来越孤独、脆弱。因此，现代社会人际交往面临一个共同课题——如何在剧烈的社会竞争中培养合作的品质。我们认为，增强人际交往中的合作精神，应该做到以下三点：

其一，要能够承认和尊重人与人之间的差异。不同个体之间由于各种原因，在能力、知识等方面可能存在不同程度的差异，作为合作者，必须承认这种差异，如果因为合作者某种能力不如自己就瞧不起、不尊重他，其结果是双方必将难以合作。

其二，要有宽容的处事态度，合作者之间也可能随时会发生一些不愉快的事情。因此，作为合作者，要有大将风度，不要斤斤计较，要能够宽容和原谅他人的过失。

其三，合作中要保持自己的独立性和特点。合作不是依赖，合作中只有具有自己的优势，才可能得到合作者的接纳，并能够利用自己的优势使对方得到竞争中不可能取得的成效。只有如此，才能使自己对合作者产生吸引力，使合作关系得到进一步加强和发展。

（六）调适人际交往的尺度

一般说来，有效的交往应该是适度的，即在人际交往中要把握好交往的方向、广度、深度、距离、频率等，盲目的交往是一种无效的交往，不可能产生任何实际意义。

首先，交往方向要正确。俗语说，“近朱者赤、近墨者黑”，交什么样的朋友，对我们今后的发展影响是非常大的，很多大学生就是因为交友不慎而误入歧途，毁了自己大好的前途。所以，我们在交往中的目的、方向一定要明确。

其次，交往广度要适当。一方面，我们不能陷入狭小的、只能与自己密切交往的交际圈；另一方面，也不是说我们追求的交际圈越大越好。如果人数太多、范围太大，必然会分散自己的精力，影响学习，结果是得不偿失。所以，我们交往的广度要适当。

再次，交往深度要适合。我们在人际交往的过程中，如何对待他人、如何选择交往对象、如何确定交往层次，是一个复杂的问题，我们应该认真加以选择，对于谁该深交、谁该浅交、谁该拒交要做到心中有数，不能混淆。古人云：“益考三友，友真、友淳、友多闻，益矣；友便辟、友善柔、友倾佞，损矣。”

最后，交往的频率、距离要适度。一般来说，在人际交往中，心理距离越近，表明相互之间的感情越深，交往的频率越高；心理距离越远，则表明相互之间的感情越浅，交往的频率越低。但是，接触的次数过多，有时又容易引发摩擦和冲突。所以，在人际交往中，我们要适度把握交往的心理距离，即使是再要好的朋友，交往也不是越近越亲密就越好。

【案例7-1】

我的友情为什么总是很短暂？

潇潇是一名大二的女生，19岁，最近为和一位朋友的关系所困扰。她越来越觉得该朋友对她不感兴趣，更愿意和别人在一起聊天。她也逐渐对该朋友挑剔起来，觉得这个人人品差，有很多毛病，要不是因为自己脾气好，才不会跟她交朋友。

在心理咨询的大部分时间里，潇潇都在抱怨该朋友对她的冷漠，她甚至怀疑朋友和她交往的动机不纯，只是想利用自己帮她办事。现在，她和该朋友的关系有点不冷不热。潇潇说，她在和别人交往时也有过几次类似的情况。刚开始时朋友和她关系很近，她经常帮助他们办事。但是后来，朋友和其他人好了以后，就逐渐冷落了她。潇潇强调，一旦意识到朋友要抛弃她时，她就会主动把朋友抛弃。因为她不能容忍被别人抛弃，认为那样是对自己的否定。

潇潇的家庭生活并不和谐，父母总是吵架。她虽然尽力调解父母的关系，但每次都不成功。上初中时，甚至有一次母亲还呵斥了她，这让她感到自己的渺小和不受重视，并在她的心里打下了深深的烙印，从此她对任何不受重视的事情都特别敏感。例如，已经认识的人再相见时，如果对方不记得她的名字，她就会觉得不受重视，进而否定这个人。

潇潇对自己的人际关系状况非常苦恼，不知道如何与同学发展并维持友谊，因而求助于心理咨询。

【案例分析】

（1）潇潇产生人际交往困惑的最根本的原因是偏低的自我评价。这种消极自我评价的外部表现就是对朋友的不信任和对某些细节的高度敏感，朋友可能的“不重视”的举动会让潇潇强烈感受到自己的无价值和不重要。

（2）潇潇偏低的自我评价是家庭环境的不和谐和不安全引起的。父母吵得最凶的时候正是潇潇建立自我概念的时期，也就是青春期阶段，而母亲对自己的否定加深了潇潇对自己的不确定，进而影响到她的人际交往。

（3）敏感多疑导致潇潇每次和朋友的友谊都不长久。在与朋友相处的过程中，潇潇很容易抓到一些朋友的“把柄”来证明朋友对她已经失去兴趣，因而往往不是去信任朋友或以包容的心态接纳朋友。

第八章

让爱情之花绽放

"关关雎鸠，在河之洲。窈窕淑女，君子好逑。参差荇菜，左右流之。窈窕淑女，寤寐求之。求之不得，寤寐思服。悠哉悠哉，辗转反侧。参差荇菜，左右采之。窈窕淑女，琴瑟友之。参差荇菜，左右芼之。窈窕淑女，钟鼓乐之。"中国古代第一部诗歌总集《诗经》开篇第一首，即为一篇吟咏爱情的诗歌。古往今来，无论是传奇神话，还是诗歌、散文，抑或是影视作品，总是离不开对爱情的描述，可以说，但凡有人类文明的地方，总是能瞥见爱情的身影。

就年轻的大学生来说，他们正处于成年早期，对爱情的魔力充满了憧憬，期待在青春的道路上邂逅一段美妙的爱情，在爱情的基础之上缔结一份美满的姻缘。恋爱、结婚、婚后适应与自我同一性确立、职业选择等一起构成了这一年龄阶段的主要发展任务。但爱情的路途上并非总是一帆风顺、美妙动人，有的时候也会充满艰难险阻、迂回曲折，甚至给爱情探索中的个体带来灭顶之灾。所以，收获爱情、守护爱情、恰当处理爱情与婚姻中的各种问题，是一项每个人都需要认真学习和养成的能力。

第一节 了解爱的内涵

一、爱情的心理学概念

对于爱情的定义有很多种，不同的个体会有不同的体验、认知和表达，不同的学科也会有基于学科角度的不一样的看法，甚至在同一学科中，也可能出现不一样的表达。因而对于爱情的定义并没有唯一确定的概念。就心理学学科来讲，通常会认为爱情是人际吸引中最强烈的一种形式。主要是指身心成熟到一定程度的个体基于客观物质基础和共同生活理想，以互爱为前提，渴望对方成为自己终身伴侣的最强烈、稳定、专一的感情。

二、爱情的发生和属性

爱情的发生既有生理因素又有社会因素。

首先，爱情必须是个体生理成熟到一定程度之后才会发生的。随着男女两性第一和第二性征的发育成熟，性激素水平快速提高，个体的内心萌生出对异性的好奇和向往，开始产生出对异性的关注和好感。在这样的基础之上，碰到合适的对象和土壤，爱情就会萌发，所以，爱情具备生理属性。恋爱的双方会产生强烈的吸引，表现在陷入热恋中的个体会情不自禁地产生亲密的言行举止。这是爱情的自然属性性爱产生的基础，因此，爱情必然包含性爱的成分，并非纯粹的精神依恋。

其次，爱情的产生还必须具有社会因素。这里的社会因素主要指精神或者心理层面的因素。比如，我们总是容易对自己觉得好看、养眼的个体产生好感，进而有可能发展成爱情，“好看”“养眼”涉及个体的审美情感，而审美情感显而易见属于精神层面的因素。除此之外，爱情的产生还需要双方在进一步的交往过程中互相了解，要看一看两个人是否“谈得来”，兴趣爱好如何，三观是否一致等。在现实生活中总会存在这样的情况，两个人“郎才女貌”“金童玉女”，大家觉得非常般配，应该可以很好地相爱，但随着两个人交往的深入，一方对另一方的感觉发生了很大变化甚至觉得非常失望，最后因为“性格不合”而分道扬镳。在这样的过程中，常常是因为双方在精神层面不能很好地匹配，因此不能收获美妙的爱情。所以大学生们如果想要得到美满的爱情，仅有觉得对方“英俊不凡”或者“美丽动人”的审美情感显然是不够的，甚至有“细致浪漫”“温柔体贴”个性特质也还是不够，美妙的爱情，还需要双方有更深层面的包括人生观、世界观、价值观在内的深层心理因素的契合，这些也正是爱情必须具备的另一个属性：社会属性。爱情的社会属性包含了丰富的内容，其中最核心的是理想和责任。

在生理和社会这两大属性中，社会属性是更为本质的属性。爱情诚然具备以性爱为主要成分的自然属性，但只有性的部分不足以构成爱情。爱情之所以具有巨大的力量，可以使人生、使人死，可以让人升华成圣人，也可以让人堕落成恶魔，即在于爱情的社会属性。比如面对美色的诱惑，就人的本能来讲是倾向于含笑接纳，但如果个体想要坚守对所爱之人的忠贞，就可以违背人的自然本能，像柳下惠一样面对美色坐怀不乱，这样爱情就有了被歌颂和憧憬的理由。更遑论因为爱情的存在，即便面临疾病和死亡，相爱的两个人都可以无所畏惧、不离不弃。这些表现，显然违背了人类趋利避害的本能。但如果爱情不具备这些特质，就缺少了打动人心、引人不懈探寻的魔力。可以这么说，正是因为具备了丰富的社会精神属性，爱情这种情感从自然界其他动物都具备的本能的、低级的情感中脱离出来，成为高级而独特的情感，为人类所憧憬和追寻。

三、爱情的要素

【案例8-1】

小迪有一位男性好朋友，居住在另外一个城市，他俩相识有5年了，经常通电话，彼此攀谈，小迪对他很有好感，但不知男孩子是什么想法。最近，这个男孩到小迪上学的城市工作了，小迪非常高兴，心想他俩的关系一定会有新的发展。他们很快就在餐厅见面，一起吃饭和聊天，而且在用餐的时候，男孩还不断地赞美小迪“你最近气色很好”“今天的衣服很配你”。小迪就把这类夸奖当成了打情骂俏，心里暗暗自喜。在这一次就餐结束时，他俩都说要再见面。可是两个星期过去了，这个男孩也没有给小迪打电话。小迪不解地问心理咨询老师应不应该给男孩打电话，他也许对这种从友谊到爱情的转变有些紧张，她很想知道，要不要给男孩一些鼓励，让他能快些表明自己的态度。

在上述案例中，小迪对男孩已经有了超出普通异性朋友的好感，因此也希望男孩子以同样的感情回应自己，在这种期待之下，小迪把两个人之间的交流与分享的亲密感觉当成了爱情。那么实际上是否如此呢？也许有这样的可能——男孩也对小迪有类似的感受。但更大可能是小迪误解了男孩，男孩并没有想和小迪发展成恋人的想法，或者说，男孩其实并没有爱上小迪。因为一个男性一旦爱上了某个女性，那么，不管这个男性是内向还是外向，或者有怎样的顾虑，爱情中的激情成分都会使得坠入情网的个体控制不住地想要与喜爱的对象相见、相处，而不会像案例中相识 5 年只有亲密，约饭后两周都可以杳无音信。

那么，爱情到底是怎样的一种情感？它包含哪些必需的要素？下面，我们要跟大家介绍美国心理学家罗伯特·斯滕伯格的爱情三因素理论（图 8-1）。

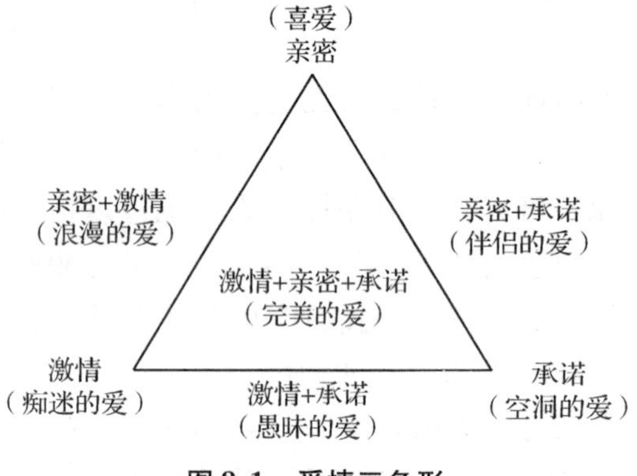

图 8-1　爱情三角形

斯滕伯格认为，在爱情的过程中，我们可以发现激情、亲密和承诺三种基本因素，但这三种因素并非在所有的两性情感中都会具备。我们可以根据两性情感中具备了哪些基本要素及具备的程度将两性情感划分成以下几种：

1. 普通关系

一般来讲，如果激情、亲密和承诺这三种因素一种都不具备，那么很显然两人之间是非常普通的关系。

2. 喜欢

如果两性情感中只有亲密，那么这是喜欢，并非爱情。比如上述小迪的案例即可归于这一类。

3. 迷恋

如果只有激情，那么就属于迷恋。很多“一夜情”就属于这一类，一些铁粉追星族对于偶像的情感也可以归于这种类型。

4. 空洞的爱

如果单有承诺，斯滕伯格将之称为空洞的爱。这种关系里两个人既没有温暖也没有热情，只有责任和义务。过去的包办婚姻中有不少属于这样的类型；现代社会中，一些“剩男剩女”为了结婚而结婚，往往也属于这种类型，但很少有人可以在这样的婚姻中过完一生，它容易导致出轨、离婚等结局。

5. 浪漫的爱

三因素中如果具备激情和亲密，我们称之为浪漫的爱。很多大学生的恋情常常属于这种类型。但如果不具备承诺，没有共同的理想，不能为了共同的将来而一起努力，就很难面对和处理实际生活中的各种问题，一些大学生情侣把毕业季当成“分手季”，其原因往往就在于此。

6. 愚昧的爱

愚昧的爱是具备激情和承诺却缺乏亲密的情感。这种情感会让个体非常冲动和盲目，经常容易不顾一切，造成消极的后果。

7. 伴侣的爱

缺少激情，但具备亲密和承诺的情感被称作伴侣的爱。这样的情感在婚姻生活中还比较常见。有一些是两个人一开始就缺少激情，但亲密和承诺也足以支持双方在没有更好的选择前走进婚姻的殿堂；还有一些则是随着时间的推移，激情的成分褪去，双方又不进行经营和悉心维护，只剩下亲密和承诺，“爱情最终会走向亲情”大概就阐述了这样的过程。实际上，激情是非常强烈的一种情绪感受，“一日不见，如隔三秋”的说法就源于此，它常常与两性之间的性的吸引有一定的关联，但也正因为激情的强烈，所以这一情感过程也更容易消退。激情固然会渐渐消退，但激情也是可以不断制造的，所以爱情到最后应该包含亲情，但不止于亲情。

8. 完满的爱

斯滕伯格认为，完满的爱情应该是激情、亲密和承诺这三种因素都具备的。这种爱情，也是大家期待和追求的，其产生，也许不那么可控，但它的维护，是可以通过学习而具备相应的能力的。

在上述案例中，对照斯滕伯格的三因素理论，我们就能发现，小迪和男孩之间只有亲密，缺乏激情和承诺，不足以构成真正的爱情。

现实生活中，爱情的体验是丰富多变的，会以各种方式呈现出来。斯滕伯格的三因素理论并不能涵盖爱情的全部，或者简单地代表所有的爱情，但这一理论给了我们一个非常有用的框架，既可以引领我们更深入地探索爱情的话题，又可以让我们多了一个在现实生活中明确自己的情感、发展两性爱情的有效工具。

四、爱情的特性

（一）互爱性

首先，爱情应该是互相的，不管爱情的到来在两个人之间是同时的还是有时间上的先后次序，它都必须以同质的情感存在于两个人之间。“落花有意，流水无情”的情感，不属于爱情的范畴。

【案例8-2】

林徽因是民国时著名的才女加美女，一生得到了好几位男性的倾心爱慕。她的丈夫梁思成是梁启超之子，是著名的建筑师，两人一生志趣相投，携手共进。此外，大诗人徐志摩和哲学家金岳霖都非常爱慕林徽因。尤其是金岳霖，据传为了林徽因一生未娶，还长期跟梁思成、林徽因比邻而居，林徽因和梁思成吵架了，会找金岳霖进行理性的分析。

汪曾祺在他的《金岳霖先生》一文中讲道：林徽因死后，有一年，金岳霖先生在北京饭店请了一次客，老朋友收到通知，都纳闷：老金为什么请客？到了之后，金先生才宣布：“今天是徽因的生日。”

陈宇在他的《金岳霖暮年重谈林徽因》一文中提到，他们一行人在金岳霖先生晚年时曾经去拜访他，问及林徽因时是这样的：陈钟英先生趁机凑近他耳边问，可否请他为文集写篇东西附于书中。然而，金岳霖金口迟迟不开。等待着，等待着，时间一秒一秒地过去了，我担心地看着录音磁带一圈又一圈地空转过去。我无法讲清当时他的表情，只能感觉到，半个世纪的情感风云在他脸上急剧蒸腾翻滚。终于，他一字一顿、毫不含糊地告诉我们：“我所有的话，都应该同她自己说，我不能说。”他停了一下，显得更加神圣与庄重，“我没有机会同她自己说的话，我不愿意说，也不愿意有这种话。”他说完，闭上眼，垂下了头，沉默了。

看了这样的案例，可能很多人会非常羡慕林徽因，觉得能得到这样一份感情真是三生有幸。问题是，金岳霖和林徽因之间有爱情吗？如果我们理解了爱情的互爱性，我们就知道，哪怕金岳霖终身未娶，对林徽因一生思慕，他们之间充其量也只能算作金岳霖的单相思，因为林徽因并没有在这段关系中给予同质的情感。爱情是发生在两个人之间的一段关系、一份情感，正如爱情的定义中所要求的，必须以互爱为前提，否则不能称为爱情。

（二）专一性

【案例8-3】

胡兰成和张爱玲曾经有过一段“倾城之恋”。胡兰成在任汪伪政府宣传部常务副部长时与张爱玲相识的。当时，胡兰成偶然读到了张爱玲所写的小说《封锁》，对张爱玲大为欣赏，想尽一切办法通过苏青见到了张爱玲。在后续的交往过程中，两人相谈甚欢、惺惺相惜。张爱玲在送给胡兰成的一张照片的背后写道：见了他，她变得很低很低，低到尘埃里，但她心里是欢喜的，从尘埃里开出花来。因为胡兰成大了张爱玲十几岁，而且胡兰成的政治地位是汉奸，当时还有妻室，所以当两人相恋之后，世人都觉得有些不可思议，纷纷为张爱玲惋惜。但张爱玲不这么认为，一心一意爱着胡兰成。两人后来还在张爱玲好友炎樱的见证下结为夫妻。后来胡兰成在汪伪政府倒台后的逃难过程中分别与护士周训德、好友庶母范秀美同居。在这一过程中，张爱玲虽然受尽煎熬，但还是用自己的稿费接济胡兰成。直到后来胡兰成脱离险境，在一所中学有了安稳的教书工作，张爱玲才选择寄去诀别信，随信还附上了自己的30万元稿费。自此以后，张胡两人的传奇之恋，就以这样心酸的结局谢幕。

张爱玲可以不在乎胡兰成的年龄，不在乎胡兰成的“汉奸”身份，不在乎他在他俩遇见之前已有妻子的事实，也不在乎世人的议论纷纭，但她无法不在乎胡兰成与她建立爱情关系之后的朝三暮四、三心二意。可以说，恰恰是因为胡兰成无法在爱情中坚守专一、忠诚，使得张爱玲竭尽全力后心灰意冷，导致这段惊世骇俗的爱情最终烟消云散，让人唏嘘不已。

爱情的专一性也可以称作“排他性”，体现在同一时间段中爱情只能给予同一个人。也就是说，当一方和另一方建立了爱情关系之后，就不能与第三方保持暧昧的关系，更不可能同时建立第二段爱情关系。这一方面是爱情中的道德要求，另一方面也是爱情本身的特质所要求的。“愿得一心人，白首不相离”是无数个体在爱情中永恒的期待。进入爱情关系的双方会在心灵层面与生理层面进行深度地袒露和结合，具有很强的依赖性和隐私性，所以不能允许第三方的存在，否则会给彼此都带来极其巨大的伤害。爱情的这一特性，是其他任何人际关系都不具备的。

但在谈及爱情的专一性时，要注意两个方面。第一，专一性并不意味着一个人一辈子只能与一个人建立爱情关系。这里的专一性，指的是在同一时间段中，不可能同时爱上两个人。第二，不要将爱情中的不信任、过度控制和占有当作爱情的专一性。比如，在爱情关系中，有些个体因为对恋人缺乏信任，限制恋人跟任何异性进行交往，甚至偷偷检查手机、暗地里跟踪察看等，这些行为，看起来好像是因为实在太在乎恋人，是为了对双方情感进行保护，但实际上是个体在亲密关系中极度不安全感的投射，或者是对另一方强烈控制欲的表现。这样不信任的行径，其结果常常会适得其反，容易让彼此已建立起来的情感遭遇危机。

（三）无私性

爱情的无私性表现为进入爱情中的两个人能为对方着想、付出，双方之间情感真挚，没有彼此的算计、筹谋；无私性还表现在爱情双方选择在一起是因为对彼此的爱而非因为包括提高社会地位、改善经济状况等在内的其他因素。在现实生活中，我们绝对不能将爱情和婚姻当作获得一些世俗利益的手段，否则，在给爱情带来玷污的同时，往往也会给双方带来伤害。

通常，建立爱情关系的双方会愿意更多地考虑对方的感受和想法，包容、体贴、奉献在爱情的无私性中得到了很好的体现，甚至有些个体能够为对方做出对自己都做不到的事情。“悲伤着你的悲伤，幸福着你的幸福”是爱情无私性的体现，“愿意舍得让你往更多幸福的地方飞去”也是爱情无私性的体现……但同时要注意的是，爱情的无私性并非要求爱情的双方融为一体、模糊掉彼此自我的界限，或者完全丧失自我、唯对方马首是瞻，这种过分卑微或者共生的现象也会给爱情带来伤害。

有时候，在无私性中我们也会发现自私的身影。举例来说，当代一些影视作品中的“霸道总裁”形象很受一些女性的钟爱。这种“霸道”，看上去处处透露出“你是我的，只能是我的，全部都是我的，永远都是我的”的宣言，但很显然爱情不能仅仅是所谓大男子主义或者唯我独尊的“霸道”，必须同时结合将心爱的女子时刻放在心中、一心一意呵护、不准别人欺辱或觊觎，全心全意为她遮风挡雨，考虑她的难处和感受的“无私”以及“无畏”。所以，这种形象就是无私性和自私性的统一，某种程度上说，也是无私性和上述排他性的统一。

第二节　提升爱的能力

尽管我们理解爱情，也憧憬爱情，但如果不具备爱的能力，就不能真正享受爱情的美好与甜蜜。对于大学生来说更是如此。大学生正处在人生中最流光溢彩的青春时光，正是邂逅爱情的最佳时候，但如果不能懂得爱情对于大学生的意义，不能在对恋爱问题的恰当处理中提升爱的能力，不仅会与美丽的爱情擦肩而过，甚至会在其中受到极大的打击和伤害。那么，爱情到底有怎样的价值呢？我们又如何提升自己爱的能力呢？

一、爱情对大学生的作用

（一）满足大学生的心理需求

大学生在青少年时期萌发出对异性的好奇，到了成年早期阶段逐渐发展成为一种强烈的愿望，这种愿望会以对爱情的憧憬和需求体现出来。所以，进入大学之后，绝大部分学生都期待邂逅和经营一份真挚的爱情。在这样的过程中，我们的情感会找到归宿，孤独感会减弱，幸福感也会增强。也许第一次，我们更深刻、更全面地理解了爱与被爱的内涵。

此外，许多心理学研究都发现，恋爱可以使双方心情愉悦、容光焕发、自信向上。所以当我们发现一位女性最近突然变漂亮了或者一位男性骤然变得精神抖擞了，我们常常会认为出现这种变化是因为他们恋爱了。当然，反之，如果失恋、离婚或丧偶的话，则会让个体郁郁寡欢、失魂落魄乃至于出现免疫力降低的情况。所以有一些大学生在遭受失恋打击后往往会大病一场。这些，都是爱情对个体内心需要的满足与否在个体外在言行举止上的表现。

（二）有助于大学生的自我发展

爱情关系是一段非常亲密深入的关系，在这一过程中，进入爱情的双方都会以最坦诚的方式面对彼此。在这段关系中个体非常容易展现其性格与品德的各个方面，无论是优点还是缺点、长处还是短处，甚至是人性中非常阴暗的一面。我们会在这样的关系中看到自己，也会为了维系这段美妙的关系而不断完善自我。同样，我们会在这段关系中碰到各种各样的问题，而正是对这些问题的处理，让我们变得更加成熟和完善。我们从中学会了倾听对方的需求和建议，进行及时而有效的沟通，学会解决冲突和矛盾，学会克服嫉妒和自私，学会包容和有耐心……正如法国文学家莫里哀所言："恋爱是一所学校，教我们重新做人。"

此外，在我们的生命周期中，大学阶段属于成年早期，是我们自我意识高度发展的时期，也是我们自我同一性确立的关键时刻。在这一阶段，我们会通过他人对自己的态度、评价来认识并确认自我的存在价值，此刻，来自某位异性的全身心的接受、欣赏、喜爱和交托，对于这样的认识与确认而言是多么的积极和重要！可以不夸张地说，有时候，一段好的爱情关系，甚至可以对一个个体的自我体认起到一种颠覆性的影响。

当然，说到这里，我们还必须强调一点，得到一段好的爱情关系对个体的自我发展有多大的积极作用，也就意味着失去这段关系或者进入一段糟糕的爱情关系会对个体的发展带来多大的消极作用。因此，每一位青年大学生，无论是在校园里，还是走上工作岗位，都要慎重地选择爱情、发展爱情，并积极地培养爱的能力，完善自我。

（三）对大学生有巨大的激励作用

【案例8-4】

小来和小洋是一对大学恋人。因为两个人的家庭家境比较悬殊（小洋家在经济相对发达的区域，家庭比较富裕；而小来家则在偏僻山区，家境穷困），小洋父母不同意女儿跟小来发展恋爱关系，拒绝在毕业之前见一见小来。为了能够跟心爱的小洋在一起，小来决定报考国内一流大学的硕士研究生，以便将来可以找到一份很好的工作，让小洋的父母放心地将女儿交给自己。报考硕士对小来而言是一件很不容易的事，因为从小没有接受到很好的教育，小来的英语非常差，大学英语四级都没有通过。为了顺利通过硕士英语考试，小来奋发图强，使出了自己体内的"洪荒之力"，居然以高分通过硕士英语考试，并以专业第一名的好成绩被录取。喜讯传来，小洋的父母也很感慨小来对女儿的深情和执着，主动提出"把这小伙子带回来见见"，经过考察，小洋父母认为小来是个不可多得的好小伙子，最终同意了两人确立恋爱关系。

在上述案例中，如果没有与小洋的爱情，小来会在毕业之后回到家乡所在省份找一份工作进行发展，很难发挥出自身的潜能从而最终改变自己的命运，也难以为自己和小洋的爱情赢得将来。

当邂逅了真正的爱情之后，个体往往会感受到巨大的幸运感、满足感和幸福感，这些感受会激发起个体的内在动力：我一定要越来越好，让自己匹配这份幸运！我一定要不断努力，让我们的爱情有将来！我一定要做得更好，让我的爱人更幸福！所以有时候爱情仿佛自带奇异的魔力，让个体因为快乐和满足而信心满满、能量充沛、斗志昂扬。如果有一天你看见一个喊了多年减肥但一直没减成功的女孩突然变得苗条且神采奕奕，你基本可以猜测她也许是恋爱了。很多进入爱情关系中的个体都愿意让对方因为自己的存在而更加快乐，也有强大的意愿为了将来两个人能更好地在一起而努力，所以他们会为了更好地满足恋人的期待、会为了两个人爱情的持久而努力，这就激励他们在客观上不断完善自己、发展自己，以使自己具备更好的品性、更健全的人格、更强大的力量。

（四）爱情关系是建立美满家庭的基础和前提

几乎对所有人而言，美满的家庭和成功的事业都是人生幸福至关重要的两个方面。大学生们在校期间除了通过学习获得知识、培养能力，让自己为将来走进社会可以获得一席之地进行努力之外，也应当为未来缔结婚姻、过美满的家庭生活做准备。

获得美满婚姻与家庭的前提是男女双方彼此之间拥有真挚深厚的感情。一对恩爱幸福的夫妻，不是没有争吵、误解的夫妻，也不是永远不会产生问题的夫妻，而是愿意去经营好彼此的关系、具备问题处理能力的夫妻。处理问题的能力是可以通过培养和训练得到提升的，但两个人是否愿意共同面对问题、经营关系并坚持在一起的意愿，是无法通过培训获得，这种意愿在很大程度上取决于两个人感情基础的深厚与否。一般来讲，拥有真挚、深厚爱情基础的情侣和夫妻更珍惜彼此的关系，在碰到问题时不会轻易放弃，他们会倾向于更多地面对和处理问题以让彼此的关系得以持续，因而也更容易彼此协调、包容和改变，客观上促进了相互间消除误解、解决问题和建立健康稳固关系。

所以说，深厚真挚的爱情是缔结美满婚姻家庭的基础和前提，它能大大提升夫妻和家庭抗风险的能力。

二、在问题处理中提升爱的能力

（一）谈好异地恋

当代大学生中，异地恋是比较普遍的。有的学生与自己的高中同学建立了恋爱关系，还有一些学生通过互联网的媒介将两颗心联结在了一起……这些，都不可避免地导致了异地恋的发生。

异地恋往往比同城恋爱更艰难一些，容易出现下面的问题：

首先，最容易出现的是信任问题。大学生活丰富多彩，是大量适龄青年男女聚集之地，大家有很多机会相识、相交、相知，而异地恋双方因为分隔两地，无法经常见到对方，很难及时知道对方的近况，免不了要在思念中进行想象：他（她）在干什么呢？想我了吗？他（她）此刻跟谁在一起呢？他们会怎么样呢……更何况进入爱情关系的双方会有独占性，本身就比较容易嫉妒和猜疑，尤其是在爱情还未进入平稳期之前。这些都为异地恋中的双方建立信任带来了困难。

其次，思念是异地恋中经常出现的一种感受，对这一感受的处理并不容易。大学生的恋爱往往是热烈的，希望彼此能经常互相陪伴和相处，但相隔两地又使得这种陪伴和相亲相爱不容易做到，所以异地恋的双方常常要通过电话、网络互诉衷肠，或者要通过各种交通工具才能相聚，这对于陷入热恋中的青年男女来说真的是一件很痛苦的事情。有些个体会觉得经常这样思念非常难熬。

再次，因为不能及时关心和经常陪伴，异地恋情感的维系也会更艰难。一对青年男女之间产生爱并不困难，维系爱却不容易。爱情最害怕的是长期的时空的相隔，无论是对于恋爱双方而言还是对于婚姻中的个体而言都是如此。唐朝诗人秦观说："两情若是久长时，又岂在朝朝暮暮?"实际上这是安慰人的话。长久的时空相隔，一则如果出现误解，问题的双方不能及时沟通和处理，二则这种情况也容易使两个人在经历、观念等方面差异扩大。彼此的生活没有经常的相交和参与，共同的话题会变得越来越少，我需要你的安慰时你不在我身边，你需要我的陪伴时我远在天涯……更何况，现代社会的诱惑是如此众多！这些状况都为异地恋的进行增加了困难。

因此，异地恋的双方要明白彼此的难处，花费更多精力用于维护彼此的情感，需要有更多包容、关爱和信任，最重要的是，要能够有共同的对于未来的期待和理想。这份共同理想，可以为彼此增加更多的内心力量，让双方在不同的地方安心学习、工作，为了将来可以幸福地在一起积聚能量。

（二）鉴别爱情与友情

大学时代，是邂逅爱情、享受甜蜜美妙的青春时期，也是呼朋唤友、缔结真挚情谊的黄金时期。可是，怎样区分两性之间的友情与爱情呢？有了爱情，会不会忽略了友情呢？当爱情来临的时候，我们应该怎样更好地与对方的好友相处呢……

首先，我们要能够比较好地区分两性之间的友情与爱情。两者有相似的地方，比如亲密和喜欢会同时存在于友情与爱情之中，有时候对于异性好友所谈的事情及暴露的内心世界甚至超过了自己的爱人，出现这种情况往往会让当事人比较困惑：我们之间，只是友情吗？实际上，虽然两种感情有相似的地方，却也有很大的不同。这些不同大约体现在几个方面。一是与爱情相比，建立友情关系的双方无论多么亲密，都不会产生想要互相拥有对方身体的激情感，也就是说，友情中没有激情的因素，不会产生性吸引的需求和性满足的期待。二是爱情具有强烈的排他性，会产生浓烈的嫉妒，绝对不允许第三方的存在；但友情则不然，友情中即便有嫉妒，也不会出现排他，会允许第三方甚至更多他人的存在。三是爱情关系通常要比友情关系有更为严格的行为标准，爱情的双方需要更为忠诚，彼此要承担更多的责任和义务；而友情相对来说社会规范约束力会更少一些。当然，不可否认的是，有时候，友情就是爱情的来源，随着友情的发展，男女双方建立恋爱关系的也是大有人在。

那么，爱情会不会对友情有影响呢？答案也是肯定的。当我们拥有了爱情之后，随着注意力的转移和精力的消耗，必然会在一定程度上减少对友情的投入，所以才有“重色轻友”一说。但这并不意味着爱情与友情是互不相容的。从情感需求的角度来讲，我们不能没有爱情和爱人，我们也离不开友情和朋友，无论是同性还是异性的友谊，都是我们人生中值得珍惜的重要的部分。所以，当我们陷入了爱情时，自然会减少对于友情的投入，这是非常正常的；但友情的特质不具有排他性，因而当我们把主要精力转向恋人而忽略朋友的时候，可能会暂时让朋友有一些失落，不过一般来讲，朋友双方都会做一些心理调适和位置调整，以重新维系彼此的情谊，这也是一种成长。实际上，在人生的不同阶段，我们会有不一样的人生核心任务，我们的关注点往往也会有一些变化，这是个体成长和发展都会经历的必然过程。

当邂逅了爱情之后，我们通常都希望我们的爱人和我们的好友能够彼此接受、友好相处。尤其是在恋爱关系刚刚建立的时候，如果你不能得到女友闺蜜或者男友兄弟们的认同和接受，通常他们会成为你们爱情关系深入发展的重大阻力，所以很显然，邂逅爱情之后，需要我们与恋人的好友们友好相处。但相处到什么程度呢？这需要掌握好尺度。这种尺度，与平常人际交往中需要遵循的尺度是一致的，尤其是与异性之间交往要遵循的尺度不能冲突。此外，我们要明白：你与恋人好友的关系，是以恋人为媒介发展起来的，所以，与恋人的关系应该置于与恋人好友关系之前。

（三）学会两性相处

有一句歌词是这样的：相爱总是简单，相处太难。的确，爱的产生是容易的，两人建立恋爱关系也没那么困难，但要想很好地维系彼此的关系，并不是一件容易的事情。在这个过程中，两性相处是一门需要不断学习的课程。

两性相处的困难在于男女两性的不同，正是这些不同，使得建立爱情关系的双方在相处的过程中难以感同身受，出现困惑迷茫、误解冲突。那么，男女两性有哪些主要的不同点呢？

首先，男女两性的差异体现在生理基础上。研究已经发现，男女两性在脑部结构、脑部功能特征及感官特征上都有很大差异。比如在感官特征方面，女性的视觉感官、听觉感官和触觉感官都非常敏锐。女性能够更细致入微地观察到他人的表情，对语音、语调非常敏感。研究还发现女性的皮肤比男性要薄一些，因而女性皮肤对于抚触的敏感度至少是男性的10倍，所以在日常生活中我们经常能够听到女性在生气的时候会对男友说“别碰我”，但对于男性来讲，这方面几乎没有什么太大意义。这些差异就使得在恋爱关系中女性会更加敏锐和敏感。很多女性总是希望自己的恋人不用自己讲出来就能够从自己的语气、眼神及其他众多的细小动作中窥察自己内心的需求，然后满足自己的期待，很多女性觉得男友只有这样才是“真爱”的表现。但在现实的爱情关系中，因为生理的差异，很少有男性可以如此深入准确地觉察到女友的感受，所以女性这样的期待往往会变成很难实现的梦想。从这个角度来讲，在男女两性交往中，双方都要更好地学习和了解彼此之间的差异。女性要将自己的需要和期待诉诸明确的语言；而男性，也要通过学习和训练对女友没有讲出的心意做一些体察和了解。

其次，男女两性差异还体现在心理层面上。心理层面上的两性差异主要表现在思维广度、思维方式、情绪反应和表达等方面：

第一，心理学研究发现，男女两性思维广度不同。女性的思维是横向的，她们常常可以同时做一些事情，比如一边打电话一边做饭，一边打扫卫生一边看电视；但男性的思维则是朝向专门化的方向进行的，通常一次专注于某一特定事件，此时，其他事情往往很难进入其思考和处理的范围。所以在两性交往中，当男性正在专心致志地看球或者刷手机时，女友与他讲话，常常没有反应。有些女性会因此生气觉得男友不在乎自己，可这也许只是他的思维转不过来而已。曾有实验者对正在阅读的男性进行脑部扫描，结果发现此时的男性几乎处于一个没有听觉能力的聋人的状态。

第二，男女两性的思维方式也很不一样。男性思考事情时常常关注事情发展的结果，喜欢采取“问题解决模式”，希望很快抓住重点迅速解决问题。而女性则更关注事情发展的过程，喜欢倾诉和表达，却未必一定要立刻解决问题。所以在两性交往过程中，双方经常会因为关注点不同而出现误解。比如女性向男友倾诉学校、班级里发生的奇葩事件，男友可能很快就会去考虑：这些是问题吗？如果是问题，怎样处理会比较好？而对于女性来讲，可能只需要喋喋不休地讲一通就好了。有报道曾经说，女性每天至少要讲两万字，差不多是四篇非常像样的论文的字数了，但男性可能觉得认真听这么多还是挺有压力的，因为即使一个话多的男性，每天讲七千字左右也就可以了。所以在两性关系中，我们常常看到女性喋喋不休、男性沉默倾听的现象。很多女性希望自己的恋人首先要认真倾听，除此之外还要能热烈回应，可男性未必能够完全做到，一方面是他们会觉得这些话其实挺无聊也挺啰唆的，另一方面是他们真的不需要像女性一样讲这么多。所以当出现这种情况时，女性往往觉得不被男友重视，难免心生怨气，可能男性此时还觉得莫名其妙，毫不自知哪里又惹女人生气了。

第三，男女两性在情绪反应和表达方面也有很大差异。女性因为生理和思维方式的影响，往往更加感性，所以才有“女人是水做的”一说。感性思维引导和支配着她们的行动，她们很难像男性一样将事情抽象化、进行逻辑思考和推理判断；而男性则会把复杂的过程简单化，对事情加以分析、推理和判断，不太容易被情绪情感全方面影响。所以我们也很容易在现实生活中看到：两个人吵架了，女孩很不开心，睡眠受到影响；但男孩子则不一样，照常睡得非常香甜，这让女孩更加生气。我们也会看到：一对恋人吵架之后，男孩试图跟女友讲道理，但是不讲则已，越讲越糟，以前明理懂事、温柔体贴的女友似乎换了一个人，简直不可理喻。面对这种失控的状态，有些男性觉得为了避免争吵，那就以沉默应对，或者暂时避开，但没想到即使这样也不行，女友似乎会更加抓狂愤怒，逮着机会就发飙，让男性不知所措。如果我们了解到了男女两性在情绪反应和表达方面的不同后，我们也许就能理解：对于女性来说，她们是感性的，情绪性非常强，在这种情况下根本就不适合讲道理，男性首先要做的是安抚，通过倾听、拥抱等都能很好地安抚到处于强烈情绪状态下的女性。女性只有在情绪平复之后，才能更容易进行一些逻辑的推理和思考，此时，两个人也许才可以坐下来讲讲道理、摆摆事实。当然，女性也要理解男性在面对一个情绪强烈的女性时的手足无措，他们有时候的沉默和躲避，并非是因为不在意、不重视或者厌烦，也许只是因为他们实在不知道怎么去应对，或者他们以己及人，以为这样是处理彼此关系的好办法。

第四，在情绪情感的表达上，女性喜欢动用听觉、视觉等直接的感官感受，而男性则喜欢通过行动来表达。所以在爱情关系中，男性会更关注一些事务性的要素，为了证明他的爱，他会努力去做事，去处理问题；而女性则更希望听到爱的倾诉、对她各方面的夸奖，希望有更多的甜言蜜语和罗曼蒂克的感觉。因此，在现实中有人会感慨“男人不坏，女人不爱”。这里定义的“坏男人”是什么？就是甜言蜜语信手拈来，浪漫感觉随时营造，可是男性面向现实的实际行动也许并不太多，甚至是朝三暮四、朝秦暮楚。

男女两性的差异并不存在孰优孰劣之说，只是表现不同而已，就像黑与白、天与地、太阳与月亮，正是这些不同，才使得我们彼此吸引、互相依存。

当然，在两性实际相处的过程中，除了上述两性差异之外，我们也会因为家庭背景、各种经历的不同而产生其他更多的差异，这些差异，也是我们要学会去协调和包容的。

在明白男女两性的诸多差异之后，对于正在恋爱或者已进入婚姻中的个体来讲，都应当在交往中注意和照顾到彼此的不同，多一些沟通、接受、理解和包容，悦纳和欣赏彼此的差异，就能更好地维系彼此的爱情，让双方都品尝到爱情的甜美和芬芳。

【知识窗 8-1】

性别差异源自先天

美国 Emory University 的生物心理学家 Kim William 多年来一直从事对男女差异的相关研究。一次偶然的机会，他突然想到，是不是只有人类才对玩具的喜好有差异呢？如果在猴子身上也有这样的反应，那么就可以推翻性别差异是源于教育方法或者社会习惯的观点。他认为，猴子的父母绝对不会去教育它们的孩子要做公猴子或者母猴子，所以立刻决定用猴子进行实验，察看性别的差异到底是出于先天还是后天。

William 做的实验很简单，他把小汽车和毛绒玩具都放在猴子经常玩耍的假山上，观察小猴子们的选择，并记录它们玩耍玩具的时间。这个实验的结果显示，猴子们对于玩具的喜好有很大差距，雄性猴子玩小汽车的时间很长，而雌性猴子更喜欢玩毛绒玩具。William 由此得出结论，不同性别的猴子对于两种玩具的喜好倾向与人类完全相同。所以，男孩和女孩对于玩具的选择不是后天教育决定的，其性别差异源自先天。

1992 年，Berenbaum 和 Hines 为了考察人类的喜好是否源自先天，在幼儿中也做了类似的玩具实验。通过对于两种玩具的玩耍时间进行比较后发现，男孩有九成以上的时间在玩小汽车，而女孩有六成以上的时间在玩毛绒玩具，由此得出了与猴子玩耍玩具实验一致的结论。

资料来源：蔡敏．青年恋爱心理学［M］．北京：北京大学出版社，2013.

（四）平衡爱情与学业

大学生会邂逅爱情，也应当为恋爱和过婚姻生活做好准备，但大学阶段也是进行职业选择、为将来进入社会获得一席之地而努力奋斗的时候。在现实的大学生活中，我们会发现，有些大学生因为几乎把所有的时间都用来与恋人相处而导致逃课、挂科等现象出现；也有一些学生为了让自己将来在社会更有竞争力而拒绝在大学里进行恋爱……而且，在进入大学之前的学习过程中，我们会被老师和家长耳提面命：要专注学业，不要让感情影响学习。所以，有很多大学生会有这样的困惑：如果在大学里谈恋爱，会影响学业吗？这种影响，是积极的还是消极的呢？

实际上，毋庸置疑，爱情对于学业一定是有影响的，但到底是积极影响还是消极影响则不能一概而论，会因情感发展所处阶段及个体人格完善程度不同而不同。

首先，情感所处的不同阶段，对于学业的影响可能是不同的。恋爱过程往往会从彼此吸引到对象的确定，然后进入激情热恋阶段，进而会进入心理相撞调适期，最后进入平稳阶段。一般来讲，激情热恋阶段会产生“一日不见，如隔三秋”的感受，此时男女双方几乎时时刻刻都会想着对方，想要跟对方在一起，在这种情感状态下，双方会被对方强烈吸引，往往注意力就不容易聚焦在学业上。当然，这里也有可能出现因为和心仪的人相爱而获得了巨大的精神力量，使得个体在进行学业活动时精神百倍、干劲十足的状态。心理相撞调适期是双方在度过激情阶段后，彼此都基本抛弃人际印象修饰，展示出最真实、更深刻的自我，此时，双方会因为彼此众多的差异而需要重新寻找或者调整相处的模式，如果彼此最终能够找到令双方都舒服的位置和互动模式，能够接受各自的缺点和不足，同时依然互相欣赏和喜爱，双方关系就能顺利进入恋爱平稳阶段，否则，就可能导致恋爱关系的破裂和终止。在这一过程中，可能会出现前一阶段很少出现的失望、遗憾、愤怒、不满、纠结等种种情绪，这些情绪状态，也容易对学业产生消极的影响。不过一旦进入平稳期后，双方都能够确定自己的感情，互相依靠、彼此慰藉，会产生为共同未来不断奋斗的勇气和信心，其情感很容易对学业起到良好的促进作用。

其次，还要看恋爱双方人格的完善程度。个体发展得越好、人格越成熟，就越能更好地处理恋爱过程中出现的问题，包括情绪的波动、外界的影响乃至于失恋的打击等，当然更不容易对学业产生非常消极的影响。

最后，不管如何，我们认为，一份真正的爱情，最终都应该是能帮助对方成长的，能让双方都朝向更真、更善、更美、更好的方向努力和发展的，否则，爱情也就失去了它让人心神向往的魅力了。同时，在人生历程中，个体要获得完整的幸福，事业和爱情不可或缺。所以，我们不能错置爱情和学业的位置，既不能将爱情看作人生的唯一，也不要为了学业、事业错过美丽的爱情。能够掌握好两者的平衡，是人生重要的能力。

【自我探索 8-1】

大学生恋爱观心理自测表

下列每个问题都有四种备选，请你在符合自己想法的那一项打上“√”，每题只选一个。

(1) 你想象中的爱情是 (　　)

① 具有令人神往的浪漫色彩　　② 能满足自己的情欲

③ 使人振奋向上　　④ 没想过

①——2；②——1；③——3；④——0

(2) 你希望同恋人的结识是这样开始的 (　　)

① 在学习和工作中逐渐产生爱情　　② 青梅竹马

③ 一见钟情也未尝不可　　④ 随便

①——3；②——2；③——1；④——1

(3) 你认为妻子应该是 (　　)

① 别人都称赞她的容貌　　② 善于理家

③ 顺从丈夫的意见　　④ 能在多方面帮助丈夫

①——1；②——2；③——1；④——3

(4) 你认为丈夫应该是 (　　)

① 有钱或有地位　　② 为人正直，有事业心

③ 不嗜烟酒　　④ 英俊有风度

①——0；②——3；③——2；④——1

(5) 你认为完美的结合应是 (　　)

① 门当户对　　② 郎才女貌

③ 心心相印　　④ 情趣相投

①——1；②——1；③——3；④——2

(6) 你认为巩固爱情的最好途径是 (　　)

① 满足对方的物质要求　　② 柔情蜜意

③ 对爱人言听计从　　④ 完善自己

①——1；②——0；③——2；④——3

(7) 在下列格言中，你最喜欢的是 (　　)

① 生命诚可贵，爱情价更高

② 爱情的意义在于帮助对方，同时也提高自己

③ 有福同享，有难同当

④为了爱，我什么都愿干

①——2；②——3；③——2；④——1

(8) 你希望恋人同你在兴趣爱好上 ( )
① 完全一致 ② 虽不一致，但能相互照应
③ 服从你的兴趣 ④ 互不干涉
①——1；②——2；③——0；④——3
(9) 当你发现恋人的缺点时，你的态度是 ( )
① 无所谓 ② 嫌弃对方
③ 内心十分痛苦 ④ 帮对方改进
①——1；②——0；③——2；④——3
(10) 你对恋爱中的曲折怎么看 ( )
① 最好不要出现 ② 自认倒霉
③ 想办法分手 ④ 把它当作对爱情的考验
①——1；②——0；③——2；④——3
(11) 你对家庭的向往是 ( )
① 能同爱人天天在一起 ② 家是人生归宿
③ 能享受天伦之乐 ④ 家能激励对生活的新追求
①——2；②——1；③——1；④——3
(12) 自己有一位异性朋友时，你将 ( )
① 告诉恋人，在其同意下继续交往 ② 让恋人知道，但对方不能干涉
③ 不告诉恋人 ④ 告诉与否看恋人的气量而定
①——3；②——2；③——1；④——1
(13) 另一位异性比恋人条件更好，且对自己有好感 ( )
① 讨好对方，想办法接近 ② 保持友谊，说明情况
③ 持冷淡态度 ④ 听之任之
①——0；②——3；③——2；④——1
(14) 当你迟迟找不到理想的恋人时 ( )
① 反省自己的择偶标准是否实际 ② 一如既往
③ 心灰意冷，甚至绝望 ④ 随便找一个
①——3；②——1；③——0；④——1
(15) 当你爱的人不爱你时，你会 ( )
① 同对方分手 ② 毁坏对方名誉
③ 千方百计缠住对方 ④ 不知所措
①——3；②——0；③——1；④——1
(16) 你的恋人以不道德的理由变心时，你会 ( )
① 报复 ② 散布对方的缺点
③ 只当自己看错人 ④ 吸取教训
①——0；②——1；③——2；④——3

(17) 当发现恋人另有所爱时，你会 ( )

① 更加热烈地向恋人求爱　② 想法拆散他们

③ 若他们未确定关系就竞争　④ 主动退出

①——1；②——0；③——3；④——2

计分方法与解释：

将每一项得分相加。总分在46分以上，说明恋爱观正确；总分为42—46分，说明恋爱观基本正确；总分在42分以下，说明恋爱观需要调整。

(五) 恰当处理失恋

【案例8-5】

小许读完研究生即将毕业之际，相恋三年的男友却突然提出分手。面对突然而至的噩耗，小许难以接受，不断追问男友到底是因为什么要结束恋爱关系。男友被纠缠不过，以小许身份高贵、自己高攀不上作为借口搪塞。得到这个理由的小许百思不得其解，实在不明白自己“高贵在哪里”，逐渐开始整日胡思乱想，最终陷入虚幻的自我内心世界，出现精神病性的妄想症状：坚定认为自己是美国现任总统特朗普的女儿。觉得只有这样，才能解释为何男友会因为自己“身份高贵”而提出分手。

上述例子虽然看似荒唐可笑，但在现实中不乏其人，民间所谓“花痴病”说的就是这种情况——因未能恰当处理失恋而导致的一种精神疾患。

在绝大多数情况下，恋爱都不可能是一帆风顺的，在这一过程中，很多人会面临爱情关系的突然或者不情愿的终结，这就是失恋。当爱情中的一方因为种种原因觉得对方不再有那样重要的位置而选择离开、结束这段关系，痴情的另一方通常都会感受到伤害。实际上，不管当事方的心理有多强大，只要是真正投入地爱过，在被动结束恋爱关系的时候，都会感受到巨大的痛苦。在这种情况下，有的个体抑郁低落、悲伤难抑，出现茶饭不思、夜不能寐的状况；有的个体困惑不解、心有不甘，出现苦苦追问、纠缠不休的状况；还有的个体无可奈何、绝望透顶，出现自伤自杀情况；甚或还有一些个体愤怒难平、爱恨交织，出现报复威胁的行为……这些都是不恰当地面对和处理失恋的方式。

那么，面对失恋，我们应该怎么做呢？

首先，要明白失恋未必都是坏事。虽然进入恋爱关系的个体，没有任何一个期待或准备失恋，但在恋爱过程中，失恋的确是常见的。失恋后如果觉得痛苦，至少说明你们彼此曾经是相爱的。失恋在带来痛苦的同时，也可以让我们在这段亲密关系中照见自己：在以后的关系中，有什么是我需要注意和改善的？到底什么样的个体跟我是匹配的……

其次，切勿在失恋之后采取不理智的行为。失恋往往会给被动结束恋爱关系的一方带来巨大的负性情绪，这是非常正常的。在强烈负性情绪未得到很好的处理和消解之前，不要让自己做出有失理性的行为，比如有的个体企图用一段新的恋情来抚平失恋的创伤，有的个体不惜用伤害自己或者伤害对方的方式来进行报复……实际上，爱情是一种特殊的人际关系，是两个人一起跳的一段亲密的双人舞，如果这段爱情结束了，常常跟双方都有关系。给自己一些时间和机会，也许以后你会发现：幸亏当初对方提出分手，原来我们真的不适合共舞一生。

再次，要学会情绪的宣泄和调整。宣泄和调整情绪有多种方法：可以采用注意转移法，多做一些自己感兴趣、能提升自己愉悦度的事情；可以出去旅游，让新鲜的或美丽的事物刺激自己的感官，开阔自己的视野，拓展自己的胸襟，不断增添自己的心理能量；还可以找朋友陪伴和倾诉，改变自己对失恋的不恰当认知……

最后，如果觉得情绪太过强烈，仅靠个体自身的能力不足以应对，还可以寻找心理咨询师获得专业的帮助。

【自我探索 8-2】

失恋助我成长

失恋是大学生中比较常见的最大的情感挫折，也是危害比较大的一种挫折。当你不得不面对失恋时，又该怎么做呢？

(1) 齐心协力，寻找失恋的十大好处。

尽管失恋是痛苦的和不幸的，但并非绝对就是坏事，在某种意义上说还可能是好事。因此，请同学们分成小组，以小组为单位，分别列举失恋的好处。每个小组最多可以列举十条建议，之后在全班范围内由全体同学共同评比出最合理、最可行的建议。

请以下面的句型为模板，完成十句话。

因为我失恋了，所以我获得了（　　　　　　　　　　　　）。

(2) 七嘴八舌，探索失恋后的放松渠道。

尽管失恋后心情会很不好，但是不会永远这样。朋友告诉我们，我们可以用这些方法来放飞自己的心情：

方法一：

方法二：

方法三：

方法四：

第三节　处理爱情中的性困惑

当两个人相爱之后，自然会产生亲密的言行举止。可是，我们可以将亲密关系进行到何种地步呢？在这个过程中，大学生会产生很多疑惑。下面，我们就从爱情的自然属性性爱的角度，谈一谈在两性关系中大学生容易出现的困惑以及大学生在两性关系处理中应当遵循怎样的价值理念和原则。

一、当代大学生的性价值观

（一）性价值观的含义

所谓性价值观，是个体对性的总的认识和态度，它包括对性生理、性心理、性行为、性道德、性规范和性文化等的认识与态度。性价值观可分为社会性观念和个体性观念。

社会性观念是人类社会在其漫长的发展过程中，经过不断变化和发展逐渐形成的对性的总体认识与看法。这是一种社会文化现象，具有社会历史性。不同国家、不同民族，虽然因发展历史不同，会形成不同的性观念，但人类文明发展的共性是主要的，多数文明民族均有着相似的性文化。

个体性观念是指个人在成长过程中逐渐形成的对性的总体认识和态度。由于个体的生活经历不同，所形成的性观念也有差异。个体性观念主要是通过家庭、学校的教育，社会传播媒介和周围环境等的外因影响，以及起决定作用的内因的个体人格特征的参与而最终形成的。

（二）大学生性价值观的特点和表现

大学生如何处理爱情中的性的问题？这常常与他们的性价值观有很大的关系。人们在多项研究中发现，受传统文化、社会、学校和家庭等因素的制约，当代大学生性价值观呈现出以下特征：

首先，从总体来看，大学生对爱情和婚姻抱着一种乐观与忠贞的态度。大学生对于异性的兴趣，会更多地集中在某个特定的异性身上，表现出爱慕和追求，也就是说，大学阶段出现的性意识经常伴随着情感的部分。这使得他们愿意将爱情中的性与爱联系起来，将恋爱的浪漫与忠贞结合起来。

其次，大学阶段性价值观发展中有较多矛盾之处。具体表现在：性意识已经觉醒但性知识相对缺乏，性生理成熟而性心理相对发展滞后，性观念较开放带来贞操观念淡化与传统文化对贞操较看重同时并存。这些矛盾使得大学生们在处理自身与性有关的发展问题时会更容易产生困惑。

受自身发展、外界环境特征等各种因素的影响，大学阶段是个体一生中性能量最旺盛的时期，大学生们会出现性欲望、性幻想和性冲动。大部分学生能在自我探索和发展中对这些性能量进行合理的疏导与升华，但也有一些学生因为性价值观的不成熟会出现下面的情况：有些学生觉得有性欲望和性唤起是可耻的，不能面对自己的成长和成熟，陷入困惑和迷茫；有些学生则进行过度压抑，导致以不恰当甚至变态的方式将性能量表现出来；还有一些学生过度放纵、放任自己的性能量，出现不负责任的性行为，给自己和他人带来伤害……

【知识窗 8-2】

大学生性价值观小调查

青岛大学谭蓓蓓曾经对青岛三所高校的922名大学生进行过详细的调查，在调查中得到的关于大学生对恋爱和婚姻关系的认知，以及大学生对未婚同居的看法。从这一大规模抽样调查中，大家可以窥探到当代大学生的部分性价值观。

大学生对恋爱与婚姻相关程度的认识如表8-1所示：

表8-1　大学生对恋爱与婚姻关系的认知

类型	认为恋爱与婚姻相关度									
	1. 非常大		2. 比较大		3. 不太大		4. 几乎没有		5. 说不清	
	频数/人	占比/%	频数/人	占比/%	频数/人	占比/%	频数/人	占比/%	频数/人	占比/%
男	112	24.7	160	35.2	119	26.2	22	4.8	41	9.0
女	142	30.3	183	39.1	95	20.3	15	3.2	33	7.1
总体	254	27.5	343	37.2	214	23.2	37	4.0	74	8.0

大学生对未婚同居的看法如表8-2所示：

表8-2　对大学生未婚同居的态度

观点	类型					
	男		女		合计	
	频数/人	占比/%	频数/人	占比/%	频数/人	占比/%
1. 基于爱就可以	115	25.3	112	23.9	227	24.6
2. 双方以后结婚就可以	71	15.6	109	23.3	180	19.5
3. 双方愿意就可以	223	49.1	192	41.0	415	45.0
4. 应受道德谴责	35	7.7	51	10.9	86	9.3
5. 应受行政处分	6	1.3	3	0.6	9	1.0
6. 应受法律制裁	4	0.9	1	0.3	5	0.5

二、大学生爱情中的性困惑

（一）正确认识同性恋

【案例 8-6】

小张在很久以前就确认自己只对同性感兴趣，并且只有同性才能引发自己的性冲动和性欲望，她确认自己是同性恋。大学时期，小张喜欢上了自己在绘画兴趣小组碰到一位女校友小王，两人非常谈得来，但当小张把自己对小王的感受告诉小王时，小王表示自己只对异性有感觉，并希望小张去找心理咨询师聊聊，认为小张有性变态，希望小张能得到矫正。小王的劝说让小张开始困惑和动摇：同性恋是一种病态吗？还有，自己以后该怎样跟小王相处呢？

现在的研究普遍认为同性恋和生理基础、基因遗传、家庭教育、后天经历等有关系。在目前的精神病学和心理学界，无论是本书第二章第四节提及的权威的、出自美国精神医学学会的《精神疾病诊断与统计手册》（DSM-5），还是国内的精神疾病分类和诊断标准，都不将同性恋视为一种性心理障碍，这部分内容在本书第二章第四节已有所阐述。

不过，即便我们现在认为同性恋不是一种性心理障碍，但至少在我国目前人们尚未全然接受同性恋。除了在现实生活中存在很多人对于同性恋的不认同和歧视之外，我国的《婚姻法》依然将合法的婚姻界定为“男女两性”；此外，许多跟爱情有关的书籍在对爱情进行定义时，仍然认为爱情应当是发生在异性之间的情感。

所以，相比较于异性恋，同性恋会承受更多的压力和困难，这些压力和困难，既有来自社会的，也有来自家庭的；既有来自陌生人的，也有来自亲朋好友的。这些外在的压力和困难，也使得同性恋个体更容易产生内心的矛盾和困惑：我该怎样办？我该如何去与他人相处……

实际上，如果我们尊重每个个体的差异，包括性取向的差异，我们就知道，在同性恋中，和异性恋一样，既有朝秦暮楚、随随便便的个体，也有期待天长地久、坚贞专一的个体，异性恋中存在的美好、幸福、痛苦和困惑，在同性恋中一样会存在。对于同性恋当事人而言，一方面要做好充足准备，面对当前中国社会现实中对于同性恋的误解、排斥甚至责难，学会处理来自各方的压力和困难；另一方面也要了解并学会处理正常恋爱过程中会出现的种种问题和矛盾，无论是恋爱对象的选择、恋人之间的相处，还是失恋或者恋爱中对亲密程度的把握等，基本跟异性恋的处理原则是一致的。此外，需要注意的是，当同性恋个体向心仪的同性表达之后，如果心仪对象不能接受，也要懂得尊重对方的性取向。

（二）婚前性行为

随着爱情的进展，恋人之间会出现不同程度的性行为。但在我们接受的教育中，这方面的知识并不多，很多人对于什么是“性行为”的认知也比较模糊，还有一些学生不能妥善处理恋爱中与性相关的问题。

【案例8-7】

小雅刚刚读大一，是一位非常美丽的女孩子。在一次社会兼职过程中，小雅认识了大鹏，大鹏是负责本次兼职活动的学长。大鹏看到美丽大方的小雅，一下子对她产生了好感，并向她进行了表白，但小雅并不喜欢大鹏，所以拒绝了他。在兼职的最后一天，大家聚在一起吃了一顿饭，饭后，大鹏邀请小雅去酒吧坐坐，小雅同意了。两人在酒吧玩得很开心，还喝了一些酒。结束时，微醺中的大鹏对小雅说时间太晚了，不如去宾馆开两间房，两人各住一间，休息休息等第二天再回学校。就这样，小雅迷迷糊糊地跟着大鹏进了宾馆。结果当她第二天早上醒过来时，却发现大鹏和她睡在了一起，这才想起昨天晚上在醉酒头晕之余和大鹏有了亲密的关系。有了这样的觉知之后，小雅非常懊恼、自责和厌恶。此时，大鹏不断地进行表白和发誓，希望小雅能做他的女朋友。羞愤之下，小雅毅然选择了报警。

1．表现

按照美国婚恋情感专家格雷的观点，两性之间的性行为大致分为四个程度：初步的肌肤接触、更为亲密的爱抚、对性器官的抚摸及性爱。这四种程度是一个由弱到强的递进过程，往往是随着双方情感的发展、深入而逐渐发展的。在这一过程中，男性的欲望往往比女性的强烈一些，当然性的欲望也因人而异，具有很大的个别差异。

2．原因和动机

出现婚前性行为，尤其是出现最高级别的性爱——两个人发生实质意义上的性关系，往往会有多种多样的原因。具体而言，主要有如下几个方面的原因：

有的个体主要是出于纯粹的爱，觉得“既然我们相爱了，那就要毫无保留地都给予对方”。持这样观点的女性，往往会在男友提出要求后比较矛盾，她们一方面担心自己是否会因怀孕而伤害身体，另一方面担心万一以后两个人不能进入婚姻的殿堂是否会带来严重的后果。但同时她们又会纠结：如果自己不奉献自己的全部，是不是就是对爱情不够忠诚？或者，如果不答应男友的要求，男友会不会因此离自己而去？在这样的矛盾中，有些女孩子一时心软就会答应男友的祈求。

有的个体出现婚前性行为单纯是为了满足生理需要。他们对于性没有正确的认知，在爱情并不成熟的条件下就允许自己与他人发生性关系。甚至不乏一些个体打着爱情的名义追求性的满足。大学生因为阅历的限制和对于爱情的憧憬，容易被这样的个体欺骗，以为性爱是自己全身心投入一段爱情所不可避免的，其实这些人信誓旦旦甜言蜜语只不过是为了满足个人性欲的需求。对于这种情况，年轻的大学生们一定要警惕，必要时报警求助，切勿让自己误入其中，伤人伤己，后悔不迭。

还有一些个体出现婚前性行为是为了达成某种目的。比如，有些人希望通过与对方发生性关系，用来拴住对方，让对方没有办法再离开自己。有些女生就比较容易在没有了解清楚对方的情况下，被一时激情驱使或者还未准备好就发生性关系，事后却发现其实自己并非真的爱对方，但往往又碍于面子，认为发生性关系后自己只好跟对方在一起了，上述案例中的小雅就是这种情况。还有一些个体为了个人的发展、荣誉或者经济利益等，也会利用性来达成所愿。甚至有一些自我意识发展出现困扰的个体会通过不断与他人建立性的关系而肯定自己，试图用这种方式让自己觉得自己是好的、有价值的、受欢迎的，当然，用这样的方式不但不能达成所愿，还会让自己陷入更深的混乱。

【知识窗 8-3】

性心理成熟的标志

达拉斯·罗杰斯认为，一个在性方面有教养的人，应当符合以下几点标准：具有良好的性知识；对于性没有犹豫恐惧和无知所造成的不当态度；性行为符合人道；在性方面能做到“自我实现”；能负责地做出有关性方面的决定；能较好地获得有关性方面的信息交流；此外，还包括接受社会道德和法律的制约。

对于大学生而言，性心理成熟的标准应当有以下几条：有正常的性需要和性欲望；有科学的性知识；有良好的性道德；有正当的性行为。

3．影响

在当代社会，即便是最高级别的婚前性行为也并非被绝对禁止，实际上，随着感情的加深，亲密言行举止必然会出现而且会不断升级。作为人类的本能之一，同时也是生理和心理相融合的自然现象，“性”始终伴随在个体的恋爱、婚姻过程中，深刻影响每一对恋人爱情的成败、婚姻的幸福与否。

但是，我们也必须看到，不当的性行为尤其是大学生的婚前性行为，也有可能会给自己带来伤害和痛苦。比如动机不恰当的性爱就很容易让自己伤痕累累。即便出于纯粹的爱情而进行的性爱也有可能会产生这样的结果：如果女孩子只是为了顺应男友的要求而不忍心拒绝男友的期待，或者当发生了性关系之后，却发现其实两个人的感情并没有到这么深的程度，就很容易在事后陷入后悔与自责，给自己带来心理伤害。还有一些个体因为婚前性行为导致意外怀孕，这种情况往往会给女方带来更为严重的影响。婚前性行为导致的怀孕并不受法律的保护，往往也会让女性觉得不道德，所以一旦出现这种情况，通常都会瞒住学校和家长，有些学生会选择去一些非正规医疗机构进行处理，处理结束后也不能好好休养，这种状况显然容易给女性的身体和心理带来影响与伤害。甚至有一些大学生在性行为中不懂得很好地保护自己导致感染一些炎症和疾病……

【自我探索 8-3】

婚前“性”思考

讨论与思考：婚前性行为对个人发展的影响有哪些？将讨论的结果填入下面的表格中。

婚前性行为对个人发展具有不可磨灭的影响（表 8-3）。

表 8-3　婚前性行为的影响

积极方面	消极方面
(1)	(1)
(2)	(2)
(3)	(3)

三、大学生性爱原则

那么，大学生应该有怎样的性爱原则呢？我国心理咨询专家吴少怡女士对大学生的性爱提出了五条基本原则：

（一）自愿原则

对于包括大学生在内的任何一个个体而言，“性”都不仅仅只属于生理层面的问题，还涉及包括人格、尊严等在内的精神因素。因此，在处理恋爱中的性的问题时，一定要注意彼此人格的平等，尊重双方对于性的意愿。无论是否发生性关系、以何种方式发生性关系，都必须建立在充分尊重彼此意愿的前提之下。如果违背了这一原则强行实施性行为，不仅会给个体造成身心伤害，还有可能影响彼此的感情，甚至导致违法犯罪事件的发生，比如前述案例中的大鹏就涉嫌强奸罪行。

（二）相爱原则

“性爱”，顾名思义是“性”和“爱”的统一。如果说“性”强调的是生理的层面，那么“爱”无疑则是在表达精神的部分了。男女之间只有在相爱的基础上发生的性关系，才是美妙的、动人的。没有了爱的性，就失去了彼此间的依恋和爱慕，那就只能是纯粹的生理冲动和欲望满足，那么这样的性与动物又有什么不同呢？

（三）合法原则

男女之间发生合法的性行为必须建立在依法缔结婚姻的基础上，只有这样的性行为才会受到法律的保护。

（四）隐秘原则

性行为应具有隐蔽性，对他人的性行为进行拍照和录像，或者在公共场所表现性感极强的动作，都是不道德的，有些甚至是违法的。

（五）不伤原则

不伤原则是指在两性关系中本着尊重和爱护彼此的原则，不进行任何会对双方造成身心伤害的性行为。具体而言，在两性关系中，不能违背任何一方的意愿，进行强迫性行为；不能不顾任何一方的身体健康，进行不合时宜或过度频繁的性行为；不能不顾任何一方的心理健康，进行侮辱性或缺乏尊重的性行为；不能隐瞒传染病、性病、艾滋病等情况而与他人发生性行为，当然也不能只顾一时冲动和欲望满足，进行会带来意外怀孕、人工流产等问题的性行为。

【知识窗 8-4】

艾滋病传播途径及预防小知识

艾滋病的传播主要有三种途径。①与携带艾滋病病毒者性交是最普遍的传染方式，其中包括口交。根据美国密歇根州一所大学的研究发现，感染后 60 天内，带病者即可将艾滋病毒传染给 30% 与其性交的对象。②与艾滋病病毒感染者共同使用注射药品针头，或是输入已受感染的血液而得病。当针头注入人体后，会有少许的血液残留在针头上，若他人使用此针头，残留在针头上的血液即可借此进入第二个人的身体内。这是最危险的途径，因为这等于直接将病毒注入血管内。③一位携带艾滋病病毒的孕妇可以在产前或者生产过程中，以及产后哺乳的时候将HIV病毒传给婴儿。

预防艾滋病。①远离毒品。②使用一次性注射器和经过严格消毒的医疗器械。③不去无行医执照或者无消毒措施的街头诊所或美容机构打针、输液、扎耳洞、文身等。针灸针也必须消毒。④不与他人共用牙刷、牙签、剃须刀等极有可能刺破皮肤的日常生活用品。⑤避免直接接触血液，避免徒手接触伤口。⑥如果需要输血，要在正规医院输入经检验合格的血液。

性爱是爱情中至关重要的一部分，它使得情人之爱与亲人之爱、朋友之爱得以区分，并在未来的婚姻生活中扮演了非常重要的角色。希望大学生能够妥善对待、慎重处理爱情中的性，让自己拥有健康而美妙的爱情与婚姻。

第九章 掌控情绪的金钥匙

如果稍加留意一下，我们就会发现我们每个人几乎随时随地都处于一种或几种情绪情感状态当中。喜、怒、哀、乐、悲、恐、惊是“七情”，赤、橙、黄、绿、青、蓝、紫是“七色”，“七情”和“七色”如此吻合，似乎也在提示我们，几乎每一种情绪都会为我们的生命涂上不一样的色彩。很难想象，如果没有这些斑斓的色彩，我们的生命该是怎样的单调和无趣。对同一种情绪和情感，我们感受到的程度还会不一样，有时候淡淡的，有时候很浓烈，有时候甚至会让我们产生被淹没的感觉。在现代社会中，随着社会节奏越来越快，压力越来越大，各种情绪困扰也更容易出现，这些都需要我们每个人提升对情绪的了解和管理能力，大学生也不例外。那么，情绪是什么？它们是从哪儿来的？有什么用？我们怎么与它们相处呢？

第一节 情绪的内涵

一、情绪的含义

（一）情绪的定义和特性

从心理学的角度来看，情绪是人们对客观事物是否满足自己需要而产生的一种态度体验。如果客观事物满足了我们的需要，我们就会产生一种积极的体验，表现为正性的情绪感受，比如快乐、幸福、满足、高兴、喜悦、自豪、开心、感动等；如果客观事物不能满足我们的需要，我们通常会产生一种消极的体验，表现为负性的情绪感受，比如失望、悲伤、痛苦、愤怒、恐惧、害怕、焦虑、紧张、郁闷、失落、烦躁等。

（二）情绪和情感的关系

人的需要有很多种，有的是比较简单的、更接近于机体层面的，而有的则相对复杂、更接近于精神层面。因而在不同层次需要的满足中我们会产生不同层次的态度体验，这就区分出了情绪和情感。那么，情绪和情感有什么关系呢？

从两者的联系来看，首先，情绪是情感的基础。情感往往是情绪稳定化之后的产物，并通过情绪展现出来。其次，情绪表现的背后往往蕴含着情感因素，并且情感的深度决定着情绪表现的强度。

但两者同时也是有区别的。首先，情绪更多的是与某种机体需要是否得到满足相联系的一种体验，人类和动物都会有情绪，比如开心、伤心等。而情感则与人类高级社会需要的满足程度相联系，目前认为为人类所特有，比如美感、道德感、理智感。其次，情绪带有很强烈的情境性，比较不稳定；而情感虽然也有情境性，但稳定性要高很多，更为深刻和持久。此外，相比较于情绪的外显性，情感更为深沉内敛。值得注意的是，在本章中，除了在这里厘清概念时我们将情绪和情感分开外，本章的其他部分及本书的其他章节，为了论述方便，我们不再对两者做具体区分。

二、情绪的表现

情绪包含丰富的表现。一般来讲，我们能体验到的任何一种情绪，通常都包含三个基本的部分：自我体验、生理唤醒及外在表现。

（一）情绪的自我体验

喜、怒、哀、乐、悲、恐、惊，我们对于情绪的定义，通常是基于情绪的自我感受部分而进行的。这部分具有很大的主观性和独特性。

首先，不同的事物和情境，会引发我们不一样的主观情绪感受。比如，美味可口的食物会让我们心情愉悦，闷热潮湿的天气却容易激起我们的烦躁。

其次，同一种事物和情境，会给不同的人带来不一样的情绪体验。比如同样在一个夏夜的深巷中，如果是一个初来乍到的游客独自一人不小心走到这里，他可能对这条小巷的幽深感到害怕和恐惧；而如果是一个家住附近、从小就在巷子中玩耍长大的当地人，他可能对巷子感到的就是亲切、惬意。

最后，即便被定义为同一种情绪，我们的主观感受也可能会有所不同。比如同样是幸福，甲对幸福的主观感受与乙对幸福的主观感受，未必就是全然一样的。

（二）情绪的生理唤醒

情绪的生理唤醒是很容易被忽略的，但在很多时候，它们都是显而易见地存在着的，如果稍加训练和留意，我们就能发现情绪的这些表现。

情绪的生理唤醒通常集中在心率、血压、呼吸、平滑肌节律、内分泌及各种内感受器等生理变化上。比如，当我们紧张和焦虑的时候，我们往往会出现心跳加快、口干舌燥、肌肉紧张、尿频尿急等生理表现，严重的个体会出现头晕头痛、胸闷、腹痛、内分泌不调甚至晕厥等反应。

了解了情绪的生理唤醒之后，一旦我们感受到了身体的这些变化，我们就可以提醒自己：也许是我们产生了一些情绪，它们是什么情绪呢？这样就提高了我们对于情绪的觉察能力。

了解了情绪的生理唤醒之后，就我们可以避免单纯地把这些生理反应误以为是自身身体出了问题。惊恐障碍患者常常会有伴随明显生理反应的濒死感，这种感受会使得他们回避很多正常的生活场合，他们总以为自己到了某些特定地方或者做了某些事情就会使自己失控乃至于死亡，所以这些恐怖的感受使得他们无法过他们想要的生活。实际上，这些濒临死亡的生理反应常常是伴随情绪而生的反应，并非在现实的生活中有实际的危险。而且，这些生理唤醒通常与我们的情绪密切相关。我们的情绪越强烈，生理的唤醒就会越明显。随着情绪的下降，生理的唤醒也会逐渐减弱。当然，如果情绪的持续时间很长、很频繁，那么由于过度频繁的生理唤醒，我们的身体状况也会出现紊乱。很多心身疾病的由来即源于此。由此可见，情绪的调控是多么重要。

（三）情绪的外在表现

情绪的外在表现包括我们可以观察到的面部表情、体态姿势、语音语调及相应的行为。

情绪的发生通常会伴随着一些面部表情的变化，眉开眼笑形容一个人开心，愁眉苦脸形容一个人忧虑，怒目而视形容一个人生气，咬牙切齿形容一个人愤恨，张口结舌表示一个人惊讶……可见，我们的面部表情仿佛情绪的信使，传递出我们情绪状态的信息。尤其是我们的眉毛、眼睛、嘴巴、鼻子等器官，在情绪的表达中具有很大的作用。

【知识窗 9-1】

人类的几种基本面部表情

你能识别出图9-1中七种基本面部表情分别代表着什么样的情绪吗？

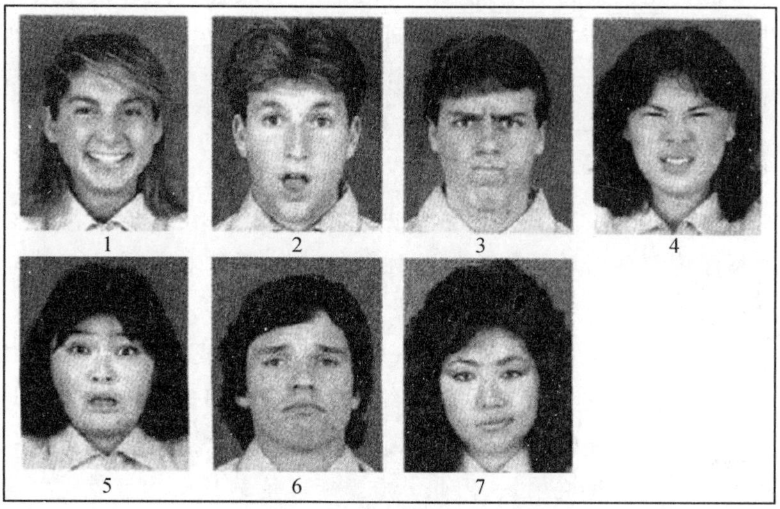

图9-1　人类基本面部表情

人或动物都可以通过表情表达情绪，达尔文在其晚年著作《人与动物的情绪表达》中指出：动物和人类各种不同情绪所特有的表情在发生上分别具有共同的根源。而正因为表情有其生物学根源，许多最基本的情绪的原始表情是具有全人类性的。美国心理学家保罗·艾克曼（P. Ekman）通过对西方人和新几内亚原始部落居民的面部表情研究，发现某些基本情绪（快乐、悲伤、愤怒、厌恶、惊讶和恐惧）的表达在两种文化中都很雷同。人或许可以用语言对情绪加以掩饰，但表情会“泄露天机”，一系列

“微表情”研究因此应运而生，即通过对人短暂的、被抑制的细微表情的观察，分析出其真实的感受和动机。“微表情”可能一闪而过（最短只持续1/25秒），较难被人察觉，但这种下意识的表情还是暴露了人的真实的内在情绪与想法。在美国，针对微表情的研究已经应用到国家安全、司法系统、医学临床和政治选举等领域。此外，对情绪表情的研究也运用到了生活中，牛津大学的科学家据此开发出了一款名为“情绪脸谱”的新的应用程序，能通过检测人的面部表情判断其心情，进而向其推荐提振精神或平息焦虑的最佳食物。

除了面部表情外，体态姿势和语音语调也传递着个体的情绪状态。比如，有些人会在焦躁的时候不住地抖腿，有些人在紧张的时候会将自己的双手不自觉地紧握在一起。再比如，当一个人不开心的时候，讲话的语调往往都会低沉下来。

此外，情绪还伴随着行为表现。比如我们在愤怒的时候，常常会拍案而起；在伤心的时候，会哭泣悲鸣；在高兴的时候会手舞足蹈；在兴奋的时候会上蹿下跳；在恐惧的时候会奔走逃逸……

总之，一种真实而完整的情绪状态通常应该包含上述自我体验、生理唤醒及外在表现这三个部分，或者说，只有这三个部分都具备，才是一个完整的情绪体验过程。如果一个人佯装高兴，他即使有高兴的外在表现，也不会出现相应的主观感受和生理唤醒，当然也不能算是完整的情绪过程。反之，一个人想要掩饰自己的情绪，比较容易掩饰外在表现而难以掩饰主观感受和生理唤醒，测谎仪之所以有效，便是部分依赖于此。

【知识窗 9-2】

关于情绪产生的理论

大多数情绪理论都试图详细精确地阐述环境中的事件和生理唤起是如何相互作用而引发主观的情绪体验的。这里，我们将着重介绍几种有影响的情绪理论。

（1）詹姆斯（詹姆斯-兰格）理论。詹姆斯指出，当我们面对不习惯的某种公开行动时，我们不是先感到焦虑，然后产生神经质的颤抖、哆嗦和口吃，而是先发抖、哆嗦和口吃，然后再对这种身体变化产生感觉，使我们感到焦虑。简言之，“我哭了，所以我悲伤；我笑了，所以我快乐”。因此，詹姆斯理论的核心内容就是知觉到的引起情绪的刺激，激活内脏和骨骼的反应，进而反馈到大脑以产生情绪体验。

（2）坎农（坎农-巴德）理论。W. B. 坎农不赞成詹姆斯的观点，认为皮层下部位，特别是丘脑才是情绪表现的神经生理基础。坎农指出，当一个激发情绪的刺激被丘脑接收后，它同时向上和向下发出神经冲动，向上传至大脑，产生情绪的主观体验；向下传至交感神经，引起机体的生理变化，如心跳加速、肌肉紧张等。因此，情绪体验与生理唤醒是同时发生的，它们都受到丘脑的控制。

（3）沙赫特的二因素理论。现代心理学家比詹姆斯更强调认知因素在情绪的主观体验中的决定作用。他们普遍认为，人具有一些能够知觉到自己的生理唤起的能力，虽然说这种知觉是很模糊的。除了生理唤起以外，情绪体验还取决于主体对外界刺激的评价。也就是说，生动的情绪体验是需要两个因素的结合才能产生的。这两个因素一个是生理唤起，另一个是主体对诱发生理唤起的外界刺激的知觉。以一个人在森林中遇到熊为例，二因素理论认为，他必须既感到毛骨悚然，又意识到自己处于危险之中，才能产生害怕的情绪。

三、情绪的功能

（一）情绪的适应功能

【案例9-1】

一个夏天的傍晚，小竹和小霞在大学校园旁边的街道上散步，两个同窗好友一边闲散惬意地走着，一边天南地北地闲聊。突然，小竹瞥到前方一辆小车失控地向她俩撞来，小竹一边尖叫一边猛地扯住身边的小霞，两人无比迅速地向旁边躲避……所幸躲避及时，再加上小车司机紧急刹车，两人躲过一场大祸。惊魂未定之余，两人互相看一眼彼此发白的脸色，忍不住拍拍自己的胸部，心有余悸地念一声“阿弥陀佛”。两个人平复了一下呼吸和心情，当即决定回头折返，不再沿着这条路上继续前行。

设身处地地想一想，如果你是小竹或小霞中的任何一个，当我们看到前方有辆车正向我们冲来时，大概每个人都会感到下意识的害怕和惊恐。在这样的紧急关头，我们也许都没有时间对害怕进行主观体验，也没时间发现我们的神情变化，我们所有的注意力和能量都用来迅速采取行动——逃跑、躲避。在上述案例中，小竹和小霞几乎是接近本能地做出了“跳开”“退后”的动作。大家设想一下，如果没有这样的动作，可能会有怎样的结果？也许，一场危及生命健康和安全的车祸就无法避免了！这种极其迅速、无须思考、近乎本能的动作，其实就是在我们恐惧和害怕情绪的驱使下做出的身体反应，它让我们得以避开突如其来的危险和伤害。这就体现了情绪一项非常重要的功能：适应功能。

此外，情绪感受还可以使我们在社会生活中更好地发展，让我们的文明持续不断地进步。例如，比较复杂的同情、内疚感等情绪感受，就可以使我们对所作所为进行改善，从而构建和保持我们良好的社会关系。

在这一部分，尤其要跟大家强调的是负性情绪的适应功能。我们通常比较认同正性情绪的意义，也比较愿意并习惯同正性情绪相处。正性情绪的存在，让我们感受到生活的美好、个体的价值、世界的温暖、人生的意义……这些是我们存在于世的非常重要、必不可少的感受和体验。但对于负性情绪，我们通常都唯恐避之不及，这也是人之常情。甚至有人也许会想，如果没有负性情绪体验该多好啊！从类似于“万事如意”“心想事成”“幸福永远”这样的祝福中就能看到大家的心愿。但其实，如果没有了负性情绪，我们也就无法体会正性情绪。就如没有尝试过苦，大概就无法体会到什么是甜、到底有多甜一样，没有了与所求之物失之交臂的失落和痛苦，就体会不到千回百转后得偿所愿的痛快和幸福；没有了失去之后的悲伤与无奈，就不会有拥有时的幸福与满足……

我们应该牢记：情绪尤其是负性情绪，它们和正性情绪一样，对我们个体的适应和改变、对我们每个人的趋利避害，都有着无可替代的价值和意义。在我们的学习、生活和工作过程中，我们不要轻易地回避或者粗暴地对待这些情绪，一定要记得追寻情绪的痕迹，从情绪尤其是负性情绪那里得到学习和成长。

（二）情绪的组织作用

【案例9-2】

小天是一名师范专业的学生，本来她可以成为一名好老师，可是她毕业之后不得不改行。因为每次走上讲台，小天都极度紧张，在这种情绪状态之下，她感觉自己头脑一片空白，为上课准备的内容什么都想不起来，也讲不出来，只能站在讲台上张口结舌。在这种状况之下，小天完全不能胜任一名教师最基本的工作，只好改行。

在上述案例中，大家不难发现，小天会出现头脑一片空白、张口结舌的状态，跟紧张这种情绪有着非常密切的关系。这恰恰体现了情绪的组织功能，即情绪对人的行动具有组织或者是瓦解的作用。

一般来讲，如果任务有一定的难度，那么，在有情绪唤醒的状态下通常会比没有情绪唤醒的状态完成得更好。因为如果完全没有情绪的唤醒，身心能量就无法被有效地调动起来，会导致身心的活动效率下降。大家可能会有这样的体验，体育课上，老师测试跑步成绩的时候，我们常常能跑出比平时更好的成绩，这是因为我们想要得到一个比较好的成绩或者至少希望自己一定要及格，这种认知之下会产生譬如紧张、兴奋等情绪唤醒，有助于任务更好地完成。但正如上面案例中的小天一样，一旦情绪的唤醒太过强烈，又会对我们任务的完成起到消极的阻碍作用。因为情绪过高会使个体的压力增大，也使个体更容易处于疲惫甚至处于极度受抑制的状态，难以保持持久活动的效率，从而影响活动的有效完成。所以，对于任务的完成，尤其是具备一定难度的任务的完成，中等程度的情绪唤醒是比较适宜的。

（三）情绪的信号功能

情绪具有传递讯息、加强理解、促进交流的功能，这些恰恰是情绪信号功能的体现。

首先，这种信号功能体现在我们可以通过他人的情绪来了解他人的状态及他人对外界事物的评价等方面。正如邓丽君的歌《我一见你就笑》中所唱，如果一个人一见到另一个人就忍不住眉开眼笑，那我们就能从他（她）的表情中了解到这个人是很喜欢另一个人的。再比如，舍友语调轻松地跟你讲起他（她）今天刚结束的一场考试，那么，即便不看他（她）的神情，仅从其讲起考试的轻松语调中，我们也大体能判断舍友这场考试考得不错，舍友此刻的状态也比较放松，在接下来的交往中，我们也可以以比较放松的状态与之接触；相反，如果舍友考完试如临大敌、如丧考妣，那我们就大体能判断舍友多半考砸了，心情很不好，接下来的交往中我们通常会更为小心和慎重。

其次，这种信号功能体现在我们可以通过自己的情绪来了解自我的状态。比如，当你感觉到口干舌燥、呼吸急促、心跳加快、背部绷紧的时候，有可能你正处于紧张或害怕的状态中。当你注意到了情绪传递出的这些信号，你就可以检测一下在现实中到底发生了什么，判断有没有必要采取一些行动来化解这个具有威胁性的状态。

【自我探索 9-1】

情绪信号

两人一组，用不同的神情、语调说同样一句话：我恨你。请大家一方面看看对方不同的神情、语调传递出怎样的情绪讯息，另一方面可以比比看哪个小组用的语调、神情种类最多。

（四）情绪的感染功能

【案例 9-3】

中国足球史上有过著名的“519 事件”。事情发生在 1985 年 5 月 19 日，当时刚刚获得 1984 年亚洲杯亚军的中国队在主帅曾雪麟率领下第三次向世界杯发起冲击。在亚洲区预赛小组赛中，国足只需在最后一场北京对阵香港队的比赛中打平即可获得小组出线权，进入第二轮比赛。在最关键的时刻，中国队犯了轻敌的错误，以 1 比 2 失利，只列小组第二名，未能进入第二阶段的比赛。比赛结束后，现场看球的约 8 万名球迷为此痛哭流涕。随后，他们围堵双方球员、砸烂公共设施、袭击外国人和疑似香港人，并要求与足协领导对话。赛后，失望的球迷冲出体育场，开始沿街破坏物品，他们不仅掀翻了球队的大巴，连路边停靠的小汽车甚至交通亭都未能幸免于难，其中包括部分外国人的汽车。而曾雪麟和他的队员们，则被迫躲在运动员楼中整整三天，因为有球迷手持啤酒瓶在楼下要求与他们对话，为了安全，警方不允许主帅和球员下楼。

“519 惨案”发生后的十天，欧洲爆发了“海赛尔惨案”，利物浦队与尤文图斯队进行欧洲冠军杯决赛之前，意大利和英格兰球迷发生冲突，造成多人死亡。

在这些最终演变成群体恶性事件的过程当中，情绪的互相影响和感染作用是非常明显的。正如“519 事件”发生 20 多年之后，“足球之夜”曾采访过一位当时还是学生的当事人，这位当事人表示，被愤怒和群体感情包围，他采取了不理智的行为。在现实生活中，我们也经常会有类似的体验。比如母亲抱怨自己的孩子不好好学习，总是贪玩。在这种情况下，孩子接收到了母亲对自己的不满和否定，通常也会对母亲进行消极的回应。这也是情绪感染功能的体现。

负性情绪可以相互感染，正性情绪同样也会如此。高考前夕的鼓舞士气、大战之前的誓师大会都是利用情绪的感染功能提升凝聚力或战斗力。

情绪的感染功能，提示我们要学会更好地了解和调适自己的情绪，充分发挥情绪感染的正性作用，避免负性情绪的感染破坏我们的人际关系甚至酿成恶性事件。

【知识窗 9-3】

爱尔马的情绪与健康实验

美国心理学家爱尔马专门研究了生气对人的健康的影响。他进行了一个很简单的实验：把一只玻璃试管插在装有冰水混合物的容器里，然后收集人们在不同情绪状态下的“汽水”。结果发现，即使是同一个人，当他心平气和时，所呼出的气变成水后，澄清透明，无杂色；悲痛时产生的“汽水”有白色沉淀；悔恨时有淡绿色沉淀；生气时有紫色沉淀。爱尔马还把人生气时产生的“汽水”注射在小白鼠身上，不料，只过了几分钟，小白鼠就死了。这位专家进而分析：如果一个人生气 10 分钟，其所耗费的精力，不亚于参加一次 3 000 米的赛跑；人生气时，很难保持心理平衡，同时体内还会分泌出带有毒素的物质，对健康十分不利。

第二节　情绪的调适

【故事分享】

一位骑师拥有一匹好马，这匹马是他精心训练的，骑起来得心应手，只要他把马鞭子一扬，那马儿就乖乖地听从他支配，而且骑师的心意似乎马儿都能懂。

骑师认为既然马儿能够听从自己的指令，那么缰绳就显得多余了。于是有一天，他骑马外出时，就把马儿的缰绳给解掉了。

马儿在原野上驰骋，开头还不算太快，仰着头抖动着马鬃，雄赳赳地高视阔步，仿佛要叫它的主人高兴。但当它知道所有对它的约束都已经解除了的时候，它就越发大胆了，它再也不听主人的叱责，越来越快地飞驰在辽阔的原野上。

不幸的骑师根本不能控制他的马，他用颤抖的手想把缰绳重新套上马头，但已经无法办到。失控的马儿撒开四蹄，一路狂奔，竟然把骑师摞了下来。但马儿还是疯狂地往前冲，像一阵风似的，路也不看，方向也不辨，一股劲儿冲下深谷，最终摔了个粉身碎骨。

情绪也如同这匹马儿一样，如果我们不加以调控，任其发展，虽然貌似自在爽快，最终也会带来很多消极的后果，甚至会害了自己。那么，何谓情绪调适呢？如何进行情绪的调适呢？

情绪调适并非是让自己免于感受和面对负性情绪，而是在觉察情绪后，调整情绪的表达方式，并使用恰当的方式处理情绪。所以，无论是正性情绪还是负性情绪，情绪本身并没有问题，需要我们学习和提升的是如何面对、表达和处理情绪。

一、情绪调适的原则

（一）看到负性情绪的正性功能

在情绪的功能中，我们曾经谈及情绪之所以存在，是因为在漫长的进化过程中情绪有其独特的价值和意义。尤其是负性情绪的出现，其实是在提醒个体：现实情境中出现了一些不能满足我们的需求甚至完全阻碍我们需求满足的状况！如果我们能够接受、面对我们的负性情绪，那么我们就能看清楚现实情境中到底发生了什么，从而可以采用一些应对措施。这就是我们可以向情绪学习的部分，通过这个部分，我们就能够更好地适应环境，获得期待的人生。

（二）先处理情绪，再处理事件

生活中，我们经常会产生各种各样的情绪。好的情绪可以让我们更好地专注于学习、工作，更好地处理人际关系，而坏的情绪则容易让我们心不在焉或者鲁莽冲动，甚至带来一些不好的、难以弥补的后果，尤其是当我们处于强烈的负性情绪状态时。所以，在现实生活中，一定要先处理好我们的情绪，再去处理事件。

无论如何请切记：如果可以，绝对不要在强烈的情绪状态下做重大的决定。

（三）表达情绪要注意“三适”

人类是充满情绪体验的高等动物，也因为情绪体验的存在，人间才变得美妙和多彩。无论是哪种情绪的产生，都有其出现的理由，所以情绪本身并没有什么问题，容易给我们造成困扰的是情绪产生后如何处理。我们并不赞成情绪产生后采取压抑、逃避的处理方式，因为情绪是有能量的，这种能量的控制需要很大的心理消耗，而且会在积少成多中导致爆发。所以需要对情绪进行恰当的处理，在处理情绪的各种方法中，表达不失为一种比较有效的手段。但对于有些个体来讲，压抑情绪不进行表达会伤害自己，不恰当的表达又将能量指向了别人，无异于攻击他人、伤害他人，还会给彼此关系、问题解决带来影响。因此，我们不赞成任性地表达情绪。

那么，什么是恰当的表达呢？恰当的表达就是要符合“三适”的标准。所谓“三适”，就是要适时、适地、适度。适时，是要在恰当的时候表达情绪。你和恋人吵架了，却选择半夜三点钟左右人体最疲惫的时候打电话处理问题，显然不适时。适地，是指情绪的表达要在合适的场景中进行。例如，跟恋人吵架，如果你在恋人的父母面前对恋人的不是和不足大加控诉，这其实是非常不合适的，今后你跟恋人和好如初，但其父母可能不会彻底忘记你的抱怨和不满，影响了对你的观感甚至进而影响你和恋人的关系。相对于适时和适地，适度可能更难做到。适度，要求我们既要有情绪表达，但又不能过分，在情绪表达的时候注意把握分寸，遵循直接、开放、真诚和恰当的原则，既要开诚布公地表达自己的感受，同时也要注意充分尊重对方的感受。要把握这其中的平衡。所谓“矫枉必须过正”，可同时又会“过犹不及”。这其中的度，其实是一种深远的人生智慧。

（四）活在当下

焦虑是现代人经常出现的一种情绪感受。何为焦虑？就是当个体在想象将来时，觉得会发生不符合期待、不能满足自身需要的事件，并且自己是没有能力去应对的，此时，个体会产生焦虑的情绪感受。但将来到底会怎样？个体担心的事情一定会发生吗？或者如果发生的话真的会如个体以为的那样无法应对吗？其实我们谁都没有这样的能力去预测。可很多人会因为这些担心和担忧而不能专注于当下、享受现在，甚至罹患焦虑症。类似的，我们还会产生很多其他负性情绪，这些困扰也来源于我们身在此时此刻，心却在彼时彼刻。其实，对于每个人而言，昨日之日都不可留，来日之日亦不可追，只有现在，才是最真实的。如果错过了现在，其实就错过了我们真实的人生。所以我们每个人都应该珍惜我们在此时此刻遇到的每一个人，吃到的每一种食物，听到的每一声鸟叫，看到的每一朵花开，感受到的每一阵轻风，正在做的每一件事，正在体验的每一种情感……

【知识窗 9-4】

情商“一二三”

情商（Emotional Quotient）全称情感智商或者情绪智商，是情绪评定的量度。1991 年被提出，并在后来由美国哈佛大学的心理学家 Daniel 进行了完善。在 1995 年出版的《情商》一书中，Daniel 说：“真正决定人成败的关键因素在于情商而不是智商。”他认为，利用智力测验或标准化的成就测验来衡量一个人的智力，并预测其未来的成败，不如用情绪的特质来衡量更有意义。

Daniel 认为情商主要包括自我意识、自我激励、情绪控制、人际沟通和挫折承受力等方面，其外延十分宽泛，其中了解自己的情绪和自我是核心问题。具体来说，情商包含以下五种能力。

1. 认识自己的情绪

这是情商的基础。当处于情绪状态时，应该认识并面对这些情绪，而不是躲避。这里涉及认识自己情绪的能力和表达情绪的能力。

2. 控制自己的情绪

控制情绪就是调适自己的情绪，并能进行有效的表达。有效的表达指情绪的表达适时、适地且适度。那些能够控制情绪的个体，更容易摆脱情绪的低潮，从挫折和失败中恢复。

3. 认知他人的情绪

认知他人情绪也即共情的能力，共情能力强的个体常常能够通过他人传递出的各种信号敏锐地把握他人的情绪状态，从而很好地理解他人。这样的个体往往能够快速获得他人的信任和亲近，更好地建立有效的人际关系。

4. 人际关系能力

这种能力包括情感表达能力、情绪协调与情绪感染力，以及包括组织能力、协调能力、冲突解决能力等在内的社交能力。

5. 自我激励

这一能力指能将情绪专注于某项目标上，为了达成目标而调动、指挥情绪的能力。比如为了任务的完成、目标的达成能够控制冲动、延迟满足等。具备这一能力的个体，往往更容易取得较大的成就。

二、情绪调适的步骤

情绪调适的步骤大体来讲可以分成三步：

第一步：WHAT，即了解感受到了什么样的情绪。

要进行情绪的处理，首先得知道我们正面临着哪些情绪。所以我们一定要能够感受并确定我们的情绪状态。这里有两个注意点，第一点是当情绪发生的时候，我们不能立即回避。一些情绪障碍的形成，常常就是个体使用特定的、不适应的行为模式对情绪进行反应带来的。比如强迫症，就是个体用强迫的方式应对难以面对的情绪困扰。第二点是我们要能命名我们的情绪。这就需要我们有丰富的情绪词汇。如果个体发现对自己的情绪进行命名是困难的，那首先需要丰富自身的情绪词汇。

【知识窗 9-5】

拉扎勒斯处理情绪的方法

拉扎勒斯处理情绪的方法，就是将情绪与其核心相关主题一一对应（表 9-1），然后分门别类采取相应的措施。

表 9-1　拉扎勒斯的“情绪及其核心相关主题”

情绪	核心相关主题
愤怒	冒犯、蔑视我或我的东西
焦虑	感受到存在着不确定的威胁
惊恐	面对突如其来的、真实的、巨大的、可能危及身体的危险
内疚	触犯了某一道德法则
羞愧	未能达到理想自我
悲伤	遭受了不可挽回的丧失或损毁
羡慕	想要得到别人所拥有的东西
妒忌	因失去另一方的情感而憎恨第三方
厌恶	接受或接近令人讨厌的物体、人或思想
快乐	朝着目标的时限迈进了一步

续表

情绪	核心相关主题
自豪	因为自己或认识的人或者二者所属的团体取得了某种成就和创造而感到荣耀，这种荣耀提升了自我认同
放松	令人苦恼的与目标不相容的情况已经好转或过去
期望	惧怕坏的结果，想要更好的结果
爱	经常渴望的情感，而不要回报
同情	被别人的痛苦打动，想给予帮助

第二步：WHY，即了解情绪来自哪里。

我为什么开心？我为什么悲伤？我因何而妒忌？我怎么就会烦躁？我焦虑的根源在哪里？什么让我感觉到幸福……当我们感受到各种情绪状态的时候，我们还得搞清楚到底是什么引发了我们的情绪。只有知道情绪因何而来，我们才能更好地认知自己、了解环境，才能掌握情绪传递给我们的丰富信息。

第三步：HOW，即怎样处理情绪。

当我们了解了我们有怎样的情绪，又弄清楚了这些情绪是由哪些因素引发的，我们就可以知道在外部环境与自我内在需要的满足之间到底存在怎样的矛盾和差异，只有这样，我们才可以进一步选择是维持这样的矛盾还是进行一些有效的改变以解决矛盾。在这种情况之下，无论是否需要改变矛盾的局面，我们都更容易接受和处理这些矛盾了。

下面，让我们学习一些具体的情绪调适方法，以帮助我们避免陷入不良情绪而无法自拔，避免不良情绪影响自己的学习与生活。

三、情绪调适的具体方法

（一）宣泄法

情绪是有能量的，为了避免能量过度淤积给自我带来伤害，我们要学会将情绪的能量宣泄出去。宣泄有很多种方法，其原则是既不伤害自己，也不伤害他人。所以，我们可以通过运动、倾诉等积极的方式进行宣泄，也可以通过哭泣、击打柔软物件等方式予以纾缓。

（二）转移法

负性情绪常常会让我们感觉很不舒服，也容易给我们的学习、工作或生活造成影响。此时，我们可以采用转移注意力的方法，让自己暂时从负性情绪中脱离出来。比如，我们可以找朋友聊会儿天，可以看一本喜欢的书，打一会儿心仪的游戏，逛逛街，画一会儿画……总之，可以做一些自己喜欢的、能获得愉悦体验的事情。

但要注意，我们不能一直采用这样的方法，或者每次都用同样的方法，因为转移了注意力，事情并没有改变，同样的情绪还会继续产生。所以转移法只是让我们稍做休息，积蓄能量，为后续问题的处理、事情的解决等待契机。

（三）隔离法

在一些特别强烈的情绪状态下，我们总是忍不住会采取一些行动，而这些行动往往在事后会让我们后悔莫及。在这种情况下，想要迅速调适好情绪然后再进行反应是非常困难的。此时，可以采用隔离的方法。比如，暂时结束当时的事件或者迅速离开当时的场地等，都不失为一种缓冲自我情绪的好方法。

我们也可以尝试给自己一些简单的信号，让自己可以迅速地从强烈的情绪状态中脱离出来。这些信号可以是贴在床头的一句或几句重要的话，也可以是一些动作，比如从一数到十等。还有一些时候，过于强烈的情绪几乎淹没了我们，理性的思考和语言已经没有任何作用，此时，我们需要一些非常直观的刺激最直接地作用于我们的感官，以让我们得以平静下来，比如亲人的照片、冰箱中取出的冰凉的苹果……这些最直接的视觉、触觉刺激有助于我们找回理性的情绪。

（四）转化法

对情绪的研究表明，情绪的产生，与事件本身并没有太多的关系，而与我们对事件的认知和评价有密切的关联。著名的“酸葡萄心理”就很好地阐释了这个观点。艾利斯的理性情绪疗法、贝克的认知疗法，都是通过种种技术让个体改变认知和评价，从而调整和改变情绪（具体内容详见本书第三章）。

具体来说，如果我们给自我一个能够接受的解释，往往可以很好地转化我们的情绪，避免我们被消极情绪困扰甚至吞噬。比如有的人因为做了一些愚蠢的事情而后悔，我们可以这么想：我已经做了我在当时所能想到的最好的选择，我当时的智慧就只有这么多。

有时候，换一个角度看问题，我们会发现事情出现了转机。古语有云“福祸相依”就是这个道理。比如，某个朋友信誓旦旦地答应帮你办一件事，结果他居然一次两次地都忘记了，你非常生气，因为你觉得这个朋友压根儿没把你和你的事情放在心上。你在生气的同时可能也会有些难过，下次再见时大家都不太自在。但如果你想的是，他未必是不把你和你的事情放在心上，他也许只是并不觉得“说到就该做到”是很重要的人生信条。这样想的话，也许你就不那么生气和难过了，下次再见面时至少你也不会觉得那么别扭了。而且，你可以这样想：这给了我一个认识彼此的机会，以后再有一些重要的事情，就不能全权拜托给这样的朋友了。

（五）放松法

面对充满能量的情绪，学会放松也不失为一种很好的处理情绪的方法。放松法包括正念、冥想、放松等多种方法。

【自我探索 9-2】

学习放松肌肉

放松的准备：穿宽松保暖的衣服，选择一个安静、整洁、空气清新且没有干扰的房间，坐在带有靠背的椅子上，头和背靠在上面，双臂自然下垂，双手搭在膝上，双足平放，与肩同宽，小腿与大腿、大腿与臀部成直角，双目微闭，注意力集中于身体动作。

放松的步骤：

第一步：深深吸口气（约10秒），慢慢地把气呼出来（停一会儿）。再深深地吸口气（约10秒），慢慢地把气呼出来（停一会儿）。

第二步：伸出前臂，攥紧拳头，用力。注意手上的紧张感受（约10秒）。放松双手，体验放松后的感受（停一会儿）。再做一次（同上）。

第三步：弯曲双臂，并注意感受肌肉紧张的体验（约10秒）。放松双臂，再体验放松后的感受（停一会儿）。再做一次（同上）。

第四步：双腿紧张，脚趾绷直（约10秒）。放松双脚（停一会儿）。再做一次（同上）。

第五步：放松小腿上的肌肉（约5秒）。脚尖用力向上翘，绷紧小腿的肌肉（约10秒）。彻底放松（停一会儿）。再做一次（同上）。

第六步：放松大腿上的肌肉（约5秒）。脚跟向下、向后紧压地面，绷紧大腿肌肉（约10秒）。彻底放松（停一会儿）。再做一次（同上）。

第七步：放松头部肌肉（约5秒）。绷紧额头的肌肉，紧皱额头肌肉（约10秒）。放松（停一会儿）。闭上双眼（约10秒）。从上至左、从下至右转动眼球，加快速度，再反方向地进行。放松（停一会儿）。紧咬牙关（约10秒）。用舌头顶向上颚，用力上顶（约10秒）。彻底放松（停一会儿）。将头用力向后，靠近沙发（约10秒）。彻底放松（停一会儿）。用力向内收紧下巴（约10秒）。放松（停一会儿）。再重复做一遍（同上）。

第八步：放松躯干上的肌肉群（约5秒）。用力向后扩展双肩（约10秒）。放松（停一会儿）。再做一遍（同上）。

第九步：用力提双肩，使其接近耳垂（约10秒）。放松（停一会儿）。再做一遍（同上）。

第十步：用力向内合紧双肩（约10秒）。放松（停一会儿）。再做一次（同上）。

第十一步：向上抬起双腿，弯腰（约10秒）。放松。再做一次（同上）。

第十二步：绷紧臀部肌肉，用力上提会阴（约10秒）。放松（停一会儿）。再做一遍（同上）。

休息两分钟后，再从头至尾做一遍。肌肉放松训练只有坚持练习，才能达到熟练的水平，最好每天练习1~2次，每次练习10~20分钟，并要合理安排时间，尽量减少干扰。应该注意的是，放松前的紧张动作是为了体验放松的感觉，这种紧张的感觉越强，关于放松的记忆就越牢固。当放松的感觉清晰地铭刻于记忆中后，便可以省略肌肉紧张部分而只做放松部分。

第三节　大学生的情绪及常见问题调适

一、大学生情绪发展的特点

大学生处于青春期的中后期阶段，他们有这一年龄阶段的个体所共有的热情和冲动及自制、成熟。同时，由于大学生还是一个比较特殊的群体，他们也具有自己独特的情绪特点。

（一）稳定性和波动性兼备

从生理因素来看，大学生正处于成年早期阶段，这一阶段性激素分泌的旺盛使得大脑皮层和皮层下中枢之间出现暂时的不平衡，容易出现情绪的波动。

从社会环境来看，进入大学之后，学习不再是唯一的任务和要求，友谊、爱情、事业等都开始在大学生的生活中占有很大比重。大学生有很多的时间、精力进行各种尝试；交际范围和生活范围的拓宽也使得大学生有更多机会经历、面对各种事件。这些带给了大学生更多发展自我、体验人生的机会，同时也给他们带来了更多的困扰和压力，这些困扰和压力，也容易引起情绪的波动。

但与此同时，大学生的人生观、世界观、价值观开始逐渐清晰，对人、对己、对社会、对世界，都有了更进一步的认识，而且很多大学生在这一阶段都开始更有意愿也更有时间和能力去探索自我，认知自己的情绪，提高自己的情绪调适能力，所以，大学生的情绪在波动的同时，也有一定的稳定性。

（二）既内敛又外显

大学生往往热情洋溢、真挚诚恳，常常会因为一件事情而热血沸腾、激情昂扬，也会因为另一件事情而感动落泪，或者失望悲观。大学生特殊的年龄阶段使得他们不太容易伪装自己的情绪感受，所以他们很容易将自己的情绪感受表现出来。但同时因为自尊心的增强，他们有时也不太愿意将感情直白地表露出来，甚至有时会采用掩饰、防御的方式来表达自己。所以他们在这一阶段常常表现出既内敛又外显的情绪特点。

（三）主导情绪具有阶段性

由于进入大学后所面临的主要任务不同，所以在大学几年中，大学生的主导情绪会呈现出不太一样的阶段性的特征。

对于刚入大学的新生而言，因为结束了一段漫长而艰苦的学习过程，进入了人生一个崭新的环境，大学生情绪特征在这一阶段以放松、好奇和热情为主要的状态，他们会愿意以相对比较饱满的热情投入大学的学习、生活，建立更广泛的人际联系，探索周遭的崭新环境，进行丰富多彩的社会活动。在这一探索过程中，有的学生因为十年寒窗努力而有所回报或得偿所愿，有的学生则因为发挥欠佳等多种因素而与自己喜欢的学校或专业失之交臂，因而又夹杂或开心满意或失望低落等各种情绪。

到了大学中后期，好奇和热情逐渐走向平淡，学生的情绪状态会因为各自对大学主题的不同选择而呈现出不一样的分化。但总体来讲，大学生开始面对友谊、爱情、自我认知、未来发展等多个人生命题，情绪往往在平稳中有变化和波动。

到了毕业前的阶段，因为忙于毕业实习、找工作等各种重大任务，并且面临人生环境从学校进入社会的再一次变化，这个阶段的大学生压力可能会更大一些，需要处理的命题可能也更现实一点，因而情绪往往也会出现较大或较频繁的波动。

【自我探索 9-3】

焦虑自评量表（SAS）

（1）请根据自己一周来的实际感觉，在每一题后选择并写上适当的字母（见选项），请不要漏评任何一个项目，也不要在相同的一个项目上重复地评定；（2）量表中有部分反向（从焦虑反向状态）评分的题，请注意保障在填分、算分评分时的理解；（3）本表可用于反映测试者焦虑的主观感受，对心理咨询门诊及精神科门诊或住院精神病人均可使用，但由于焦虑是神经症的共同症状，故 SAS 在各类神经症的鉴别中作用不大；（4）关于焦虑症状的临床分级，除参考量表分值外，主要还应根据临床症状，特别是要害症状（要害症状包括：与处境不相称的痛苦情绪体验、精神运动性不安、植物神经功能障碍）的程度来划分，量表总分值仅能作为一项参考指标而非绝对标准。

选项：A. 没有　B. 小部分时间　C. 相当多时间　D. 绝大部分时间或全部时间

（1）我觉得比平常容易紧张或着急。（选择：______）

（2）我无缘无故地感到害怕。（选择：______）

（3）我容易心里烦乱或觉得惊恐。（选择：______）

（4）我觉得我可能将要发疯。（选择：______）

（5）我觉得一切都很好，也不会发生什么不幸。（选择：______）

（6）我手脚发抖打颤。（选择：______）

（7）我因为头痛，颈痛和背痛而苦恼。（选择：______）

（8）我感觉容易衰弱和疲乏。（选择：______）

（9）我觉得心平气和，并且容易安静坐着。（选择：______）

（10）我觉得心跳很快。（选择：______）

（11）我因为一阵阵头晕而苦恼。（选择：______）

（12）我有晕倒发作或觉得要晕倒似的。（选择：______）

（13）我呼气吸气都感到很容易。（选择：______）

（14）我手脚麻木和刺痛。（选择：______）

（15）我因为胃痛和消化不良而苦恼。（选择：______）

（16）我常常感觉要小便。（选择：______）

（17）我的手常常是干燥温暖的。（选择：______）

（18）我脸红发热。（选择：______）

(19) 我容易入睡并且一夜睡得很好。 (选择：______)

(20) 我做噩梦。 (选择：______)

计分方法：选 A 得 1 分，选 B 得 2 分，选 C 得 3 分，选 D 得 4 分；其中第 (5) (9) (13) (17) (19) 题为反向计分题，选 A 得 4 分，选 B 得 3 分，选 C 得 2 分，选 D 得 1 分。

分析指标：SAS 的主要统计指标为总分。将 20 个项目的各个得分相加，即得粗分；用粗分乘以 1.25 以后取整数部分，就得到标准分。

结果解释：按照中国常模结果，SAS 标准分的分界值为 50 分，其中 50—59 分为轻度焦虑，60—69 分为中度焦虑，70 分以上为重度焦虑。

二、情绪对大学生的影响

(一) 情绪对大学生健康的影响

随着社会的发展和生活水平的提高，我们认为一个健康的个体至少要包含生理和心理两个方面的健康。而情绪对健康这两个方面都有非常重要的影响。

首先，情绪被称为心理健康的“晴雨表”，它可以最直观地反馈我们内在心理状态的变化：开心、悲伤、失落、愤怒、高兴、幸福……

其次，长期的负性情绪的累积，往往会消耗我们巨大的心理能量，最终导致我们心理健康水平的下降。

此外，如果个体的情绪长期处于消极、失控的状态，往往也会导致免疫力下降而罹患各种传染病。而且，有时候一些情绪直接会引发生理反应，影响各种器官的功能，长此以往导致各种心身疾病的发生。古语有云，“怒伤肝，喜伤心，忧伤肺，思伤脾，空伤肾”，这就很直观地道出了情绪对我们各个身体器官的负面作用。包括气喘、胃溃疡、高血压等在内的自主神经系统、胃部、支气管和皮肤部分疾病，或多或少地跟我们的不良情绪有密切的关系。

【知识窗 9-6】

各类情绪对人体造成的影响

著名心理学家 David R. Hawkins 分析了各类情绪体验的能量等级，从最负面、伤身的，到最正面、滋润的，所有情绪体验里面，排最低的不是愤怒、悲伤、恐惧；排最高的不是骄傲、勇气、真爱，那会是什么（图 9-2）？

（按：能量等级从 0 到 1000；200 以下为负面，200 以上为正面。）

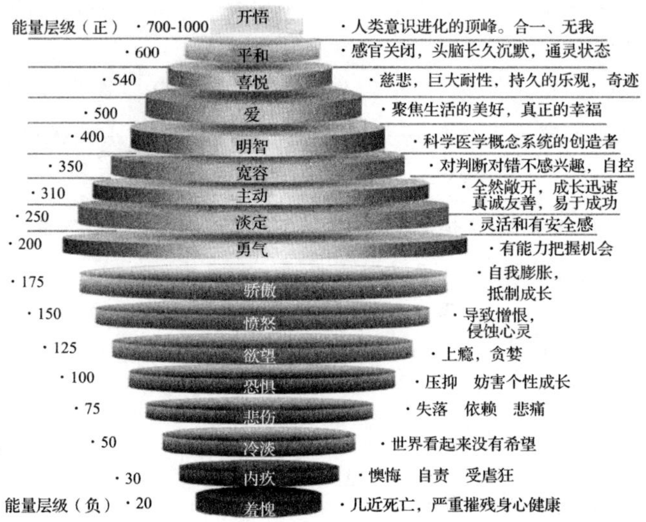

图 9-2 各类情绪的能量等级

（1）羞愧（Shame）：20

羞愧的能量级几近死亡，它犹如意识的自杀行为。在羞愧的状况下，我们恨不得找个地缝钻进去，或者是希望自己能够隐身。

（2）内疚（Guilt）：30

内疚感以多种方式呈现，比如懊悔、自责等，以及所有的受害情节都是。无意识的内疚感会导致身心的疾病，以及带来意外的自杀行为。它也经常表现为频繁的愤怒和疲乏。

（3）冷淡（Apathy）：50

这个能量级表现为贫穷、失望和无助感。冷漠意味着无助，缺乏的不只是资源，个体还缺乏运气。除非有外在的帮护者提携，否则个体很可能会潦倒致死。

（4）悲伤（Grief）：75

这是悲伤、失落和依赖性的能量级。在这个能量级的人，过的是懊丧和消沉的生活。这种生活充满了对过去的懊悔、自责和悲恸。在悲伤中的人，看这个世界都是灰黑色的。

（5）恐惧（Fear）：100

从这个能量级来看世界，到处充满了危险、陷害和威胁。一旦人们开始关注恐惧，就真的会有数不尽的让人不安的事情来临，最后导致压抑，这种压抑性的行为不能提升到更高层次。

（6）欲望（Desire）：125

欲望让我们耗费大量的努力去达成我们的目标，去取得我们的回报。这也是一个易上瘾的能量级，欲望意味着累积和贪婪。

(7) 愤怒 (Anger): 150

愤怒常常表现为怨恨和复仇心理，它是易变且危险的。愤怒来自未能满足的欲望，来自比之更低的能量级。愤怒很容易就导致憎恨，这会逐渐侵蚀一个人的心灵。

(8) 骄傲 (Pride): 175

骄傲是具有防御性和易受攻击性的，因为它是建立在外界条件下的感受。一旦条件不具备，就很容易跌入更低的能量级。自我的膨胀是骄傲自大的助推剂，而自我意识过分强的个体常常是易受攻击的。因此骄傲的演化趋势是傲慢和否认，从而阻碍成长。

(9) 勇气 (Courage): 200

这是一个重要的关节点。勇气是拓展自我、获得成就、坚忍不拔和果断决策的根基。来到勇气的能量级，生活看起来就是激动人心的、充满挑战的、新鲜有趣的。在这个能动性的能量级，人们有能力去把握生活中的机会。处于这个能量级的人们总是能给这个世界回馈足够多的能量。

(10) 淡定 (Neutrality): 250

到达这个能量级的能量都变得很活跃了。低于250的能量级，意识一般是趋向于分裂和刚硬性的。淡定的能量级则是灵活和无分别性地看待现实中的问题。这是一个有安全感的能量级。来到这个能量级的人们，无意于争端、竞争和犯罪，都是很容易与之相处的，让人感到温馨可靠。

(11) 主动 (Willingness): 310

这个意识层次可以看作进入更高层次的一道门。在主动层次的人，通常会出色地完成任务，并竭力获得成功。这个能级的人的成长是迅速的，他们是为人类进步而预备的人选。

他们的思想是全然敞开的，他们总能有助于人。他们也乐意面对内在的状况，能够看到自己的不足，并学习别人的优点。

(12) 宽容 (Acceptance): 350

在这个能量级，一个巨大的转变会发生，那就是个体往往了解到自己才是自己命运的主宰，自己才是自己生活的创造者。在宽容的能量级，没有什么“外在”能让一个人快乐或悲伤，爱也不是谁能给或夺走的，这些都来自内在。在这个能量级的人不会对判断对错感兴趣；相反的，对如何解决困难他们则乐于参与。他们更在意长期目标，良好的自律和自控是他们显著的特点。

(13) 明智 (Reason): 400

这是由科学、医学和概念化及理解能力形成的能量级。知识和教育在这里成为资历。这是诺贝尔奖奖金获得者、大政治家和高级法庭审判长的能量级。爱因斯坦、弗洛伊德，以及历史上的很多其他思想家都是这个能量级。这个能量级的人的缺点是，过于关注对符号和符号所代表的意义的区分。单纯的明智并不能让人走向真理。

（14）爱（Love）：500

这个500能量级的爱是无条件的爱，是不变的爱，是永久性的爱。这种爱不会动摇，它不是来自外界因素。爱是存在的基本状态，是宽容、滋养和维持这个世界的。爱总是聚焦在生活美好的那一面上，并且增大积极的经验。这是一个真正幸福的能量级。世界上只有0.4%的人曾经达到这个意识进化的层次。

（15）喜悦（Joy）：540

当爱变得越来越无限的时候，它开始发展成为内在的喜悦。这是在每一个当下，从内在而非外在升起的喜悦。540能级也是拥有治疗和精神独立的能量级，由此往上，就是很多圣人和高级修行者及治疗师的能量级。这个能量级的人具有巨大的耐性，对一再显现的困境具有持久的乐观态度及慈悲胸怀。到达这个能量级的人，其持久性的关注会带来爱和平静。

（16）平和（Peace）：600

这个能量级和所谓的卓越、自我实现有关。一旦达到这个能量级，内与外的区分就消失了，感官被关闭了。能量级在600及以上的人的感知如同慢镜头一样，时空悬停了——没有什么是固定的了，所有的一切都生机勃勃并光芒四射。这是一种非同寻常、无法言说的现象，所以个体的头脑保持长久的沉默，不再分析判断。

能量级为600到700之间的艺术作品、音乐和建筑能临时性地把我们带到永恒的状态中。

（二）情绪对大学生学习的影响

【案例9-4】

小金从小家境贫寒，经常因为经济状况而被他人有意或无意地嘲讽。所以小金一直想通过自己的努力学习让自己出人头地，并且可以改变自己的家庭经济状况和社会地位，报答自己的父母。抱着这样的目的，小金以比较优秀的成绩考上了大学。到了大学后，小金发现，大学里人才济济，自己从以往在中学的优秀到如今已经变成了平凡和普通，再加上专业学习很是吃力，小金感受到了前所未有的紧张和压力。在这种情况下，小金提醒自己必须只争朝夕地努力拼搏，从不允许自己上课走神或者不认真。可是，事与愿违，越是担心自己上课走神，越是紧张，导致小金每次上课都不能很好地集中注意力，反而经常想到各种与上课无关的事情……这让小金更加担心和焦虑，其成绩直线下降。

从上述案例可以看出，一些不良的情绪，会直接给大学生的学习带来消极的影响。当我们烦躁不安的时候，是很难集中精神做我们应该做的事情的，无论是学习还是工作。轻松、愉快、宁静、平和的情绪，既能够让我们更乐于主动学习、积极探索，又能够让我们思维敏捷、想象力丰富、记忆力增强，处于更好地思考、创造和学习的状态。

(三) 情绪对大学生人际交往的影响

“感时花溅泪，恨别鸟惊心。”情绪往往会构成我们生活、交往的底色（比如我们常说的“心境”），当我们处于焦虑、烦躁的状态时，我们更容易被激起一些不良情绪，常常缺乏宽容和耐心；反之，如果我们的情绪放松、愉悦，我们就更容易从积极的方面看待他人，也更容易对他人持有欣赏、肯定的态度。大学生的情绪底色如果是开朗明快的暖色调，就能在人际交往中给别人带来更多积极、正性的感受，从而吸引更多的人来到自己的周围；反之，个体的悲观抑郁、愤怒焦虑也会给周围的人带来巨大的压力，谁都不希望自己周围的情感场是这样的，慢慢地人们就容易回避经常传递负性情绪的个体。很显然，积极正性的情绪更有利于我们形成良好的人际关系。

而如果人际关系正面临误解和冲突的时候，情绪的影响就更加重要了。很多时候，我们之所以无法有效处理人际交往中的冲突情境，非常重要的一个原因是在人际冲突中，我们通常都带着强烈的负性情绪，这使得我们被情绪所控制，忘记了沟通的目的，容易将沟通演变成指责、发泄甚至谩骂，这样的结果往往给个体带来人际关系的破裂。

三、大学生常见情绪问题与调适

大学生常见的情绪问题包括抑郁、焦虑、恐惧、嫉妒、愤怒、羞耻、烦躁、迷茫、孤独等。在这些情绪状态中，抑郁、焦虑、恐惧问题最为常见，由于这一部分内容在本书第二章中有较多的阐述，所以在本章节中，我们主要论述另外一些在大学生群体中比较常见、会给大学生们带来困扰但一般不构成“病症”的情绪问题，主要包括愤怒、嫉妒和羞耻。

(一) 愤怒的调适

愤怒是一种非常常见的情绪，一般被定义为由于对个体价值、信念、权利有侵害或与之相矛盾而使个体产生的一种强烈而不适的情绪反应，往往发生在我们感觉到自我观念、权利、所有物、计划和目标、生活方式等受到挑战、威胁或者伤害等情况下。引发愤怒的场景通常有两个共性：一是事情未按我们期待的发展；二是引发我们愤怒的对象是我们非常重视的。我们对某人或某些东西并不在意，那么这些人或事物往往也不容易引发我们的愤怒情绪。

愤怒一般包括三种形式：主观愤怒、客观愤怒和人际愤怒。主观愤怒是指个体对自己生气。客观愤怒指个体对某一情境或与自己没有直接关系的人生气。人际愤怒往往指向某一特定的个体，并且因为有人际链接而存在直接冲突的可能性。

愤怒的产生总是有其原因的，对于愤怒的处理，能让我们更好地改善环境、维护自身的利益。但如果愤怒过于频繁、激烈和持久，就容易给自我或他人带来伤害，甚至造成无法弥补的后果。所以我们要学会对愤怒进行评估。可以从下面几个角度进行简单的评估：一是评估愤怒持续的时间；二是看愤怒是否过于频繁，如果非常频繁，就要评估自己是否存在不合理的信念或有偏颇的认知，也可以了解一下自己是否有易愤怒的特质，比如属于胆汁质气质的个体，因为其情绪比较容易受到外界影响，所以就比其他气质类型的个体更易愤怒；三是要评估愤怒表达的方式，是进行压抑，还是进行表达？如果是表达，那么表达的方式会给自己或者他人带来伤害吗？会让自己后悔吗？

在评估完之后，我们需要对愤怒进行调适。进行愤怒情绪的调适时有下面一些注意点：

处理主观愤怒时，首先，要避免对自己的苛责。没有谁是十全十美的，每个人都不可避免地会犯错或者做一些事后觉得愚不可及的事情。不要经常性地将怒火烧向自己。其次，处理主观愤怒时还要学会多角度地看问题。我们谁都不是“预言帝”，一件事情处理不好并不代表我们担心的情况一定会出现，世事无绝对，很多时候，不在我们预期中的结果也许会带来另一番局面。再次，处理主观愤怒时还要学会对愤怒进行升华。如果你因为花了太多时间在游戏上而导致期末考试亮“红灯”，那么就请你在新学期开始投入更多精力在学习中；如果你因为太过被动而导致人际关系受损，那么不妨参加一个跟人际交往有关系的互助成长团体……总之，要将你的愤怒引向别处，用行动对引发你愤怒的事件进行修复和弥补。

处理客观愤怒时必须注意两个问题：一是看看自己能做些什么；二是如果什么也做不了，那就让自己接受这样的状况。比如，大学生小溪最近经常接到骚扰电话，别人在电话中报出的信息与她参加某次英语口语培训班留下的信息是一致的，小溪推断自己留在那个口语培训机构的信息被外泄了。当小溪拒绝掉一个来自外省的网络课程推销电话之后，在随后的连续几天中，小溪的手机都有来自不同省份的骚扰电话，虽然小溪都拒绝接听，但每天被骚扰总是一件让人很不愉快的事情，而且好像她的信息在这几天中被贩卖到了很多不同的地方，这让小溪非常生气。在这种情况下，小溪首先得问问自己：“我可以做些什么以改变这种状态?”也许在接下来的生活中，小溪要格外注意保护自己的身份信息；对于陌生电话，尤其是外省的、被标注为骚扰电话的，小溪可以拒接；如果以后有与公民信息保护相关的活动，小溪也可以大力呼吁和支持；同时小溪还得对于是否有人会利用她的信息进行诈骗多留一个心眼……但即便是这些行动，也无法改变小溪留在那个口语培训班的信息已经被泄露，并且这几天正被连续贩卖以致小溪被不断骚扰。更重要的是，在这件事情上，面对中国目前的状况，小溪发现自己好像做不了太多的事情，也改变不了太多的现状，如果每次都生气，似乎除了让自己不舒服之外也没有太多的意义。所以，小溪在考虑好目前自己能做的事情之后，对于自己不能做的、无法改变的，选择暂时接受不失为一种对自己更为负责任的处理方法。

人际愤怒常常与特定的个体有关，因为存在着与之互动的“他人”，而使得这样的愤怒中增加了许多不可控因素。处理人际愤怒可以从以下几个方面进行考虑：首先是制怒。可以通过从一数到十、暂时离开引发愤怒的情境、随身携带写着一些能让自己平息下来的卡片、请经常跟你在一起的亲人朋友提醒你息怒、用握着冰柠檬等方式制怒。其次是表达。向他人表达自己的愤怒一定要真诚、负责任，千万不要使用暴力的方式，无论是语言的暴力还是躯体的暴力。表达的时候要抓住让你愤怒的事件，不要针对个体，也就是说要对事不对人。比如说“你怎么这样？太过分了！”这是对人。“这件事情（或者某种状态）真的让我很生气！”则是针对事件的一种表达。最后，要进行处理。处理时可以先共情，让对方知道你对他很关心，愿意倾听他说些什么，同时你还要设身处地为对方考虑一下：他为什么这么做？他是什么感受？处理时还要注意问题的解决，比如可以问自己，也可以问对方：我们可以为这件事做些什么？我是怎么想的？你有什么建议？你希望怎么样处理？

总之，切勿自己生闷气，将愤怒的能量指向自身，也不要在愤怒时做一些重要的决定或者处理一些重要的关系和事件，可以通过体育运动、写信等方式为愤怒的情绪找到出口，等愤怒的情绪舒缓了之后再处理事件。并且，学会从愤怒中进行学习。

【知识窗 9-7】

与愤怒处理有关的话

不要去打一场和你没关系、你也赢不到什么的战争！

不要给愤怒寻找假、大、空的理由，你需要的是解决问题，而不是空洞的胜利。

不要假装你没有愤怒，其实压抑自己不会让你得到你想要的。

我要学会不再因为自己恨他人而憎恨自己，因为憎恨伤害了我，阻碍了我的努力。

放弃必输的战斗是一种明智的选择！

放弃必输的战斗只是策略中的一种，有时，你还需要学会据理力争。

（二）嫉妒的调适

朱智贤在其主编的《心理学大词典》中这样定义“嫉妒”：与他人比较，发现自己在才能、名誉、地位或境遇等方面不如别人而产生的一种由羞愧、愤怒、怨恨等组成的复杂情绪状态。

嫉妒与羡慕是不一样的。嫉妒中有羡慕的成分，但芭芭拉曾经认为“嫉妒与羡慕是一对双胞胎，嫉妒意味着失去，羡慕预示着收获”。嫉妒与羡慕之间有一条不是特别清楚的界线，羡慕情绪不断积累与加深导致心里不平衡的加剧，则有可能让羡慕越界而变成嫉妒。

嫉妒经常容易出现在面对跟自己处于差不多层级的个体时。也就是说，我们特别容易对在受教育程度、学习成绩、经济状况、人际交往圈子、生活状态等方面比较接近或相似的个体产生嫉妒情绪。比如，我们比较容易嫉妒我们的舍友、我们的同学、我们的玩伴、一起搞活动的社团成员……但我们很难去嫉妒马云、王健林，或者某国家领导人的孩子，因为这些人距离我们中的大部分人都太遥远，无从比较，因而也就不容易产生心理不平衡。

对于大学生来说，嫉妒的情绪主要表现在以下一些领域：

首先，嫉妒容易在学习过程中出现。进入大学之后学生的评价标准有了很大变化，评价体系更为丰富和多样，但学习依然是不少学生非常看重的方面。专业排名、奖学金评定、各种更高层次进修机会的获得等，都容易在比较和竞争中造成心理紧张与压力，让个体出现嫉妒心理。

其次，大学生的嫉妒还会在感情、容貌和经济等方面出现。比如容貌方面，每个人都希望自己天生丽质、英俊潇洒、人见人爱，但实际上有的大学生相貌出众，还有一些人相貌平平甚至会存在某种缺陷，其中一些大学生因不能全面客观地认识自己而容易产生自卑、嫉妒等情绪。在经济状况方面同样也会如此。大学生的经济并非完全独立，很多时候需要依靠原生家庭父母供给。有的学生家境富裕，有的学生家境则比较一般甚至非常贫困，对于一些家境一般甚至困窘的学生而言，如果处理不好这种落差，他们也许就会怨天尤人，出现嫉妒心理。

此外，大学生也会在人际交往、谋求职业等方面产生嫉妒心理。

嫉妒被称作情绪中的恶魔，相比较于其他负性情绪，嫉妒的建设作用是比较少的。有一个成语叫作“妒火中烧”，可见处于嫉妒情绪中的个体会多么痛苦。它一方面使得嫉妒者的注意力与情绪总是受被嫉妒者的影响和操控，另一方面需要个体花费很多的心理能量去对这种情绪进行制约，因而就很难专注于自身的发展和福祉。所以我们要学会更好地调适嫉妒的情绪。

首先，要学会接受和评估嫉妒。一般而言，每个人都会有嫉妒心理，这是非常正常的。我们要尽量把嫉妒心理控制在理智的范围，不要做出让自己后悔莫及的攻击性行为。

其次，即便嫉妒心理的正性作用并不大，我们也要看到，嫉妒心理其实是因为我们不甘心自己的现状而产生的。如果我们善于从负性情绪中进行学习的话，我们还是应当鼓励自己去进行改变，从而尽量达成外在环境与内心需求的平衡。也就是说，我们要行动起来，看到嫉妒心理中羡慕的部分，让自己在行动中向羡慕的对象靠拢，获得自己期待的东西。

再次，要增加自己愉快心情的来源。如果我们所有的自尊和自得都来自学习成绩的名列前茅，那一旦出现在学习上威胁到我们排名的个体，我们就特别容易产生嫉妒心理，而且会让这把情绪之火越烧越旺，因为一旦学习成绩不再名列前茅，那就意味着我们心理上受到了无可弥补的打击，这当然是不能应对的。反之，如果我们学习不如某位同学，但长得比他好看，或者在人际交往中比较受欢迎，或者女朋友比他的温柔，或者在另一个领域中有特长……就比较容易在其他方面获得安慰，达到心理平衡。

最后，要正确认识自我、丰富自我、悦纳自我。在日常生活中我们经常会发现有些人明明很多方面都非常不错，可他的目光总是黏滞在不如他人的某个方面，让自己徒然在嫉妒的情绪中挣扎。这样的个体就属于不能全面客观认识自己的人。前面我们谈到过增加愉快心情的来源可以减少嫉妒体验，那就需要我们平时注意更多地提升自己、丰富自己，让自我更有能量，让自己的生活更为丰富多彩，在这种情况下我们就不需要去嫉妒了，可能连嫉妒的时间都没有。当然，有时候，也需要我们具备“比上不足，比下有余”的良好心态，尽管每个人都有权利很努力地去争取一些东西，但毕竟“谋事在人，成事在天”，百转千回而不能得到的话，我们也要学会接受现实，学会放弃。

【自我探索 9-4】

测测你的嫉妒心

(1) 我觉得命运对我不公平。

① 不符合　② 有点符合　③ 很符合

(2) 我是个多事好问的人。

① 不符合　② 有点符合　③ 很符合

(3) 我渴望得到大家的注意。

① 不符合　② 有点符合　③ 很符合

(4) 别人的快乐使我更加苦恼。

① 不符合　② 有点符合　③ 很符合

(5) 我不像别人那样有好运气。

① 不符合　② 有点符合　③ 很符合

(6) 我讨厌轻易取得成功的人。

① 不符合　② 有点符合　③ 很符合

(7) 我曾被我的普通朋友、密友甚至至交好友所嫉妒。

① 不符合　② 有点符合　③ 很符合

(8) 我嫉妒别人得到了提升而我没有。

① 不符合　② 有点符合　③ 很符合

(9) 当恋人突然收到异性的求爱讯号时，你……

① 无所谓　② 有点嫉妒　③ 非常嫉妒

(10) 当你的恋人和异性好友交谈时，你……

① 无所谓　② 有点嫉妒　③ 非常嫉妒

(11) 当恋人带有称赞和羡慕的神气讨论另外的异性时，你……

① 无所谓　② 有点嫉妒　③ 非常嫉妒

(12) 但恋人在人际关系中比你处理得更好时，你……

① 无所谓　② 有点嫉妒　③ 非常嫉妒

(13) 当恋人收到众人的交口称赞时，你……

① 无所谓　② 有点嫉妒　③ 非常嫉妒

(14) 当恋人受到领导的器重而升职时，你……

① 无所谓　② 有点嫉妒　③ 非常嫉妒

(15) 当恋人在经济收入上超过你时，你……

① 无所谓　② 有点嫉妒　③ 非常嫉妒

(16) 当恋人在事业和工作上取得优异成绩时，你……

① 无所谓　② 有点嫉妒　③ 非常嫉妒

(17) 当恋人对你提起他（她）以前的恋人或者曾经追求的异性时，你……

① 无所谓　② 有点嫉妒　③ 非常嫉妒

(18) 当恋人与他（她）的知己好友玩得尽情尽趣而你被冷落一旁时，你……

① 无所谓　② 有点嫉妒　③ 非常嫉妒

评分标准：选①得 1 分，选②得 2 分，选③得 3 分。

结果解释：以上题目中，1—8 题的总得分超过 14 分时，你的嫉妒心是需要引起你的注意了。9—18 题测试感情嫉妒：29—30 分，说明你的嫉妒心过于强烈，不利于爱情健康成长。要消散你的嫉妒感，全靠别人的帮助是不够的，根本办法在于自我洞察和内省。只要建立自我开放的心理结构，才能摆脱自私的囚室，得到真挚幸福的爱情。20—28 分，说明你的嫉妒心过于淡漠，对爱情生活将会丧失关切感，进而与爱侣关系松散。因为没有嫉妒的爱情就不能称为真正的爱情。只有时不时地向恋人或者配偶显露出你的一丝妒意，才能显出你的爱心。10—19 分，说明你善于使用合理嫉妒的艺术，并能建构起你的和谐温馨的爱之天地。

（三）羞耻的调适

羞耻是一种社会化的高级情感。羞耻感包含了被认为低人一等、没有价值或者在某些方面很糟糕的感受，对个体的自我评价和自我感受常常有非常消极的刺激作用。韦纳（Weiner）把羞耻描述为是个体把消极的行为结果归因于自身能力的不足或自己很差时，而产生的指向整个自我的痛苦体验。羞耻也是一种内涵非常丰富的复合情绪，常常包含脆弱感、害怕感、被批判及被蔑视的感觉，有时也有厌恶和痛苦，以及兴趣和快乐等感受。在羞耻的情绪状态中，我们常常表现出难堪、害羞、脸红、低头、视线转移、目光回避等姿态，我们在行为上会倾向于去隐藏让我们感到羞耻的东西。

羞耻与内疚十分相似，但它们是两种不同的情绪。羞耻常常指向自我，而内疚往往是因为对所做的事或未做的事做出了负性评价。有时候羞耻也是因为我做了一些事，但即便如此，事情也不是负性评价的核心，做这些事情的“我”才是被进行负性评价从而产生羞耻感的原因。当然，有的时候，羞耻与内疚会交织在一起。比如，小王暑假在家时控制不住向父母发了脾气，他可能会感到内疚，但他不一定会去向父母道歉，因为觉得羞耻。

羞耻的产生常常跟下面一些因素有关：①失败；②任何不符合道德规范的行为被人揭发或被逮个现行；③怯懦无能；④性的羞耻等。简单来说，不适当的社会行为或者公开暴露的无能常常能引发个体的羞耻感。

羞耻是一种后天习得的情绪感受，常常跟个体的受教育及社会化有密切的关系。从这个角度来讲，人类应该是自然界中唯一具有羞耻感的物种。中国文化是一种比较重视“耻感”教育的文化，所以我们主流价值观中有“八荣八耻”一说。在这样一种文化背景之下，个体是比较容易感受到羞耻感的。

那么，为什么我们中国的文化会如此重视尚荣知耻的教育呢？羞耻有怎样的功能呢？

首先，羞耻是有正性的功能的。羞耻具有调节、规范和约束个体的心理与行为方式的作用，它能够让个体更好地向善，成为一个“善”的社会人。孟子曾经说，“恶之心，义之端也”，意思是说一个人有了羞耻心，就是其良知品行开始发展的时候。正是因为羞耻心的存在，我们才不会随地大小便、随地吐痰；也正是因为有了羞耻心，道德才能起到巨大的约束作用。个体如此，民族和社会同样如此。羞耻还具有激励功能。“知耻而后勇”，越王勾践卧薪尝胆的故事恰恰说明了羞耻感所具有的巨大激励作用。

其次，羞耻也有负性作用。过度的、不恰当的羞耻，往往不利于个体心理健康的发展，容易使个体行为出现偏离乃至于出现抑郁症、社交恐惧症等心理障碍。拥有不恰当或过度羞耻感的个体，往往会尽量压抑、隐藏让自己觉得羞耻的因素，产生争强好胜、虚荣心强等代偿性表现。他们也会过分注意自己的缺点和错误，过度自我关注和自我保护。

了解了羞耻的功能之后，我们如何对羞耻进行评估和处理呢？

首先，我们要理解，羞耻感是我们的文化和教育过程中会刻意培养与引发的，这是我们成为一个合格的、“善”的社会人所必需的，所以，当我们感受到羞耻的时候，恰恰说明了我们社会化的成功，这是个体成长和成熟的表现，不必因为羞耻而产生次生情绪。

其次，我们要加强自我了解和认知，看一看哪些羞耻是适度的、恰当的，而哪些羞耻是过度的、不恰当的。很多时候，除了社会文化和学校教育因素之外，我们常常也会受到父母或者其他重要抚育者的影响，也就是说，我们的父母或者重要抚育者在哪些方面会感觉到羞耻，通常我们也更容易在这些方面引发羞耻感。

再次，我们要构建合理的认知。羞耻是后天培养的，具有很强的社会性，因此，跟我们的认知因素有密切的关联。比如，近几年出现得比较多的电信诈骗案中的诈骗者，这些人往往是20岁左右的年轻人，经常是整个村的年轻人都在诈骗，对他们来说，诈骗和抢劫不同，是一个“斗智斗勇”的过程，对他们而言，被人鄙弃和让人感到羞耻的不是诈骗本身，而是居然没本事诈骗到钱！很显然，这种“诈骗村”的整体认知，在文化传承和教育过程中走偏了，他们对于应该感到羞耻的现象却因为认知偏差而不感到羞耻，这是有问题的，也给社会带来了巨大危害。当然，与此同时，也存在一些个体因认知偏差对本不该感到羞耻的事情出现羞耻感的。比如，如果某个人从重要抚育者那里得到的认知是自己一家因为穷困而一直被所有人欺负得很惨，那这样的个体在后续发展中就容易产生浓烈的羞耻感，觉得自己不够好，也不值得别人对自己好，这很显然是一种不恰当并且会给自己的发展带来巨大包袱的羞耻感。此时，个体就要重新审视和建构自己的认知，要能够认识到，这样的认知到底是来自于哪里？有多少现实的证据？有没有其他的可能？在此基础上重新思考是否自己真的像原来以为的那样“不好”、不值得别人对自己好。也许经过这一心理历程，你会发现：这些感受其实都是抚育者的感受，而并非自己真的经历过这些；你也许还会发现，自己虽然不是各个方面都很好，但的确有不少地方还挺不错；自己虽然不能被每个人都喜爱，但人际关系一直还算和谐，而且，从小到大，都有一些非常要好的朋友……

最后，如果我们发现自己具有过分或不恰当的羞耻感，又不能进行自我调整和自我完善，那么，可以考虑寻求心理咨询的帮助。

第十章

直面压力的挑战

这个世界唯一不变的就是它一直在变化。人的一生，不管是自身内部还是外在环境，自始至终都面临各种因变化而带来的压力。从个体的角度来看，自出生到死亡，必然要面临与父母亲分离、独立生活、升学就业、结婚养家、疾病死亡等发展与变化；从社会环境的角度来看，我们又生活在一个错综复杂、千变万化的世界中，战争与疾病、通货膨胀、环境污染、就业压力、交通拥堵、职场竞争等常常让我们应接不暇，感到压力重重。近年来，大学生因压力导致的各种心理疾患和心理危机事件更是屡见不鲜，引起全社会的高度关注。科学研究表明，压力与人们的身心健康、工作绩效、社会适应等有着非常密切的关系，因此，正确认识压力，提升对压力的科学管理能力是现代大学生必须具备的一项技能。

第一节　正确认识压力

一、何谓压力

“压力（stress）”作为专业术语最早出现在物理学中，指作用于物体表面并足以使其弯曲或变形的力量。心理学意义上的压力有着类似的原理，当刺激事件打破了有机体的平衡，或者超过个体的承受能力，迫使个体不得不调整自己时，由此产生的一系列身心反应称为压力。这些刺激事件包括各种各样的外界和内部情形，通称为压力源。比如，你离开熟悉的环境来到陌生的城市上大学，专业老师要求你提前递交论文，你第一次去餐厅兼职等，为应付这些，你必须做出相应的调整，你做出的调整是多方面的，包括生理、行为、情绪和认知上的。

虽然压力的形式多种多样，有环境的、心理的和社会的，但其本质都包含了三个要素。

（一）压力是由刺激事件引发

任何来自外界和个体内部的改变与要求都是压力的来源，比如，在高考倒计时的阶段，每位考生不仅自身期待考出理想成绩，更要面对来自外界的要求和压力，比如家人和老师的殷切期待，以及日趋激烈的高考竞争环境。

（二）压力是个体的主观感受

并非所有的刺激事件都会引发个体的压力反应，只有当个体将这些刺激感受成一种威胁时，个体才会有压力感受。比如，上台演讲，对于一个充满自信并擅长语言表达的同学来说，是一次愉快而富有成就的体验；而对于一个自卑又不善言辞，总担心自己上台会出丑的同学来说，可能就成为一种巨大的压力。

（三）压力是一种身心反应

压力是个体对刺激情景的一种身心反应，它具有保护性和适应性的功能。这好比一个国家突然遭遇外敌入侵，人们于是停下日常工作和生活，转而加紧准备武器弹药，派兵修筑工事，全力投入战斗，争取全面胜利。个体在面对压力时，生理上会进入紧急防御状态，心理上会有相应的情绪反应，并产生相应的行为适应。从这个意义上来说，压力反应是个体的一种适应性反应。当然，如果生活中压力过小，可能会导致个体的适应能力难以突破；而压力过大，却可能导致个体防御系统崩溃。因此，找到适合自己的压力水平并激发自己潜能是压力管理的重要目标。

二、压力的功能

平静的海面无法造就一个好水手。从人类发展的角度来看，无论是个体还是群体，人的成长和发展就是不断适应压力的过程。想象一下，一个刚出生的婴儿，面临离开母体独自生存的压力，第一个反应便是大声啼哭以有效促进肺的扩张，由此建立健康的自主呼吸功能；一个即将踏上社会的大学毕业生，在面临就业和社会适应的双重压力时常倍感焦虑与迷茫，但经过数年的努力与尝试，最终发展出良好的适应社会的能力，并奠定了自己的职业发展基础……正是经由这些无穷无尽的压力，人类才逐渐学习和发展了各种技能。没有压力，就没有成长。

具体来说，压力的功能主要表现在以下三个方面：

（一）维持生理机能

在压力反应的过程中，人处于警觉和唤醒状态，需要调动身体各器官的功能，使其处于较高的活动水平，因此，适度的压力有助于维持身体器官的生理机能。举例来说，很多大学生从紧张有序的高中生活刚刚步入大学生活之后，顿时迷失方向，整天无所事事，这种“毫无压力”的大学生活不仅没有换来其精神的愉悦与放松，反而让他们的身体活力骤减，整天感觉困顿倦乏、昏昏沉沉。

【知识窗 10-1】

心理学揭秘：当所有感觉被剥夺时，会发生什么？

身心如果想保持正常的状态，就要不停地获得外界刺激。丰富而多变的环境刺激是有机体生存和发展的必要条件。

美国心理学家贝克斯顿、赫伦和斯科特在 1954 年做了一项实验（图 10-1）。这个实验雇用了一批学生作为实验对象，每天付给他们 20 美元的报酬（当时这是非常大的金额）。

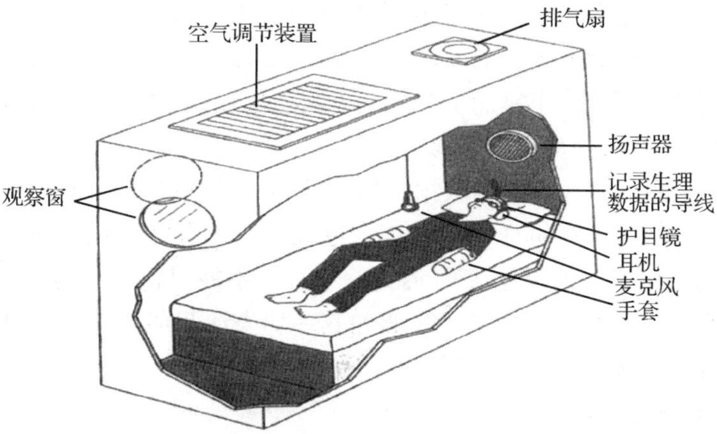

图 10-1　感觉剥夺实验

心理学家在加拿大的一所大学的实验室中，把被试者都关在一个设有防音装置的小房间内，给被试者戴上半透明的保护镜，以尽可能减少被试者的视觉刺激；然后，又给被试者戴上木质手套，并在被试者的袖口处套了一个长长的圆筒，让被试者不能通过手的触摸感知四周的事物；还给被试者塞上耳塞，让他们听不到一点声音；为进一步限制各种触觉刺激，心理学家们又在被试者的头部垫上一个气泡胶枕，同时还用空气调节器发出的单调的“嗡嗡”声来限制其听觉；除进餐与排泄时间外，被试者 24 小时都躺在床上。这样就营造了一个全部感觉都被剥夺的状态。

在进行实验以前，大部分被试者都认为能够利用这个机会好好地睡上一觉，或静下来思考一些事。可是被试者发现，在这样的状态下根本无法集中注意力，也不能清晰地思考什么事——哪怕是在非常短的时间里。结果，基本上没人能够在这项感觉剥夺实验中忍耐 3 天以上，虽然坚持下来就能够得到非常高的报酬。在刚开始的 8 小时内，他们状态还算良好。后来，被试者就吹起了口哨或自言自语，以此来缓解逐渐出现的烦躁不安的心态。

实验持续几天以后，被试者就产生了一些幻觉。其中，大部分是视幻觉，也有人出现听幻觉或者触幻觉。视幻觉大多在感觉被剥夺的第三天出现，被试者仿佛看到光的闪烁及大队老鼠行进的情景等；听幻觉有警钟声、滴水声、警笛声、狗的狂吠声和打字声等；触幻觉包括感到有冰冷的钢块压在前额和面颊，觉得有人从身体下抽走床垫等。到了第四天，被试者就出现了双手发抖、无法笔直走路、应答速度迟缓和对疼痛敏感等症状。

心理学家在实验结束之后又继续对被试者进行追踪调查。他们发现实验结束以后，被试者的精神根本不能集中，就算只做一些简单的事情也总是会出错，要等三天后才能够恢复到从前的正常状态。

这个实验就是心理学上十分著名的“感觉剥夺实验”。感觉剥夺，指的是有机体与外界环境刺激处于高度隔绝的特殊状态，外界的声音刺激、光刺激、触觉刺激等都被排除。在该状态下，各种感觉器官都接收不到任何的外界刺激信号，一段时间以后，便会产生这样或者那样的病态心理现象。可见，人的身心如果要保持正常的状态，就需要不停地得到外界刺激。丰富而多变的环境刺激是有机体生存和发展的必要条件。

（二）促进或保持大脑的认知功能

当面临压力情景时，人们需要根据外部要求和自身资源，通过分析、判断、决策、行动等一系列认知活动来缓解压力。在这个过程中，人大脑的认知功能不断得到提升和锻炼。长期缺乏压力，人就会变得迟钝、刻板、不能灵活变通地解决实际的问题。心理学研究表明，住进养老院的老人，假如其一切生活起居统统交由他人照料，他们的大脑功能和身体机能更容易出现衰退。

（三）增强社会适应能力

在压力状况下，人们一边需承受压力带来的各种痛苦，一边又不得不想方设法地解决问题，以此缓解压力带来的痛苦。在这个过程中，人们发展坚忍的意志品德，增强情绪的耐受能力，并提升解决问题的能力。俗话说，“穷人的孩子早当家”，正是表达了一定的生活压力能有效激发个体适应环境的能力。

三、压力的特性

（一）消极压力与积极压力

压力是一把双刃剑，压力本身并无好坏之分，关键取决于个体是否将压力感知为超过了自己的应对能力，取决于个人的健康是否遭到了威胁。身体和心理唤醒过高或者过低，消极压力随之而来。如果某个刺激事件能促使个体更有效地完成任务，提高自信和社会适应能力，那么，它就属于积极压力；相反，如果某个刺激事件引发的生理、心理和行为变化的结果是负面的，不利于身心健康和社会适应，那么它就是消极压力。

【案例10-1】

同样的压力，不一样的结果

同样来自偏远地区的大学生小张和小袁，之前计算机基础都相对比较薄弱，读大一时都面临着计算机等级考试的压力。小张清晰地意识到计算机技能是未来职业发展的一项重要技能，因此在刚进大学之后，就开始积极准备：课余时间常常去图书馆借阅计算机的相关书籍；计算机课上认真听讲，做好笔记，及时复习巩固；遇到计算机难题，经常向同学们虚心请教；制订具体的考前复习计划，循序渐进，每天复习理论和实践操作。经过三个月的不懈努力，小张计算机等级考试顺利过关。这一经验不仅提升了小张的自我评价，而且还提升了其对未来环境适应的信心和能力。而小袁，在面对计算机考试的压力时，表现得异常焦虑和紧张。小袁总认为自己不够聪明，无论自己多么努力，自己肯定还是很难考过的。每天都不愿意去复习计算机课程，即使硬着头皮打开计算机专业的相关书本，满脑子都是悲观预期和紧张不安，注意力难以集中。一个学期下来，小袁在计算机课程上取得的进步几乎微乎其微，计算机等级考级结果当然是不及格。这一经历加剧了小袁的自卑感，对未来感到悲观，感觉自己都快崩溃了。

由此可见，计算机考级压力并无好坏之分，却引发了两种截然不同的反应和结果，这其中最关键的成因是个体对压力的感知和应对方式不同。

（二）压力的累积效应

生活中发生的重大事件会使人倍感压力，比如失业、重大疾病、意外事故等，如果几件事情同时发生那就会更糟，正所谓“屋漏偏逢连夜雨”。因此，压力事件越严重，数量越多，持续时间越长，影响就越大，这表明不同的压力源所引起的压力影响是可以累加的。重大事件不仅仅特指消极的压力事件，而且包括一些积极的重大事件，如结婚、生子、就业、晋升等，这些积极的重大事件，尽管不及消极事情的影响大，但仍对个体提出新的要求和挑战。

此外，日常小烦恼，虽然微不足道，不会立即产生明显的消极影响，但日积月累，也会增加人的心理负担。当日常烦恼累加到一定程度，即使只增加一个微小的刺激，也足以使人崩溃。俗话说，“最后一根稻草压断了骆驼的脊梁”，这形容得很恰当。

（三）压力与工作绩效

如之前所述，压力对人的影响既可以是积极的，具有促进性的，也可以是消极的，具有妨碍性。那么，是否压力越大，学习效率或工作效率就越高呢？

大量试验研究表明，压力与工作绩效（或学习效率）之间存在一定的规律（图 10-2）。当压力水平过低时，人们的整体状态就会比较松弛与懈怠，学习和工作绩效自然很低。比如，对一个毫无目标和压力可言的大学生，即使每天被要求坐在教室里上晚自习，其对学习的投入也是严重不足的，因此，其学习效率必定不如人意。随着压力水平的逐渐增高，学习和工作动力也不断提高，工作绩效便持续上升，直到最高点。而当压力持续增高超过一定水平时，人就会变得过于焦虑与紧张，认知和行为水平开始失控，工作绩效反而有所下降，甚至出现身心耗竭而倦怠（Burnout）的可能。比如，学生参加重大考试，有中等压力的同学积极备考，注重劳逸结合，在考试现场表现得沉着自信，在适度的焦虑与紧张下充分发挥自己的最高水平；而总担心自己考试发挥失常、压力过大的同学却可能因整天失眠、焦虑、紧张，反而导致考试失利。

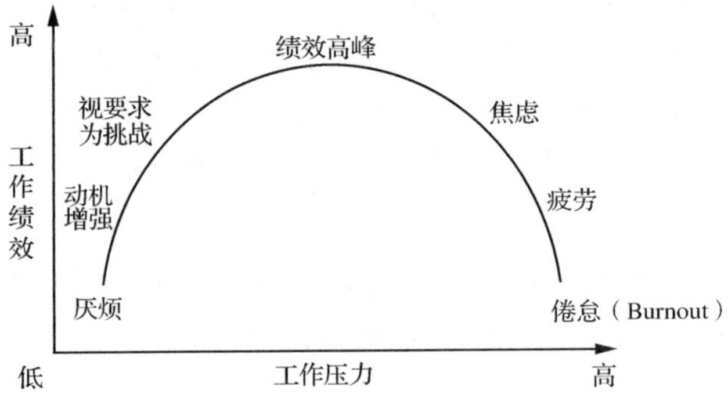

图 10-2　压力与绩效的关系

四、压力反应及其影响

（一）压力的机体反应过程

1. 战斗–逃跑反应

人体的生理构造及其功能是在漫长的岁月中为了适应环境要求而缓慢地进化的。从低等生物进化到猿人，经历了几亿年的时间；从猿人进化到现代人，又经历了几百万年；而现代社会的快速发展也就是近 100 年的时间。我们生存的自然和社会环境发生了前所未有的巨变，这种变化的速度远远超过了生物进化的速度。我们面临着与人类祖先截然不同的生活环境和压力，但我们的身体依然保留了原始人的反应模式。在面临压力和危险的时候，我们的身体会自动启动“战斗–逃跑”的生理反应机制。

下面是压力管理心理学家沃特·谢弗儿描述的一段亲身经历，他形象地向我们展示现代人在面临压力情景时是如何启动“战斗–逃跑”的生理反应机制的。

【知识窗 10-2】

战斗还是逃跑

我在我居住的丘陵地进行 5 千米长跑的过程中，我从容的节奏突然被一只成年的德国种的短毛猎犬打断了。它龇牙咧嘴，突然出现，没有一点声响。几个月前，这只狗咬伤了我的女儿，所以我把它看作一个真正的威胁。我的心跳在奔跑时已达每分钟 130～140 次。这时我的心跳突然加快，达到每分钟 160～180 次，我呼吸急促，肌肉紧绷，双目圆睁。我能感觉到紧张的气氛弥漫在我的四周。

我的注意力立即调动起来以应对这种威胁。此时我有两种选择：战斗或逃跑。经验告诉我，战斗或者至少装出准备战斗将会最有效。我对着狗大声喊叫，蹲下身体，捡起路上的石子扔了两三个到它前面的地上，那只狗摇摇尾巴离开了。但我的身体用了好几分钟才从强烈的唤醒状态恢复到先前正常的状态——从容地完成每分钟 200 米的跑步状态。

当我们面临威胁的时候，就会引起我们身体特定的反应，这种唤醒帮助我们应对突发事件。然而，现代人大部分的压力是来自社会和心理的，而不是来自身体的威胁。因此，这样的生理唤醒往往是没用的。通常情况下，短暂的唤醒并无危害，而且事实上可能还对我们会有所帮助。但是，日常生活中强烈的或长期累积的压力常常导致高水平的应激反应，个体总是处于强烈的或持久微弱的“战斗–逃跑”反应，严重地危害我们的健康。

2. 一般适应综合征

在原始社会中，危险引发的“战斗–逃跑”反应并不会持续很长时间，当应激结束后，身体自然恢复到正常状态。但在当今社会，我们所面临的威胁是层出不穷的，于是我们的身体就处于持续的压力反应状态。无论压力源是什么，人体在处于持续的压力状态下，都会出现一系列的身体变化过程。研究者在许多年前提出了生理压力的一般模式：一般适应综合征。

一般适应综合征包括三个阶段：警惕期、应对期和衰竭期（图 10-3）。警惕期：有机体无论什么时候遇到任何紧张刺激都会引起躯体内部的生理生化、体内环境平衡、内脏机能的变化，即生物有机体自身会动员起来进行适应性防御。应对期：有机体在肾上腺素分泌增加之后，就会出现心律与呼吸加快、血压增加、血糖含量增加等变化，以便充分动员体内的潜能应付环境变化刺激的威胁。衰竭期：紧张刺激所致的威胁继续存在或躯体仍然像存在着威胁那样进行反应，抵御就会持续下去，必需的适应能力可能耗尽，最后出现崩溃。这时机体会被其自身的防御力量所损害，导致患上疾病。

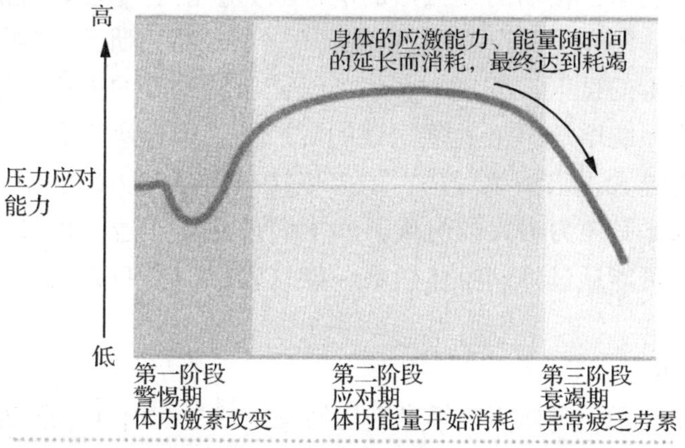

图 10-3　一般适应综合征的三个阶段

关于一般适应综合征的研究结果表明，当压力持续作用时，就会对人体造成有害的影响，因此，我们要及时觉察消极压力的早期信号，及时主动地放松与休息，避免让身体长时间处于“战斗–逃跑”状态。

（二）压力与身体健康

强烈或持续的压力让身体一直处于高度唤醒状态，对身体健康的影响是多方面的，包括我们的心血管系统、头疼、失眠、消化道溃疡等。压力与健康专家指出，50% ~

80%的疾病与消极压力有关，压力常常诱导疾病发生或使疾病恶化。

1．心血管疾病

在压力状态下，为了激发身体的能量使用，肾上腺素分泌增加，导致心跳加快、外周血管收缩、血液黏稠度增加，结果个体患上心脏病、高血压，甚至猝死。

美国的研究者在1967年发现一个惊人的现象：年轻的航天工作者们，有些年仅29岁，却以令人震惊的比例死于突发的心脏病。尽管在生前并没有任何迹象表明他们有异常的心血管危险症状，但这些员工确实体验到巨大的精神压力。在实验室里，研究者对毫无征兆猝死的死者尸体进行解剖，发现其肾上腺素和其他应激化学物质遍布体内，这一力量促使其心肌纤维遭到破坏。显然，在压力状态下，大脑有可能会激发导致心跳停止的情绪反应机制。

2．失眠症

失眠通常是紧张的结果。持续或强烈的压力常常导致神经系统高度唤醒，打乱生物节律，导致失眠、多梦、早醒等症状。在短暂的压力情景中，我们的神经系统处于高度警戒状态，这有利于对环境刺激快速做出反应，可是长时间的紧张和兴奋会使得个体的神经系统在需要休息的时候无法彻底放松。生活中最显而易见的例子就是，假如第二天你要参加一个重要的面试，你可能会发现今晚辗转反侧，入睡困难，或者第二天凌晨提前2个小时醒来后却再也无法入睡。

3．削弱免疫系统功能

一系列的研究表明，长期的或强烈的消极压力会削弱免疫系统的功能，从而导致各种疾病乘虚而入。研究人员在1991年进行了一项创新性研究，他们给被试注入了含有五种不同感冒病毒的试剂或安慰剂。正如人们所料，有的人患上了感冒，有的人一切正常。在证明压力能增加感染的危险性的可控步骤中，研究者们还发现，过去的一年中被试经历压力越大，感染感冒病毒的概率就越高。现实生活中也同样如此，学生处在考试阶段，这是其压力最大的时候，学生们最感觉疲惫，也最容易患上感冒。研究还发现，压力还可能通过抑制身体内唯一能真正保护自身并杀死癌细胞的免疫系统而导致个体患上癌症。

4．胃肠道疾病

在胃和十二指肠中，与压力联系最密切的障碍就是常出现小肠前端的消化道溃疡。溃疡是由胃部过多的溃疡性分泌物所致，最终形成创伤或开放性疮口，导致疼痛和流血。有明确的证据表明对压力做出反应会使助消化的酸性物质分泌增加。尽管胃、十二指肠主要的致病因素是感染幽门螺旋杆菌，但压力在胃和十二指肠溃疡形成与恶化进程中起到了较大的作用。研究还发现，日常烦恼所致的常见肠胃反应还包括胃灼热、胃痛、消化不良、便秘、腹泻等。

5．头疼症

偏头痛和紧张性头痛是两种与压力有关的头痛症。偏头痛是由于供给大脑血液的主动脉在压迫与扩张之间变动而引起疼痛，偏头痛与心脏病一样，属于血管疾病，它往往不跟压力同时发生，而是发生在压力之后，因此，周末往往是可恶的偏头痛日。偏头痛好发于具有自我牺牲、顺从和无能为力的特征的人身上；而紧张性头痛则是肌肉紧张所致，大多数时候发生在黄昏，其程度与疲劳程度有关。研究表明，紧张性头痛更多地与日常生活中的琐事有关，而不是与生活中的重大事件有关。

（三）压力与心理状态

强烈或持续的压力不但影响身体健康，而且会对人的心理状态产生负面影响。

1. 压力影响情绪状态

在压力状态下，各种不良的情绪相继出现，使人无法保持平静、愉快的心情。因压力所引发的常见不良情绪依次为焦虑、抑郁、恐惧和愤怒。

适度焦虑是生活的正常组成部分，在体育比赛中，赛前若焦虑水平中等，既不高也不低时，有助于运动员发挥最优状态，学业和职业也是如此。但是在考试中产生过分焦虑紧张而导致思维混乱，在一场重要的会面中大汗淋漓、语无伦次，在面试前强烈的恐惧情绪……这些都是强烈焦虑的典型情形，强烈焦虑严重影响个体的适应，并让个体痛苦不堪。

同焦虑一样，抑郁是对暂时看起来无法承受的消极事件的常见反应。短期发作无须过多关注，但持续几周或几月的抑郁就值得人们予以高度关注了。因为无论抑郁源于何处，其对生活质量、人际关系、适应能力的负面影响都是严重的。

愤怒是压力引起的第三大消极情绪，表现为轻度激怒、敌意、强烈的攻击行为，愤怒带来的生理唤醒很像焦虑，当它未被释放和表达的时候，对人体器官和组织会造成巨大的伤害。研究发现，通过压抑来应对愤怒的人的血压最高。

恐惧是压力引起的第四大不良情绪，恐惧可以是历史遗留的，比如对之前的车祸心有余悸；恐惧也可以是当下的，比如一辆大卡车对着人行道上的你迎面狂奔而来让你惊恐不已；恐惧也可以是指向未来的，比如一想到你所乘坐的飞往美国的航班可能因遭受恐怖袭击而坠毁，你忍不住浑身发抖，恐惧之极。

2. 压力影响认知能力

在压力情境下，人的警觉性增高，注意力高度集中，这些变化都是为了更好地应对压力情景的挑战，但是长期过度反应的结果反而会损害一个人正常的认知功能，导致其思维混乱，注意力难以集中，记忆力下降，解决问题的能力下降，等等。那些承受巨大生活压力的学生常常抱怨在课堂上难以集中注意力，不能清晰地思考问题，更不能按时有效地完成学业任务。另一个极端是压力不足导致的认识功能受损，比如，觉得学业毫无挑战的学生常常抱怨自己烦躁不安、思维迟钝、智能水平不如从前。事实上，反应迟钝常常和不良压力情绪交织在一起。

3. 压力导致行为改变

持续的压力可直接导致行为改变，这些行为是个体内心紧张的直接反应，比如坐立不安、颤抖、语速加快、退缩或者攻击他人、易发脾气、哭泣。这些行为改变进而会影响一个人的人际关系、家庭关系、职场适应等。比如一个非常偶然的机会看到父亲有外遇的同学，内心受到了巨大的冲击，一下子感觉家庭没有安全感，但又不能将此事告知母亲，因此一个人默默承受这一切压力。该同学行为上的改变尤为明显，人际关系上变得非常退缩，每天把自己关在房间里，不愿意跟同学出去玩，而晚上常常独自伤心流泪。

第二节　压力管理的策略与方法

压力管理的首要目标是健康——这不仅仅指没有疾病，没有虚弱的状态，而且包括日常生活精力充沛，享受生活的乐趣，不断发展个人潜能，有效应对内外环境的挑战。作为大学生，无论是现在还是未来，都会遇到种种压力，面对压力，如果能够采取正确的应对方式，压力就可能成为激发潜能、提升自我的动力和机会，而如果缺乏有效的应对技巧，压力就成为难以逾越的大山。因此，压力并不可怕，只要掌握压力管理的一些策略与技巧，就可以减少压力的消极影响。

一、压力的自我监测

在医学上，健康管理的第一步便是要学会检测自己身体的危险信号。比如预防高血压病，人们除了养成健康的生活习惯之外，还需要检测高血压病早期的一些危险征兆，比如定期测量血压，留意自己的身体感受，看看有没有头晕头疼、胸闷气喘等症状。身体自我检测有助于你及早地采取措施，预防高血压病的发生与发展。同理，压力管理的第一步也是觉察自己的压力源，并检测不良压力的早期信号。

我们的个体是一个不断与环境交互作用的“开放的系统”，无论何时何地，你都面临着内部和外部的变化，因此，压力源无处不在。常见的压力源包括环境的（比如空气污染、噪声）、社会的（比如通货膨胀、政治腐败）、家庭的（比如父母离异、孩子出生）、心理的（比如完美主义倾向、孤独）、身体的（比如疾病、衰老）、工作的（比如公司裁员、职位晋升等）。我们要认识到，这些压力本身并不会造成直接的负面的影响；相反，消极的影响源自个体对这些压力的负面解释和感受。对压力源的有效识别可以遏制它们向消极压力的转化。研究表明，巨大的伤害源自对那些未知和预测不到的压力源。当压力源被感知为可识别并可应对的时候，它们造成的威胁就会减少。

除了识别压力源之外，你还需要识别消极压力的早期信号。持续或强烈的压力往往导致个体高度唤醒，损害健康并削弱个体适应环境的能力，因此，我们必须学会检测消极压力带来的身心变化：焦虑、烦躁、愤怒、恐惧、抑郁等情绪信号，退缩、回避、坐立不安、富有攻击性、易怒、低动力等行为信号，健忘、思维混乱、注意力不集中、解决问题的能力下降等认知信号，失眠、食欲下降或暴饮暴食、头疼、肩背肌肉紧张等生理信号。一旦个体识别出这些早期的消极信号，就提示我们可能需要调整自己，避免让自己处于长时间的高度唤醒状态。

二、压力的认知调整策略

我们的思想造就了我们的世界。压力本身并没有好坏之分，但当压力被理解成是威胁时就会产生不良压力。

【案例10-2】

对事情的诠释

小费在接下来的三天里，要面临三门功课的期末考试，两篇选修课的学期论文，一场口头报告和一次校园活动的策划。他认为在此期间成功地完成这些事的唯一途径是：全力以赴，把它当作一个挑战，集中所有精力，合理安排时间。而小美也面临相似的情景，但她与小费的反应截然不同，她感觉自己非常无助和沮丧，并觉得这再一次证明自己是一无所能的。因此她把时间都花在看电视上，并且总是纵容自己找各种理由不去学习。

上述事例说明一个简单的原理：是你对压力源的诠释而不是压力本身导致你机体的消极反应。压力源是与生俱来的，但你能控制对压力源的诠释。

自我对话是我们生活中不可缺少的部分，人们在面对压力的时候，常常不知不觉地采用消极的自我对话模式，如灾难化的（比如，我考不上大学，那我就完了）；过度概括化的（比如，如果我和室友相处不好，就表明我没有吸引力）；完美主义的（比如，明天英语口语表达考试我必须完美呈现，不然太丢人了）；等等。这些消极的自我对话常常使人们痛苦不堪，并妨碍其有效应对压力。因此，在面对压力的时候，我们要学会识别消极的自我对话，并挑战这些对话的合理性，然后代之以更现实的自我对话。比如，一个学生参加计算机等级考试，考试前，她压力重重，焦虑紧张让她的学习效率下降明显。她的自我对话是："我根本就不是学习计算机的料，我真笨；假如这次再没通过，那我就完了，我会彻底崩溃的。"通过心理咨询，该学生用更现实的自我对话取代了自我挫败的对话："我高中的计算机基础较差，因此我现在不一定能通过考试，这很正常；即使通不过也没关系，我再努力一年，通过的可能性一定会有所提高，因此我现在要做的就是全力以赴备考。"结果是，切合实际的自我对话的改变使该生的焦虑紧张情绪得到很大的缓解。

因此，当我们在面对压力情景时，我们要牢记将自我对话转化为积极的力量的"三 C"策略：

（1）Catch：识别。首先要识别你在压力情境下的自我对话。

（2）Challenge：挑战。挑战自我对话的合理性，看看是否存在绝对化、糟糕之极、以偏概全等妨碍自我实现的自我对话模式。

（3）Correct：纠正。纠正功能不良的自我对话。

【知识窗 10-3】

积极的自我对话减轻压力与痛苦

消极或积极的自我对话的方式往往从童年开始。通常，自我对话是一个多年来影响我们思维的习惯，并会在许多方面影响我们，影响我们对生活中压力的感受。不过，任何时候我们都可以往好的方向去改变它！这里有一些方法可以让你自己停止使用消极的自我对话，并用你的智慧来提升你的效率和自尊，缓解压力。

注意你的自我对话：

改变的第一步是要更加注意到自我对话是消极的还是积极的这个问题。你可能没有察觉，你的脑海中经常闪现消极事情及它们影响你感受的程度。以下方法可以帮助你更能注意到内心对话及其内容。

(1) 写日记：不论你是否随身携带日记本，当你出现负面评论想法时，立即将之记下来，在一天结束的时候写出你的想法总结，或只是写出你对某一问题的感觉，然后来回去分析它的内容，日记可以成为检查你内心思考过程的有效工具。

(2) 停止思虑：当你发现自己内心出现一些消极的自我对话时，可以对自己说："止住！"停止你的思虑，大声说出来会让你更清醒地意识到，你有多少次制止了消极的想法，以及是在何处止住的。

(3) 橡皮筋圈：另一种治疗的诀窍，是在手腕上带一个橡皮筋，随意走动；当你注意到消极自我对话时，将皮筋拉离你的皮肤，并让它弹回来。这会造成一个稍微不利后果——会有点痛，然而这将使你更清楚你的想法，帮助你来阻止它们！如果你不想使自己受制于行走时在手腕上戴着橡皮筋，你会更小心地限制负面想法的出现！

取代消极的话语：

停止坏习惯的一个好方法是将其替换为比较好的东西，一旦察觉你的消极内心对话，这里有一些方法来改变它：

(1) 温和的措辞。你有没有留意，医院里护士在谈话中总是用"不适"取代"疼痛"？这是护士们通常的做法，因为"疼痛"是一个有强烈作用的词。告知你的疼痛等级，实际上比谈论你的不适程度更让你感受强烈。在日常生活中，你可以试试这个方法。在你的思维中，将较强烈的否定词更换为中性的词语，实际上可以帮助中和你的感受。取代"仇恨"和"愤怒"这类的词，比如，"我讨厌塞车！这让我很生气！"可以使用诸如"不喜欢"和"烦恼"，说成"我不喜欢交通堵塞；这使我烦恼"，那样听起来温和多了，不是吗？

(2) 将消极因素改变为中性或积极的。当你觉得自己在精神上抱怨什么，重新审视你的想当然。例如你在最后一刻取消了计划可以被看作是消极的，但你所制定新的时间表可是你创造出的东西。下次你发现自己对某件事有压力或决定你不想去面对一个挑战时，停止和重新思考，看看你能否想出一个中性的或积极的自我对话来替代。

(3) 将自我限制的判断改变为提问题。自我限制判断像"我应付不了！"或"这是不可能的！”在某种情况下，它们会增加你的压力，是特别有害的，它们阻止你寻找解决方案。下次你发现自己正在思考的东西，它限制了特定情况的可能性，把它变成一个问题。“我该怎么处理？”或“这怎么可能？”听起来更有希望，并对新的可能性敞开你的想象力。

你还可以帮助你自己开发更积极的自我对话，给生活带来更积极的能量。

三、压力的行为应对策略

（一）增强对压力的应对能力

我们生活的世界是不完美的，社会和人的发展不可避免地遭受各种压力、紧张和挑战。有的人即使身处逆境，依然可以过得很好；而有的人可能稍有不顺，生活可能就陷入持续的困境，甚至威胁到健康。下面的例子中，两个学生都面临多重的压力源，都按照特定的方式进行应对。他们面对的是一个持续的应对过程，每一步都反映了他们的应对能力与应对方式。

【案例10-3】

不同的应对模式

小马，两岁时因脑膜炎发作而被父母遗弃。之后他被一直单身的大伯收养。目前，大伯年近七旬，体弱多病，整个家庭就靠大伯的低保维持生活。小马一直很感激大伯的养育与照料，常常主动和大伯交流自己的学习和生活的情况，并叮嘱大伯保重身体。反过来，大伯也很疼爱他，常常流露出对他的疼爱与自豪。作为一名大三学生，小马每天中午和晚上在学校的餐厅打工，每周工作20小时。他特别珍惜大学的时光，学习刻苦努力，积极参加各类校园活动。他还非常喜欢运动和郊游。每逢周末，他都腾出时间和室友一起运动或郊游。临近毕业，他各项专业课成绩都非常优异，经老师推荐，一位浙江的民营企业老总决定直接录用小马，并提供丰厚的报酬。老师们都对小马印象深刻，一直默默地关心和支持他，他们为有这样的学生而倍感骄傲。

小李应对生活压力的方式却截然不同。在同一所大学里，小李来自相对普通的家庭，他的父亲是一位商人，母亲是一位会计。然而，小李一直以来都有一种不堪重负的感觉，他有个习惯，就是喜欢拖拉作业。在人群中，他往往喜欢夸夸其谈，总炫耀自己的穿着和爱好是多么有品位，以此获取别人的关注。小李这种自我感觉良好的姿态使得周围的同学都对他敬而远之，他因为被孤立而感觉自卑。每天，他都沉溺于游戏，还学会了抽烟，有时候甚至整晚都在玩游戏，以至于白天因睡眠严重不足而不得不逃课。毕业前，他被告知有6门功课需要补考。当接到补考消息的时候，他正在网吧玩游戏，当时他彻底崩溃了，甚至产生强烈的自杀念头。

上面的案例反映了压力的消极应对模式与积极应对模式及各自的影响。消极的应对模式，比如暴饮暴食、抽烟酗酒、逃避现实、否认夸张、责备他人、工作过度等，尽管个体在短时间内可暂时缓解压力带来的紧张与焦虑，但时间久了，其健康和适应能力必然变得更加糟糕。而积极的压力应对模式并没有特定的标准，因此，每个人探寻适合自身的有助于健康和适应的方式尤为重要。一般来说，独处片刻、运动、建立广泛的兴趣爱好、深度放松、寻求专业人士的帮助、娱乐、寻求社会支持、终身学习并提升自己解决问题的能力等都是确保在内外压力下健康成长的有效应对方式。

（二）社会支持：给予和获取

大约在一个世纪之前，社会学家就发现，人们越是融入社会系统，就越不会因不能正确应对压力而脆弱到去自杀。这个发现与社会支持系统在人类压力应对中起着支持性和保护性作用的一般理论是一致的。

【案例10-4】

低谷期的社会支持

小张，大三男生，和女友相恋四年，两人的感情虽不完美，但也可谓亲密。可有一天当他听到女友宣布将要离开自己时，小张伤心欲绝。更让小张无法接受的是，女友居然在一周后在微信上晒出和新男友的亲密照片，这个男友居然就是小张高中的室友。看到这一幕，小张真的崩溃了，他反复思虑，对这样的结果百思不得其解。在接下来的两周里，他的生活经历了翻江倒海式的变化，他因消沉而足不出户，或者郁闷地在宿舍一醉方休，但他最后还是挺过了这段艰难的日子。事实上，在经历了几周的伤痛之后，他重新焕发了新的生命活力。

幸运的是，在失恋的这段时间内，小张高中和大学的同学纷纷闻讯赶来陪伴他。有一起陪他去自习的，有一起陪他去健身的，还有一起陪他出去散心的，有的同学甚至还专程从很远的外地赶来，倾听他的失落和悲伤。当小张被这些同学关心和关怀的时候，他感觉到自己被支持和呵护，这种感觉可以很好地抵御被恋人抛弃带来的伤害，重新看待自己存在的价值。两个月之后，小张回顾这段岁月，他惊叹于他从朋友那里获得的支持。在那段过渡期，他对朋友们对他的陪伴与关爱深表感激，感谢他们的支持帮助自己走出低谷。

上述案例表明，社会支持作为一种抵御压力的资源通常对个体发挥着极其重要的作用。因此，我们要有意识地维护和运用人际支持网络。比如经常参加社团活动；对身边的人多一份宽容和关爱，少一份抱怨和苛责；在他人陷入困境的时候，尽可能地伸出援手；和少数几个人保持亲密的友谊；和熟人互惠互助；和大家庭保持联系；等等。

（三）管理时间：节奏与平衡

时间是生活的普遍特征之一。南非已故总统曼德拉在其自传中写道：“1964年，我被判终身监禁，并且没有假释的可能。当来到与世隔绝的南非监狱时，我所能做的第一件事情就是在我所在的监狱的墙上刻上日历。因为失去时间的感觉很容易使人丧失对时间的控制力，甚至会导致精神失常。时间总伴随着我们。问题是我们如何利用它。”

不止一次，你曾经说过或听过下面的话：“我没有时间”“我一天的时间总是不够用”“我的生活如此无序”“我是世上最拖沓的人”。这些熟悉的话语，反映了我们在面对压力时尤为担心的问题：如何掌控时间？要想合理地安排和充分地利用时间就要懂得时间管理的策略，注重节奏与平衡。

1. 确定优先权

更加有效地管理时间的第一步，是明确事情的轻重缓急。确定优先权的方法有以下几种：

（1）确定长期和短期目标。大学校园内的学生，经常陷入时间管理的困惑中，因为他们对如何合理利用时间及这样利用时间的理由缺乏清晰的认识。他们过于手忙脚乱地生活，或者整天无所事事，看不清楚生活中什么事情对自己最重要；他们从不考虑五年内、一年内、一个月内、一个星期内，甚至明天在哪里及为什么在那里。所以决定优先权的第一步就是明确长期和短期目标。

（2）保持平衡。当与时间有关的压力源变为消极压力时，这通常是由我们生活的各个部分失去平衡所致——玩得太多、学习得太少；为自己过多，为他人太少；工作太多，休息太少；太强调合群，却很少独处沉思；太注重社会交往，忽略对家庭的亲密；等等。保持平衡要求个体能够意识到对其而言什么是最重要的。概括地讲，生活中重要的事情包括以下四个大类：基本的健康；家庭和友谊；学习和工作；个人的精神追求。

我们应该经常结合自身的实际情况来思考，这四个方面哪个最重要？你保持它们平衡的程度如何？你将会怎么做？你决定什么时候开始实施？

（3）ABC 技术。具体到每天或每一段的时间管理，你可以将需要完成的工作在记事本上分成 A、B、C 三个等级：

A 等级：表示你必须做的——是必须最优先实施的项目；

B 等级：表示是重要的，但可以在完成 A 等级工作后再做；

C 等级：你可以有空再做，但并不一定要在今天或者明天完成。

2. 制定日常表

制定日常表是对重要职责或任务进行时间安排和分配，从而保证在计划时间内完成特定任务和职责的一项技术。你可以将一天的时间按顺序从事某些特定的活动——学习、休息、社会活动、锻炼、娱乐等，并注意给自己留出一定的时间以作为机动安排。最后，请记得将这些模块化的时间制成详细的日程表。

3. 贯彻执行

一个人可以明确事情的轻重缓急，可以制定详细的时间安排表，但是真正的挑战是贯彻执行。在时间管理实施的阶段，潜伏着困难的阻碍和娱乐放松的诱惑，会使得我们难以落实计划。下面的技巧将有助于你贯彻执行自己的行动计划。

（1）创造一个令人舒适的环境。比如宿舍的学习环境非常嘈杂，可能你更需要去图书馆看书学习。图书馆的环境安静舒适，温度适中，并有良好的学习氛围。

（2）保护你的时间和空间。比如关闭手机，关上房门，尽量让自己专注于学习而不被打扰。

（3）将大任务分解成小的部分。比如，要完成一篇毕业论文是一个较庞大的任务，一想到要写论文，很多学生都感觉压力重重。但如果把这个任务分解成几个小任务：查阅文献、确定主题、拟定论文框架、逐一完成论文的每个部分、检查与修改等，通过简化复杂任务，然后一个接一个地处理，事情就变得简单多了，并易于掌控。

（4）安排时间用于锻炼和放松。很多学生到了期末都忙得没时间锻炼和放松。但这个世界上，即使最忙的人仍会抽出时间用来锻炼和放松，因为他们知道，锻炼和放松才可以让自己保持精力充沛，才能有效提高时间的利用率。因此，当我们忙了一天的学习和工作之后，一定要记得犒劳自己，锻炼放松或者娱乐休闲，这一方面强化自己的努力，另一方面，也让自己的身心在长期辛勤劳作后得到更好的滋养。

（5）给自己定步调。定步调是指找到自己的工作和学习节律，比如，你可以尽可能早地开始一项工作（如提前准备英语等级考试，或者提前准备论文的相关素材）；你也可以用一天中自己最好的状态时间段来安排最艰难的学习和工作，比如一个人发现自己在晚上工作效率更高，那就集中精力在晚上学习或工作，白天可适当放慢脚步。注意用合理的步调来度过你的每一天，要让自己既注重劳逸结合，但又注重提高整体效率。

【知识窗 10-4】

拖延症的原因及其对策

拖延症（Procrastination）指的是非必要、后果有害的推迟行为。现代人不仅拖延写论文、拖延工作、拖延做决定，还拖延睡觉，甚至到了严重影响日常生活的地步。单纯的做事拖拉或是懒得去做，只能称为“拖延”，也仅是一种坏习惯；当“拖延”已经影响到情绪，如出现强烈自责情绪，强烈负罪感，不断自我否定、自我贬低，伴生出焦虑症、抑郁症、强迫症等心理疾病时，才能称为“拖延症”。

1. 拖延症的成因

（1）特质论：研究者把拖延视为个性特质的反映，受个体尽责性、特质焦虑、懒惰、低自我效能感等个性根源的影响。

（2）动机论：研究者认为期望水平、恐惧失败、完美主义定向、自我妨碍和自律需求都会影响到个体的拖延行为。

（3）调节论：研究者将拖延视为行为自我调节的失败，是个体不能很好地协调个性、动机、认知与情境因素的结果。

2. 拖延症的影响

（1）因拖拉耽误工作或学业；

(2) 影响情绪,破坏团队协作和人际关系;

(3) 拖垮身体。

3. 克服拖延症的对策

(1) 对症解决:

① 完美主义型的拖延者:做事情要尽善尽美,所以不愿匆忙开始。

解决办法:允许不完美的存在,每有一点进步都鼓励自己。意识到自己不可能不犯任何错误,因此不必要求自己达到完美。

② 容易颓废:任务太难了,明天再做吧。明日复明日,一拖再拖。

解决办法:把任务分成比较容易的小块,化整为零,降低任务难度;推迟自己要放弃的心态,每天尽可能多地完成任务。

③ 自我贬低:常常不能很好地完成任务,自我评价越来越低,当自己能很好地完成了任务时却认为是运气。

解决办法:对自己有信心,接受别人对自己工作的赞扬,自己对自己进行勉励。

(2) 行为纠正:

① 主次有序:对工作进行有效的分类,把它们分成急切并重要、重要但不急切、急切但不重要、不急切也不重要四类,把需要做的事情在本上列出来,达到最好的提醒效果。

② 有效切割:把大任务或完成时间比较长的任务切割成一个个小任务,按时间进程确定一系列的具体目标,然后再逐个攻破,并在每个小任务完成后,都在内心对自己的执行力奖励一次。

③ 消除干扰:将这一切可能影响工作效率的东西统统屏蔽掉,全心全意地去做事情。

④ 五分钟计划:拾起你拖沓已久的一项任务,先工作 5 分钟。一旦完成 5 分钟的工作量,再给自己定下一个乃至再下一个 5 分钟的工作量。

⑤ 成本-利益分析:如果你停止对一项重要事情的拖沓,列举将会发生的所有好的结果,同时列举出拖沓所导致的所有痛苦的结果,然后在每晚睡前温习一下。

⑥ 互相监督:有拖拉习惯的同事或朋友相互间也可以在完成任务的过程中相约相互鼓励和督促,这样比单打独斗容易得多,会有效降低拖延的概率。

(四) 放松训练——消极压力的解毒剂

如之前所述,每个人在压力情景下都会自动启动战斗-逃跑的反应机制,全身处于紧张迎战的状态,如不能及时地控制和缓解这种紧张,就会导致后续的情绪反应和身体功能受损。学习放松技术并能在觉察压力反应时应用放松技术,可以有效缓解压力所带来的紧张感和躯体不适。

放松训练是一种通过有机体的主动放松来增强个体自我控制能力的有效方法,它的基本原理是通过训练,如呼吸训练、肌肉放松训练达到机体全身心放松的目的。放松训练包括呼吸放松、渐进性肌肉放松、想象放松、冥想放松、催眠放松和生物反馈放松等，下面就介绍其中三种常见而简便的放松技术。

1. 深呼吸放松法

深度呼吸放松法的特点是见效快并且最容易做到。具体做法：采用鼻子呼吸，腹部吸气。双肩自然下垂，慢慢闭上双眼，然后慢慢地深深地吸气，吸到足够多时，憋气2秒钟，再把吸进去的气缓缓地呼出。自己要配合呼吸的节奏给予一些暗示和指导语："吸……呼……吸……呼……"呼气的时候尽量告诉自己我现在很放松很舒服，注意感觉自己的呼气、吸气，体会"深深地吸进来，慢慢地呼出去"的感觉。重复做这样的呼吸20遍，每天两次。这种方法虽然很简单，却常常起到一定的作用。如果你遇到紧张的场合，或是不知道自己该怎么办、手足无措之时，不妨先做一次深呼吸放松。

2. 想象放松法

在心理咨询与治疗中，想象放松法是最常用的方法之一，而且，通常结合其他的一些方法比如暗示、联想等使用。想象最能让自己感到舒适、惬意、放松的情境，通常是在大海边。例如：展开联想——"我静静地俯卧在海滩上，周围没有其他人；我感觉到了阳光温暖的照射，触到了身下海滩上的沙子，我全身感到无比的舒适；海风轻轻地吹来，带着一丝丝海腥味；海涛在轻轻地拍打着海岸，有节奏地唱着自己的歌；我静静地躺着，静静地倾听这永恒的波涛声……"自我想象放松可以自己在心中默念。节奏要逐渐变慢，配合自己的呼吸，自己也要积极地进行情境想象，尽量想象得具体而生动，全面利用五官去感觉。使用想象放松方法，初学者可在别人的指导下进行，也可根据个人情况，自我暗示或借助于数码录音来进行。

3. 渐进性肌肉放松训练

渐进性肌肉放松法是指练习者通过学习和练习，掌握系统地松弛躯体每一组主要的肌肉群的方法，使得它们达到并保持比先前更松弛的状态。你可以在心理老师的指导下，或者听录音，或者按照书本的指导语进行练习。放松的顺序：头部—手臂部—躯干部—腿部，训练的时间为每天两次，每次持续20分钟，坚持半月便有明显效果（渐进性肌肉放松的具体程序请参见本书第九章第三节内容）。

四、压力的缓冲策略

对于大多数人来说，生活充满了艰辛和挑战。在日常生活中，强健而充满活力的体魄、愉悦而放松的心灵不仅对预防疾病有效，而且对抵御压力带来的冲击也非常重要。锻炼、营养、睡眠和健康的娱乐都是必不可少的压力缓冲剂。

（一）锻炼

20世纪，有两个与健康有关的标志性趋势：生活节奏的加快和久坐的生活。这两个趋势是如何损害健康和增强压力的呢？年复一年、日复一日，身体和心理的紧张慢慢累积，若不通过运动释放，这些紧张会束缚我们的精力，吞噬我们的躯体。压力缓冲剂的第一剂就是运动。研究表明，任何方式的放松总好过不锻炼。而就压力管理而言，最有效的活动类型就是参与有氧运动。顾名思义，有氧运动是指活动时充分吸入氧气。有氧运动的形式包括跑步、快走、游泳、骑自行车、跳绳、爬楼梯、有氧运动操等。有氧运动要达到促进健康、缓解压力的目标必须符合三项标准：

（1）每周 3 ~5 次的频率；

（2）每次运动心率最低要达到 220 − 年龄 ×0.6；

（3）每次锻炼的时间至少为 20 分钟。

研究表明，有氧运动能有效控制紧张、焦虑、抑郁和其他消极压力的症状，并提升个体解决问题的能力和信心。

（二）营养

第二个重要的压力缓冲剂是良好的营养搭配。正如有规律的锻炼能帮助形成抵御压力的能力一样，良好的营养状况也能增强个体消解压力的能力。压力往往导致个体要么废寝忘食，要么暴饮暴食，要么食欲不振，要么饥不择食（比如，选择各种快餐，咖啡、酒类或高脂高糖多添加剂的食物）。在现代社会中，这种无规律的、失调的饮食习惯比比皆是，不良的饮食习惯常常导致营养失衡，而营养失衡则容易引发肥胖过度、心血管疾病、糖尿病、痛风等疾病。健康受损反过来又会削弱个体的活力，并且成为新的压力源（比如遭遇病痛、额外的医疗开销、被裁员等）。

对压力与营养的关系有了正确的了解后，我们不难意识到遵循健康营养准则的重要性。我们应当选择确保我们拥有良好健康状况和最大化压力抵抗能力的饮食方式，具体包括以下三个原则：平衡一致的饮食，包含充足而非过量的能量摄入；避免不良进食习惯，如暴饮暴食、好油炸、好吃糖、过量摄入咖啡因等；坚持低盐低脂低糖的基本原则，适当增加面包、谷物、大米、新鲜蔬菜水果和水分的摄入。

（三）睡眠

第三个抵抗压力的缓冲剂是充足的睡眠，睡眠的重要性在于它能使身心重获活力。睡眠的缺乏，无论是数量上还是质量上，都会使得个体变得易怒、焦虑、抑郁、思维混乱和生理紊乱。长期的睡眠剥夺甚至会导致严重的后果：情绪反复无常、注意力涣散、逻辑混乱等，工作和学习效率受到影响，健康受到损害。因此，养成良好的睡眠习惯，确保充足的、高质量的睡眠对个体在生活中管理压力是极其重要的。

（四）健康的娱乐

培养健康的娱乐方式，做自己喜欢做的事情或感兴趣的事情，比如散步、阅读、看电影、郊游、泡澡、登山、滑冰、遛狗、寄情园艺等，让这些自我哺育的行为慢慢变成我们生命的一部分，成为我们生活在这个多变紧张的世界的靠山。

第三节　大学生的常见压力与应对

谈到大学，人们会想起“大学”这两个字所隐含的双重意义：美好和挑战。的确，大学生活提供了非常美妙的机会，让你前所未有地拥有更多的时间和空间去创造与享受自己的生活。然而，大学生活从来不会那么容易，由于某些额外的不确定性和模糊性，大学生活甚至会变得更加具有挑战与困难，其中还会潜伏着各种压力。

一、大学生的常见压力

（一）生活转变带来的压力

从高中到大学，很多大学生面临着大量的生活变化，这些变化往往让人应接不暇，比如：

（1）第一次离开熟悉的生长环境，离开家人，离开自己的房间及原来所熟悉的家庭日常生活；

（2）离开熟悉的朋友和周围熟悉的团体；

（3）加入新的宿舍，而这里的生活安排同家里和之前中学的宿舍大不相同；

（4）结交新朋友和熟人；

（5）逐渐适应与高中不同的教学风格；

（6）拥有更多的自由时间；

（7）关于自己的学业反馈减少了。

很多大学生都可以顺利地完成这些转变，并不会产生负面影响。然而同其他群体一样，在大学当中，生活改变的值越大，你承受的压力和挑战的可能性就越大。

（二）发展新关系带来的压力

发展新的友谊，通过重新整合融入新的社会关系网络，这个过程对所有大学生的发展都是非常重要的。这个新的关系网络会成为大学生获得支持和幸福的重要源泉。然而，在对大学生的抽样调查中，人际冲突是造成消极压力的主导原因，也是大学生心理咨询中最常见的问题之一。

【案例10-5】

献身式的关系

小强一直感觉孤独和寂寞，从小到大，除了两个发小是自己无话不谈的好友之外，在成长的过程中，他几乎没有新的朋友。小强对大学生活充满了期待，他总期待能跟大学的同学友好相处，尤其是跟室友成为好朋友。因此，在宿舍里，他总是努力地去照顾每个同学，帮忙带饭、扫地、打水，甚至连为室友取快递等小事他都毫无怨言地包揽了。直到有一天，老师上课提问叫到室友的名字时，室友没有任何准备，慌乱中悄悄地拽着小强的胳膊示意让小强冒名顶替回答老师的提问，小强冒着被老师识破的危险完美地回答了老师的问题。但事后，小强一直在反思，亲密的友谊难道就只能用这种不断“献身”的方式维系吗？

（三）日常烦恼

对很多大学生来说，日常烦恼绝不可以忽略不计，它们可能成为生活的重要压力源。个体日常生活越是充斥着消极困扰，情绪上的障碍就越容易产生。大学生常见的日常烦扰包括财务损失（比如丢失钱物，遭遇经济诈骗等）、经济压力、健康问题、撰写论文与完成功课的最后期限、令人厌烦的教师、不想早起、宿舍噪音、考试等。正如我们之前所说，压力无好坏之分，关键是你看待事情的方式。一个人如果从消极的角度看待一个中性事件，那么这个中性事件往往就会转化为困扰，成为不利于个体的威胁与压力。因此，总体而言，是我们的想法决定了我们的生活。

【案例 10-6】

日常小烦恼

小丽是一名大一新生，她是第一次住宿舍。在开学的第二个月她就感觉大学的各种小烦恼。首先是与宿舍同学关系的疏离。宿舍的其他三位同学与自己生活习惯迥异，其他三位同学除了上课外，其余时间都喜欢宅在宿舍里看影视剧或打游戏，而自己有时想在宿舍看书，根本就没那种学习氛围。同宿舍的同学喜欢谈论明星、化妆、购物等，而自己来自贫困家庭，对这些一无所知，更不感兴趣，因此，小丽感觉自己很难和室友有共同语言。同宿舍的人还懒得出门买饭，经常一边看着影视剧，一边让小丽帮忙带饭，小丽常常心里很不乐意，表面上却又装着很乐意，自己都很讨厌自己。尽管小丽默默地帮助她们，但舍友们似乎并不在意小丽的感受，当小丽因为第二天有考试而想早点儿休息的时候，同宿舍的同学却依然在半夜谈笑风生。除了面临宿舍里与同学相处的问题之外，小丽还感觉自己与周围的同学相比简直一无所长。在最近的一次校园社团招募活动中，小丽发现没有一个适合自己的岗位，因为自己除了会学习外，其他基本都不擅长。后来，小丽终于鼓起勇气报名参与心理协会的工作，却在面试的最后环节被残忍淘汰，小丽对此感觉非常懊恼，觉得自己一无是处。最近，小丽还听说自己所学的专业在毕业前必须考取两类职业资格证书，对此感觉压力重重，担心自己考证过不了。这一系列的日常烦恼虽然都不是压力特别大的事情，但累积在一起，加上小丽对事件的负面解释，让小丽的大学生活弥漫着压抑、紧张与焦虑。

（四）学习压力

大学生的学习压力主要体现在两个方面。其中很大一部分是某些学生因对专业选择的迷茫和不确定而带来的压力。大学生在填报志愿的时候，总会权衡利弊选择一些热门的学科，但是走进大学校园后发现所选的热门学科可能并不适合自己，或者自己对所学的专业不感兴趣；还有一些同学是由于高考分数较低，被调剂到一些生源不足的专业的。这两类同学在学习自己所学的专业时都会感觉迷茫而无助。有的学生会回避问题，过着得过且过的日子；有的学生尝试调整专业，或者急于考取各种专业证书以作为补救措施。面对迷茫的压力，大学生需要视之为成长中的必经之路并接纳它，但同时也不应该放弃努力去尝试多种学习、活动和社会实践机会，加强与外界的交流，开阔视野，探索适合自己的专业发展途径。

学业压力的第二个方面是成绩压力。在现实中，大学学习成绩依然是非常重要的——为获得学位申请、赢得奖学金、应聘工作，成绩不仅是大量的挑战、动机、奖励的中心，同样也是压力的中心。

【案例 10-7】

对考试失败的恐惧

小曾是一名大二学生，她从童年时期就对考试失败有着极大的恐惧。每当她考试成绩不理想时，父母总会当着很多人的面羞辱她：你根本就不是读书的料，成绩不好，你就等着长大扫马路去吧。因此，小曾对考试充满了恐惧。每一次面对考试，小曾都会感到强烈的焦虑。她很害怕自己再次失败，更担心他人的鄙视和排斥。大学的学习竞争虽然不像高中那么激烈，小曾每次对考试准备得都很充分，但她还是经常发挥失常，因为她的恐惧往往造成了她考试过程中的思维处于“停滞”状态。更重要的是，因为对考试失败的恐惧，小曾现在只要有可能就逃避挑战，对于她来说，对良好表现的正常渴望和对不良表现的逃避已经转变为不合理的、伤及自身的失败恐惧，这让她痛苦不堪，并威胁到她学业的顺利完成和职业的健康发展。

处理成绩挑战的关键一步是对自己做出双重承诺：既要全力以赴，争取更好的成绩，也要避免把成绩和个人价值画上等号。

（五）自我认同的压力

在大学期间，每一个学生都将继续解决从青少年期一直重点关心的问题——自我认同：我是谁？我将变成谁？发展心理学家认为每个人从青少年时期便会产生自我的生活脚本——关于思考、感觉和生活的蓝本。如同演员要遵循舞台脚本一样，人们会按照自己的脚本摸索前进。自我的生活脚本包括：如何形成男性气概或女性气质？如何获取他人的喜欢和关注？如何安排自己的生活？自己是否成功或者如何成功？等等。你的生活脚本产生于童年和青少年时期，来自你父母和其他成人的影响，来自你的生活经历。然而，并不是每个人都会有生活脚本。只有少数人被父母培养成具有自我指向的人，自己决定信奉什么以及怎样去生活——而不是受限于孩童时代形成的脚本。然而，大多数人还是受脚本束缚，不是一生盲目遵循这一脚本，就是一生都致力于冲破脚本以获取自由。很多成人获得了成功——达到了真正的真实性、自主性和自我指导。

【案例10-8】

僵化而单一的生活脚本

小银生活在一个多子女的家庭中，家中四个孩子中她排行老三。从小父母忙于生计，对其缺乏关爱和照料，兄弟姐妹之间也常常充满竞争和欺负，她从小就很自律，成绩优异，常常获得老师的赞赏与认可，因此，学习成了她唯一获得快乐和自我认同的方式。然而，自高中文理科分班之后，她在学习上的优势每况愈下，她感觉紧张焦虑，常常失眠，疲惫不堪，学习效率也是一落千丈，她觉得自己一无是处，担心自己没有未来。之后，她考上了一所普通的大学，她依然对学习充满了焦虑和担心，导致其学习效率不太令人满意。这种学习上持久的挫败感导致小银丧失了对生活的期待和希望，她整天担心自己毕不了业，找不到工作。小银童年的家庭环境和学校经历塑造了她的生活脚本：我学习好才有价值；学习不好，我就一无是处。这种僵化的生活脚本严重束缚了小银的自我认同与发展。

大学期间的主要挑战，就是要全面地认清由家庭、社会文化及自我塑造形成的自我的生活脚本，并有意识地对脚本进行鉴别与分类，摒弃脚本中僵化的部分，保留自己想要的部分，做一个内外协调的自己。

（六）因预测大学毕业后的挑战而产生的压力

大学的体验，不仅包括对现在需求的估计，也包括对未来挑战的预计。处于新时代的大学生面临着很多挑战，具体包括以下几个方面：

1. 选择和开始新的职业

职业选择时大学生所面临的挑战就是确定这完全是自己的选择，它反映了个人内在的价值观和兴趣。

2. 适应职场环境

初入职场对大学生而言，是一种全新的体验和经历，这意味着要面临新的工作要求、组织氛围、高科技需求、职场人际等，这些不确定因素常常让在校的大学生倍感压力。

3. 为经济上的安全而奋斗

大学毕业对大部分的学生而言，意味着经济上不再依赖父母，因此，对于一个刚刚参加工作的大学生而言，在努力增加收入和尽量减少开支上保持平衡，是一种特别现实而紧迫的压力。

4. 平衡家庭与工作的关系

在诸多的巨大挑战中，大学生能够预想的就是平衡工作和家庭的需求。

5. 适应新的友谊、工作和社区关系网

当大学生离开学校开始新的生活时，她们需要适应新的社会关系和人际交往，一些人很容易适应这一转变，另一些人却发现这很困难。

大学生涯中的压力和机遇是并存的。大学生活常常会遭遇多重压力，至于这些压力是消极压力还是积极压力，其中最关键的是，你是否将这些压力理解成成长道路上的考验与动力，并采取有效的措施积极应对。

二、大学生常见压力的应对

作为大学生，我们应该明白大学阶段的压力来自多个方面并且不可避免，我们根本不需要去惧怕压力、逃避压力。相反，压力对于一个人在一定程度上也存在着积极的意义。适当地处理压力可以使我们提升自我修养、树立正确的人生观。因此，学会压力管理，避免压力过度，将压力化为动力，是大学阶段的必修课。我们需要根据压力选择出明智的解决方法，既不逃避，也不反应过度，从而提高自身心理素质，提高应对压力的能力与信心。

（一）正确认识压力

压力和挫折是客观存在的，关键在于人们怎样认识和对待它。俗话说，“解铃还需系铃人”，有效应对压力与挫折，首先必须正确认识压力与挫折。

1. 认识到压力是难免的

人的一生总有失意与困惑的时候。学业的压力、人际关系的冲突等都是经常碰到的。所谓“心想事成”“一帆风顺”等只是人们的美好愿望和理想。实际上在现实生活中，总有一些事情办不成功，总有天灾人祸。可以说，压力与挫折就是我们生活的组成部分，每个人都无法逃避。能够认识这一点，一旦遇到压力与挫折，个体就会有较充分的心理准备，就能做到在压力面前不灰心、不后退，就能把挫折转化为前进的阶梯、成功的起点。

2. 认识到压力的双重性

压力具有双重性，压力有消极的一面，且这也有积极的一面，同时这两者在一定条件下可以互相转化。关键是大学生怎样去认识和对待它，如果认识正确、方法得当，压力与挫折可以成为成功的垫脚石；反之，则可能使大学生意志消沉，一事无成。

3. 树立正确的压力观

压力与挫折固然使人受到打击，给人带来损失和痛苦，但是如果态度端正，处理得当，促使压力与挫折向积极的方向转化，压力与挫折就可能给人激励，让人警觉和成熟，使人更加坚强。大学生要树立正确的压力观和挫折观，在压力与挫折面前，不仅要看到主要矛盾和矛盾的主要方面，而且应兼顾次要矛盾和矛盾的次要方面；更重要的是对自己有一个合理的定位，分清自己的优势和劣势，找准应对压力的合适方法和途径，从能力素质、知识素质、身体素质等各方面去努力，使个体全面发展，提高自己的抗压能力和挫折承受能力。

（二）学会应对压力的技巧

大学生要应对压力与挫折，必须发挥主观能动性，掌握和运用一些行之有效的技巧与方法。

1. 正确归因法

归因是指个体依照主观感受或经验对自己或他人行为及其结果产生的原因予以解释与推测的心理活动过程。归因是在个体经验的指导下进行的，因此，结果可能是正确的，也可能出现误差，甚至完全错误。导致挫折的原因很多，但可以将其归为两大类。一类是主观原因，比如努力不够，能力低下等；一类是客观原因，比如生理缺陷、疾病、容貌等条件的限制，以及自然、社会等外部因素的干扰、破坏等。一般来说，倾向于内（主观）归因的人，往往承担了过多的责任，容易丧失自信。大学生应对挫折进行正确归因，即对内外两方面原因加以综合考虑，如对能力、努力、任务难度、运气、身心状况、他人反应几个方面进行恰当的自我成败归因。正确归因能激发大学生前进的动力，增强其战胜压力与挫折的勇气和信心。

2. 自我暗示法

自我暗示是指用含蓄而间接的方式，对自己的心理和行为产生积极影响。当一个人遭遇挫折，受到打击时，要提醒自己："我要振作，我要成功，我一定能做到，我要下定成功的决心，失败就永远不会把我击垮。"运用积极的心理暗示可以振作精神，增强信心。

3. 目标调整法

目标调整法指目标受挫后重新寻找方向，调整期望值，重新确立更切合实际的新目标。目标调整法既能抑制和阻挡不符合目标的心理和行动，又能指引和推动人们采取达到目标所必需的行动，从而战胜挫折。当大学生在通向目标的道路上受阻，但经分析所追求的目标是现实的，就不要放弃，而应与困难作战，去实现目标；当行为主体由于自身条件或社会因素的限制，经多次努力仍达不到目标时，可调整目标或降低要求，改变行为方向，缓解心理上的冲突，增强勇气和信心，以达到更切合实际的新目标。

4. 合理宣泄法

大学生在目标受挫后，往往会产生压抑、焦虑、愤怒和不安等消极情绪，如果不妥善化解，就会给大学生本人和社会带来不良后果。因此，应采取合适的方式，选择适宜的场合和形式宣泄受挫后的情绪，从而恢复理智和心理平衡。宣泄的方式有倾诉、哭喊、运动、转移等。不论采取何种方式，都要以不损害他人、集体和社会的利益，合乎社会规范，不激化矛盾为原则。

5. 社会求助法

人是社会性动物，任何人都不能离开他人而生存。人与人之间是需要相互关心、相互帮助、相互爱护的，这是一种社会支持，这种支持可以调适个体的压力和挫折反应。研究发现，社会支持可以降低压力和挫折对大学生的消极影响，并且降低压力与挫折导致疾病的发生率。因此，对于大学生而言，在面对压力与挫折时，主动寻求社会在感情、物质及信息等方面的支持，这对减轻个体的心理压力、降低压力与挫折对个体的消极影响是十分重要的。此外，心理咨询也是个体寻求社会支持的有效方式之一。

6. 丰富生活法

课余生活约占大学生活的1/4。健康的课余生活可以愉悦身心，获得朋友，增进友谊，减少因压力与挫折导致的紧张感。丰富的课余生活，比如阅读书籍、报刊，参加各种学术活动，参加志愿者服务活动等，既锻炼了大学生的能力，拓宽了大学生的知识面，又在一定程度上增强了大学生应对压力与挫折的信心和勇气。尤其是适当参加体育锻炼活动，可以使大学生身体健壮，精力充沛，应对能力增强。

（三）提升抗压力和挫折承受力

生活中，有的人能忍受严重挫折，百折不挠，永不妥协，在逆境中奋起，直到重新获得成功；有的人稍遇挫折即意志消沉，一蹶不振；有的人能承受生活、学习与工作中的压力，却不能忍受自尊心受到一丁点儿伤害；等等，这都是由个体对压力和挫折的承受力决定的。所谓抗压能力和挫折承受能力是人们适应抵抗与应对压力和挫折的一种能力，即指个体面对压力和挫折时的可忍耐、可接受程度的大小。大学生提升抗压能力和挫折承受力，可以从以下几个方面入手：

1. 保持积极乐观的心态

积极乐观的心态是人们保持健康心理状态的首要条件。用积极乐观的态度看待事物，即从眼前不利的事态中看到未来光明的远景，从失败中看到成功，从黑暗中看到光明。所谓“塞翁失马，焉知非福”“失之东隅，收之桑榆”等处世格言正是基于这种积极的心态。当大学生在学习和生活中遇到压力和挫折时，就要敢于正视现实、不畏惧、不逃避；要学会自我宽慰、胸怀坦荡、情绪乐观，做到失败不失志；面对挫折要更加坚定信心、乐观向上、自强不息、顽强拼搏，直到最终战胜挫折、取得成功。

2. 保持适中的自我期望水平

大学生精力充沛、朝气蓬勃，对生活充满希望和梦想，对学习与生活往往怀有较高的期望和要求。而通常他们对生活中所遇到的坎坷估计不足，对自己的能力、知识水平也缺乏全面和系统的认知，一旦遭遇压力和不顺就容易产生挫折感。因此，大学生们要根据自己的实际情况来确定学习、人际交往、工作及未来等方面的短期和长期目标，既不要轻易地否定自己，也不过高地估计自己，尽量保持适中的自我期望水平。

3. 学会分析压力和挫折

当代大学生发展普遍存在理想与现实、自尊与自卑等多种客观或主观的矛盾。因此，对于大学生来说，在全面认识自己的基础上，对大学的不同阶段影响自己成长的主要心理压力与挫折进行分析，对提升抗压能力和抗挫折能力是至关重要的。譬如全面分析：经济压力是来源于贫困，还是因过度开支引起的？心理压力是因自卑引起的，还是因交往不适引起的？通过分析，大学生及时找准自己存在的主要心理压力与挫折，然后有针对性地调整、解决心理压力，化解挫折情景，从而达到提高抗压能力和挫折承受能力的目的。

4. 积极投身实践活动

当代大学生没有经历过“激情燃烧的岁月”，大多生活在平静、安逸、舒适的生活氛围中，容易形成安于现状和贪图享受的个性特征。因此，十分有必要走出教室，走进外面那个纷繁复杂的“课堂”，经风雨，见世面，从“坐而论道”发展到“起而力行”，在实践中受到磨炼和考验，从而变得更加成熟和坚强。为此，大学生可以积极投身于校内外社会实践，如科技下乡，参加青年志愿者活动，从事社会调查；可以进行家教活动和专业实习；可以参加演讲比赛、远足、野营、登山、拉练、军训等专题实践活动。在实践活动中体验压力，面对挫折，磨炼意志，战胜自我，并从中获得社会经验，正视人生舞台上的许多真实情景，领悟人生的哲理。

5. 在压力中磨炼挫折承受力

压力与挫折可以摧毁弱者的意志，使之消沉、一蹶不振，而人格健全的人则在磨炼中锻炼的更坚强。“文王拘而演《周易》，仲尼厄而作《春秋》，屈原放逐乃赋《离骚》，左丘失明厥有《国语》，孙子膑脚而《兵法》修列……”无数历史典故和生活事实都说明，挫折和逆境可以提升抗压能力与承受挫折的能力，让人发愤图强。

对当代大学生来说，压力与挫折更多地表现为伴随完成学习任务过程中的矛盾和困惑，因此，大学生应该围绕学习任务，一方面，积极探索缓解压力的有效方式，不断激发内在潜力；另一方面，由于管理压力需要长期和短期两类方法的结合，大学生也要学会运用长期方法以减轻心理压力。长期方法包括坚持阅读、积极自我对话、长远的人生规划、坚持锻炼、保持良好的人际关系等，短期方法包括散步、郊游、睡眠等，这些都能缓解压力和挫折感，有效帮助自我重新获得生活的动力和信心。

第十一章

跨越危机，沐浴生命之光

据新闻报道：2017 年 4 月 27 日，曾经出版了长篇小说《房思琪的初恋乐园》的我国台湾地区 26 岁文坛新星林奕含在台北家中自杀身亡。次日凌晨，林奕含父母通过出版社发表声明，表示女儿是因多年前被补习班老师性侵，引发抑郁症，最终发生不幸。林奕含曾在一次受访时谈及，高中时得了重度抑郁症，16 岁起就固定到医院精神科接受诊疗，曾三度试图自杀未果。林奕含当年以台南女中满级分上了医学系，但才念两周就休学，后来重考上政大中文系，三年后因病发，再度休学，饱受疾病折磨。在我国台湾地区，林奕含绝非个案。据我国台湾地区卫生福利部门的数据，仅在 2016 年，我国台湾地区就有约 8 100 人遭受性侵害，其中超过 80% 受害人都是女性，半数受害人未成年。

从之前的章节中我们也了解到，心理障碍及心理创伤对个体造成的伤害是巨大而深远的，以至于有一些心理障碍甚至导致个体做出伤害自己或他人的极端行为。林奕含就是一个活生生的例子，多年前的性侵害对她造成了极大的心理创伤，导致她患上了严重的抑郁症，严重影响了她的学业和生活，虽然也曾积极治疗，但其心理障碍并未得到真正的解决，最终导致这样悲惨的结局，这是谁都不想看到的。

那么，面对突如其来的人生打击，面对猝不及防的身心创伤，面对无法摆脱的心理障碍，作为大学生的我们该怎么做呢？下面，让我们尝试着学习应对生命中的心理危机，寻找生命的意义。

第一节　大学生心理危机

一、认识心理危机

（一）心理危机的内涵

心理危机，是指个体在遇到了突发事件或面临重大的挫折和困难，当事人自己既不能回避又无法用自己的资源和应激方式来解决时所出现的心理反应。

心理危机有三个最基本的要素。第一，重大改变。比如个体生活中发生重大事件、遭受挫折境遇、面临严峻挑战、遇到严重阻碍。第二，无能为力。个体惯用的干预策略、防御机制失效，努力尝试解决失败，产生严重的乏力感和失控感。第三，心理失衡。个体以往平静、平衡和稳定的状态被打破，各项功能出现明显失调，认知狭窄负性（只看到消极悲观无望）、情感低落易躁（抑郁、烦躁、易激惹）、行为僵硬刻板（不能做灵活的选择，不作为或重复无效行为）。只有以上三个要素都具备了，才构成心理危机。个体在面对心理危机时，往往会伴有情绪、认知、行为的改变和躯体不适。

（二）大学生心理危机类型

1. 发展性心理危机

发展性心理危机指的是大学生处于正常成长过程中突遭巨大变化或转变而呈现的异常反应。这种心理危机持续的时间虽较短暂，但极易引发剧烈与不恰当的应激情绪和行为。大学生在适应高校生活、第一次谈恋爱、面临毕业踏入社会等校园生活的各个阶段，都可能会处于从某一旧阶段发展转入新阶段的状态，当其原有的行为和能力不足以应对新的发展，就会处于行为和情绪的混乱无序状态。

2. 境遇性心理危机

境遇性心理危机由罕见或不可预测的外部事件引起，这些事件具有随机性、突然性、意外性、震撼性、强烈性和灾难性，比如亲友亡故、父母失业、地震火灾、交通意外、瘟疫病害、空难战争等。

3. 存在性心理危机

存在性心理危机是处于重要转折关口的大学生对于人生意义、个人责任和未来走向不能勇敢果断地做出选择时而产生的危机，可以是基于现实的，也可以是基于后悔心理的，还可以是一种持续压倒性的空虚感或者生活无意义感，比如在面对读研深造、海外留学还是就业创业的毕业去向等抉择时，缺乏人生阅历的大学生通常会感到异常迷茫，或是感觉活了20多年一直听从父母的安排而从未做过自己真正想做的事情等。

二、大学生心理危机成因

大学生是一个心理正走向成熟的群体，大学生活是从学校生活走向社会生活的转折点。在大学阶段，个体生命成长的基本任务、环境条件、努力态度和发展方式都发生了很大改变，这也就可能带来更为复杂的适应与发展问题，相应地，遭遇心理危机的可能性也就更大。大学生心理危机主要与其本身的身心特点和所处的外部环境有紧密的关系。

（一）个体内部的影响

1. 源于内部的危机

源于内部的危机实质就是美国心理学家埃里克森指出的“自我同一性”危机。这是一种严重的心理冲突，个体常会模糊自身存在的状态，一切变得不确定，无法将已获得的认识与对自我的评价协调起来。大学生在寻找和确立自我的过程中，常常由于理想自我与现实自我的矛盾产生心理危机，这在大学生中普遍存在。其根本原因就是不能正确地评价自己与他人，容易产生强烈的挫折感，由过分的自尊转变为过分的自卑甚至自暴自弃。

2. 个性缺陷

当个体面对压力时，如何理解和处理事情，都会受到个体人格特征的影响。有研究表明，个性外向的大学生面对压力时，常能以比较灵活和理性的态度对待现实，他们不仅依靠自己的努力去克服困难，而且善于利用外部的力量来帮助自己应对挫折；而性格内向的大学生遇到困难和挫折时，易表现出不思进取、无动于衷和缺乏人际交流的心理状态。比如，在自杀的人当中，性格有缺陷的人就占相当大的比例。这些人心理承受能力差，人格偏执，易于冲动或层层退缩，一旦面临危机就手足无措，心理崩溃，找不到正确的解决办法。更有一些自闭孤僻的人不愿意与人交流，这使其无法获得外界帮助，丧失了接受干预的机会，而产生不理智的过激反应，对自己或他人的生命造成伤害。

3. 生理和心理矛盾

青年大学生生理和心理的发展正处在特殊时期，对人生和社会问题的认识飘忽不定：有时正确深刻，有时错误肤浅；有时客观全面，有时主观偏激。在他们的意识之中，也常有自相矛盾的情况：独立性与依赖性交织，感性与理智并存，强烈的求知欲和相对较差的识别力共处，理想与现实的脱节等。他们这种不稳定的心理状态，受到外界因素的干扰和影响，就容易产生心理危机。

（二）环境的影响

第一，有研究者指出，现代社会转型加速，科技迅猛发展，市场经济初步确立，社会竞争压力加大，面对这种情景，不少大学生精神迷茫，常常陷入剧烈的心理冲突之中。伴随着科技的发展，社会对人才的智能要求也越来越高，对人才需求的数量却越来越少，在优胜劣汰的激烈竞争中，一些同学整天忧心忡忡，表现出严重的危机感。

第二，学校为了提高毕业生就业率以在生源竞争和高校评估方面处于更好的位置，于是在学科设置和课程数量等方面给学生带来沉重的学业负担。另一些同学为了适应市场经济对人才的需求，不断地给自己施加各种压力，除了要完成学校规定的课程外，计算机水平等级考试、外语水平、各种职业资格证书等都成了学生步入社会寻求发展的敲门砖，考研、出国已成了大学生新的追求目标。

第三，地区经济发展不平衡，带来收入分配不平衡，学费成为贫困地区大学生沉重的经济压力，从而使其产生心理负担，由此出现了贫困生心理危机问题。

三、大学生面对心理危机的极端行为

大学生正处于青春期向成年早期发展的“自我同一性”形成的关键阶段，也正处于升学、就业、恋爱等各种人生重大抉择的开始阶段，此时的大学生在面对重大事件或严重挫折这样的危机事件时，常常容易陷入其中而无法应对，甚至出现自杀或伤人等极端行为。

（一）自杀

据世界卫生组织统计数据显示，全球每年大约有 100 万人死于自杀。观察我国 15 岁到 34 岁青壮年人群的死因更令人触目惊心，自杀竟然成为这个正处于最美好的青春年华的群体的首位死因。近年来，国内多次出现在校大学生选择用自杀的方式结束自己生命的事件，这对大学生自身及他们的家庭而言都是毁灭性的打击，对学校而言也是不能承受之重，倍感压力。有研究表明，学业压力、抑郁症或其他心理疾病、人际冲突、情感挫折等往往是引发大学生自杀的主要原因。实际上，这些原因只是自杀的直接诱因，而深刻的原因则是，主体感觉实在是痛苦得不愿再活下去了，只想了结此生，终止自己的生存。对于自杀者来说，自杀本身并不是目的，它只不过是解决问题的途径。

（二）伤人

2008 年，在中国政法大学就读的付成励因女友与自己分手，怀疑这与该校教授程某某有关，就产生了报复心理，在教室里当众用菜刀杀死了程某某。2009 年 10 月 20 日，北京市第一中级人民法院做出一审宣判，付成励因犯故意杀人罪被判处死刑，剥夺政治权利终身。宣判时，付成励年仅 23 岁。这样的恶性事件一下子毁掉了几个家庭，也为我们带来思考，为什么这样一个优秀的、高智商的学生在面对情感挫折的时候会如此冲动、不理性呢？面对失恋带来的心理危机，我们该如何应对呢？

第二节　大学生心理危机应对

其实，心理危机并不一定就是坏事。“危机”一词蕴含着辩证思维：一方面是“危”，指生命危险；另一方面是“机”，指挽救或成长生命的机会或契机。危机的危险性体现在，如果心理危机过分严重，威胁到一个人的生活，个体就可能采用不恰当的方法应对问题，会导致心理功能和社会功能的下降，甚至出现精神崩溃、自杀或他杀。危机的机遇性则在于，如果在危机状况下，个体成功地把握和控制住了心理危机，或者及时得到了适当有效的干预，得以学会新的应对技能，这样个体不但重新获得心理平衡，还可获得心理的进一步成熟和发展。

一、提升大学生自身应对能力

不同的人有不同的心理承受能力和应对方式，也有不少大学生会选择用积极的心态面对压力与危机，或者在老师和同学帮助下用行之有效的行动去化解危机，最终可以顺利度过危机并能够获得自我发展。面对心理危机，作为大学生主体，我们可以通过以下方法提升自身应对能力，获得自救。

（一）加强认识

学习心理危机的相关知识，理性认知心理危机产生的必然性和普遍性，积极面对挫折，把对心理危机不合理、更为不现实的认识，发展成更为合理、更为现实的想法，并且采取富有建设性的行为。对大学阶段可能遇到的危机类型有所了解，并知晓一般的解决途径。

（二）培养技能

在心理危机的自我救助实践中，个体可以通过调低期望实现自我减压，通过尊重对方实现思考的认知换位，通过保持乐观实现积极的自我暗示，通过合理宣泄实现积郁的有效缓解，通过幽默处理实现相处的泰然不惊，通过转移注意实现情感的合理升华，等等。详细内容参见本书第九章的情绪调适部分的内容，以及第十章的压力应对部分的内容。

同时，在日常的生活和学习中要不断积累、增强解决现实问题的能力。心理危机是当事人面对突发事件或面临重大的挫折和困难时，既不能回避又无法用自己的资源和应激方式来解决时产生的心理状态，正如人看见老虎来了既逃不掉又打不过的状态，但如果通过不断努力，把自己变成了武松，那么对老虎又何惧之有呢？

（三）寻求他助

要克服羞愧心理，个体在遇到心理困境而自己难以跨越的时候，要学会主动求助，及时向同学、长辈、老师或相关专业人士寻求帮助，借助他人的力量和有效帮助，最大限度地应对现实问题，最大限度地改善情绪困扰。详细内容参见本书第三章。

二、大学生心理危机干预

心理危机干预是指针对处于心理危机状态的个人及时给予适当的心理援助，使之尽快摆脱困难。

（一）专业的心理危机干预

心理危机干预是专业性很强的工作，一般由心理辅导老师或相关专业人员来承担。心理危机尤其是自杀危机事关人命，因此心理危机干预必须以救人为主以保证生命安全为首要目标。面对身处心理危机中的大学生，专业人员可以遵循 Gilliland 和 James 提出的基本的六大步骤来开展心理危机干预工作（图 11-1）。

（1）明确问题。危机干预的第一步是从求助者的角度确定和理解求助者本人所面临的问题，如果帮助者所认识的危机境遇并非求助者所认同的，那么帮助者所应用的全部干预策略和付出的努力可能会失去重点，甚至对求助者而言没有任何价值。在整个危机干预过程中，帮助者应该围绕所确定的问题使用核心倾听技术：同情、理解、真诚、接纳及尊重。

（2）保证求助者安全。在整个危机干预的过程中，危机干预工作者要将保证求助者的安全作为首要目标，这是非常必要的。这个安全，简单来说就是将求助者对自我和对他人的生理与心理危险性降到最低。

（3）给予支持。危机干预的第三步是强调与求助者沟通和交流，使求助者知道危机干预工作人员是能够给予其关心和帮助的人。工作人员不要去评价求助者的经历与感受是否值得称赞，或者表明自己是否心甘情愿，而应该提供这样一种机会，让求助者相信“这里有一个人确实很关心我”。工作人员必须无条件地以积极的方式接纳所有的求助者，不求报答。

（4）提出并验证可变通的应对方法。多数情况下的求助者处于思维不灵活的状态，不能恰当地判断什么是最佳的选择，有些处于危机中的求助者甚至认为自己已经无路可走了。此时，危机干预工作者应该帮助求助者认识到还有许多可变通的应对方式可供其选择，其中某些选择比别的选择更为适宜。可以从多种不同途径让求助者思考变通的方式：第一，环境支持，这是提供帮助的最佳资源，求助者知道有哪些人现在或过去能够或一直关心自己；第二，应付机制，即求助者可以用来战胜目前危机的行动、行为或环境资源；第三，积极的、建设性的思维方式，可用来改变求助者对问题的看法并减轻其应激与焦虑水平。如果危机干预工作者能从这三方面客观地评价各种可变通的应对方式，那么就能够给感到绝望和走投无路的求助者以极大的支持。

（5）制订计划。危机干预工作者应与求助者共同制订行动计划来纠正其情绪的失衡状态。与求助者合作制订计划，让其感到这是他自己的计划，这会让求助者感到没有剥夺他们的权利、独立性和自尊。有些求助者可能并不会反对帮助者决定他们应该做什么，但此时这些受情绪困扰的求助者往往过分地关注自己的危机，而忽略自己的能力，他们甚至会认为将计划强加给他们是应该的。因此，在计划制订过程中的主要问题是求助者的控制性和自主性，让求助者将计划付诸实施的目的是恢复他们的自制能力和保证他们不要完全依赖支持者。

（6）获得承诺。回顾和改善有关计划与行动方案，并获得求助者的直接而真诚的承诺，以便其会坚持按照预订的计划和方案行事。例如，可以让求助者复述一下计划：“现在我们已经商讨了你计划要做什么，下一步将看你如何向他或她表达自己的愤怒情绪，请给我讲一下，你将采取哪些行动以保证你不会大发脾气，避免危机的升级？”在此步骤中，危机干预工作者依然不能忘记其他帮助的步骤，并且不断评估、保证安全和给予支持。

图 11-1　心理危机干预六步法

（二）同伴的心理危机救助

虽然心理危机干预工作是一项专业的工作，作为朝夕相处的同伴，却是能第一时间获取信息，从而能够及时帮助身处危机、难以自救的同学。许多自杀者在采取行动前会有一系列的信息发出，及时发现其自杀信号，对于挽救自杀者至关重要。一般而言，处于危机状态中的大学生比较容易出现以下信号，需要特别注意：

（1）情绪突然表现出明显的异常。比如情绪变得特别烦躁、焦虑、恐惧，或情绪异常低落等。

（2）个性忽然改变。比如性格变得越来越糟糕甚至反常，一个沉默的人忽然变得滔滔不绝，一个冷漠的人忽然变得异常热情，特别是个性急剧改变的情形应当引起足够重视。

（3）谈论过自杀并考虑过自杀方法。包括在邮件、日记或乱涂乱画的只言片语中流露出寻死的念头。比如常说“活着真没有意思”“我不再能承受一些东西”“没有人理解我”“我感觉压力很大”“我真的不想活了”“我活不下去了”等类似语言，既是自杀企图的表示，也是求助信号。

（4）写过有关自杀的诗或文字。有的人写遗书、留便条或给远方的亲朋好友写信，这些文字信息往往表达的既是求助者内心的挣扎，也是积极寻求社会支持的求救信息。

（5）饮食与睡眠习惯突然改变。比如暴饮暴食或茶水不进，比如忽然嗜睡或彻夜难眠等，这些生活节律的改变都是求助者内心冲突与变化的躯体反应，应当引起他人的重视。

（6）成绩急剧下降、逃课或者离校出走。当问题、困难发展到难以解决时，求助者可能会选择逃避与退缩，最常用的方法就是逃课和离校出走，其目的是逃避现实而不是寻求解决的方法。

（7）不明原因地突然给同学、朋友或家人送礼物、请客、赔礼道歉、述说告别的话等。很多情况下，我们会忽视这些信号，甚至认为求助者是在开玩笑。

（8）长期受抑郁症困扰。特别是有抑郁症家族史的人，可能更容易受抑郁症的侵袭，处于抑郁症状态的个体更容易产生消极的想法。

大学生一旦发现周围有同学处于心理危机状态，既不要麻痹大意，也不要过分紧张，通常可以采取以下的做法：

（1）保持冷静。自己应尽量镇静，避免慌张和害怕。

（2）确保当事人的安全。对处于危机中的大学生要做好看护工作，不让处于危险中的当事人独处以免发生危险。

（3）及时与老师联系。如果情况紧急，比如当事人有自杀或杀人倾向，或表现出严重精神疾病的危险性，同学们要第一时间报告老师或寻求学校心理健康教育机构的帮助。在十分危急的情况下也可以报警。不要尝试自己去单独处理此类事件，因为危机干预是一项专业性很强的工作，一般绝非大学生个人可以胜任。

（4）稳定当事人的情绪。陪伴当事人，对其表达关怀和支持，不说刺激其情绪的话。重视倾听当事人的烦恼，鼓励当事人说出感受以舒缓其情绪。鼓励当事人积极参与有关的社会活动。这些社会支持对处于危机中的大学生来说是十分宝贵的。

（5）配合老师、学校做好相应的工作，包括做好相应的保密工作。

（三）学校的心理危机干预体系

心理危机干预工作还是一项系统的工程，高校要构建学校、院系、班级、医院四级心理防护网络，形成早发现、早评估、早预防、早干预的大学生心理危机干预体系，构建个人、家庭、学校、社会整合的心理健康支持系统。学校应成立“学生心理危机干预工作领导小组”，学生工作部门、保卫部门、后勤部门等各有关单位负责人应参与其中。心理危机干预工作领导小组的职责是：全面规划和领导学校学生心理危机干预工作，督促有关部门或单位认真履行危机干预工作的职责，对重大危机事件的处理做出决策。

1. 建立治疗体系

对有心理危机的学生应进行及时的治疗。对症状表现较轻、危机程度不高者，应在班主任老师监护下到医院、心理咨询中心等专业机构接受心理治疗。对症状表现较重、危机程度较高者，必须立即将其送往医院或专业精神医院进行治疗。

2. 建立阻控体系

对于学校可调控的引发学生心理危机的人、事或情景等刺激源，学校应协调有关部门及时阻断，消除对危机个体的持续不良刺激；学校应限制自伤、伤人工具的方便易得。对于危机个体因遭遇刺激而引起紧张性反应后可能攻击的对象，院系应采取保护或回避措施。

3. 建立监护体系

对有心理危机的学生在校期间要进行监护：第一，对心理危机程度较轻且能保证正常学习者，院系应成立以学生干部为负责人及同室同学为主的不少于三人的学生监护小组，以及时了解该生的心理与行为状况，对该生进行安全监护，监护小组应及时向院系汇报该生的情况；第二，对于危机程度较高但能在校坚持学习并接受治疗者，院系应将其家长请来学校，向家长说明情况，家长如果愿意将其接回家治疗则让学生休学回家治疗，如果家长不愿意接其回家则在与家长签定书面协议后由家长陪伴监护；第三，经相关专业医疗机构或专家组确认有严重心理危机者，院系应通知学生家长立即来校，并对学生做休学处理，由家长将学生接回家或送医院治疗。在院系与学生家长做安全责任移交之前，院系应对该生做 24 小时特别监护。对心理危机特别严重者，院系应立即将其送往医院或有关专门机构，派人协助保卫人员对其进行 24 小时特别监护。对于出现危机事故的学生在医院接受救治期间，院系亦应指派人员协助保卫人员根据医院要求在病房进行 24 小时特别监护。

4. 建立救助体系

当学生出现因心理危机引发有自伤、自毁等突发事件，学生所在院系的学生工作人员，应在闻讯后立即赶赴现场，并立即报告给相关部门。各相关部门在接到通知后应派人立即赶到现场，进行紧急援救。特殊情况下，院系可先将学生紧急送医院治疗，然后向有关部门汇报。

5. 建立后期跟踪体系

因心理危机而休学的学生申请复学时，除按学校学生学籍管理办法办理外，还应向所在院系提供学校认可的县级以上医院或专业医疗机构认证的心理疾病康复证明。学生复学后，院系应对其学习、生活进行妥善安排，帮助该生建立良好的支持系统，引导其他同学避免与其发生激烈冲突。应安排班主任对其密切关注，了解其心理变化情况。班主任每月至少与其谈心一次，并通过学生干部、信息员等途径随时了解其心理状况。学校要根据院系提供的情况，组织专家组以预约咨询或随访咨询的形式，对复学学生的心理健康情况进行跟踪测评，并将测评结果及时反馈给学生所在的院系。

对于因有强烈的自杀意念或自杀未遂休学而复学的学生，院系还应给予他们特别的关心，应安排班主任、学生骨干、该生室友对其密切监护，制订可能发生危机的防备预案，随时防止该生心理状况的恶化。学校要组织专家组对其进行定期跟踪咨询及风险评估。

第三节　大学生生命教育

据新闻报道：2010 年 10 月 20 日深夜，西安音乐学院大三的学生药家鑫驾车撞人后又将伤者刺了八刀致其死亡，此后驾车逃逸再次撞伤行人，在即将再次逃逸时被附近群众抓获，后又被释放。三天后，药家鑫在其父母陪同下投案。2011 年 4 月 22 日在西安市中级人民法院一审判处药家鑫犯故意杀人罪，判处死刑，剥夺政治权利终身，并处赔偿被害人家属经济损失 45 498.5 元。2011 年 6 月 7 日上午，药家鑫被执行死刑，年仅 21 岁。

著名心理学家弗洛姆曾说："尊重生命，尊重他人也尊重自己的生命，是生命进程中的伴随物，也是心理健康的一个条件。"生命如此宝贵，值得我们每一个人去珍惜，但是，现实中我们看到了上述残酷事件的发生。此事件一经爆出，各界舆论一片哗然。出了意外车祸导致伤人，人们或许还能谅解，但之后冷漠、残忍的伤害行为就让人无法容忍了。人们在义愤填膺之余也不禁思考：是什么让一个年轻有为的大学生变得如此没有人性？为什么在他的眼中生命竟然毫无价值，以至于如此没有敬畏之心？与此同时，人们也对我们当今的教育产生了质疑。

生命是一切教育的出发点，生命个体的全面和谐发展是教育的终极目标。因此，指向人的终极关怀的生命教育既是教育的根本前提，也是教育的最高追求。而要开展生命教育的理论与实践探索，其前提是对生命教育内涵与意义的理性而深刻的把握。

一、生命教育的内涵与意义

（一）生命教育的概念

1968 年，美国学者杰·唐纳·华特士首次明确提出生命教育的思想，并且在美国创建阿南达村、阿南达学校，开始倡导和实践生命教育思想。自此，生命教育的理念开展逐渐扩散延伸，并逐渐成为世界各国和地区教育改革的一个重要思路与价值取向。"生命教育"一词于 20 世纪 90 年代末进入我国教育工作者视野，人们对其内涵的理解、概念的界定众说纷纭。

综合国内外专家学者的论述，生命教育的概念可以分为广义和狭义两种：狭义的生命教育指的是对生命本身的关注，包括个人与他人的生命，进而扩展到一切自然生命；广义的生命教育不仅包括对生命的关注，而且包括对生存能力的培养和生命价值的提升。通过进行生命教育，人们表达对生命状态的关怀，对生命价值的追求，促进生命健康和人格健全，从而使人更好地体验、感悟和实现生命的意义。

（二）生命教育的意义

1. 唤醒大学生生命意识，避免悲剧重演

人人都拥有生命，但不是每个人都能珍惜生命，懂得欣赏生命的多姿，发现生命的意义和价值，享受生命的快乐和幸福。许多人不懂得生命的真谛，不仅不享受生命，反而制造戕害自己和他人生命的悲剧。翻开报纸，打开电视，浏览网页，我们几乎每天都可以看到生命逝去的报道，其主人公或死于自然灾害，或死于人为的事故，我们不禁感叹生命的脆弱与短暂。但当我们看见林奕含、药家鑫这样的事件时，则不禁痛心疾首、扼腕叹息。这一切都在向我们发出警示：为了悲剧不再重演，必须唤醒个体的生命意识，必须彰显对生命的终极关怀，以关注生命、尊重生命、珍爱生命、敬畏生命为目标的生命教育势在必行。

2. 引导大学生寻找生命意义，促进身心全面成长

在长期应试教育的思维定式下，很多学生被异化为学习的机器，他们缺少对生命的理解与欣赏，找不到自己生命的意义与价值，极易产生生理或心理发展的不平衡现象。由于学生成长过程中出现的种种困惑常常得不到及时指导，对无法预料且时有发生的隐性伤害往往难于应对，导致一些学生出现心理脆弱、思想困惑、行为失控等现象，严重阻碍其身心的健康成长。因此，积极开展生命教育，引导大学生正确认识生命的意义与价值，帮助其形成正确的人生观与价值观，是促进其身心全面成长的必然选择。

3. 培养大学生科学生命观，顺应社会发展变化

经济全球化和文化多元化的发展趋势，现代科技和信息技术的飞速发展，为不同民族、不同文化的交流与合作提供了有利条件，为广大学生获取信息、开阔视野、培养技能提供了宽广的平台，但随之而来的消极因素也在一定程度上影响了广大青年学生的道德观念和行为习惯，享乐主义、拜金主义、极端个人主义等的负面影响，导致部分学生道德观念模糊与道德自律能力下降。因此，我们迫切需要培养大学生形成科学的生命观，进而为其树立正确的世界观、人生观和价值观，使其顺应社会环境的发展变化，成为对社会有贡献的人奠定基础。

二、让生命充满阳光

（一）认识生命起源

生命起源于什么？自古以来，人们就怀着好奇的心情无数次探索生命的奥秘。于

是有了我国古代女娲造人、西方《圣经》里上帝造人的“神创说”，直至达尔文的《物种起源》才提出了生物进化论学说。现代科学让我们懂得，无论何种生命，都有一个由低级向高级的进化过程，人类生命更是如此。人的个体生命来自精子和卵子的结合，几亿只精子穿越重重障碍，但最后只有一个精子使卵子受精，制造出一个胚胎，这才有了人的个体生命的开始。

【知识窗 11-1】

生命的神奇之旅

生命孕育于两性的结合，这一过程是神奇之旅。当 2 亿至 3 亿个来自父亲的精子进入到母亲的体内时，大部分精子在半路死去或被女性的白细胞吃掉，最后仅存数百个精子能靠近卵子。这数百个精子使用头部的酵素消除卵子周围的卵丘细胞，又折损了大半。只有数十个精子能接近包住卵子的透明带膜。然后，只有一个精子的酵素融化了透明带，把父亲的遗传基因带去与卵子内母亲的遗传基因组合（图 11-2）。2 亿至 3 亿个精子奋勇争先，最后只剩下一个成功，而这一个胜利者据统计也有一半以上在发育过程中死去。可见生命的诞生是多么的来之不易。

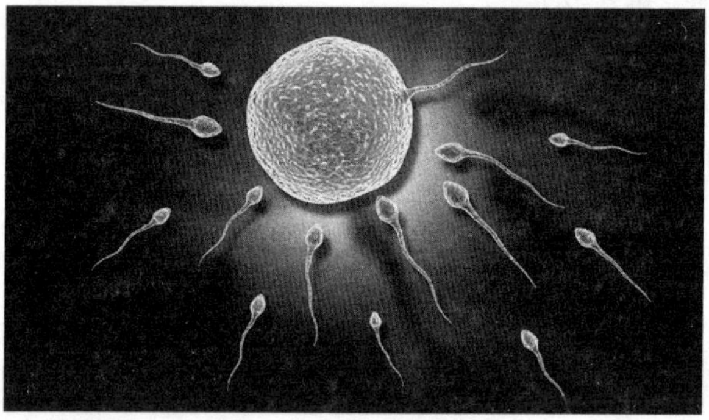

图 11-2　生命之源示意图

意识到每个人生命的来之不易，意识到生命的独特性和唯一性，我们就应该充分利用生命中宝贵的分分秒秒，善用此生，善待生命，努力活够天地自然赋予我们的生命时光，活出自我的价值来。

每一个个体生命的诞生和存在都是不可复制的，是独一无二的。一方面，“我”的生命与“他”的生命不同，故而每个人都是唯一的，每个人的生活内涵及其人生道路都是不同的，所以每个人的生命必然是唯一的；另一方面，每个人“此生”只有一次，不会有第二次，更不会有更多次，生命是在一维时间中延续的，它一去不复返。

（二）珍惜敬畏生命

尽管每个人的生命都如此来之不易，但并非每个人都懂得生命、珍惜生命。一些人可能因为不懂得生命而浑浑噩噩，荒废人生；一些人则可能因为对生命没有敬畏之心而伤害生命；一些人可能因为找不到生命的意义而陷入困境并走向危机。

【故事分享11-1】

朱德庸的漫画《当我从11楼跳下》

我从11楼跳下去……

我看到10F恩爱著称的
阿呆夫妇正在互殴

我看到9F平常坚强的
Peter正在偷偷哭泣

8F的阿妹发现未婚夫
跟她最好的朋友在一起

7F的丹丹在吃她的
抗忧郁症药

6F失业的阿喜还是每天
读七份报纸找工作

5F受人敬重的王议员
正在偷穿老婆的内衣

4F的Rose又和男友闹分手

3F的阿伯每天都盼望
有人拜访他

2F的莉莉还在看她那结婚
半年就失踪的老公照片

图 11-3　朱德庸的漫画《当我从 11 楼跳下》

其实，每个人的人生都不尽如人意，都有不为人知的困境，但并不是所有的人都选择放弃，更多的人在选择坚持，因为或许我们只是一时“卡”在了一件事或一个情绪里，如果就因此放弃了这唯一的一次生命，要想回头就再也没有机会了——就像漫画中的“我”一样（图 11-3）。所以，让我们珍惜这来之不易的唯一的一次生命吧！

（三）寻找生命意义

达·芬奇说过，度过有意义之一天，则带来香甜之睡眠；度过有意义之一生，则带来幸福之长眠。确实，很多人一辈子都在追寻自己生命的意义。追寻生命意义、享有幸福快乐的人生是我们的内在需要，没有意义的生命是不可忍受的。

要领悟到生命的意义并去创造生命的价值，则是需要学习的，而正确地看待死亡就是学习生命最好的老师。在人的一生中，生命有机体每时每刻都在进行新陈代谢，比如细胞在不断生长、衰老与死亡，而新的机体又在不断地生成。在每一个活着的人体中，生理上的生与死实质上是不停地发生着的。人活着的过程同时就是死亡的过程，因为人生的时间流逝，同时就是人与死亡的接近。人生一日也就意味着人在社会中死去了一天。这就是生蕴含着死的客观事实。

【自我探索 11-1】

心理游戏：写下你的墓志铭

请想象自己坐在一架客机上，宽敞平稳，飞机在万米的高空翱翔。突然，机身发抖，像个咯血的肺结核病人一样连续抖动，颠簸非常厉害，空姐要求大家把安全带系好。广播里传来机长的声音。他通知大家说飞机发生了严重的机械故障，正在紧急排除。但为了预防最危急的情况，现在将由乘务小姐分发纸笔，你有什么最后的遗言要向家人交代，请留在纸上。一切要尽快，乘务小姐会在三分钟后收取大家的纸条，然后统一密闭在特制的匣子里，这样即便飞机坠毁，遗言也可完整保存下来。乘务员小姐托着盘子走过来，惨白的面颊上，职业性的微笑已被僵硬的抽搐所代替。盘子里盛的不是饮料，不是纪念品，也不是航空里程登记表，而是纸和笔。人们无声地领取这特殊的用品，有抽泣声低低传来。你也领到了半张纸和一支短笔。现在，面对着这张纸，你将写下什么？

这就是我们的游戏。假设你现在就面临着死亡，你能写下怎样一个墓志铭？在自己还活着的时候，从云端看向更遥远的时空，评价自己的一生。你是一个怎样的人？你的人生中最难忘的事情是什么？有什么令你自豪的成就？有什么令你遗憾甚至悔恨的事情？还有什么未竟的愿望？

当人们从观念上先行一步，立于人生的“终点”来反观我们的人生时，才能真正察觉自己的生命缺少了什么，人生应该去追求什么、珍惜什么，才会真正明白人生幸福与快乐的真谛——那就是认真活在当下。

生命的意义因人而异，因时而异。在我们的信念中，在我们的工作中，在我们所爱的人和事中，在我们体验到的世界上的真善美中，我们都可以发现生命的意义。即使是在痛苦和绝望中，我们仍然有机会发现生命最深刻的意义，即苦难的意义。一个能充分领悟意义感的人，就能够感受到人生和现实世界的价值，就能够体验到人生的快乐和幸福，同时也必然是一个积极乐观、心理健康的人。

（四）创造生命价值

“生命的价值”是一个很古老的命题，有人认为生命具有绝对的价值，因此不论你是圣人还是罪犯，生命都要得到同样的尊重；而有的人认为生命的价值是有待实现的未完成事件，只有在追求崇高理想的过程中，生命价值才得以最大限度地实现；马斯洛需求层次理论也告诉我们，人的最高目的是成为自我实现的人，也就是实现生命的价值。不论我们对生命的价值持何种观点，它们的出发点都是一样的，那就是人都是要寻求生命的价值的。

【故事分享 11-2】

霍金的生命价值

斯蒂芬·威廉·霍金（S. W. Hawking），1942 年 1 月 8 日出生于英国牛津，21 岁时患上肌肉萎缩性侧索硬化症（卢伽雷氏症），全身瘫痪，不能言语，手部只有三根手指可以活动。1979 至 2009 年任卢卡斯数学教授，主要研究领域是宇宙论和黑洞，证明了广义相对论的奇性定理和黑洞面积定理，提出了黑洞蒸发理论和无边界的霍金宇宙模型，在统一 20 世纪物理学的两大基础理论——爱因斯坦创立的相对论和普朗克创立的量子力学方面跨出了重要的一步。获得 CH（英国荣誉勋章）、CBE（大英帝国司令勋章）、FRS（英国皇家学会会员）、FRSA（英国皇家艺术协会会员）等荣誉和身份。

霍金有很多名言，他说：“当你面临着夭折的可能性，你就会意识到生命是宝贵的，你有大量的事情要做。”在一次新闻发布会上，一位女记者提出：“霍金先生，卢伽雷病已经将你永远固定在了轮椅上，你不认为命运让你失去了太多吗？”霍金以恬静的微笑这样回答道：“我的手指还能活动，我的大脑还能思考，我有终身追求的理想，有我爱和爱我的亲人和朋友，对了，我还有一颗感恩的心……”霍金不仅以他的成就征服了科学界，也以他顽强搏斗的精神征服了世界。

霍金的故事告诉我们，即便生命如此脆弱，我们依然可以活出它的价值，正如法国文学家托马斯·布朗所说的，你无法延长生命的长度，却可以把握它的宽度；无法预知生命的外延，却可以丰富它的内涵；无法把握生命的量，却可以提升它的质。生命的价值不在于生命的短长，而是在于给生命留有多少感动。既然生命是有限的，我们就必须“让生如夏花之烂漫，让死如秋叶之静美”。这样认识生命，才能更好地提升生命的价值。

【故事分享11-3】

珍贵的石头

有一个生长在孤儿院中的小男孩，他常常悲观地问院长："像我这样没人要的孩子，活着究竟有什么意思呢？"院长总是笑而不答。

有一天，院长交给男孩一块石头，说："明天早上，你拿这块石头到市场上去卖，但不是真卖，记住，无论别人出多少钱，你也不能卖。"第二天，男孩拿着石头蹲在市场的角落，意外地发现有不少人好奇，对他的石头感兴趣，而且价钱越出越高。回到院内，男孩兴奋地向院长报告，院长笑笑，要他明天拿到黄金市场去卖。在黄金市场上，有人用比昨天高10倍的价格来买这块石头。最后，院长叫这孩子把石头拿到宝石市场上去卖。结果，石头的身价又涨了10倍。由于男孩怎么都不卖，竟被传扬为稀世珍宝。

男孩兴冲冲地捧着石头回到孤儿院，把这一切都告诉院长，并问为什么会这样。院长笑着说："生命的价值就像这块石头，在不同的环境下就会有不同的意义。一块不起眼的石头，由于你的珍惜、惜售而提升了价值。你不就像这块石头一样？只要自己看重自己，生命就有意义，就有价值，如果你自己不把自己当回事，那别人就更瞧不起你——生命的价值首先取决于你对自己的态度。每个人都应该从小就看重自己，在别人肯定你之前，你先要肯定你自己。"珍惜独一无二的自己，珍惜这短暂的几十年光阴，然后再去不断充实自己，最后世界才会认同你的价值。

要寻找生命的价值，首先，要学会爱真实的自己。许多人内心深处常有和这个小男孩一样的念头——"我不够好"或者"我没有价值"，这种信念容易导致自我否定，出现糟糕的人际关系，缺乏创造力，自我效能感低。因此，要实现生命价值，我们必须改变这种潜在的信念，接纳真实的自己。

其次，要"活在当下"实现生命的价值。我们总是习惯于以史为鉴、展望未来，甚至对那些完全不可能发生的事情感觉焦虑，也因此脱离了此时此地的直接现实。"活在当下"，并不意味着我们不可以回忆过去或者计划未来，它只告诉我们，当思考过去和将来时，首先要察觉到自己当前正在做的事，过去的已经过去了，将来的事还有很多未知数，重要的是把握现在，努力把眼前的事情做好，只有这样，才能活出精彩的、成功的人生。

最后，要在生活中通过"知行合一"去创造生命的价值。生命价值的创造离不开具体的行动，当我们把"我知道了"转化成"我做到了"，我们才能自豪地说："我活过了！"生命是一支箭——因此，你必须助推生命目标并知道如何运弓，然后把弓弦拉足，让箭飞射出去！

参考文献

1. 彭聃龄. 普通心理学［M］. 4 版. 北京：北京师范大学出版社，2012.

2. 林崇德. 发展心理学［M］. 北京：人民教育出版社，2015.

3. 理查德·格里格，菲利普·津巴多. 心理学与生活［M］. 16 版. 王垒，王甦，等译. 北京：人民邮电出版社，2003.

4. 戴维·巴洛，马克·杜兰德. 变态心理学纲要［M］. 王建平，等译. 北京：中国人民大学出版社，2009.

5. 王建平. 变态心理学［M］. 北京：北京高等教育出版社，2011.

6. 钱铭怡. 心理咨询与治疗［M］. 北京：北京大学出版社，1994.

7. 黄希庭，郑涌. 大学生心理健康与咨询［M］. 北京：北京高等教育出版社，2000.

8. 蔡腊梅. 影响学校心理咨询的几个关键因素［J］. 中小学心理健康教育，2006（11S）.

9. Jerry M. Burger. 人格心理学［M］. 陈会昌，等译. 北京：中国轻工业出版社，2000.

10. 郑雪. 人格心理学［M］. 广州：暨南大学出版社，2001.

11. 申继亮. 大学生心理健康教育读本［M］. 北京：高等教育出版社，2007.

12. 胡凯. 大学生心理健康教育教程［M］. 长沙：湖南人民出版社，2009.

13. 刘新民. 大学生心理健康的维护与调适［M］. 合肥：中国科学技术大学出版社，2009.

14. 陈珩. 大学生心理健康教育·心理课堂［M］. 北京：化学工业出版社，2007.

15. 韩延明. 大学生心理健康教育［M］. 上海：华东师范大学出版社，2007.

16. 杨蕴萍，刘稚颖. 心理与健康［M］. 2 版. 北京：中央广播电视大学出版社，2012.

17. 曾仕强. 圆通的人际关系［M］. 上海：东方音像电子出版社，2006.

18. 胡邓. 人际交往从心开始［M］. 北京：北京机械工业出版社，2008.

19. 李昊轩. 成功人际交往的 8 种方法［M］. 北京：中国三峡出版社，2008.

20. 宝尔. 社交力决定一生的成败［M］. 北京：北京新世界出版社，2008.

21. 韩延明. 大学生心理健康教育［M］. 上海：华东师范大学出版社，2007.

22. 蔡敏. 青年恋爱心理学［M］. 北京：北京大学出版社，2013.

23. 桑志芹. 青春阳光之路——大学生心理健康教程［M］. 南京：南京大学出版社，2010.

24. 陶爱荣. 快乐前行——高职生心理健康与发展［M］. 南京：南京大学出版社，2013.

25. 李江雪. 大学生情绪管理与辅导［M］. 北京：北京师范大学出版社，2010.

26. 沃特·谢弗尔. 压力管理心理学［M］. 方双虎，等译. 北京：中国人民大学出版社，2009.

27. 周家华，王金凤. 大学生心理健康教育［M］. 北京：清华大学出版社，2007.

28. 仲稳山，倪亚兰. 大学生心理健康维护［M］. 苏州：苏州大学出版社，2007.

29. 魏改然. 大学生心理健康教育［M］. 北京：化学工业出版社，2010.

30. 季丹丹，陈晓东. 现代大学生心理健康教育［M］. 北京：清华大学出版社，2009.

31. Burl E. Gilliland，Richar . 危机干预策略［M］. 肖水源，等译. 北京：中国轻工业出版社，2000.

32. 方秀红. 为了生命之花的绽放——上海市市西中学生命教育探究［M］. 上海：上海教育出版社，2016.

33. 叶华松. 大学生生命教育［M］. 杭州：浙江大学出版社，2011.

34. 段鑫星. 心理咨询与治疗：理论与实务［M］. 徐州：中国矿业大学出版社，2010.

35. 周圆. 团体辅导：理论、设计与实例［M］. 上海：上海教育出版社，2013.

36. 樊富珉，何瑾. 团体心理咨询的理论、技术与设计［M］. 北京：中央广播电视大学出版社，2014.

37. 樊富珉. 结构式团体辅导与咨询应用实例［M］. 北京：高等教育出版社，2015.

38. 徐学俊. 心理健康导引［M］. 武汉：华中科技大学出版社，2009.

39. 罗伯特·费尔德曼. 心理学与我们［M］. 黄希庭，等译. 北京：人民邮电出版社，2008.

40. 刘儒德. 学习心理学［M］. 北京：高等教育出版社，2010.

41. 许国彬，陈国海. 大学生心理健康教育［M］. 北京：清华大学出版社，2021.

42. 瞿珍. 大学生心理健康［M］. 上海：华东理工大学出版社，2018.

43. 罗伯特·斯莱文. 教育心理学：理论与实践［M］. 10 版（中文本）. 吕红梅，姚梅林，等译. 北京：人民邮电出版社，2016.